知识产权经典译丛（第6辑）

国家出版基金项目
NATIONAL PUBLICATION FOUNDATION

国家知识产权局专利局复审和无效审理部◎组织编译

国际商标分类：尼斯协定指南（原书第5版）

[美] 杰西·N. 罗伯茨（Jessie N. Roberts）◎著
阮开欣　唐雯琳　桂栗丽◎译

知识产权出版社
全国百佳图书出版单位
—北京—

图书在版编目（CIP）数据

国际商标分类：尼斯协定指南：原书第 5 版/（美）杰西·N. 罗伯茨（Jessie N. Roberts）著；阮开欣，唐雯琳，桂栗丽译. —北京：知识产权出版社，2023. 1

书名原文：International Trademark Classification: A Guide to the Nice Agreement（Fifth Edition）

ISBN 978-7-5130-8145-0

Ⅰ. ①国… Ⅱ. ①杰… ②阮… ③唐… ④桂… Ⅲ. ①商标管理—世界—指南 Ⅳ. ①F760.5-62

中国版本图书馆 CIP 数据核字（2022）第 081623 号

内容提要

本书基于《尼斯协定》的最新变化，为尼斯分类的适用提供了具体的实用指南，非常直接和细致地解释介绍了尼斯协定分类体系，同时增加了对商品类别中每个项目的扩展解释以及每个类别的官方解释说明，并附有作者评论，具有较高的理论价值和实践价值，希望可以为我国企业在商标申请中对商品和服务进行分类提供借鉴。本书可作为商标领域法官、律师、学者以及企业相关人员、政府相关人员和高校学生的工具书。

责任编辑：卢海鹰　王玉茂　　**责任校对**：潘凤越
执行编辑：章鹿野　　**责任印制**：刘译文
封面设计：杨杨工作室·张冀

知识产权经典译丛
国家知识产权局专利局复审和无效审理部组织编译

国际商标分类：尼斯协定指南（原书第 5 版）

［美］杰西·N. 罗伯茨（Jessie N. Roberts）著
阮开欣　唐雯琳　桂栗丽　译

出版发行：知识产权出版社有限责任公司　　**网　址**：http://www.ipph.cn
社　址：北京市海淀区气象路 50 号院　　**邮　编**：100081
责编电话：010-82000860 转 8541　　**责编邮箱**：wangyumao@cnipr.com
发行电话：010-82000860 转 8101/8102　　**发行传真**：010-82000893/82005070/82000270
印　刷：三河市国英印务有限公司　　**经　销**：新华书店、各大网上书店及相关专业书店
开　本：720mm×1000mm　1/16　　**印　张**：33.5
版　次：2023 年 1 月第 1 版　　**印　次**：2023 年 1 月第 1 次印刷
字　数：636 千字　　**定　价**：198.00 元
ISBN 978-7-5130-8145-0
京权图字：01-2022-2329

《知识产权经典译丛》
编审委员会

总　序

当今世界，经济全球化不断深入，知识经济方兴未艾，创新已然成为引领经济发展和推动社会进步的重要力量，发挥着越来越关键的作用。知识产权作为激励创新的基本保障，发展的重要资源和竞争力的核心要素，受到各方越来越多的重视。

现代知识产权制度发端于西方，迄今已有几百年的历史。在这几百年的发展历程中，西方不仅构筑了坚实的理论基础，也积累了丰富的实践经验。与国外相比，知识产权制度在我国则起步较晚，直到改革开放以后才得以正式建立。尽管过去三十多年，我国知识产权事业取得了举世公认的巨大成就，已成为一个名副其实的知识产权大国。但必须清醒地看到，无论是在知识产权理论构建上，还是在实践探索上，我们与发达国家相比都存在不小的差距，需要我们为之继续付出不懈的努力和探索。

长期以来，党中央、国务院高度重视知识产权工作，特别是十八大以来，更是将知识产权工作提到了前所未有的高度，作出了一系列重大部署，确立了全新的发展目标。强调要让知识产权制度成为激励创新的基本保障，要深入实施知识产权战略，加强知识产权运用和保护，加快建设知识产权强国。结合近年来的实践和探索，我们也凝练提出了“中国特色、世界水平”的知识产权强国建设目标定位，明确了“点线面结合、局省市联动、国内外统筹”的知识产权强国建设总体思路，奋力开启了知识产权强国建设的新征程。当然，我们也深刻地认识到，建设知识产权强国对我们而言不是一件简单的事情，它既是一个理论创新，也是一个实践创新，需要秉持开放态度，积极借鉴国外成功经验和做法，实现自身更好更快的发展。

自2011年起，国家知识产权局专利复审委员会*携手知识产权出版社，每年有计划地从国外遴选一批知识产权经典著作，组织翻译出版了《知识产权经典译丛》。这些译著中既有涉及知识产权工作者所关注和研究的法律和理论问题，也有各个国家知识产权方面的实践经验总结，包括知识产权案

---

* 编者说明：根据2018年11月国家知识产权局机构改革方案，专利复审委员会更名为专利局复审和无效审理部。

件的经典判例等，具有很高的参考价值。这项工作的开展，为我们学习借鉴各国知识产权的经验做法，了解知识产权的发展历程，提供了有力支撑，受到了业界的广泛好评。如今，我们进入了建设知识产权强国新的发展阶段，这一工作的现实意义更加凸显。衷心希望专利复审委员会和知识产权出版社强强合作，各展所长，继续把这项工作做下去，并争取做得越来越好，使知识产权经典著作的翻译更加全面、更加深入、更加系统，也更有针对性、时效性和可借鉴性，促进我国的知识产权理论研究与实践探索，为知识产权强国建设作出新的更大的贡献。

当然，在翻译介绍国外知识产权经典著作的同时，也希望能够将我们国家在知识产权领域的理论研究成果和实践探索经验及时翻译推介出去，促进双向交流，努力为世界知识产权制度的发展与进步作出我们的贡献，让世界知识产权领域有越来越多的中国声音，这也是我们建设知识产权强国一个题中应有之意。

申长雨

2015年11月

原书序

杰西·N. 罗伯茨（Jessie N. Roberts）是商标分类实务方面的权威人士，具有丰富的经验。在二十多年间，她作为美国专利商标局（United States Patent and Trademark Office，USPTO）的官员，世界知识产权组织（World Intellectual Property Organization，WIPO）专家委员会和《商标注册用商品和服务国际分类尼斯协定》（Nice Agreement Concerning the International Classification of Goods and Services for the Purposes of the Registration of Marks，以下简称《尼斯协定》）工作组中涉及美国代表团的每一次会议几乎都由她带领。《尼斯协定》工作组通过会议决定了特定商品和服务应如何分类，以及在技术和烦琐的细节方面应当如何进行识别。在整个会议举行期间，杰西不仅是美国公认的专家，随着《尼斯协定》签署国不断地增加，她也成为数十个代表团中公认的专家。

非常荣幸的是，我曾同杰西一起作为代表团成员参加了几次这样的会议，在讨论问题和作出决策阶段，我见证了她高超的理解能力和钻研类别划分时精益求精的精神。本书是对杰西在国际商标分类领域中长期经验的汇总和深厚奉献的见证，为商标领域的专业人士提供了汲取其学识的机会。杰西所分享的知识将有助于解决他们在世界各地申请商标注册过程中遇到的困难，并为之提供正确的解决方法与路径。

尽管国际分类主要是管理性的，但它也可能与申请和检索商标的策略有所关联。在美国，仅仅依靠分类表来识别商品或服务通常是不够的，因为如何恰当地对特定项目进行分类有时缺乏明确指导。在商品或服务种类相对较新的情况下，这个问题尤其明显。因此，当您不确定如何更好地理解和掌握为什么将某一项目归于您所提交的类别时，本书具有极大的价值，它可以帮助您答复USPTO的审查官（若商标审查官试图将某一项目移至其他类别，这通常会产生额外的申请费用）。并且，由于商标检索有时会被类别所限制，因此，当一种商品或服务存在于特定类别时，您需要了解这种情况对于他人未来的商标检索会产生何种影响。

《国际商标分类：尼斯协定指南》可以帮助您理解该体系，从而让您更好地准备并处理商标申请。在本书中，您能够找到商标分类近五年以来（自

《尼斯协定》第10版*以来）的所有变化。本书易于阅读，并按照商品类别进行呈现，当您在办公室里使用“尼斯分类系统”进行归档时，本书将为您省去在线搜索各国网站或者WIPO有关商标分类各类文件的时间。单凭这一点，就值得您将本书购置于您的书架上。

总的来说，本书是商标领域专业人士用来提交和处理商标申请的优质资源。当不可避免的分类难题出现时，您将为自己的法律图书库中拥有如此宝贵的资源，并且还能通过它寻找到答案和解释而感到由衷的高兴。

黛博拉·S. 科恩
政府关系处高级总监
国际商标协会

* 原书中“《尼斯协定》第10版”实际应指尼斯分类（NCL）的版本，其他版本亦同。为了保持与原书用语一致，本书未作修正。——译者注

作者简介

杰西·N. 罗伯茨作为解释《尼斯协定》的主要权威，在 2011 年退休之前，曾在 USPTO 商标助理专员办公室担任商标识别、分类和实践的管理员。

杰西女士于 1981 年加入 USPTO，担任审查员，并于 1984 年晋升为高级审查员。1987 年，杰西女士成为商标审查小组主任办公室负责申请和分类的审查员，并以此身份代表美国参加了 WIPO 在瑞士日内瓦举办的《尼斯协定》筹备工作组和专家委员会会议。1992 ~ 1994 年，杰西女士从 USPTO 告假两年，在此期间，她在 WIPO 工作，担任国际商标和工业外观设计分类科的分类官员。

杰西女士于 1972 年获布兰迪斯大学文学学士学位，于 1974 年获布兰迪斯大学美术硕士学位，于 1980 年获佛蒙特法学院法学博士学位，现就职于 Delos LLC 律师事务所，提供商标分类及识别方面的咨询服务。她曾担任美国知识产权法协会（AIPLA）下 USPTO 委员会商标协会主席，主席的任期于 2016 年结束，目前她仍是该委员会的成员之一。

译者简介

阮开欣，华东政法大学知识产权学院副教授，法学博士，硕士生导师，国际知识产权教研室主任。上海市“晨光学者”、首批上海市“超级博士后”、“上海青年法学法律人才库”成员、上海市普陀区青年英才、华东政法大学“经天学者”（青年学者 A 岗）。兼任中国法学会知识产权法学研究会理事、民盟华东政法大学委员会委员、多家 CSSCI 期刊外审专家。主要研究领域为知识产权国际保护、版权法、商标法。在《法学研究》等期刊发表论文 100 余篇，其中 CSSCI 论文 30 余篇。主持国家社科基金重大项目子课题、国家社科基金青年项目、上海市哲学社会科学规划课题、中国法学会部级法学研究课题、中国博士后科学基金资助项目等省部级以上课题。

唐雯琳，华东政法大学知识产权法学硕士，美国圣路易斯华盛顿大学法学硕士。现就职于奋迅·贝克麦坚时联营办公室。研究领域为商标法、版权法、反不正当竞争法、植物新品种保护、知识产权国际保护等，在《国家图书馆学刊》《中国版权》《中国知识产权报》刊物上发表多篇专业论文，参与多项由世界知识产权组织（WIPO）发起的相关课题和活动。

桂栗丽，华东政法大学知识产权法学博士，新疆政法学院维稳戍边研究中心负责人，专任教师。从事经济法、知识产权法、竞争法研究工作，研究领域为知识产权法与反不正当竞争法、商标法、互联网领域的新型问题。曾发表论文十余篇，参与多项国家级和省部级课题。

原书第 1 版简介

1957 年 6 月 15 日，尼斯外交会议缔结了《尼斯协定》。该协定于 1961 年 4 月 8 日生效。在经历了各种修改后，直到 1977 年才以现有形式呈现出来。该协定的目的是建立一个供尽可能多的国家使用的商品和服务类别体系，以促进各国家商标管理机构内商标类别的一致性。这一体系的国际范围的使用将使每个国家的商标申请人更容易在其起源国以外的国家申请商标。这一体系也将让使用该体系的国家更容易组织和管理向该国的商标管理机构提交的商标注册申请事项。

本书解释了构成分类体系的每一个类别。希望这些解释能帮助世界各地的商标所有人和相关从业人员有效地了解并使用该体系，从而避免在申请商标的过程中出现延误。

本书旨在呈现一种较为中立的“国际化”分类方法，而不是任何特定国家或地区所采取的分类方法。这种分类方法应当为任何遵守或使用《尼斯协定》的国家商标注册分类的实践提供相应的依据。每个国家商标管理机构可以对类目和注释中的特定项目提供自己的解释。国家商标管理机构也可以根据其认为适当的情况，对未被特别列入《尼斯协定》按字母顺序排列的列表（以下简称“字母顺序表”）的项目进行分类。因此，该协定细节的适用在特定国家中可能会有所不同。然而，那些遵守《尼斯协定》的国家应尽可能尝试遵守其准则。本书旨在帮助国家商标管理机构和商标从业人员确定字母顺序表未涵盖项目的分类。

本书试图通过讨论类目和注释中的每一个项目来定义每一类别，解释每一类别中被包含或排除的商品或服务。本书的每一章节都代表着一个类别。每一个类别的开头都提供了类目的正式文本和对类别的注释。随后补充说明类目和注释中的每个项目。对于在字母顺序表中呈现条目但似乎没有被类目或注释解释的类别，本书也提供了相应的补充分析。

原书第5版简介

《尼斯协定》第11版发生了许多重大变化。《国际商标分类：尼斯协定指南》第5版反映了这些变化。

《尼斯协定》第11版的变化不像前几版那样彻底。然而，其中的许多变化澄清了一些令人困惑的内容，我希望让《尼斯协定》的字母顺序表对于使用者而言更加合乎逻辑，并且更加有用。一个重要的变化是根据个人卫生制剂（如肥皂和洗发水）中是否加入了药品对其所属类别进行区分，基于此，加入药品的个人卫生制剂应当属于第十类，反之则属于第五类。本书中标题为“《尼斯协定》字母顺序表的管理、结构和体例”的部分，重点对字母顺序表的一些重要的、全局性的修改进行了介绍。

原书第5版的一个新特点在于介绍了《尼斯协定》从第10版修订至第11版所发生的变化。在第11版发布之前，《尼斯协定》五年修订期结束时产生了一份报告，其中反映了修订期内发生的所有修订、增补和删除的内容。随着修订期间《尼斯协定》字母顺序表结构的变化（期望了解关于《尼斯协定》修订过程变化的更多信息，可参见“《尼斯协定》字母顺序表的管理、结构和体例”），目前还没有一份报告能反映在修订的五年内专家委员会历次会议中所接受的所有变化。然而，本书附录中汇编了每一类别在修订的五年内发生的所有变化，这些信息来自于WIPO网站，包括修订期内每年发生的变化。事实证明，这些信息对商标从业人员很有帮助，他们只需要查看修订期间所发生的修订集合即可。

这些汇编被整合为五列。第一列表明该列中的项目是否为“增补”（A）、“删除”（D）、“更改”（C）、“转移”（T）或“仍保留在列表中”（STET）。指示“STET”的条目是保留在字母顺序表中的项目，即使由相同的基础编号标识的另一个名称已被删除或发生重大变化。第二列表示旧条目，即《尼斯协定》第10版中的条目。第三列表示从《尼斯协定》第10版更改或自第11版以来增加的新条目。第四列表示条目的基础编号。在《尼斯协定》第11版中，删除的项目不存在拥有相同基础编号的另一个条目，而这些条目仍然包括在第11版中。第五列包括可能对单一条目有所帮助的注释。它还表明更改、删除或增补的情形是否出现在类目、注释、注释的排除项或注释的包含项中。

《尼斯协定》第 11 版简介

《尼斯协定》第 11 版没有出现结构性的变化，比如任何因增加类别，或有关商品或服务从一类到另一类的重大调整而引起的字母顺序表的变化。但是，其在所有类别的条目的呈现方式方面发生了显著变化。在第 11 版的介绍中将记录所有这些显著的变化，并分类把这些变化的信息全部列明，后文每个单独的类别中对这些信息不再赘述。

1. 语法、拼写和标点符号的变化

《尼斯协定》第 11 版对单独条目的表述进行了诸多修改，有效地纠正了一些条目的语法表达。一些更改示例如下所示：

• 将“电话免提的套件”（hands free kits for phones）改为“电话用成套免提工具”（hands - free kits for telephones）（基础编号：090688）；

• 将“制图员桌”（draughtman's tables）改为“制图桌”（drafting tables）（基础编号：200083）；

• 将“充气饮料制造机”（aerated beverage making machines）改为“饮料充气装置”（apparatus for aerating beverages）（基础编号：070056）。

2. 结构的变化以提高可读性和可理解性

条目的更改使语言更加流畅，从而使条目更易于理解。一些更改示例如下所示：

• 将“医药用途的晒伤制剂”（sunburn preparations for pharmaceutical purposes）改为“治晒伤用药剂”（pharmaceutical preparations for treating sunburn）（基础编号：050100）；

• 将“非医用 X 光产生装置和设备”（X - ray producing apparatus and installations, not for medical purposes）改为“非医用 X 光产生装置和设备”（apparatus and installations for the production of X－rays，not for medical purposes）（基础编号：090420）；

• 将“手动混合器［鸡尾酒调酒器］”（Mixers，manual［cocktail shakers］）改为“鸡尾酒调酒器”（cocktail shakers）（基础编号：210082）。

3. 词组现代化的变化

将过时的词组删除或更新。一些更改示例如下所示：

• “胶粘塔夫绸膏药和宫廷膏药”（gummed taffeta plasters and court plasters）已被删除，“橡皮膏”（adhesive plasters and sticking plasters）仍处于列表中（基础编号：050019）；

• 将“计算磁盘”（calculating disks）改为“计算圆尺”（circular slide rules）（基础编号：090101）；

• 将“家庭银行”（home banking）改为“网上银行”（online banking）（基础编号：360072）。

4. 将美式拼写和英式拼写的条目分开

在前几版《尼斯协定》中，美式和英式拼写的差异通常显示在一个条目中：例如，“象牙［珠宝（jewellery），珠宝（jewelry）（美式拼写）］”被修改为两个条目，“象牙珠宝”（ivory jewellery）和“象牙珠宝”（ivory jewelry）——一个是英式的拼写，另一个是美式的拼写。

以前的版本存在美式和英式单词拼写的单独条目，但是，专家委员会试图使拼写不同的单独条目与以前的版本相比更具有一致性。这种拼写拆分的一些示例如下所示：

• “金属装甲板”（armour－plating of metal）和“金属装甲板”（armor－plating of metal）（基础编号：060047）；

• “孵化蛋（已受精）”（eggs for hatching，fertilised）和“孵化蛋（已受精）”（eggs for hatching，fertilized）（基础编号：310045）；

• “制作电视购物节目”（production of teleshopping programmes）和“制作电视购物节目”（production of teleshopping programs）（基础编号：350137）。

5. 特定国家和文化特有的条目

第26届专家委员会会议报告中指出："对某些国家而言，能够继续将其所在地区的典型产品和服务列入字母顺序表中是非常重要的。如果某一术语的表达形式并不广泛地被人们所熟知，则应在方括号内加上简洁的解释。在使用不同语言翻译这些术语时，这种解释十分有用。"

因此，第11版中存在许多世界不同地区特有的新增术语，方括号中的内容对这些术语进行了简要解释。这些条目的一些示例如下所示：

- "赞珠（misbaha）[prayer beads]"（基础编号：140175）；
- "食用板油（Gaibi）[grilled meat dish]"（基础编号：290108）；
- "茶道训练（Sado instruction）[tea ceremony instructicn]"（基础编号：410210）。

6. 在服务类别中，将活动执行人或活动发生地的提法更改为服务或活动本身

服务即活动。因此，专家委员会修改了服务类别中的许多条目，将其表述为执行该活动的个人、企业，或执行该活动的地点，这些条目被修改为服务活动。修改的一些示例如下所示：

- 将"房屋代理"（housing agents）改为"不动产经纪"（real estate brokerage），"不动产经纪"（real estate brokers）从字母顺序表中删除（基础编号：360008）；
- 将"游乐园"（amusement parks）改为"游乐园服务"（amusement park services）（基础编号：410004）；
- 将"饭店"（hotels）改为"酒店服务"（hotel services）（基础编号：430073）。

7. 注释的扩展

很多类别的注释中都增加了许多补充和说明，并给出了关于包含项或排除项的更多示例。这些示例对于确定未被字母顺序表包含的项目应该属于哪一类非常有用。一些类别中还增加了大量的特定包含项和特定排除项。

以下是这类修改和增补的一些示例：

- 第六类中的特定排除项列表发生了如下修改：将“某些按功能或用途分类的普通金属制品”（参见字母顺序表）改为“某些按其功能或用途分类的普通金属制品，例如，手工具（手动的）（第八类）、曲别针（第十六类）、家具（第二十类）、厨房用器具（第二十一类）、家用容器（第二十一类）”；
- 在第十四类中，特定包含项列表中增加了如下表述：“首饰和钟表的零部件”，例如“首饰用扣环和珠子、钟表机芯、钟针、表发条、表蒙”。

目　录

第一类

正式文本

类目

用于工业、科学、摄影、农业、园艺和林业的化学品；

未加工人造合成树脂，未加工塑料物质；

肥料；

灭火用合成物；

淬火和焊接用制剂；

保存食品用化学品；

鞣料；

工业用黏合剂。

注释

第一类主要包括用于工业、科学和农业的化学制品，包括用于制造属于其他类别产品的化学制品。

本类尤其包括：

- 堆肥；
- 非食品用防腐盐；
- 食品工业用添加剂（参见按字母顺序排列的商品分类表❶）。

本类尤其不包括：

- 天然树脂原料（第二类）；
- 医用化学产品（第五类）；
- 杀真菌剂、除莠剂和消灭害虫的制剂（第五类）；

---

❶ 所引的“商品字母顺序表”（the Alphabetical List of Goods）以及“字母顺序表”（the Alphabetical List）是指《尼斯协定》（尼斯分类）确定的列表。

- 文具用或家用黏合剂（第十六类）；
- 食品用防腐盐（第三十类）；
- 草制覆盖物（第三十一类）。

释义

第一类主要包括用于工业或其他通用应用的化学产品。属于第一类的未指明工业用途的化学品，也可以属于指明了特定用途的类别。例如，“工业用二氧化钛”（基础编号：010536）属于第一类，而“二氧化钛［颜料］”（基础编号：020106）属于第二类。该类目中所展示的广泛产品范围表明，如果商品的功能是基于其化学性质，而不是基于其可能用于的任何特定用途，则商品应被适当地归于第一类。

A. 类目

用于工业、科学、摄影、农业、园艺和林业的化学品

第一组商品最为重要。当将其用于许多领域时，任何种类的化学品都属于一类。在类目中明确“工业、科学、摄影、农业、园艺和林业”并不会显著限制属于第一类的化学品，这与属于其他类别的化学品完全相反。第二类、第三类和第五类是最常见的类别，在这些类别中可以找到更加高度专业化用途的化学品。除因其高度专业化的性质而被明确归于其他类别的化学品外，一般用途的化学品属于第一类。如前文所述，第一类化学品可用于属于其他类别的成品。但是，当化学品处于未加工、未完成的状态，并且尚未与其他化学品和惰性载体混合为成品时，该化学品属于第一类。当化学品被组合和提炼，随后变成一种用于特定用途的成品时，该化学品即成为一种属于自己独特类别的产品。例如，“清洁制剂”（基础编号：030104）通常是各种化学制剂的组合，但其属于第三类，这是因为清洁制剂作为成品的用途决定了其属于第一类以外的其他类别。值得注意的是，第一类注释的“不包括”项目特别提及了其中的一些成品。

未加工人造合成树脂，未加工塑料物质

下一类目中的项目基本上是最终将被用于多种用途的化学品混合物。随着货物被转化为成品或材料，变成更为有用的形式，它们所属的类别也会随之发生变化。例如，当它们以板材、块或棒的形式达到半成品状态时将被归于第十七类。这些未加工的人造合成树脂最终将被用于各种各样的产品中，这些产品属于许多不同的类别。塑料物质也将被加工到许多项目之内。人们可能会认为，这些存在于大桶或铁桶中、属于第一类的人工合成树脂和塑料物质是一种需要进一步加工才能最终被消费者使用的材料。当这种原材料被制成可供成品制造商使用的半成品时，其通常属于第十七类（即制造商在制造成品时使用的挤压成条状、块状、球状、条片状或管状材料的未加工塑料）。当制造商将半成品转化为成品时，将根据成品的类型对其进行适当的分类。

肥料

类目“肥料”指的是“厩肥”（animal manure，即动物肥料）（基础编号：010710），因为肥料的价值在于其化学性质，所以肥料属于第一类。事实上，无论是天然产品还是纯化学产品，任何肥料都属于第一类（值得关注的是，1935 年首次公布的尼斯分类的前身将肥料归于第一类，并在括号中补充了“天然和人造”的表述）。目前尚无迹象表明为什么后续的版本省略了这一附加信息（参见 *Marque de Fabrique ou de Commerce*，*Classification des Produits*，*Repertoire des Produits en Francais*，*allemand et anglais*，Bureau de l'unio internationale poula protection de la propriete industriell，1935）。虽然促进生长的产品也属于第一类，但这并不意味着所有农用化学品或其他相关产品都属于第一类。“草制覆盖物”（基础编号：310046）属于第三十一类，因为它起到的作用是保护而不是促进生长。此外，“杀虫剂”（基础编号：050439）、“杀真菌剂”（基础编号：050151）以及“除莠剂”（基础编号：050204）虽然是由化学品制成的商品，并且与农业有关，但它们都被明确收录至第五类中。将第一类的商品描述为生长促进剂，这就解释了为什么“腐殖土”（基础编号：010355）属于第一类，而“草制覆盖物”（基础编号：310046）属于第三十一类。腐殖土中添加了生长促进剂，这将使其成为理想的植物生长培养基。而草制覆盖物是一种具有多项农业用途的天然产品，但其并不具备与促进生长有关的用途。

灭火用合成物

因为“灭火用合成物”（基础编号：010288）是纯化学产品，所以属于第一类。之所以特别提及灭火用合成物，是因为它们的用途特殊，可能会被错误地归于另一类。需要将这些合成物与第九类的“灭火器”（基础编号：090041）予以区分。

淬火和焊接用制剂

与该类别中的其他产品一样，淬火和焊接用制剂因其具备化学性质而属于第一类。术语“制剂”是一个非常重要的限定词，因为实际焊料（actual solders）是金属产品，所以属于第六类。例如，“金焊料”（基础编号：060417）、“银焊料”（基础编号：060030）和“金属焊丝”（基础编号：060242）的条目在字母顺序表中都属于第六类。第一类中的项目包括“焊接用化学品”（基础编号：010487）、“助焊剂”（基础编号：010584）以及“金属回火剂”（基础编号：010682）。还应注意的是，虽然研磨材料本身属于第三类，但“和研磨剂配用的辅助液”（基础编号：010004）属于第一类。虽然辅助液有助于研磨过程，但其本身并不是研磨材料，就如焊接用制剂有助于焊接过程，但助焊剂并不是焊料本身一样。

保存食品用化学品

之所以将“保存食品用化学品”（基础编号：010044）与第二十九类和第三十类中其他和食品相关的产品进行区分，是因为这些化学物质的主要目的在于保存食品。有时很难知晓一种化学物质在何时被用来保存食物，而在何时又成为食物本身不可或缺的组成成分。通常而言，这些化学物质在工业中被用于保存食品以供商业销售，因此，直到终端的使用者购买之前，这些化学物质除了保存食品外没有其他用途。在类目“工业用化学品……”的广义表述中，具体提及这些化学物质有助于避免将这些化学品错误地归于第二十九类和第三十类中。“工业用柠檬酸”（基础编号：010199）就是这类产品中一个佳例，它可以作为食品和饮料的防腐剂使用。柠檬酸属于第一类，其原因在于，虽然它不是食品或饮料中的营养成分或重要的味道成分，但直到食品或饮料被最终购买者消费，柠檬酸都可以起到保护食品或饮料的作用。

鞣料

皮革鞣制行业使用的“鞣料”（基础编号：010509）在第一类的类目中亦有被特别提及。尽管这些产品大多是纯化学制品，但将它们包括在第一类的类目中可以消除人们对分类的疑问。

工业用黏合剂

“工业用黏合剂”（基础编号：010002）明确了这类黏合剂的分类，因为对应项“文具用或家用黏合剂［胶水］”（基础编号：160265）属于第十六类。

《尼斯协定》第7版将第一类中存在问题的条目“末端破碎物用黏合剂”予以删除。这类黏合剂最常用于家庭，并被第十六类中的条目“文具用或家用黏合剂［胶水］”（基础编号：160265）所涵盖。然而，第一类中的这一条目给家用黏合剂的制造商带来了难题，家用黏合剂主要用于黏合末端破碎的物品，但它基本上与用于文具或其他用于简单家用的黏合剂是同样的产品。因此，申请人必须在第一类和第十六类中对发挥相同功能的相同产品提起申请。将该条目在第一类中予以删除可清楚地表明，所有与家用有关的黏合剂都明确属于第十六类。当然，用于工业的破碎物黏合剂（例如木工的重型木材黏合剂）与其他工业黏合剂都属于第一类。需要注意的是，其他黏合剂根据其具体用途属于各种其他的类别，例如，“假发粘贴剂（基础编号：030001）”属于第三类，“假牙黏合剂”（基础编号：050003）属于第五类，而且各种胶带或胶布属于除第一类以外的其他类别。但是，当黏合剂用于工业用途，或用于个人、医疗、家庭或文具以外的用途时，例如“墙砖黏合剂”（基础编号：010573），则属于第一类。

B. 注释

第一类主要包括用于工业、科学和农业的化学产品，也包括用于制造其他类别产品的化学产品。注释开头几乎使用了与类目中第一个组成部分相同的措辞。前文已经对此进行了详细讨论，所以无须对这一措辞作进一步解释。但是，后续的措辞超出了该类目的范围。“……包括那些用于制造其他类别产品的［化学品］”的表述，导致许多工业中使用的可能属于其他类别的原料都被归入第一类中，例如“琼脂”（基础编号：010029）、“纯碱”（基础编号：010100）、“食品工业用卵磷脂”（基础编号：010663）和“工业用卵磷脂”（基础编号：010664），以及“蛋白质［原料］”（基础编号：010452）。但是，若将这些材料归入其他类别，可能会使其在分类时遇到困难。在这些项目以原始状态进行分类时，将其归入其他类别没有实际意义。最好的解决方法是，将它们作为用于制造其他产品的化学材料归入第一类中。

本类尤其包括：

- 堆肥。

“堆肥”（基础编号：010622）是“一种高度腐烂有机物的混合物，用于土地的改良和调理”（Merriam - Webster's Online Dictionary，Copyright © 2017 by Meriam - Webster，Incorporated，以下简称“韦氏在线词典”）。虽然该项目与肥料有关，但它也与属于第三十一类的保护性农业覆盖物有关。通过在第一类的特定包含项中提及该项目，可以很明显地看出，该项目属于第一类。

本类尤其包括：

- 非食品用防腐盐。

因为许多食品防腐剂属于第一类，所以“非食品用防腐盐”（基础编号：010003）可能会引起混淆。本注释清楚地表明，食品用防腐盐仍然属于第三十类，因为它还为所保存的食物提供了一种营养或重要的味道成分。该分类因第一类的特定排除项“食物防腐盐”（基础编号：300014）而得到了巩固（见下文关于特定排除项的讨论）。但是，当盐用于保存食品以外的其他商品时，不应将其作为食品归于第三十类。因此，本注释的起草者认为，有必要利用本注释澄清：用于保存食品以外的其他物品的盐应当属于第一类，而当被用作食品防腐剂时，这种盐必须被归入第三十类。

本类尤其包括：

- 食品工业用添加剂（参见按字母顺序排列的商品分类表）。

在对食品添加剂和补充剂领域进行广泛研究后，该表述被增补至第10版中。专家委员会采取的立场是：用于食品生产，而非专门用于医疗或兽医用途的食品添加剂应属于第一类。在字母顺序表中，这些项目依据一些措辞得到了明确，例如“工业用”或“食品工业用”等，或在条目的方括号内加入了“原料”或“化学添加剂”。当这些条目被用于医疗或兽医用途时，第五类中存在许多与之相对应的条目；而当其用于烹饪时，即用于非工业食品制备时，第二十九类或第三十类中存在与之对应的条目。这类条目的示例包括：第一类中的“工业用藻酸盐”（基础编号：010564）、第五类中的“药用藻酸盐”（基础编号：050433），以及第二十九类中的“烹饪用藻酸盐”（基础编号：290116）。

本类尤其不包括：

- 天然树脂原料（第二类）。

在第一类的注释中，第一个特定排除项是“天然树脂原料”，或如字母顺序表所述的“未加工的天然树脂”（基础编号：020061）。该注释表明，（与所有其他特定排除项一样的）对该项目的正确分类是第二类。只有“未加工人造树脂”（基础编号：010455）和“未加工合成树脂”（基础编号：010455）才属于第一类（着重强调）。

本类尤其不包括：

- 医用化学产品（第五类）。

例如生物制剂或化学试剂等商品，如果是用于医疗或兽医用途，则属于第五类；若不是用于这些目的，则属于第一类。一般说来，这类产品如果不是用于医疗或兽医用途就是用于科学和研究领域。然而，它们也可以在工业领域用于制造其他产品。因此，字母顺序表中包括了例如第一类中包含的“非医疗或兽医用途”性质的产品。这就导致第一类中的项目的所涉用途广泛，同时，也适当地将第五类中类似项目的用途限制为第五类的特定用途。一般认为，医疗或兽医用途指的是诊断或临床用途，其中的化学品被用于识别个人或动物的特定状况。当这些相同的试剂被用于进行与在个体中诊断的疾病有关的研究时，它们被归入第一类。因此，用于诊断人类或动物疾病的化学产品属于第五类；而在实验室中用于理论研究目的的类似化学产品，包括用于对特定疾病的一般辨别，则属于第一类。

值得注意的是，本特定排除项使用“科学”这一术语，并不意味着用于科学研究的化学制剂就属于第五类。根据上述解释，在本注释的排除项中使用该术语，是指在医学中用于第五类用途的化学产品。如注释所示，这种化学制剂属于第五类，而用于科学研究或者其他非医疗、非兽医用途的化学产品则属于第一类。

本类尤其不包括：

- 杀真菌剂、除莠剂和消灭害虫的制剂（第五类）；
- 文具用或家用黏合剂（第十六类）。

在特定排除项中，接下来的两项分别是“杀真菌剂”（基础编号：050151）、“除莠剂”（基础编号：050204）和“杀害虫制剂”（基础编号：050289）（第五类），以及“文具用或家用黏合剂［胶水］”（基础编号：160265）（第十六类）。对于这两个项目，本书已在第一类的对应项中进行了讨论。

本类尤其不包括：

- 食品用防腐盐（第三十类）（基础编号：300014）。

第三十类的“食品用防腐盐”与“非食品用防腐盐”是完全相反的。后者是一个属于第一类的特定包含项，前文已对此进行了讨论。

本类尤其不包括：

- 草制覆盖物（第三十一类）（基础编号：310046）。

最后，“草制覆盖物”的分类在前文关于“肥料”的类目内容中已经讨论过了。

C. 补充评论

“人造增甜剂［化学制剂］”（基础编号：010607）

人造增甜剂本质上是化学物质，因此属于第一类。“糖精”（基础编号：

010114）本身就属于第一类；因此，很难将“人造增甜剂”归入第一类以外的其他类别。

“未曝光的感光胶片”（基础编号：010581）

“未曝光的感光胶片”属于第一类，因为第一类的类目详细列举了“用于……摄影的化学品”。感光胶片和其他相纸仅仅是感光化学品（photographic chemicals）的载体，当暴露在光线或其他化学品之下时，感光化学品就会被激活。

“原子堆用燃料”（基础编号：010087）

该项目属于第一类，因为它主要由放射性元素或化学物质组成。大多数燃料属于第四类，但由于该燃料产品成分的性质，它被作为化学品而归入第一类。

“油石灰［油灰］”（基础编号：010655）

该项目在先前版本的字母顺序表中属于第二类；但是，该产品应被视为一种水泥。此外，虽然它可能是以树脂为基础制作的，但它不像第二类中的树脂那样是天然树脂原料，而是经过加工后变成的油石灰成品。由于工业用黏合剂属于第一类，因此，将油石灰归入第一类比将其归入第二类更为合适。

“墙纸清除剂”（基础编号：010653）

在前几版的字母顺序表中，该项目属于第二类。由于这种类型的制剂不太适合第二类的类目，因此，有必要将其转移至其他类别。第一类是一个合适的选择，因为这个项目类似于第一类中的“清漆溶剂”（基础编号：010606）和“分离和脱胶用制剂”（基础编号：010232）。墙纸清除剂可以溶解将纸张粘贴到墙上的黏合剂，因此起到了溶剂的作用。

删除防驱虫剂化学品

该项目以前属于第一类，但目前字母顺序表已将其删除，代之以“个人防护用喷雾”（基础编号：130073），属于第十三类。参见有关该项目在第十三类中的讨论。

第二类

正式文本

类目

颜料，清漆，漆；

防锈剂和木材防腐剂；

着色剂；

染料；

未加工的天然树脂原料；

绘画、装饰、印刷和艺术用金属箔及金属粉。

注释

第二类主要包括颜料、着色剂和防腐制品。

本类尤其包括：

- 工业、手工业和艺术用颜料、清漆和漆；
- 服装染料；
- 食品和饮料用着色剂。

本类尤其不包括：

- 未加工的人造合成树脂（第一类）；
- 洗衣用上蓝剂（第三类）；
- 美容用染料（第三类）；
- 颜料盒（学校用文具）（第十六类）；
- 绝缘颜料和绝缘漆（第十七类）。

释义

第二类包括为装饰性或保护性目的制成的、涂在其他物品上的商品。这种性质的项目很少出现在除第二类以外的其他类别中。但是，当涂料不属于第二类的时候，有时很难辨别其正确分类。

A. 类目

颜料，清漆，漆

“颜料*”（基础编号：020001）、“清漆*”（基础编号：020003）和“漆”（基础编号：020115）是该类别的主要项目。所有常见的颜料、清漆和漆都属于第二类。内墙漆、外墙漆、绘画漆以及汽车漆都是属于第二类的油漆。第二类中“类目”这一部分包含的项目相对容易识别，因此不会出现较多问题。

防锈剂和木材防腐剂

防锈剂和木材防腐剂的分类比油漆的分类更为困难。在某种程度上，所有的颜料、清漆和漆都具有一定的保护或保存功能，有些油也是如此。因此，对于不属于第二类的防腐剂，字母顺序表对其性质规定得非常具体。实际上，这类防腐剂仅限于用于木材或用于防锈的防腐剂，例如“木材防腐剂”（基础编号：020049），或“防锈剂”（基础编号：020079）、“防锈油”（基础编号：020083），以及更为平常的“防锈制剂”（基础编号：020107）。根据防腐剂本身的性质，其他防腐剂可能出现在第一类、第三类或第四类（见下文关于特定排除项的讨论）。

第二类的类目清楚地表明，木材防腐剂（基础编号：020049）或防锈剂（基础编号：020079、020083和020107）很适合被归入本类。然而，字母顺序表指出，对木材或金属以外的其他物品起防腐作用的油漆和油可能属于第二类。字母顺序表将用于砖砌、水泥、混凝土、砖石和瓷砖的防腐剂（参见基础编号：010381、010196、010117、010380和010540）列于第一类中，如果防腐剂是油漆或油则不属于第一类。这些条目表明，用于砖砌的油漆或油质防腐剂属于第二类。但是，字母顺序表在第二类中不存在这些商品的具体清单，因此，只能推测以油漆或油的形式存在的防腐剂属于第二类。

在确定防腐涂层是否不应被视为第一类的化学成分，而应被视为第二类的颜料或防腐油时，依赖这种“通过排除确定分类”的方法会出现问题。由于第四类中加入了砖石建筑保护用油和皮革保护用油（参见基础编号：040055和040090），因此这种差异将使分类变得更为复杂。但是，防锈油脂和防锈油（参见基础编号：020079和020083）属于第二类，而不是与其他油和油脂一样属于第四类。混合到被保存项目组成部分内的防腐剂在分类时不存在这样的问题，因为它们不会被视为任何一种涂料。根据《尼斯协定》总言（General Remark）商品分类项下的规定，产品的分类原则上是依据其功能或用途确定的，所以必须着眼于该产品的主要用途。一些砖石防腐剂是添加到原材料中的化学物质，这些化学物质最终会变成水泥或砖。这些商品显然属于第一类。但是，随即又出现了应用于成品表面的防腐剂的分类问题。也许，我们可以在使物品保持原始状态的防腐剂（第一类）和防止物品受到外力腐蚀的防腐剂（第二类）之间划出一条界线。然而，这种区别无法解释为什么某些防腐剂属于第四类，而有些防腐剂属于第二类。属于第四类的防腐剂似乎是高度专业化的产品，最稳妥的做法还应当是将分类限缩为字母顺序表所列的内容。

着色剂

“着色剂”一词涉及的商品范围很广，但这些项目无一例外都属于第二类。除化妆染料外，所有的染料都属于本类。因此，尽管可能存在将“食品用着色剂”（基础编号：020005）归入某一食品所属类别的倾向，但将它们归入第二类中是合适的。

染料

《尼斯协定》确定的分类中涉及两种类型的染料，它们分别属于两个不同的类别：用于制备可接受染色物质的染料属于第二类；被用于蚀刻的染料属于第一类，因为其含有一种促进蚀刻过程的化学物质。对于不属于第二类的腐蚀剂，必须明确其用途，这就是为什么条目“金属腐蚀剂”（基础编号：010633）被说明为包含特定用途，以便其被正确地归入第一类。

未加工的天然树脂原料

“天然树脂原料”（基础编号：020061）主要用于生产生漆和清漆，因此是属于第二类的产品。“未加工人造树脂”（基础编号：010462）属于第一类，这是因为它们是主要用于制造塑料的纯化学品。

绘画、装饰、印刷和艺术用金属箔及金属粉

类目的最后一项——“绘画、装饰、印刷和艺术用金属箔及金属粉”，在类目中被予以特别列明，这是为了避免该项目中的金属在属于贵重金属时被错误地归入第十四类，在属于非贵重金属时被错误地归入第六类。因为它们被作为油漆使用，所以被合理地归为与油漆相同的类别。值得注意的是，第10版的字母顺序表删除了“银箔［叶子］”，因为根据类目和字母顺序表中更泛化的条目，该项目在逻辑上属于第二类。根据第二类中所包含的更广泛的条目，例如“用于绘画、装饰、印刷和艺术用金属箔”（基础编号：020092），类似“银箔［叶子］”这样的项目将被明确归入第二类。

B. 注释

第二类主要包括颜料、着色剂和防腐制品。

本类尤其包括：

- 工业、手工业和艺术用颜料、清漆和漆。

这是类目的正式文本中第二次出现“颜料、清漆和漆”的表述，这强调了颜料、清漆和漆是本类中最重要的商品。然而，添加“工业、手工业和艺术用途”的限定用语是很重要的。具体提及“工业”既不令人惊讶，也不构成问题。显然，工业中建筑或制造业领域使用的颜料、清漆和漆都是属于第二类的商品。然而，将“手工业和艺术”的表述包括在内颇具启发性。由于“绘画材料”和“画笔”（基础编号：160273）位于第十六类的类目中，因此可以合理地作出预期，供艺术家使用的颜料、清漆和漆也可以属于第十六类。尽管许多与颜料、清漆和漆一起使用的项目都属于第十六类，但在第二类的正式文本中这些商品的特定包含项明确了它们属于第二类。

本类尤其包括：

- 服装染料。

虽然服装染料显然应属于第二类，但该项目与本类中的其他着色剂不同，如果不在注释中明确列明就将其包括在第二类，可能会引起混淆。与第二类中的其他着色剂不同，这些着色剂只能覆盖物品的表面，或只能最低程度地渗透到被覆盖的物品中，而用于服装的染料对织物的渗透非常彻底，以致其可能会被错误地当作服装业使用的化学品或用于制造其他类别产品的化学品，而被归入第一类。该注释中的特定包含项消除了任何产生混淆的可能性。

本类尤其包括：

- 食品或饮料用着色剂。

正如服装染料可能会被错误地归入第二类之外的其他类别一样，用于食品和饮料的色素（基础编号：020005 和 020004）也可能会被错误地归入第二十九类或第三十类，因为它们渗入了被着色的食品或饮料内部，以致成了食品或饮料的一部分。注释明确将这些产品包含在内，因此应该不会再出现关于它们分类的问题。任何食品或饮料用着色剂，无论是供人类还是供动物食用，都被正确地归入第二类。食品或饮料用着色剂无论在成品中是多么不可或缺的一部分，都不应出现在第二十九类、第三十类、第三十一类、第三十二类或第三十三类中。

本类尤其不包括：

- 未加工的人造合成树脂（第一类）（基础编号：010462）。

将这些商品排除在第二类之外并将其归入第一类的问题，在前文第一类章节中已经讨论过了。因为未加工的天然树脂原料是第二类中许多商品的基本成分，所以只有未加工的天然树脂原料属于第二类。

本类尤其不包括：

- 洗衣用上蓝剂（第三类）。

尽管“上蓝剂（洗衣用）”（基础编号：030059）的清洁意义在于其着色特性，但它被认为是一种清洁产品，因此属于第三类。在过去，洗衣用上蓝剂被广泛用于将白色棉制品和亚麻布染成蓝色，这些棉制品和亚麻布曾在洗涤过程中因遇碱而变黄。因为洗衣用上蓝剂的目的并非使白色材料变蓝，而是用于抵消材料经过多次洗涤产生的不良副作用，所以该项目属于第三类，而不是与着色剂一起被归入第二类。

本类尤其不包括：

- 美容用染料（第三类）。

“化妆染料”（基础编号：030156）的专业化程度很高，并且仅限于一个使用领域，所以如果不把化妆染料与类似商品一同分类就会让人产生误解。因此，化妆染料与其他化妆品一起被归入第三类，而不是与其他染料一起被归入第二类。

本类尤其不包括：

- 颜料盒（学校用文具）（第十六类）（基础编号：160217）。

即使儿童在学校使用的颜料套装或颜料盒主要含有第二类中名为“颜料”的商品，颜料套装或颜料盒也不属于第二类。颜料盒之所以属于第十六类，是因为它们被认为是指导或教学用品。

本类尤其不包括：

- 绝缘颜料和绝缘漆（第十七类）。

几乎所有与绝缘有关的产品，包括绝缘漆和绝缘清漆（基础编号：170060和170057），都属于第十七类。通常情况下，它们可能以第二类项目中的油漆或清漆的形式存在，但并不能将这些绝缘产品从第十七类中剔除。

C. 补充评论

“墨水*”（基础编号：160142）

虽然将墨水归入第二类是合理的，但还存在一些属于第十六类的墨水。第二类的墨水是用于印刷或雕刻的“印刷油墨”（基础编号：020066）和用于对动物或皮革做标记的“动物打印记用墨”（基础编号：020067）。值得关注的是，“打印机和复印机用墨水（调色剂）”（基础编号：020121）属于第二类，因为它被认为是印刷油墨。属于第十六类的墨水是书写用油墨或办公用油墨，例如打字机或电脑打印机的墨带（ink ribbon）。

“打印机和复印机用已填充的鼓粉盒”（基础编号：020123）

如前所述，“打印机和复印机用墨水（调色剂）”（基础编号：020121）被包括在字母顺序表中，属于第二类；但是，单独将“打印机和复印机用已填充的鼓粉盒”（基础编号：020123）包含在内清楚地表明，即使墨盒中包装了鼓粉，鼓粉仍属于第二类。鼓粉盒的目的是提供鼓粉，而鼓粉是属于第二类的商品。“打印机和复印机用未填充的鼓粉盒”（基础编号：090720）属于第九类，因为它们被视为复印机或打印机的一部分，而不仅仅是其中所含墨水或鼓粉的载体。

“油石灰［油灰］”（基础编号：010655）

参见第一类C部分的讨论，该讨论就《尼斯协定》第9版中将本项目从第二类转移到第一类作出了解释。

“墙纸清除剂”（基础编号：010653）

参见第一类C部分的讨论，该讨论就《尼斯协定》第9版中将本项目从第二类转移到第一类作出了解释。

“油漆补片（可替换的）”（基础编号：020125）

此条目是指安装在小纸片或其他载体上的油漆样品，当考虑用何种颜色粉刷墙壁或其他表面时，可以使用这些样品。我们可以将这些油漆补片临时放置在将要粉刷的表面上，以显示采用该颜色时的效果。油漆补片虽然不会成为表面的永久性涂层，但它们属于第二类，这是因为它们与涂层产品的成品高度相关，不应被视为“印刷”了颜色的基质，以免对第十六类商品造成分类错误。

D. 2017 年《尼斯协定》第 11 版中发生的重大变化或增补

删除过时术语

《尼斯协定》第 11 版的许多类别删除了字母顺序表中的旧术语或过时术语。在第二类中，删除了“镀金”“黑色［着色剂或油漆］”和“白色［着色剂或油漆］”。

“可食用墨”（基础编号：020128）和“已填充可食用墨的打印机墨盒”（基础编号：020129）

这些项目指的是用于打印图片以及作为装饰品用于可食用物品（如蛋糕）的墨水。将可食用墨列入第二类清楚地表明，它的主要功能是作为一种印刷油墨使用。该油墨是可食用的，因为它们会被用于可食用的物品上，所以必须能够让人安全地摄入。但可食用墨不应作为食品被归入第二十九类或第三十类。与其他食品着色剂一样，可食用墨属于第二类。

第三类

正式文本

类目

洗衣用漂白剂及其他物料；

清洁、擦亮、去渍及研磨用制剂；

不含药物的肥皂；

香料，香精油，不含药物的化妆品，不含药物的梳洗用制剂；

不含药物的牙膏。

注释

第三类主要包括清洁制剂和不含药物的梳妆用制剂。

本类尤其包括：

- 人用或动物用除臭剂；
- 室内芳香剂；
- 梳妆用卫生制剂。

本类尤其不包括：

- 清洁烟囱用化学制品（第一类）；
- 生产加工用除脂剂（第一类）；
- 非人用、非动物用除臭剂（第五类）；
- 含药物的洗发水、肥皂、护发液和牙膏（第五类）；
- 磨石和砂轮（手工具）（第八类）。

释义

该类别可能是整个系统中规模最大、使用最频繁的类别之一。与化妆品、个人卫生（非医疗用途）和一般清洁或抛光有关的制剂属于第三类。当与这些领域密切相关的产品仅用于第三类的用途时，这些产品也属于第三类。

许多商品可以被归入第三类或完全不同的类别，这取决于商品是用于化妆还是盥洗的目的，或者是否用于其他一些非常特殊的目的。例如，凡士林若被指定用于化妆目的，则属于第三类（化妆用矿脂 基础编号：030109），若被指定用于医疗目的，则属于第五类（医用矿脂 基础编号：050339）。棉絮若被指定用于化妆目的，则属于第三类（化妆棉 基础编号：030066），若被用于包装目的，则属于第十七类（包装用棉绒［堵缝］基础编号：170032）。与这两个示例类似的、可以根据具体用途被归入多个类别的项目，应指明作为商品标识一部分的具体用途，以便证明其属于某个特定类别。

A. 类目

洗衣用漂白剂及其他物料

个人使用或用于清洁的漂白剂属于第三类。洗衣用漂白剂及其他物料在类目中被特别列明，这是因为它们极易被错误地归入其他类别。漂白剂可以被看作一种染料，这将导致其被归入第二类，或者作为化学脱色剂而被归入第一类。实际上，用作脱色剂或工业用途的漂白化学品已被正确地归入第一类。但是，因为洗衣皂和个人非药用皂显然属于第三类，所以其他清洁产品也应属于第三类。此外，用于清洁纺织品或类似纺织品（例如皮革）的漂白物质以及用于化妆的具有清洁功能的物料已被正确地归入第三类。

“其他用于洗衣的物料”也在类目中予以特别列明，因为这些商品的正确分类可能存在歧义。使用这些词语的目的在于澄清第三类中是否包括“洗衣用织物柔顺剂”（基础编号：030193）、“洗衣用上蓝剂”（基础编号：030014）、“洗衣用浆粉”（基础编号：030010）和“洗衣用蜡”（基础编号：030051）。这些物品可能会被归于第一类、第二类或第四类中，但从逻辑上讲，它们与其他主要用于洗衣的物料，包括非药用肥皂和洗涤剂一起，被更准确地归入第三类。

清洁、擦亮、去渍及研磨用制剂

第三类中最大的一类商品是清洁、擦亮、去渍及研磨用制剂。高腐蚀性清洁制剂的清洁性能以化学反应为基础，其属于第三类以外的类别，例如“清洁烟囱用化学品”（基础编号：010174）等产品属于第一类；高度专业化的医用清洁制剂，如“隐形眼镜清洁剂”（基础编号：050365）属于第五类。否则，清洁制剂一般属于第三类。此外，抛光制剂一般属于第三类，从“鞋油”（基础编号：030228）到“假牙用抛光剂”（基础编号：030198）的所有商品都属于第三类。洗涤和研磨用料都属于第三类，如“砂纸”（基础编号：030140）和“金刚砂纸”（基础编号：030084），因为它们与其他具有清洁性能的产品相似。值得注意的是，具有特定医疗目的的研磨材料和洗涤制剂属于第五类，例如“牙用研磨剂”（基础编号：050001）被正确地归入第五类。还应注意的是，只有研磨材料本身属于第三类。“和研磨剂配用的辅助液”（基础编号：010004）属于第一类，因为其本身并不能构成研磨材料。

虽然所有的清洁、擦亮、去渍及研磨用制剂都属于第三类，但与这些制剂一同使用的器具并未被包含在第三类中。一般而言，用于清洁目的的工具，例如刷子、布、“清洁用垫”（基础编号：210168）等均属于第二十一类（本书将在第二十一类中对该内容予以详细讨论）。

不含药物的肥皂

从洗衣皂到个人卫生用的不含药物的肥皂，几乎所有不含药物的肥皂都属于第三类。一些被确定为属于第三类的不含药物的肥皂包括“杏仁肥皂”（基础编号：030007）、“防汗皂”（基础编号：030163）、“除臭皂”（基础编号：030149）和“汗足皂”（基础编号：030143）。除非某项目一般不会被视为个人使用的不含药物的肥皂，例如属于第一类的“工业用肥皂（含金属）”（基础编号：010472），否则可将所有不含药物的肥皂归入第三类。

香料、香精油、不含药物的化妆品，不含药物的梳洗用制剂

本类目包括第三类中的其他主要商品。无论是用于动物还是人类，所有与个人护理和增效有关的物品都属于第三类。任何以不含药物的方式用于美化、修饰或以其他方式改善动物或人类的外表或状况的制剂，都属于第三类。一些可能被错误归入其他类别的项目包括：“假发粘贴剂”（基础编号：030001）、“染发剂”（基础编号：030040）、“胡须染料”（基础编号：030176）、“浮石”（pumice stones）（基础编号：030145）、“假睫毛”（基础编号：030042）和“假指甲”（基础编号：030136）。但这些商品仍然属于第三类。

此类目下的一个令人混淆的领域涉及“香精油”（essential oils）（基础编号：030100）、“醚类香精”（基础编号：030099）和“醚类油”（ethereal oils）（基础编号：030100）的正确分类。这三个产品具有相似的特点。它们通常是以油、脂肪或脂肪酸为基础的有机化合物，这些有机化合物体现了其衍生物质的一种特征，如味道或香味。醚类香精和醚类油包含可溶于乙醚的脂肪和脂肪酸。简而言之，它们是主要用于香水和调味品行业的有机物质。与不是由有机化合物构成的香精和油不同，这种有机物质是独一无二的，具有香精和油的特性。容易让人产生混淆的点在于对精华和醚类的通常定义的应用，而不在于这些术语的化学定义或技术定义。虽然“精华”通常是指一种基本或必需的物质，但“精油”指的是“一种有机化合物的精华”，这种有机化合物被定义为“一种具有植物特有品质的挥发性物质或成分……”（韦氏在线词典）。

当然，香精油是其来源植物的重要组成部分，但香精油这个术语的定义更具有技术性。与之类似，醚类（ethereal，也有“空灵”“缥缈”之意）通常被认为是指超凡脱俗或缺乏物质实质的事物。然而，在醚类香精或醚类油的语境下，该术语指的是与醚类结合或可以与醚类结合的有机化合物。这些产品的生产者当然知道其产品是应被视为“精华”还是“醚类”，如果存在任何疑问，生产者应该对产品性质予以具体说明。字母顺序表中的精油产品包括“杉木精油”（基础编号：030037）、“香橼精油”（基础编号：030226）、“香柠柑油”（基础编号：030021）、“八角茴香香精”（基础编号：030015）和“萜烯烃［香精油］”（基础编号：030159）。

一旦某种产品被认定为精油或醚类油后，无论其用途如何，都必须被归入第三类。因为大多数与香水有关的物品都属于第三类，所以除非是为了确保商品本身定义的准确性，香水行业中存在的混淆情形并不会特别严重。然而，分类在调味品行业中的确出现了问题。因为属于醚类香精与醚类油的调味品被归入第三类，而那些不属于醚类香精与醚类油的调味品被归入第三十类。在描述第三十类商品时应避免使用“非香精油制成”这一术语，因为从技术意义上讲，这不是对“精油”一词的准确使用，而且会加剧因使用术语“香精油”的一般定义而引起的混淆。第三十类更贴切的名称应该是“除香精油以外的”。根据商品性质的规定，可以在第三类或第三十类中确定其适当的所属分类。

不含药物的牙膏

牙膏的基本成分是研磨材料、黏合剂、表面活性剂和保湿剂。这些成分都不具备医疗或药用用途。牙膏中的研磨材料可以去除牙齿表面的杂质、牙垢和牙菌斑。表面活性剂降低了两种液体或液体和固体之间的表面张力，从而形成一种具有黏性、一致性的成分混合物。保湿剂能使物体保持湿润。黏合剂确保其他所有成分能保持为一个紧密的整体，不会分离为各个组成部分。

因此，不含药物的牙膏通过摩擦或磨损牙齿表面来实现清洁功能，从而去除可能导致牙齿损坏和腐烂的有害元素。虽然许多牙膏还含有诸如氟化物之类的药物成分，但第三类中不含药物的牙膏是通过磨损来实现清洁功能的。如字母顺序表中的条目“研磨材料*”（基础编号：030165）所示，研磨材料一般属于第三类。应当注意的是，此条目中包含星号（*），这表示除第三类以外，在其他类别中还存在其他研磨材料。一种不属于第三类的研磨材料是第五类中的“牙用研磨剂”（基础编号：050001）。这种研磨材料是供牙医使用的，通常比第三类的研磨材料更为坚固，因此对牙齿表面的侵入性也更强。它们也可能以牙科工具的形式被用于锉削牙齿表面，这种锉削方式比实际使用的牙科锉削工具产生的侵入性小，但比第三类的研磨材料更能穿透牙齿表面。与不含药物的牙膏一样，“非医用漱口剂”（基础编号：030031）也属于第三类。

B. 注释

第三类主要包括清洁制剂和不含药物的梳妆用制剂。

本类尤其包括：

- 人用或动物用除臭剂。

“人用或动物用除臭剂”（基础编号：030180）在注释中被特别列明为包含在第三类中的商品，因为用于其他目的的除臭剂被明确包含在第五类中。第五类包括卫生制剂，虽然用于人类或动物的除臭剂很容易被视为卫生制剂，但将其归于第三类更为合理，因为它们更多地被认为是梳妆用品，而不是卫生制剂。“防汗剂［化妆品］”（基础编号：030162）也属于第三类。

本类尤其包括：

- 室内芳香剂。

在注释中明确列入“室内芳香剂”，以及在字母顺序表中明确列入“空气芳香剂”（基础编号：030215）的条目，是为了将只影响房间空气的制剂（完全属于第三类）与用于除臭或净化空气的制剂区分开来。这种空气除臭剂和空气净化剂（基础编号：050401 和 050005）属于第五类，因为它们提供的卫生净化功能已经超出了仅使空气变得芬芳的用途。增香（fragrancing）是第三类商品的一种功能，正如该类别的字母顺序表和类目中包含的术语“香料”（基础编号：030141）所表述的那样。

本类尤其包括：

- 梳妆用卫生制剂。

此条目包括“汗足皂”（基础编号：030143）等产品。另见第五类中关于类目“医用卫生制剂”的讨论。需要注意的是，厘清被认为是梳妆用卫生制剂与医用卫生制剂之间的区别是很重要的。

本类尤其不包括：

● 清洁烟囱用化学制品（第一类）。

如上所述，“清洁烟囱用化学制品”（基础编号：010174）属于第一类而不是第三类，因为根据其化学成分，这些商品的清洁作用具有腐蚀性。这种制剂的目的在于清洁烟囱中因反复起火而积聚的烟灰和其他物质。尽管工业强度的清洁剂属于第三类，但该项目超出了那些清洁剂的范围。清洁烟囱用化学品更类似于“防水垢剂”（基础编号：010073）或“去光材料”（基础编号：010238），两者都属于第一类。由于其偏离了第三类清洁剂的既定分类，因此注释对其予以特别列明。

本类尤其不包括：

● 生产加工用除脂剂（第一类）。

与用于清洁的除脂剂不同，“生产加工用除脂剂”（基础编号：010231）属于第一类而非第三类，因为在制造过程中，除脂剂并非用于清洁用途。相反，它是制造过程的一部分，使制造过程得以向前推进。在制造过程中使用除脂剂可能有许多原因，但用于清洁通常不属于其中之一。除脂剂可使制造过程中某一成分更容易与其他成分相结合，或通过增加摩擦使物品的制造过程变缓，从而让某些程序更容易执行。

本类尤其不包括：

● 非人用、非动物用除臭剂（第五类）。

作为第三类中特定包含项“人用或动物用除臭剂”（基础编号：030180）的对应项，非人用、非动物用除臭剂（基础编号：050119）被明确排除在第三类之外。这些商品被正确地归入第五类，其原因如下：首先，它们不是梳妆用制剂。其次，非人用、非动物用除臭剂通常具有杀菌或消毒的作用，将具有这些功能的商品归入第五类是正确的。因此，用于垃圾桶、室内空间（居住场所或办公场所）的除臭剂、汽车除臭剂，以及其他非人类或动物用除臭剂均属于第五类。

本类尤其不包括：

● 含药物的洗发水、肥皂、护发液和牙膏（第五类）。

这一特定排除项被添加至字母顺序表第 11 版的注释中，它代表着尼斯联盟在分类政策方面一个非常重大的变化。在字母顺序表的前几个版本中，无论是否含有药物，所有的洗发水、肥皂、护发液和牙膏都属于第三类。造成这一现象的根本原因在于，所有的洗发水、肥皂、护发液和牙膏主要被用作梳妆用品或清洁制剂，仅有附带的医疗性质。此外，接受这一变化将要求对字母顺序表中所有可能具有医疗或非医疗用途的项目进行规范和双重分类。经过多年对这种存在问题的分类模式的不断纠正，《尼斯协定》第11版和字母顺序表将这些项目分为第三类（如果其不含药物）和第五类（如果其含有药物）。对于第三类和第五类的类目、注释和字母顺序表条目中长期存在的歧义而言，这一澄清是一个广受认可的解决方案。

本类尤其不包括：

- *磨石和砂轮（手工具）（第八类）。*

因为磨料属于第三类，所以将其他磨料归于第三类是合理的。虽然“磨刀石”（基础编号：080003）和“砂轮［手工具］”（基础编号：080201）具有研磨的特性，但是它们属于较大的设备，因此第三类的排除项对此进行了明确规定。磨刀石和砂轮以及其他研磨设备都属于工具，如果是手动操作的，则属于第八类。另外，“砂纸”（基础编号：030140）不属于设备，它主要是一种片状的磨料，如类目所述，它被正确归入第三类。

C. 补充评论

脱脂剂

第三类中的包含项“非生产过程中用的脱脂剂”（基础编号：030077）可能会引起混淆，因为第三类特别排除了生产加工用除脂剂。如前所述，该除脂剂属于第一类，因为生产加工过程中使用的除脂剂通常会与制造过程的原材料混合在一起。与清洁剂所起的作用不同，除脂剂通过引起化学反应让制造过程得以进行，除脂剂是过程本身的一部分。属于第一类的除脂剂是指具有除脂特性的工业化学品，而并非清洗剂。

成套化妆品

字母顺序表中的成套工具很少，但是，第三类中包含一种名为“成套化妆品”的成套工具（基础编号：030064）。虽然成套化妆品可能含有不属于第三类的项目，但这类成套工具中的大部分商品都是属于第三类的商品。这种成套工具含有“肥皂*”（基础编号：030012）、“护肤用化妆剂”（基础编号：030142）、“化妆品”（基础编号：030102）、“化妆品清洗剂”（基础编号：030078）和“洗发液*”（基础编号：030134）或其他护发制剂。所有这些商品都属于第三类。《尼斯协定》专家委员会没有要求申请者必须列举这些成套工具中所包含的单个商品，而是决定接受不明确的术语“成套化妆品”，因为其有理由相信这些成套商品主要含有属于第三类的商品。

金刚砂制品

根据这些商品具备的研磨属性，“金刚砂”（基础编号：030094）、“金刚砂布”（基础编号：030086）和“金刚砂纸”（基础编号：030084）属于第三类。然而，具有类似研磨性质的指甲护理用品，例如“金刚砂锉”（基础编号：080257）、“指甲锉”（基础编号：080168）、“拔钉钳”（基础编号：080074）、“剪刀*”（基础编号：080040）和“指甲抛光器具（电或非电）”（基础编号：080214）属于第八类，因为它们被认为是手工具。

浮石

作为磨料的“浮石”（基础编号：030145）也属于第三类。因为浮石具有作为磨料以外的其他用途，所以将这些商品的条目作为非金属建筑材料以适当的限定语言包含在第十九类中，可能会有所帮助。但是，在向专家委员会提出这项建议并在其通过之前，必须假定第三类的浮石是因其研磨性质而被使用的，用于其他目的的浮石应属于其他类别。

“假发”（基础编号：260043）

“假指甲”（基础编号：030136）和“假睫毛”（基础编号：030042）属于第三类，“假睫毛粘胶”（基础编号：030178）和“假发粘贴剂”（基础编号：030001）也属于第三类。上述这些商品似乎都是理所当然的化妆品。然而，“假发”（基础编号：260043）和其他美发的工具，例如“发针”（基础编号：260041）和“发网”（基础编号：260042）都属于第二十六类，尽管将假发与其他人造化妆物一起列入第三类，而将这些工具和其他个人固定装置一起归入第二十六类似乎更为合理。也许是因为假发的含义超越了其他简单的化妆品，专家委员会决定将假发从第三类中排除。不论分类背后的理由为何，重要的是，需谨记假发属于第二十六类而非第三类。

“口气清新喷雾”（基础编号：030204）

口气清新喷雾既可以属于第三类，也可以属于第五类。一方面，它是一种清洁剂，在某种意义上它可以清洁或清新口气；另一方面，清洁或清新口气的过程往往涉及杀灭细菌，这项功能通常由属于第五类的项目所有。第三类中其他与口气清新喷雾类似的商品还有“非医用漱口剂”（基础编号：030031）和“牙膏*”（基础编号：030079）。因此，口气清新喷雾与类似商品均属于第三类。

“干洗剂”（基础编号：030205）

干洗剂主要由化学品组成。然而，干洗剂的目的在于清洁，这也是第三类商品的主要特征。为了避免对这些商品产生混淆和分类错误，干洗剂在第三类中被特别予以列明。

“用于清洁和除尘的罐装压缩空气”（基础编号：030209）

此项目之所以属于第三类，是为了避免将其错误地归入第一类甚至第二十一类。第一类是该项可能属于的类别，因为“空气”是一种化学气体的混合物，所以罐装压缩空气可以被认为是一种化学产品。该项也可能被归入第二十一类，因为它可以作为清洁布或清洁刷的替代品，二者都属于第二十一类。然而，当空气被推出加压罐时，空气本身就起到了清洁剂的作用。因此，这类物品被正确地归入第三类。

“牙用漂白凝胶”（基础编号：030210）

这些商品被明确归入第三类中，以避免其被错误地归入第五类。虽然牙用漂白凝胶不像牙膏那样能起到清洁牙齿的作用，但是牙用漂白凝胶与这些商品具有逻辑上的相关性。牙用漂白凝胶并非含有药物的牙科产品，因此不应被归入第五类。如上所述，牙用漂白凝胶作为漂白剂的功能使它们具有属于第三类商品的资格。第11版字母顺序表将“牙齿美白贴”（基础编号：030235）增加至第三类中，强调了牙齿漂白凝胶的所属类别为第三类。

“祭祀用香”（基础编号：030213）

明确将祭祀用香归入第三类的做法避免了将其归入其他类别而会产生的混淆。祭祀用香最常用于宗教目的，然而，尼斯分类中并不存在关于宗教用品的特殊类别。祭祀用香本质上是一种香，因此该条目属于第三类，因为目前“香”（基础编号：030095）和“干花瓣与香料混合物［香料］”（基础编号：030203）都位于第三类中。这些项目都会向空气中释放一种香气，因此它们都被归入香水产品所适合的第三类中。

转移“浸清洁剂的清洁布”（基础编号：030211）的所属类别

将浸清洁剂的清洁布从第二十一类转移至第三类是非常重要的。第二十一类是清洁布的所属类别，然而，当布料中浸渍有清洁物质时，将它与其他清洁物质一同分类是有意义的。当然，使用预先饱和的布料（pre－saturated cloth）可能比把清洁物质从容器中倒在布上更容易，但购买浸清洁剂的清洁布的原因在于其所具备的清洁性能，而不是它是一块布。因此，第三类是更适合该项目的类别，将该项目转移至第三类是合理的。

“洗碗机用催干剂”（基础编号：030214）

虽然如前文第一类的内容所述，洗碗机用催干剂由不同的化学品构成，但是并不能把由化学品制成的制剂强行归入第一类。洗碗机用催干剂就是这一明显悖论的一个典型示例。这些催干剂的最终用途只是洗碗机所提供的清洁和抛光功能的一部分，化学品的组合效果超过了第一类中其他化学品所产生的影响。因此，洗碗机用催干剂的成品根据其作为清洗剂的功能，归入第三类中是合适的。

D. 2017 年《尼斯协定》第 11 版中发生的重大变化或增补

将第三类中不含药物的个人清洁或梳妆用品与第五类中含有药物的清洁或梳妆用品分开

如上所述，有关这些商品的分类实践，即使不是革命性的，也是一次重大进步。这种新模式完全符合《尼斯协定》将类似商品归于同一类别的目的。以前，无论其中是否含有药物，将所有肥皂、化妆品、护发液、牙膏和其他梳妆用品以及个人护理用品都纳入第三类的做法，违反了《尼斯协定》的总体分类方案。因此，从《尼斯协定》第 11 版及其字母顺序表生效开始，用于清洁皮肤的肥皂将被归入第三类，用于治疗痤疮的肥皂将被归入第五类。所有可药用或不可药用的项目都将遵循这一模式，即其分类取决于其所含的特定成分。

第四类

正式文本

类目

工业用油和油脂；

润滑剂；

吸收、润湿和黏结灰尘用合成物；

燃料（包括汽油）和照明材料；

照明用蜡烛和灯芯。

注释

第四类主要包括工业用油和油脂、燃料和照明材料。

本类尤其不包括：

- 特定类别的工业用油和油脂（参见按字母顺序排列的商品分类表）。

释义

第四类是一个相当简单的类别。它主要包含机油、润滑脂和润滑剂，以及燃料和非电力照明材料，例如蜡烛。该类别还包括润湿和黏结用合成物。

A. 类目

工业用油和油脂

只要对“工业”一词予以适当的注意，类目中的这一条目就变得非常直白了。油和油脂可能属于其他类别，但那些具有一般工业用途的油和油脂通常属于第四类。具有特殊用途的油通常不属于第四类，因为有特殊用途的油很容易被归类。例如，“清洁用油”（基础编号：030117）和“制香料香水用油”（基础编号：030118）属于第三类，“保存食品用油”（基础编号：010348）和“鞣革用油”（基础编号：010350）属于第一类，“鱼肝油”（基础编号：050150）和其他“药油”（基础编号：050167）属于第五类。

然而，一般工业用油和具本质功能的油都属于第四类。此类油的例子包括“皮革保护用油脂”（基本编号：040086）、“砖石建筑保护用油”（基本编号：040055）、“绘画用油”（基本编号：040102）和“脱膜油［建筑］”（基本编号：040036）。这些油的使用是基于它们的特性，而不是因为它们具备更适应于其他类别的功能。“清洁用油”（基本编号：030117）和“皮革整理用油”（基本编号：010601）分别属于第三类和第一类，而不属于第四类，因为它们是否属于油对这些商品的效用并不起决定作用。第四类中的油之所以属于这一类，就是因为它们发挥了油的本质功能。保护皮革的油之所以能发挥效果，恰恰因为它们是油，而不是因为这种物质恰好是以油的形式存在，具有保存皮革的附加属性。尽管字母顺序表将许多其他种类的防腐剂归至其他类别，但具有保护（防腐）功能的油和油漆显然不属于这些“其他类别”，因为其本身是油而起到保护（防腐）作用的油属于第四类，而具有防腐功能的油漆属于第二类。

大多数油脂属于第四类。对油脂进行正确分类甚至比对油进行分类更为简单。不属于第四类的油脂具有高度专业化的功能，比如第三类中的“化妆用油脂”（基础编号：030111）以及第五类中的“医用油脂”（基础编号：050163）或“兽医用油脂”（基础编号：050164）。

润滑剂

与油和油脂不同的是，很少有润滑剂属于第四类以外的其他类别。大多数“润滑剂”（基础编号：040063）因为具备了润滑性能而得到了广泛使用，“工业用矿脂”（基础编号：040047）属于第四类，但是，“化妆用矿脂”（基础编号：030109）属于第三类，而“医用矿脂”（基础编号：050339）属于第五类，这是有道理的，因为矿脂具有高度专业性，不属于第四类。因此，除非润滑剂具有非常特殊的用途，否则其通常都属于第四类。

吸收、润湿和黏结灰尘用合成物

虽然类目中的这一条目可能看起来十分具体，但如果离开这种表述，确定这些商品的正确分类将变得十分困难。“清扫用黏结灰尘用合成物”（基础编号：040012）就是这类商品的示例之一。具有类似组合或吸尘功能的商品通常具备与第四类中其他商品相似的特性。例如，油和油脂会导致灰尘聚集在其涂抹之处。虽然黏结合成物不一定是油或油脂，但以类似油或油脂的方式执行了这一特定功能的事实，解释了它们被归入第四类的原因。显然，不存在其他比本类别更合理的类别。

由于黏结合成物的构成成分不仅仅是化学物质，因此第一类并非可替代分类。虽然它们可以实施清洁功能，但该功能并非基于其所固有的清洁特性，所以第三类并不适合这类商品。此外，吸收、润湿和黏结灰尘用合成物的目的可能根本不是清洁，而仅仅是用于防止灰尘飘浮到空气中或渗透到机械或其他仪器上造成严重损坏。第四类明确包括了“吸收、润湿和黏结灰尘用合成物”，这也证明了将该项目归于本类是合适的。

燃料（包括汽油）和照明材料

相较于上述与粉尘有关的成分，本类目中的这一条目更加易于理解。“燃料”（基础编号：040025）和照明材料一般由油和油脂制成，有时甚至由润滑剂制成。所以，将这些商品包括在本类中是合理的。从“木柴”（基础编号：040013）和“泥炭”（基础编号：040024），到“汽油”（基础编号：040051）和“苯燃料”（基础编号：040082），几乎所有燃料都属于本类。非电力照明材料的分类也是如此。燃料和照明材料之间界限非常明确，但这对于分类而言并不重要，因为它们都属于本类。一些与燃料和照明材料有关的商品也被归入本类。“点火用木片”（基础编号：040006）或“点火用纸捻”（基础编号：040005）和“引火物”（基础编号：040007）属于第四类。燃料和照明材料是本类中最易于分类的商品。

照明用蜡烛和灯芯

“蜡烛”（基础编号：040015），紧随在燃料和照明材料之后，属于第四类。似乎根本没有必要将此项目包含在类目中，因为其位置在前面的类目项中已经非常明确了。然而，因为第十一类的类目提及了“照明设备”的表述，所以对蜡烛的分类可能会产生混淆。从逻辑上讲，蜡烛可以被认为是照明设备，正如“照明用提灯”（基础编号：110041）被正确地归入第十一类一样。这些商品之间的区别及其具有分类差异的原因在于，蜡烛是不可拆分的。事实上，蜡烛是由能使其发光的燃料组成的，即“蜡［原料］”（基础编号：040027）。而灯是一个装置，一旦在灯中添加了属于第四类的燃料，例如“煤油”（基础编号：040059），灯就能提供照明，从而带来光亮。因此，将蜡烛归入第四类是恰当的，其不属于第十一类。

照明用灯芯被特别包含在此类目中，将其作为绳子或线归入第二十二类也是合理的。因此，出于明确性考虑，在类目中包含灯芯是很有帮助的。除了“蜡烛芯”（基础编号：040046）外，本类目还包括“灯芯”（基础编号：040061）。需要注意的是，本类目在2001年《尼斯协定》第8版中得到了修订，从而澄清了属于本类的灯芯是以照明为目的的，这样它们就不会与用于其他目的的绳子产生混淆。在之前的《尼斯协定》第7版中，本类目只是简单地表述为“蜡烛，灯芯”，因此，第8版引入的这个类目表述更为清晰。

B. 注释

第四类主要包括工业用油和油脂、燃料和照明材料。

本类尤其不包括：

- 特定类别的工业用油和油脂（参见按字母顺序排列的商品分类表）。

值得关注的是，作为初步评论，第四类的注释未列明任何特定包含项。这可能是因为本类目对商品的描述十分具体，并提供了几乎所有必要的信息，以确保分类正确。本类中唯一一个排除项表明，存在许多不属于第四类的专用油和润滑脂。如“绝缘油”属于第十七类；香水、精油和醚类香精油属于第三类；食用油，例如植物油、大豆油、红花油和菜籽油属于第二十九类。然而，如上所述，大多数工业用油和油脂依据其本身特质被正确地归入第四类。

C. 补充说明

“切削液”（基础编号：040101）

切削液属于第四类，因为它们在金属切削行业中是被作为润滑剂使用的。切削液也可以属于第一类，但因为其主要用途是润滑，所以更适合被归入第四类。

“传动带防滑剂”（基础编号：040009）

在第四类中出现传动带防滑剂似乎是反常的，因为与本类中的其他商品（例如油、油脂和润滑剂）不同，这些制剂的目的在于防止打滑，而非润滑。这些商品通常被用于制造过程和传送带，以防止产品从履带或引导它们的辊子上滑落。传送带防滑剂属于第四类，因为没有其他类能更好地容纳该制剂的类别，所以该制剂被收录在第四类中。

当然，传送带防滑剂与本类中的其他的润滑剂存在关联，这很可能是专家委员会将这些商品归入本类的原因。

“蜡”（基础编号：040027）

作为原料，蜡属于第四类。因为许多其他的蜡产品属于其他各种类别，所以应当注意，只有原始状态下的蜡才属于本类。鞋匠的鞋线蜡、除汗毛用蜡、洗衣用蜡、胡须用蜡和抛光蜡（基础编号分别为：030050、030097、030051、030052 和 030054）属于第三类，“树木嫁接用蜡”（基础编号：010198）属于第一类，“封蜡”（基础编号：160055）属于第十六类，“滑雪板用蜡”（基础编号：280063）属于第二十八类。但是，作为原材料的蜡属于第四类，这是因为蜡可以用作润滑剂或燃料（参见前面有关蜡烛的讨论），将蜡归入本类是合理的。

“火柴”（基础编号：340001）

火柴不属于第四类。将其归为本类也是有道理可寻的，因为火柴是照明材料。将火柴归于第十三类也是合理的，因为它是通过小爆炸点燃的。但火柴并不属于这两个类别，而是被归入第三十四类，这是因为火柴与其他吸烟者的物品关系密切。

“香味蜡烛”（基础编号：040105）

之所以将香味蜡烛纳入字母顺序表中，是为了避免将其错误地归入第三类。由于香味蜡烛能散发出香气，因此将有香气的蜡烛归于第三类是符合逻辑的。但是，香味蜡烛本质上还是蜡烛，应与第四类中的其他蜡烛一起分类。对香薰蜡烛进行分类的基本原理与第十六类中对“抽屉用衬纸（有或没有香味）”（基础编号：160344）的分类原理类似。购买抽屉用衬纸是为了实施某个特定功能，如果其是由纸制成的，则属于第十六类。如果抽屉用衬纸有芳香气味，这是额外能令人愉快的好处，而包含芳香气味并不会减损它们在第十六类中为抽屉做衬里的主要用途。

“电能”（基础编号：040106）

对电能的分类一直以来都存在争议。主要问题在于确定电能是否应当被定义为一种商品。虽然电能不是用盒子或其他任何传统的容器包装的，但它是一种经常被买卖的商品。另外，一旦人们同意将电能视为商品，那么应当如何确定它的适当分类呢？有人认为，可将其归入第一类。即使电能不是一种化学产品，它似乎在各种情况下也都具有化学作用。

经过多次辩论，字母顺序表最终将电能纳入其中，并将其归入第四类，因为电能一般是一种燃料。正如《尼斯协定》第 2 条所言，如果《尼斯协定》的签署国对字母顺序表中的条目存在任何法律、概念或道德方面的问题，其无义务在提交给该国商标注册管理机构的商标申请中接受这些商品或服务。因此，可以通过逐个国家分别认可的方式，将电能承认为一种商品。但是，如果一个国家认为电能是一种商品，则必须依照字母顺序表将其归入第四类。

D. 2017 年《尼斯协定》第 11 版中发生的重大变化或增补

将化学品转移至第一类，并澄清了第四类中的化学燃料

依据在燃料中的使用情况，可以确定第四类中存在许多化学品。但是，第四类未将基本化学名称包含在内。所以“二甲苯”（基础编号：010712）、“混合二甲苯”（基础编号：010711）和“粗制苯”（基础编号：010714）在《尼斯协定》第 11 版字母顺序表中被转移至第一类。第四类增加了“二甲苯燃料”（基础编号：040113）和“苯燃料”（基础编号：040112）。值得注意的是，“石油挥发油”（benzine）（基础编号：040110）一直位于第四类中，不应将其与“苯”（benzene）相混淆。但是，石油挥发油已经从基础编号 040043 中删除，该编号现在表示“汽油”。石油挥发油是作为燃料使用的，因此将其归入第四类是合理的，但石油挥发油的性质与汽油不同，所以石油挥发油目前是基础编号 040110 下的一个单独条目。

第五类

正式文本

类目

药品、医用和兽医用制剂；

医用卫生制剂；

医用或兽医用营养食物和物质，婴儿食品；

人用或动物用膳食补充剂；

膏药，绷敷材料；

填塞牙孔用料，牙科用蜡；

消毒剂；

消灭有害动物制剂；

杀真菌剂，除莠剂。

注释

第五类主要包括药品和其他医用或兽医用制剂。

本类尤其包括：

- 除梳妆用制剂以外的个人保健用卫生制剂；
- 婴儿和失禁者用尿布；
- 非人用、非动物用除臭剂；
- 含药物的洗发水、肥皂、洗剂和牙膏；
- 膳食补充剂，为正常饮食提供补充或有益健康的；
- 医用或兽医用代餐物、营养食物和饮料；
- 医用无烟草香烟。

本类尤其不包括：

- 梳妆用不含药物的卫生制剂（第三类）；

- 人用或动物用除臭剂（第三类）；
- 矫形用绷带（第十类）；
- 非医用、非兽医用的代餐物、营养食物和饮料（第二十九类、第三十类、第三十一类、第三十二类或第三十三类）。

释义

A. 类目

第五类商品的类目相当全面，有助于确定类别中所包含的商品。

第五类中的大多数项目都落入了类目第一个短语的范围内，即“药品、医用和兽医用制剂”。虽然在字面上看可能并不明显，但第五类中的大部分商品都源于这一短语。

药品、医用和兽医用制剂

在《尼斯协定》第11版中，术语“医用”已被增补至类目的第一个条目中。这一增补明确了本质上不被认为是药品或兽医用制剂，但仍被认为是医用制剂的制剂属于第五类。如“医用生物制剂”（基础编号：050305）属于医用制剂，但其不被视作药品。所以，在类目中包含“医用”消除了模糊之处，例如这些产品属于第五类。需要注意的是，字母顺序表也收录了“兽医用生物制剂”（基础编号：050361），该项目明确被列于类目“兽医用制剂”的表述下。

还需注意的是，该项目必须是制剂，而非用于药品、医用或兽医领域的装置或仪器，这些装置和仪器一般属于第十类。此外，该制剂必须以药品、医用或兽医用为目的。如果某个项目符合“制剂”的定义，并被用于上述三种用途之一，则其属于第五类。

在确定是将测试制剂归入第一类还是第五类时，可能会出现问题。例如，“医用或兽医用化学试剂”（基础编号：050364）属于第五类，而被用于理论实验室测试或研究的“非医用、非兽医用化学试剂”（基础编号：010178），则属于第一类。因为化学试剂所涉产品范围广泛，所以这种区分并不难以适用。此处讨论的化学试剂要么具备医疗用途或兽医用途，要么不具备这些用途。商品的用途决定了其所属分类。

第五类“医用诊断制剂”（基础编号：050330）和第一类“非医用、非兽医用诊断制剂”（基础编号：010243）之间的差别更加难以确定。“诊断”一般涉及评估或分析；但有时诊断是出于研究或理论目的而进行的，有时又是为了确定特定个人或动物的疾病或症状，这就体现出了“诊断”的区别。在研究实验室或理论背景中用于诊断的制剂被适当地归入第一类，而在临床医疗中用于诊断确定特定个体是否存在某种疾病或症状的制剂被正确地归入第五类。与医学或兽医学症状无关的辅助制剂明显属于第一类，比如判断制冷系统制冷剂是否泄漏的制剂就属于第一类。

医用卫生制剂

作为梳妆用品使用的卫生制剂属于第三类，这些商品是指用于清洁或卫生的商品，而不是用于医疗用途的商品。这些商品包括“肥皂*”（基础编号：030012）、“洗发液*”（基础编号：030134）或“人用或动物用除臭剂”（基础编号：030180）。第五类中具有医疗用途的卫生制剂不仅用于简单的清洁：它们内含药物，还可用于杀菌或消毒——这是所有第五类商品所具备的特征。所以第三类中的许多项目标有星号（*），包括肥皂和洗发液，因为基于《尼斯协定》第11版的修订，药用的肥皂和洗发液属于第五类。

医用或兽医用营养食物和物质，婴儿食品

本类目中包含的下面这些项目可能会导致属于第五类的商品与属于第二十九类至第三十二类的食品和饮料之间产生混淆。特别用于营养用途的人类食品属于第五类，并且应当在商品说明中注明其用于医疗用途。为了达到营养的目的，食品必须符合特定的医学需求，并且往往要在医生的监督下服用。糖尿病患者的食物属于第五类，因为这些食品是高度专业化的，必须出于医疗目的而服用。但是，那些仅仅因为热量、含糖量、脂肪含量或含盐量较低，未被指定用于治疗某种疾病，并且在任何商店中都可轻易购得的食品不属于第五类。对于那些通常被划归为传统食品类别之一（即第二十九类、第三十类、第三十一类或第三十二类），但也与健康存在关联的食品或饮料，可以对其特征进行指定，如“低脂”。字母顺序表中的一个示例是“低脂土豆片”（基础编号：290176）。假设第二十九类至第三十二类的商品显示出与健康有关的特征，但在说明书中不包括“用于医疗目的”的表述，那么该食品对健康的影响不会上升到“医用……营养食物”，即第五类所要求的标准。另外，因为第五类的食品特别适用于医疗用途，若非如此，则其可能属于传统食品所属的类别之一，所以，这类食物必须在商品说明中表明其适用于医疗用途。因此将“低盐食物，即面包”归入第三十类是合适的。但诸如“低盐食物”，甚至是“非医疗用途的低盐食物”之类的标注在第三十类或其他任何食品类别中都是不可接受的，因为其过于模糊和宽泛，这种表述可能涵盖第二十九类或第三十类的食品，所以无法对其作出准确分类。

此外，“用于医学目的的低盐食品”不可能属于第五类，因为第五类不包含这种类型的食品。“糖尿病患者食用的面包”（基础编号：050121）可以属于第五类，因为其对食品的特定类型进行了明确，并清楚地表明该食品已适用于医疗用途。

因为婴儿无法食用其他类型的食品，或者因为医学上要求婴儿必须食用这种特殊类型的食品，所以只要所涉及的是婴儿必须食用的食品，“婴儿食品”（基础编号：050298）都属于第五类。一旦婴儿开始食用普通食品，即使相较于为成人准备的同样食品而言，这些食品的分量更小或调料更少，也必须对这些食品进行适当的描述，并将其归入传统食品和饮料的类别，即第二十九类和第三十二类，并且在描述这些商品时应说明其不是用于医疗用途。第五类并非这些食物所适合的类别，因为这些食物不再是“婴儿食品”。

人用或动物用膳食补充剂

《尼斯协定》第 10 版引入这一类目，它代表对这些商品的正确分类进行的重要澄清与简化。以前，为了将膳食补充剂归入第五类，商品说明必须包含“医用”“兽医用”或“医用和兽医用”的表述。如果膳食补充剂未表明其具备第五类的用途，则应依据补充剂的性质将其归入第二十九类或第三十类。然而，膳食补充剂不被认为是一种包括餐食与点心在内的食物，膳食补充剂的本意是提高或补充人类或动物正常饮食的营养价值。因此，在无需任何进一步说明的情况下，膳食补充剂属于第五类。可以对特定的补充剂予以特别标注，如“亚麻籽膳食补充剂”（基础编号：050421）和“亚麻籽油膳食补充剂”（基础编号：050422）；也可以进行一般标注，如“矿物质食品补充剂”（基础编号：050382）。

膏药，绷敷材料

类目该部分中的“石膏”（plasters）是英式英语，相当于美式英语中的“绷带”（bandages）。这种绷带可能浸有愈合药膏，这将进一步证明将其归入第五类是合理的。广义的“绷敷材料”是指各种各样的绷带、纱布、橡皮筋或胶带，在康复过程中可以用来保护身体正在愈合的某个部分。这些产品必须与第十类的“矫形用关节绷带、支撑绷带”（基础编号：100020）区别开来。第十类的绷带是用于矫形以及发挥类似功能的，其通常不含有药膏，在愈合过程中不能起到保护作用。第十类的绷带本身就是一种治疗器具，所以属于第十类而非第五类。

填塞牙孔用料，牙科用蜡

"填塞牙孔用料，牙科用蜡"的表述不言自明，该项目将所有牙科材料和制剂都归入第五类，而不是作为牙科器械归入第十类。本术语规定了商品的包含项，如"牙用研磨剂"（基础编号：050001）、"牙用光洁剂"（基础编号：050112）和"牙医用造型蜡"（基础编号：050084）等，以及可以属于其他类别但在牙科领域仍具有特殊用途的项目。需要注意的是，如前所述，"牙膏*"（基础编号：030079）和"牙齿漂白凝胶"（基础编号：030210）与其他个人清洁制剂一起被归入第三类，而不是与牙医在治疗牙齿疾病时通常使用的更专业的牙科材料一起被归入第五类。还需注意的是，根据《尼斯协定》第11版的修订，现在第三类的项目"牙膏*"含有星号（*），这表示药用牙膏不属于第三类，而是属于第五类。

消毒剂

虽然将消毒剂与用于医疗或处理其他不良状态的商品归入同一类别看似有些不合适，但事实并非如此。消毒剂可以用于处理感染状态的物品、人或动物。因此，尽管消毒剂会消灭有害的微生物，但它的确也在这个过程中处理微生物引起的症状。

消灭有害动物制剂；杀真菌剂，除莠剂

有人可能会认为，可以将"杀害虫制剂"（基础编号：050289）、"杀真菌剂"（基础编号：050151）和"除莠剂"（基础编号：050204）与"消毒剂"（基础编号：050441）进行比较，只是它们治疗的不良症状是由不同大小的动植物引起的。所有这些项目都通过对不良症状的治疗来确保人类、植物或动物的健康生存。因此，将它们与其他能恢复这些生物体健康的商品分类在一起是合理的。虽然有时会将它们作为化学制剂而错误地归入第一类，但对这类商品的正确分类几乎不会带来什么问题。然而，正如先前在第一类的讨论中所指出的那样，如果化学制剂的目的是高度专业化的，并且商品说明中已经表明这种专业化，则再将其归入第一类即一般化学品的所属类别是不合适的。

此外，属于第一类的这些化学品通常被用于预防不良状况，而不是对该不良症状予以治疗。如"预防藤蔓植物病害的化学制剂"（基础编号：010546）

属于第一类，而“治疗藤蔓植物病害的化学制剂”（基础编号：050288）属于第五类。

B. 注释

第五类主要包括药品和其他医用或兽医用制剂。

本类尤其包括：

- 除梳妆用制剂以外的个人保健用卫生制剂。

虽然本包含项的简单表述似乎很简洁明了，但这些词语在一定程度上具有误导性。第五类中的卫生制剂指的是不仅用于简单清洁的商品。当然，如果卫生制剂是用于医疗用途的，则其分类应该几乎不存在混淆。如果不考虑“卫生”（sanitary）一词所包含的第五类商品的特征，那么使用“个人卫生”（personal hygiene）一词可能会引起分类问题。出于卫生目的而使用的“消毒剂”（基础编号：050441）只有消毒的目的，其显然不是梳妆用品。消毒是第五类商品的共有特征，而具备此特征的商品属于第五类。

本类尤其包括：

- 婴儿和失禁者用尿布。

这个特定包含项是在《尼斯协定》第 11 版中增加的。“婴儿尿布”（Babies' diapers ［napkins］）（基础编号：050412）多年以来一直存在于字母顺序表中，然而，第 11 版增加了“宠物尿布”（基础编号：050440）和“失禁用尿布”（基础编号：050351）。因为第五类的商品应是可治疗或治愈某种疾病的物品，所以字母顺序表中收录婴儿尿布的问题引起了很大的讨论。婴儿身体上不存在任何可以通过使用尿布来治愈的“问题”（wrong）。婴儿根本还没有学会控制自己的身体机能，然而，尿布并不是婴儿的“衣服”（clothing），因此不能属于第二十五类。尿布也不能被认为是第十类中一种执行与健康相关的功能的装置。因为尿布具有提供卫生服务的功能，所以其属于第五类。出于同样的原因，增加宠物尿布和失禁者用尿布也是具有意义的。实际上，之所以要使用尿布，是因为尿布可以减轻失禁者的身体机能障碍的痛苦。需要注意的是，字母顺序表在第 11 版前就收录了“失禁者用尿布”。在基础编号 050351 的基础上增加了与失禁者用尿布（napkins for incontinents）意思相同的“失禁用尿布”（Diapers for incontinents），这是因为它们实际上是用不同词语表述的相同产品。

本类尤其包括：

- 非人用、非动物用除臭剂。

对第五类特定包含项“非人用、非动物用除臭剂”（基础编号：050119）的理解与适用均不存在困难。该项目仅仅是为了避免混淆人类或动物用于梳妆目的的除臭剂（属于第三类）和用于卫生目的的除臭剂（属于第五类）。这一包含项只是第三类特定包含项中“人用或动物用除臭剂”（基础编号：030180）的对应项。

本类尤其包括：

- 含药物的洗发水、肥皂、洗剂和牙膏。

这一特定包含项被增补至第11版字母顺序表的注释中，这表明尼斯联盟在分类政策上发生了非常重要的变化。在以前的字母顺序表中，不论是否使用了药物，所有洗发水、肥皂、洗剂和牙膏都属于第三类。因为所有洗发水、肥皂、洗剂和牙膏主要作为梳洗用品或清洁剂使用，其具备的医疗特性仅仅是附带的。此外，接受这种更改将需要对字母顺序表中所有可能具有医学或非医学用途的项目进行规范和双重分类。在多年来试图纠正这种存在问题的分类模式之后，《尼斯协定》第11版及其字母顺序表将这些不含药物的项目归入第三类，而含药物的项目则被归入第五类。长期以来，第三类和第五类在类目、注释和字母顺序表的条目之间一直存在歧义，该澄清是一个广受欢迎的解决办法。

本类尤其包括：

- 膳食补充剂，为正常饮食提供补充或有益健康的。

正如前文第五类类目中的包含项“人用或动物用膳食补充剂”所言，这一特定包含项强调了将这些商品归入第五类的原因。第五类中的膳食补充剂被定义为一种为了补充饮食并提供营养物质的制剂，如维生素、矿物质、纤维、脂肪酸或氨基酸。这些物质在人们的饮食中可能存在缺失或没有足量摄入的情况。

不能将其视为属于第二十九类、第三十类、第三十一类或第三十二类的食品或饮料。可以将该项目看作一种特定类型的补充剂，也可以使用更泛化的术语或短语对其进行描述（参见上文）。另外，无须明确该项目是用于医疗还是兽医用途。依据定义可知，这些商品属于第五类，因为它们的目的是为正常饮食提供营养补充。

本类尤其包括：

- 医用或兽医用代餐物、营养食物和饮料。

对这三个项目（代餐物、营养食物和饮料）中任何一项的描述，必须说明该商品经过加工后已经适用于医疗用途，以明确其目的和用途与作为人类或动物常规饮食中正常部分的类似项目不同。具体的代餐物、营养食物和饮料本身也应在描述中予以注明。此外，对代餐物、食物和饮料使用条件的描述也很有帮助，如“糖尿病患者食用的面包”（基础编号：050121）。

本类尤其包括：

- 医用无烟草香烟。

将“医用无烟草香烟”（基础编号：050081）纳入第五类似乎并不合适。本项目属于第五类的原因在于第三十四类的性质过于庞杂，烟草产品属于第三十四类，并且几乎所有与吸烟有关的商品都属于第三十四类，虽然将这些商品归入其他类别也是有意义的，如“烟灰缸”（基础编号：340036）可以被作为一种家用容器而属于第二十一类。但因为与吸烟有关，这些项目都属于第三十四类。但是，将专门用于医疗用途的香烟归于第三十四类是不合理的，因为所有其他用于医疗用途的商品都属于第五类，所以正如在类目特定包含项中所强调的那样，不含烟草的医用香烟应当属于第五类。

本类尤其不包括：

- 梳妆用不含药物的卫生制剂（第三类）；
- 人用或动物用除臭剂（第三类）。

第五类中的这些特定排除项与前述第五类的特定包含项是相互对应的：如“除梳妆用制剂以外的个人保健用卫生制剂”和“非人用、非动物用除臭剂”。

第三类和第五类注释中类似条目被包含和排除的原因已经在前文讨论过。值得注意的是，主要用于梳洗、化妆或清洁用途的商品属于第三类，即使这些商品也具备第五类的特征；若类似产品用于医疗用途或用作个人卫生的卫生制剂，那么即使其具有第三类的特性，也属于第五类。

本类尤其不包括：

- 矫形用绷带（第十类）。

“矫形用绷带”（基础编号：100020）被排除在第五类之外，前文已经在类目条目“膏药，绷敷材料”项下对这一点进行了讨论。第五类绷带与第十类绷带之间的差异在于，第五类的绷带是用于保护或卫生目的，而第十类绷带本身就具备治疗功能。所以“包扎绷带”（基础编号：050049）和“外科敷料”（基础编号：050140）属于第五类，因为它们可用于保护伤口或防止感染。第十类的绷带一般具有矫形功能，并能对关节或肌肉提供支撑，所以支撑绷带本身就被认为是医疗器械，属于第十类（参见上文“膏药，绷敷材料”的讨论）。

本类尤其不包括：

- 非医用、非兽医用的代餐物、营养食物和饮料（第二十九类、第三十类、第三十一类、第三十二类或第三十三类）。

这个特定排除项是前文所讨论内容，包括在第五类中的膳食替代物与医用、兽医用代餐物、营养食物和饮料的对应项。如果这些项目不被用于医疗或兽医用途，则必须以足够的特殊性对其进行标注，从而确定应将其归入哪一种食品或饮料的类别。

C. 补充说明

在字母顺序表中，第五类存在许多会引起混淆的条目。然而，如果结合类目和注释的上下文对其进行分析，这些有问题的条目就可以得到解决。

空气净化/空气除臭产品

属于第五类的“空气除臭剂”（基础编号：050401）或“空气净化制剂”（基础编号：050005）与属于第三类的“空气芳香剂”（基本编号：030215）完全相反，这些商品可能会引起一些混淆。

第五类中的该项目在某种意义上而言都是除臭剂。它们能消除空气中带有臭味或引发疾病的微生物。如果这些产品还能向空气中散发香气，则该用途仅次于作为消毒剂的主要功能。第三类的项目只能散发香气或掩盖空气中难闻的气味，虽然其目的在于掩盖难闻的气味，但它们是通过散发自己更为浓烈的香气来实现这一目的的，并非一开始就破坏引起恶臭的元素。这些属于第三类的香水并不能净化空气或给空气消毒，它们是单纯属于第三类的项目，其功能与第五类的空气净化器和除臭器完全不同。

“药用草药茶”（基础编号：050240）

在先前版本的《尼斯协定》中，字母顺序表第五类包括了草药茶，但并未对此作出进一步说明。曾经，鉴于草药茶行业的特点，这种分类可能是非常准确的，除了药用之外，草药茶不具备其他用途，因此将其归入第五类是恰当的。但随着时间的流逝，草药茶的用途已经远远超出了药用范围。目前，可以采用与其他茶相同的方式使用草药茶，因为它们味道宜人，并且可作为代替传统的含咖啡因的茶的不含咖啡因的替代品。因此，《尼斯协定》第8版在第五类“草药茶”的条目中添加了“药用”的说明。所以基于第三十类中“茶*”（基础编号：300037）这一含义广泛的条目，非药用草药茶被归入第三十类。

急救箱

“急救箱（备好药的）”（基础编号：050244）位于字母顺序表第五类中。

虽然急救箱可能装有属于其他类别的商品，但所有急救箱中的大多数商品都属于第五类，如“医用胶布”（基础编号：050294）、“止痛药”（基础编号：050124）、“抗菌剂”（基础编号：050030）或“医用棉”（基础编号：050099）。

培养基

培养基属于第五类。“细菌培养用介质”（基础编号：050036）和“培养细菌用肉汤”（基础编号：050036）都属于字母顺序表中第五类的条目。将医用或兽医用培养基归入第五类，并将非医用或兽医用的相同培养基归入第一类是有意义的。但第6版的字母顺序表消除了这一区别。之所以将这些培养基和肉汤归入第五类，是因为它们通常被用于医学或兽医诊断。

“活体外科移植物”（基础编号：050397）

该项目的分类可能在一些国家会引起争议，因为这些国家的法律涉及一个伦理问题，即是否可以将人类或动物的活体组织作为商品销售。但对于那些认为出售活体组织并不罕见且认为这一行为合法的国家而言，需要就这些商品的适当分类对其提供指导。“人造外科移植物”（基础编号：100208）作为医疗器械属于第十类，但是，这一分类导致作为植入物使用的活组织的所述类别不能确定。第五类增加了这一项目，明确将“活体外科移植物”包括在第五类之中，从而澄清了这种模糊性。作为提醒，应当指出的是，字母顺序表中的条目，并不意味着要求《尼斯协定》的签署国在商标注册申请中接受违反该国法律的此类商品申请。这些存在争议的项目之所以被包括在列表中，是因为某些国家允许生产或销售这类商品，而这种就适当分类提供的指导对这些国家而言有所裨益。

“医用氧”（基础编号：050399）

这个项目被包含在字母顺序表之中，因为将它与其他元素的气体一起归入第一类被认为是符合逻辑的。因为《尼斯协定》的目的是将类似商品分为特定的类别，将医用氧气归入第一类与该目的相违背，而在第五类中增加此项目可以避免对分类系统造成混淆或误用。

“衣服和纺织品用除臭剂”（基础编号：050400）

为避免和属于第三类的个人用除臭剂发生混淆，本项目被包括在字母顺序表中，属于第五类。衣服和一些纺织品可被视为个人物品，所以衣服或纺织品用除臭剂可能会被当作个人用除臭剂而被错误地归入第三类。第三类的个人用除臭剂是直接在身体上使用的，将该条目纳入第五类，说明衣服和纺织品用除臭剂并不属于第三类的个人用除臭剂。另外，《尼斯协定》第10版将“个人使用”（for personal use）更改为“供人类或动物使用”（for use by human beings or animals），目前，第三类和第五类的除臭剂之间的区别应该相当清楚了。

D. 2017年《尼斯协定》第11版中发生的重大变化或增补

将第三类中不含药物的个人清洁制剂或梳洗用品和第五类中含药物的清洁制剂或梳洗用品相分离

如前文所述，将第三类中不含药物的个人清洁制剂或梳洗用品与第五类中含药物清洁制剂或梳洗用品进行区分的做法，即便不是变革性的，也是一场对商品分类实践的重大演变。由于《尼斯协定》旨在将同类商品归属于同一类别，这种新模式是非常有意义的。以前不论其是否含有药物，所有的肥皂、化妆品、护发液、牙膏以及其他梳洗用品和个人护理项目都被归入第三类，这种做法违背了《尼斯协定》的总体分类方案。因此，自从《尼斯协定》第11版及其字母顺序表生效开始，用于清洁皮肤的肥皂将被归入第三类，而用于治疗痤疮的肥皂将属于第五类。这种模式将适用于所有可用于医疗或非医疗目的的项目，具体取决于它们的具体成分。

从第五类转移到第十类的项目

有很多原属于第五类的项目在第11版的字母顺序表中被转移至第十类。虽然这些项目能起到治疗作用，但它们并非制剂，因此第五类不是适合它们的类别。被转移的项目有“医用手镯”（基础编号：100252）、“抗风湿手环”（基础编号：100250）和“抗风湿指环”（基础编号：100251）。

第六类

正式文本

类目

普通金属及其合金，金属矿石；

金属建筑材料；

可移动金属建筑物；

普通金属制非电气用缆线；

金属小五金具；

存储或运输用金属容器；

保险箱。

注释

第六类主要包括未加工和半加工金属，包括矿石，以及某些普通金属制品。

本类尤其包括：

● 用于进一步加工的金属箔或金属粉，例如，用于3D打印机；

● 金属建筑材料，例如，铁轨用金属材料、金属管和金属管道；

● 金属小五金具，例如，螺栓、螺丝、钉子、家具脚轮、窗栓；

● 金属制可移动的建筑物或建筑结构，例如，活动房屋、游泳池、兽笼、溜冰场；

● 不按照功能或用途分类的某些普通金属制品，例如，多用途普通金属盒、塑像、普通金属制艺术品及半身塑像。

本类尤其不包括：

● 因为其化学特性在工业和科学研究中被用作化学品的金属和矿石，例如，铝土、汞、锑、碱金属及碱土金属（第一类）；

- 绘画、装饰、印刷和艺术用金属箔及金属粉（第二类）；
- 电缆（第九类），非金属、非电气缆绳（第二十二类）；
- 作为卫生设备部件的管道（第十一类），非金属软管和非金属柔性管（第十七类），非金属硬管（第十九类）；
- 家养宠物用笼子（第二十一类）；
- 某些按其功能和用途分类的普通金属制品，例如，手动的手工具（第八类）、回形针（第十六类）、家具（第二十类）、厨房用具（第二十一类）、家用容器（第二十一类）。

释义

第六类的类目对于该类别所包含的商品而言是明确的。正如第六类注释所言，“本类主要包括未加工和半加工金属，包括矿石，以及某些普通金属制品”。再看类目本身，本类包括“普通金属及其合金，金属矿石；金属建筑材料；可移动金属制建筑物；普通金属制非电气用缆线；金属小五金具；存储或运输用金属容器；保险箱”。在关于第六类正确分类的问题上，任何可能引起混淆的都涉及一个问题，即金属制品应当在何时归入第六类，而相同非金属制品在何时归入其他类别。本类目为该决定的作出提供了极佳的指导。

A. 类目

普通金属及其合金，金属矿石

普通金属及其合金和金属矿石属于第六类是非常明确的。通常而言，这些商品不存在其他的分类选择。本标准存在两个主要的例外，其中一个例外涉及的是主要发挥化学功能并属于第一类的金属，例如“铝土矿”（基础编号：010108）、“汞”（基础编号：010387）、“碱金属”（基础编号：010560）和“碱土金属”（碱性编号：010039）。另一个例外是作为油漆或在艺术领域使用并属于第二类的金属产品，即“绘画、装饰、印刷和艺术用金属粉”（基础编号：020090）（参见第二类的注释）。注释中明确排除了这两种例外。

在《尼斯协定》第11版之前，金属矿石是作为一个单独的项目被包含在类目中的。目前，矿石属于类目“普通金属及其合金”，这很合理，因为矿石与普通金属及其合金相似，也基于同样的原因而属于第六类。如果某些类型的矿石仅因其化学性质，而非作为金属材料的性质被使用，则这些类型的矿石被归入第一类。矿石也可能会与第一类的商品产生混淆，因为矿石可能被认为是用于制造属于其他类别产品的东西，而这是属于第一类的特征。但是，“金属矿石”（基础编号：060183）在天然、原始的状态下，必须与其他金属一样，归入第六类。

金属建筑材料

金属建筑材料属于第六类，而非金属材料的对应项通常是依据其类目“建筑材料（非金属）”属于第十九类。

虽然这一区别非常直截了当，但其对制造建筑材料的主体带来了极大的不便，因为建筑材料中有些是金属，有些是非金属。这些商品必须被分为两个不同的类别。“金属门*”（基础编号：060100）属于第六类，而“非金属门*”（基础编号：190069）属于第十九类；“建筑用金属框架”（基础编号：060328）属于第六类，而“建筑用非金属框架”（基础编号：190050）属于第十九类等。尽管一些主体可能并不喜欢这种区别——由于材料成分不同，其必须将相同的基本项目划分为两个不同类别——但这种区别非常明显，并且也不难实施。

第六类介绍了《尼斯协定》中一个固有的难题，即如何对由多种材料制成的商品进行分类，不然该商品将属于两个不同的类别。在此情况下，项目的分类取决于其主要构成材料。因此，一方面，主要由金属制成的、带有橡胶或塑料保护层的可用于各种接缝和尖锐边缘的梯子，属于第六类；另一方面，主要由木材制成、使用金属螺钉和螺栓连接零部件的梯子，属于第二十类。

但是，只有那些没有被适当归入任何其他特定类别的商品才需要基于其主要材料进行分类。因为梯子不属于其他类别，也不存在任何包含梯子的类目，所以必须要依据梯子的材料成分对其进行分类。相反，家具可由许多不同的材料制成，例如金属、塑料或木材。但无论其材料构成为何，所有家具都属于第二十类，因为第二十类的类目明确含有家具，并且对家具的材料构成没有设限。对此观点予以重申：只有不存在可供选择的分类类别时，商品才会按照其材料构成进行分类。

可移动金属建筑物

上文已经解释了金属制品属于第六类，而由非金属材料制成的同一商品属于其他类。所以很明显，“金属建筑物”（基础编号：060339）属于第六类。类目中存在这样一个单独的条目，这看起来有些奇怪。但本条目强调的是建筑物可移动的概念，如果建筑物或其他结构无法运输、无法模块化、无法移动，或无法通过各种方式从一个地点转移到另一个地点，则不能将其视为可用于贸易的商品。实际房屋建筑服务是属于第三十七类的服务，因此，为了使建筑物能被识别为商品，建筑物必须能在正常交易中移动。所以第六类的类目对“金属制可移动建筑物”（基础编号：060170）给予了单独认可。

本类目项合理地囊括了“鸟舍［金属结构］”（基础编号：060263）和“鸟食台［金属结构］”（基础编号：060280），这两个项目都是可移动的金属结构。字母顺序表也包含了“钢结构建筑”（基础编号：060266）和“金属建筑物”（基础编号：060339），但并未表明它们是可移动的。然而，必须将字母顺序表中的条目与本类目合起来看，这些建筑物必须是可移动的才能被认为是属于第六类的商品。

普通金属制非电气用缆线

尽管“普通金属制非电气用缆线”属于第六类，但这些项目如果是电气项目，则属于第九类。对于第六类商品所作的具体说明可以排除混淆。所以“金属制非电气缆绳”（基础编号：060311）属于第六类，“电缆”（基础编号：090215）属于第九类，“非金属缆”（基础编号：220084）和非电气电缆属于第二十二类。另需注意，“金属绳索”（基础编号：060341）属于第六类，而“非金属绳索”（基础编号：220020）属于第二十二类。

金属小五金具

金属小五金具属于第六类，这是非常明确的。类目中的这个条目对于本类而言是不言自明的，但该条目涵盖了许多第六类的商品，因此值得被单独列入。用非金属材料制作的小五金具属于第二十类。

存储或运输用金属容器

“存储或运输用金属容器”是《尼斯协定》第11版在类目中引进的一个新条目。本项目的对应项是属于第二十类的“存储和运输用非金属容器”（containers，not of metal［storage，transport］）（基础编号：200068）。这两个条目澄清了有关存储或运输用容器中可能存在的模糊之处：它们应当基于材料成分进行分类。在第11版之前，没有一个类别——也不存在任何其他类别——对关于存储或运输用容器的分类给予指导。多年以来，第二十一类中一直存在条目“家用或厨房用具和容器”。鉴于字母顺序表包含了“存储和运输用非金属容器”（基础编号：200068）和“存储和运输用金属容器”（基础编号：060094），这两个项目分别属于第六类和第二十类，类目就不会列出家用或厨房用以外其他的容器。既然第六类和第二十类的类目已经明确列出了存储和运输用容器，读者在看到这些商品的类目时就马上会知晓，所以不必在字母顺序表中查找这些商品。

保险箱

“保险箱”属于第六类，这些保险箱或用于其他安全目的的锁和钥匙（只要锁和钥匙是由金属制作的，不是电动的）也属于第六类。但“非电动、非金属制锁”（基础编号：200240）属于第二十类，“电锁”（基础编号：090443）属于第九类。“塑料钥匙”（基础编号：200305）和“塑料钥匙卡”（未编码、非磁性）（基础编号：200260）都属于第二十类。

B. 注释

第六类主要包括未加工及半加工金属，包括矿石，以及某些普通金属制品。

本类尤其包括：

- 用于进一步加工的金属箔或金属粉，例如，用于3D打印机。

这是对第六类特定包含项的一个重要且及时的补充。用于绘画、装饰、印刷和艺术品的金属箔或金属粉属于第二类，但用于3D打印机的金属箔或金属粉本质上是建筑材料。由金属箔或金属粉制作的构造物可能是具有艺术性的小雕像或小塑像，也可能是纯粹实用性的，例如铸造模具。这个特定包含项表明，用来制造雕像或铸造模具的金属产品属于第六类。值得注意的是，这两种产品的成品——“普通金属小雕像［小塑像］”（figurines［statuettes］of common metal）（基础编号：060382）和“金属铸模”（基础编号：060384）都属于第六类，无论它们是艺术性的还是实用性的。

本类尤其包括：

- 金属建筑材料，例如，铁轨用金属材料、金属管和金属管道。

这个特定包含项对《尼斯协定》第11版之前版本的三个类目进行了替换和合并，即金属建筑材料、铁轨用金属材料、金属管和金属管道，它们在先前的版本中是三个独立的类目。[1]

在类目中，这三个项目似乎已被更为通用的第11版的表述“建筑和建筑

[1] 应当指出的是，在《尼斯协定》第11版之前，第六类的注释不包括特定包含项，第六类中的所有特定包含项都是第11版的新内容。其中的一些是对先前第六类类目中项目的改写，但它们都有额外的解释或示例，以便读者能更清晰地理解注释中所定义的商品类型。

用金属材料”所取代，但专家委员会并未完全抛弃这一信息，而是决定将这些信息列入注释包含项部分的一个单独项目中。这三个条目也被重新组织为构成铁轨用金属材料以及词义更广泛的金属管和金属管道、金属建筑材料。

本类尤其包括：

- *金属小五金具，例如，螺栓、螺丝、钉子、家具脚轮、窗栓。*

这个特定包含项与类目“金属小五金具”是相互对应的。然而，注释中引入了比往常在类目中所包含的更具体的内容。因此，这个特定包含项可以举例说明金属小五金具的含义。在注释部分提供这些示例有利于帮助读者了解“金属小五金具”的通识含义。

本类尤其包括：

- *金属制可移动建筑或建筑结构，例如，活动房屋、游泳池、兽笼、溜冰场。*

这个特定包含项与另一个类目是相互对应的，即可移动金属建筑物。本注释中的表述包括了“结构”（structures）和“建筑”（buildings）。注释部分允许包含一些通用术语的示例。这些例子有助于读者确定第六类中建筑或建筑结构的范围。从给出的示例可知，这些建筑或结构的范围从“金属预制房［成套组件］”（基础编号：060439）到“金属制兽笼”（基础编号：060433）。虽然字母顺序表中还存在一些这类商品的其他具体条目，但第六类注释中这些示例提供的信息非常丰富，十分有用。

本类尤其包括：

- *不按照功能或用途分类的某些普通金属制品，例如，多用途普通金属盒、塑像、普通金属制艺术品及半身塑像。*

在早期版本的《尼斯协定》中，这种表述在第六类的特定排除项中出现过，表示一些未归入第六类的普通金属制品。该表述被保留在特定排除项的部分中，但加入了一些有用的示例，包括不属于第六类的由普通金属所制成的项目（参见后文的解释）。

在第六类注释的特定包含项中包括对应项是有意义的，该部分指出由普通金属制成的商品属于第六类，因为它们不能按照功能或目的进行分类。这些项目的示例包括，多用途普通金属盒、塑像、普通金属制艺术品及半身塑像。虽然第二十类的商品无论是否由金属制成，都是厨房和家用容器的类别，但没有一个特定的类别包含了由普通金属制成的多用途或多功能盒子。因此，根据本注释，将其归于第六类是正确的。同样，没有任何一个类别规定的功能或目的中包含艺术品，因此注释明确指出，由普通金属制作的艺术品属于第六类。

本类尤其不包括：

• 因为其化学特性在工业和科学研究中被用作化学品的金属和矿石，例如，铝土、汞、锑、碱金属及碱土金属（第一类）。

这个特定排除项强调了前文中关于依据某些金属、合金和矿石作为化学品使用而将其归入第一类的讨论。这种分类有时是正确的。但是，从注释所提供的示例可知，之所以将金属、合金和矿石归入第一类，是因为它们作为化学品的化学特性具有特别的用途，它们不是作为金属、合金或矿石而被使用的，只是在非常特殊的情况下才会作为化学物质使用。因此，这些项目在特定行业中被作为化学品加工和使用时属于第一类。

本类尤其不包括：

• 绘画、装饰、印刷和艺术用金属箔及金属粉（第二类）。

作为颜料使用或替代颜料的金属，与其他着色剂一样，属于第二类，如注释中的金属箔和金属粉。同样，这些箔、粉末和其他着色剂不是因其金属的特质，而是基于其通过颜色或光泽装饰作品的特性而被使用的。需要注意的是，该用途不同于 3D 打印的金属箔和金属粉（参见前文的解释）。

本类尤其不包括：

• 电缆（第九类），非金属、非电气缆绳（第二十二类）。

这是第六类类目中“普通金属制非电气用缆线”的对应项。但该项目增加了对电缆的排除。由于金属的导电性质，电缆通常由金属制成，但由于电缆在电气设备中的使用比其是由金属制成的事实更具商业意义，因此电缆属于第九类。并且非金属、非电气缆绳也不属于第六类。此外，如果电缆是非电力电缆，则不属于第九类。正如这个排除项所示，电缆和绳索所适合的分类是第二十二类。

本类尤其不包括：

• 作为卫生设备部件的管道（第十一类），非金属软管和非金属柔性管（第十七类），非金属硬管（第十九类）。

在《尼斯协定》第 11 版中，第六类的类目项“金属管和金属软管”已被删除。金属管道属于第六类，特别是在用于建筑时尤其如此。虽然非金属柔性管和软管属于第十七类，非金属硬管属于第十九类，但这个排除项中最有帮助的项目是卫生设备部件（第十一类）。卫生设施是淋浴、浴缸、水槽、厕所和其他类似的卫生设备。这些设备通常会连接到一个更大的管道网络中，这些管道网络通常是房屋或办公楼等建筑的一部分。此处出现的问题是，什么时候管道不再是卫生设施的一部分而属于第十一类，又在什么时候成为结构的一部分从而属于第六类（如果是金属）或第九类（如果不是金属）。一般的经验和做法是将那些直接连接到卫生设施的管道和导管归入第十一类。根据材料成分的不同，与卫生设施的注水和排水管道相连的管道，属于第六类或第十九类。

本类尤其不包括：

- 家养宠物用笼子（第二十一类）。

对于第六类的特定包含项“金属制可移动建筑或建筑结构，例如……兽笼”而言，这个特定排除项是一个有用的对应项。虽然家养宠物用的笼子可能会很大，但它们并不像野生动物的笼子那样是一个可移动的建筑或建筑结构，因此不应与其他金属笼子一起被归入第六类。“家养宠物用笼子”（基础编号：210302）应被视为家用容器，这证明了不论材料成分为何，它们都属于第二十一类。

本类尤其不包括：

- 某些按其功能和用途分类的普通金属制品，例如，手动的手工具（第八类）、回形针（第十六类）、家具（第二十类）、厨房用具（第二十一类）、家用容器（第二十一类）。

“某些按其功能和用途分类的普通金属制品”这种描述是指有些商品是由普通金属制成的但其被分到了第六类以外的类别。如果某些商品存在另一个更合适的类别，不管其材料成分为何，即便这些商品由金属制成，也不应属于第六类。

即便第八类的手动的手工具是由金属制作的也不应属于第六类。而家具即使是由金属制作的，本类的注释也特别注明将其归于第二十类，因此不属于第六类。

在对金属商品进行分类时，应对所有类别的具体情况予以考虑。如果该商品明确包含在第六类类目的表述中，则必须将其归入第六类。如果该商品明确处于另一类类目的表述范围，且该类别对材料成分没有设限，则该商品无论是否由金属制作，也必须被归入该类。所以，即便五金具被用于非金属制品或与其关系密切（如前文所述的家具的示例），但在单独出售且与成品相分离时，不属于第六类。因此，正如其他示例所示，无论是由金属还是其他材料制成的，厨房用具和家用容器都属于第二十一类。

但是该解释有一个值得注意的地方。如果一个不属于第六类的项目的组成部分专业化程度很高，以致只能附着在该项目内使用，则其属于该项目的所属类别；即使它是金属制作的，也不属于第六类。这方面的一个示例是阀门。阀门作为机械零部件属于第七类，即机械本身所属的类别，无论其制作材料为何｛参见第七类（基础编号：070019）中的“阀［机器部件］”｝。不构成机械的一部分的阀门属于阀门材料成分的所属类别。所以“金属阀门（非机器部件）”（基础编号：060243）属于第六类。

C. 补充评论

“锌白铜”（German silver）（基础编号：060031）

在此条目中使用“银”（silver）这个词语可能会误将其与其他贵金属一起归入第十四类。但“锌白铜”（基础编号：060016）是镍银（nickel silver）的另一个术语，镍银是铜、锌和镍的合金。锌白铜是银白色的，这也解释了其名称来由，但它的成分构成并不包含贵金属，因此将其归入第六类是合理的。

“手铐”（基础编号：060181）

手铐可以被认为是执法人员的一种工具，因此被归入第八类，但它只是由非贵金属制成的具有锁紧装置的腕环，所以属于第六类。

“普通金属扣［五金器具］”（基础编号：060298）

第六类的这个包含项带有方括号，其中的注释指的是五金扣，这表明第六类的带扣不是服装使用的。作为服装配饰或与其一同使用的带扣属于第二十六类，而作为五金器具使用的、由金属制成的带扣则属于第六类。

D. 2017 年《尼斯协定》第 11 版中发生的重大变化或增补

第六类的主要变化

尽管第六类的类目及注释经过了重大的变化和增补，但这些变化均未改变第六类的基本特性，即第六类是未加工和半加工的普通金属和某些由普通金属制作的项目的所属类别。字母顺序表对第六类作出的大多数增补、删除和修订都是管理性的。条目都已经被重新排序，以便阅读起来更加顺畅和易于理解。之前未被明确指定为金属所制的商品已将其金属所制的特性增至第六类的条目中。而非金属的对应项已被纳入其所适合的类别中。如第六类的条目“门环”被修改为“金属门环”（基础编号：060180），并且第二十类中还增加了对应项“非金属门环”（基础编号：200286）。

工具手柄

第 11 版从这些条目中删除了证明其属于第六类工具手柄的材料成分，即金属，并将这些条目转移至手柄所属的商品类别中。这种类型的更改和转移包括：

- 将“金属工具手柄”改为“手工操作手工具用工具柄”，并转移至第八类（基础编号：080275）；

- 将“金属刀柄”改为“刀柄”，并转移至第八类（基础编号：080276）；
- 将“金属镰刀柄”改为“镰刀柄”，并转移至第八类（基础编号：080277）；
- 将“金属扫帚柄”改为“扫帚柄”，并转移至第二十一类（基础编号：210389）。

第七类

正式文本

类目

机器和机床；

马达和引擎（陆地车辆用的除外）；

机器联结器和传动机件（陆地车辆用的除外）；

除手动手工具以外的农业器具；

孵化器；

自动售货机。

注释

第七类主要包括机器、机床、马达和引擎。

本类尤其包括：

- 各类马达和引擎的部件；
- 电动清洁机器和装置。

本类尤其不包括：

- 某些特殊的机器和机床（参见按字母顺序排列的商品分类表）；
- 手动的手工具和器具（第八类）；
- 陆地车辆用马达和引擎（第十二类）。

释义

第七类本质上是动力驱动的机器及其组成部件的所属类别。第七类存在许多与之相伴的类别，即相关商品的所属类别。第八类是手动工具的配套类别，与第七类中的电动工具相对应。必须将第十二类与第七类放在一起考虑，因为陆地车辆使用的引擎和马达属于第十二类，而这些引擎和马达的零部件属于第七类。与第十二类一样，本类在第5版字母顺序表修订期间发生了重大更改（促成了第6版字母顺序表的诞生）。在第5版中，陆地车辆使用的引擎和马达以及它们的零部件，都属于第十二类而非第七类。在第6版中，陆地车辆用的引擎和马达仍然属于第十二类，但它们的零件的所属类别已被转移至第七类。

此外，第7版将所有清洗装置都转移至第七类，其中就包括之前属于第九类的真空吸尘器。

A. 类目

机器和机床

使用人力以外的动力来源激活的机器和机床属于第七类。该解释陈述起来容易，但实际应用起来难度很大。有些商品似乎属于本说明的范围而被归入第七类，但其实际却属于其他类别，例如第八类的“电动或非电动刮胡刀”（基础编号：080179）以及第九类的“计算机器”（基础编号：090103）。相反，有些商品被正确地归入第七类中，但其他类别似乎才是该商品的合理归属类别。如“热交换器（非机器部件）”（基础编号：110129）属于第十一类，但当其是机器部件时则属于第七类，即“热交换器［机器部件］”（基础编号：070450）。一般而言，第七类的商品都执行某种工作任务，对周围的事物产生物理的影响，但影响的方式不涉及发热、冷却或净化（这种影响方式的商品归属于第十一类），其他不能用于计数、测量或控制（这些商品则归入第九类）。如果第七类商品的功能涉及任何方式的移动，那么它应当是为执行任务，而非为运输进行移动。例如，“自推进式扫路机”（基础编号：070034）属于第七类，而不是第十二类。此外，不管是“瓶子冲洗机”（基础编号：070065），还是“真空吸尘器”（基础编号：070508），所有的清洗装置都属于第七类。另外，机器部件也属于第七类。如果一个物品是机器部件，则这个可能属于其他类别的物品将被归入第七类。例如，过滤器存在于许多类别中，但如果一个过滤器被指定为某个机器的部件，那么它就属于第七类，即“过滤器（机器或引擎部件）”（基础编号：070457）。第10版字母顺序表进一步对这一领域进行了澄清，后文将对此进行更详细的讨论。

影响第七类机械分类的另一个区别涉及与用于干燥的机器和干燥器有关，前者属于本类，而后者则属于第十一类。第七类中的干燥装置基本上不会产生热量或仅依靠很少的热量完成干燥过程。例如，“砑光机”（基础编号：

070292）属于第七类。这些机器通过将水或其他液体从待干燥的物品中挤压出来的方式使物品变得干燥，该过程不一定涉及热量。例如“头发用吹风机”（基础编号：110095）等干燥装置属于第十一类，因为热量是使其完成干燥过程的主要原因。所以，虽然对干燥装置的适当分类可能存在混淆，但这种区别应当能够对其予以明确。

马达和引擎（陆地车辆用的除外）；机器联结器和传动机件（陆地车辆用的除外）

如前所述，第6版的字母顺序表将马达和引擎的零部件归入第七类。现在，不管是否为陆地车辆所用，马达和引擎的所有零部件都属于第七类。但值得注意的是，如果马达和引擎被用于陆地车辆，其本身则属于第十二类；如果马达和引擎被用于非陆地车辆，其本身则属于第七类。专家委员会之所以会作出这一决定，是因为不管是用于陆地车辆的马达和引擎还是其他的马达和引擎，它们的零部件都是基本相同的。此外，不管使用该零部件的马达或引擎是何种类型，所有马达和引擎的零部件都是由同一个制造商制造的，然而，陆地车辆所用的马达和引擎通常是由车辆生产商自己组装的，使用的是从其他制造商处购买得来的零部件。所以，主要的汽车制造商可能会继续将汽车、结构零部件，以及汽车所使用的马达和引擎归为同一类。此外，零部件制造商将不再需要为其商标提出两次单独的注册申请，换言之，一次申请是将非陆地车辆所用的马达和引擎注册在第七类，另一次申请是将拟用于陆地车辆马达和引擎的相同或相似的零部件注册在第十二类。本次修订对两种极端情况进行了折中处理，将第七类中的所有马达和引擎与第十二类中所有车辆类型的马达和引擎及其零部件包括在内（固定马达和其他零部件仍然属于第七类）。专家委员会接受了筹备工作组的意见，认为陆地车辆以外的其他载具（如飞机或船只）的制造商从其他来源处获得了这些载具组装完整的马达和引擎。因此，除第十二类的陆地车辆，其余类别不存在将这些其他马达和引擎包括在内的迫切需要，而对于第七类而言，则有必要将马达和引擎包括在内，因为同一制造商既能生产零部件，又能组装马达和引擎并供飞机或轮船的制造商作为成品使用。

由于这一修改要求对构成“车辆引擎部件”的项目加以区分，因此参考最初筹备工作组在第十次会议上的最终报告（WIPO 文件 CLIM/GTP/X/3，第7段）对这些项目所作的定义是有帮助的。报告的内容如下：“……车辆引擎部件是指引擎本身的零部件（凸轮轴、连杆、曲轴、气缸、气缸盖、活塞、活塞环、泵、阀等），以及对其发挥作用而言必不可少的那些零部件（交流发电机、皮带、化油器、冷却剂泵、分配器、排气歧管、风扇、过滤器、喷油器、润滑泵、插头、散热器、消音器、起动器等）。”

该区别非常重要，因为第七类类目中涉及“机器联结器和传动机件（陆地车辆用除外）”的条目并未得到修改，而且这些部件在第七类和第十二类之间依旧是分离的状态，若是不用于陆地车辆则属于第七类，若是用于陆地车辆，则属于第十二类。前文所提到的报告简要说明了被视为联结器和传动机件的车辆部件，以澄清是应当将其作为陆地车辆引擎工作的“关键”零部件而归入第七类，还是应将其视为第十二类的陆地车辆联结器和传动机件。筹备工作组报告中的相关表述为：“……汽车动力联结器和传动机件（联结器、变速箱、传动轴等）。”该表述表明，筹备工作组认为促使车辆移动的部分是联结器和变速箱，而并不是引擎系统的一部分。所以，这些商品及其零部件作为车辆零部件属于第十二类，而不是作为引擎的零部件属于第七类。报告随即指出：“字母顺序表的英语文本中的39个项目将会被更改，其中21处删除主要是由于原本归属于第七类的产品现在分别归于第七类和第十二类了。”因此，必须参见字母顺序表，以便对与车辆有关的具体项目予以适当的分类，除非该项目显然是属于第七类的引擎零部件，或是属于第十二类的联结器或传动机件。

除手动手工具以外的农业器具

虽然农业器具明显表现出机器的功能，但其却非常明确地被第七类类目包括在内，并且即使没有被特别提及，农业器具大概也会被归入第七类。但许多农业器具在完成机器功能的同时，还能在地面上移动。因此，将这些农业器具定义为“车辆”可能会误将其归入第十二类。这些农业器具包括“中耕机［机械］”（基础编号：070138）、“耙土机”（基础编号：070213）、“收割机械”（基础编号：070051）和“割草机和收割机”（基础编号：070051）。这些农用设备的目的是执行一项物理任务，即使它们也可能被会运送操作机器的人应用。值得注意的是，因为其本身并不执行任务，所以“拖拉机”（基础编号：120075）属于第十二类，拖拉机是被用于运输其他完成农业作业的设备。当然，可以定义为机器的农业器具属于第七类。

对于主要在移动过程中实行体力劳动的机器（属于第七类）和主要用于运输的特殊任务车辆（属于第十二类）而言，两者之间的区别超出了农业器具的范围。虽然在发挥功能时会移动，但“自推进式扫路机”（基础编号：070034）、“土方机械”（基础编号：070417）和“推土机”（基础编号：070069）仍属于第七类。另外，“叉车”（基础编号：120001）、“救护车”（基础编号：120233）、“运送滑雪者上山的滑雪缆车”（基础编号：120170）和“轮椅”（基础编号：120062）属于第十二类，因为它们能运输人或货物，即便运输的目的可能会导致它们被错误地归入其他类别中（分别为第七类、第九类、第二十八类和第十类）。

孵化器

第七类单独列出了“孵化器”（基础编号：070442）这个项目，这是因为将其归入本类似乎是违反常理的。当然，孵化器可以被认为是一种农业器具，这就证明了将其归入第七类是合理的。但孵化器没有可以活动的零部件，它们只是为孵化卵创造环境，也不会自己执行任何任务。因此，孵化器似乎更适合归入第十一类，甚至是第九类。但从目的来看，孵化器对农业企业而言是不可或缺的，将其归入第七类是有意义的。孵化器通常由其他家禽饲养设备的制造商所制造，很少出现由加热设备制造商制造的情况。因此，为了避免混淆正确的分类，第七类的类目中列出了“孵化器”这个项目。

自动售货机

在类目中增加这个项目是依据对字母顺序表第九类条目的大量研究而作出的，这些条目似乎并不属于第九类，而是属于其他类别，将具有类似功能的项目归入相同类别会更好。自动售货机是依据以下两个特点而被归入第九类的：第一，自动售货机是自动化的；第二，自动售货机采用了标定计量单位（calibration），导致在被投入钱币或代币后，机器可以排出一定数量的商品或材料。但“自动售货机”（基础编号：070537）是一种电力驱动的机器，更适合与其他机器一起被归入第七类。即使自动售货机是自动化的，也并不影响其发挥作为机器的最终功能。事实上，大多数现代机器在某种程度上都是自动化的，但它们都属于第七类。此外，因为投入钱币或代币而排出一定数量的商品与机器的功能无关。自动售货机的标定方式不足以证明它与其他测量装置（主要功能是测量结果）一起被归入第九类是正确的。

请注意，用于释放机器中物品材料的机械装置，即“投币启动设备用机械装置”（基础编号：090063）依然属于第九类。该项目是机器的一部分，其功能是识别被投入机器内的物品，并释放与投入机器的钱币或代币相匹配的物品或材料。这个机器装置属于第九类，因为它的功能在于控制自动贩卖机的运行，以及控制第九类中最常见的装置。

B. 注释

第七类主要包括机器、机床、马达和引擎。

本类尤其包括：

- 各类马达和引擎的部件。

有关将这些项目列入第七类的问题，前文已经解释多次。该项目出现在注释的特定包含项中的这一事实强调了它的重要性，特别是限定词“各种”（of all kinds）。所以不管最终成品是用于陆地车辆还是其他类型车辆的马达或引擎，马达和引擎的零部件都属于第七类。

本类尤其包括：

- 电动清洁机器和装置。

这些项目被包含在第七类中，是为了避免将这些电动机器和装置归入第九类或第十一类。因此，即使它们是电动的或是利用蒸汽形式的热量来执行清洁功能的，“清洁用除尘装置”（基础编号：070488）、“蒸汽清洁器械”（基础编号：070485）、“中心真空吸尘装置”（基础编号：070483）和“乙炔清洗装置”（基础编号：070002），都属于第七类。

本类尤其不包括：

- 某些特殊的机器和机床（参见按字母顺序排列的商品分类表）。

尽管第七类覆盖的商品范围很广，但某些高度专业化的机器和机床并不属于第七类。比如很多用于医疗领域的机器属于第十类，“复印机［照相、静电、热］”（基础编号：090154）属于第九类，而“空气净化装置和机器”（基础编号：110207）和“制冰机和设备”（基础编号：110167）属于第十一类。正如注释所言，在对某台机器是否属于第七类或其他类别存有疑问时，应当参见字母顺序表。

本类尤其不包括：

- 手动的手工具和器具（第八类）。

正如后文在有关第八类商品的讨论中指出的那样，以电力或其他动力驱动的工具和器具属于第七类，但相同的工具和器具在以手动操作时属于第八类。一般来说，这是很容易进行区分的。但有些项目可能会引起混淆。第八类将对这些存在疑问的工具和器具予以详细解释。

本类尤其不包括：

- 陆地车辆用马达和引擎（第十二类）。

因为对马达和引擎及其零部件的修改意义重大，并且这一修改对大量具体条目产生了影响，专家委员会利用一切可以抓住的机会对该变化予以强调，其中就包括这个特定排除项。第十二类的注释中也对此点进行了重复。

C. 补充评论

“工业机器人［机械］”（基础编号：070422）

机器人是第七类中一个非常值得关注的分类项目。该条目一般是指机器人化机器。其他仿人机器人（humanoid - type robots）如果是玩具，则属于第二十八类；如果是为了科研或实验目的而使用的，则属于第九类。但工厂内用于执行任务的机器人与其他需要动力驱动的机器和工具一样，都属于第七类。需要注意的是，《尼斯协定》第 11 版给第七类的条目“机器人”增加了星号，这就表示，虽然大多数机器人属于第七类，但在其他类别中也有机器人存在。关于特定类型机器人的正确分类问题，应当参见字母顺序表。如前文所述，第九类和第二十八类也存在机器人。

球拍穿线机和自行车组装机械

将“球拍穿线机”（基础编号：070511）和“自行车组装机械”（基础编号：070512）归入第七类意义重大，这表明在非常特定的领域使用的机器，例如在体育和运输领域，因为是电力驱动的，所以仍然属于第七类。这些机器即使是与体育活动一起使用的，也不会被归入第二十八类。同样，即使与运输设备存在关联，也不会被归入第十二类。

这些机器不会直接对体育运动实践或运输方式提供帮助，它们是制造或使体育运动和运输设备保持正常运转的机器，因此应与第七类中的其他类似机器一同归类。

将“机械操作的手持式工具”修改为“除手动操作以外的手持式工具”

这个表述的更改是在第 8 版引入的。这一修改澄清了第七类工具的性质，并将其与第八类的工具进行了区分。从本质上来说，所有工具都是机械操作的，因为“机械的”指的是“……纯粹涉及物理过程的变化，而不涉及化学或生物过程的变化”（韦氏在线词典）。所以，之前使用“机械”一词作为第七类和第八类之间的区别是无效且令人困惑的。这个条目所要传达的概念是：有些工具虽然是手持的，但因为其是电动的，所以仍然属于第七类。只有用手提供动力的工具才属于第八类。手持工具可以属于第七类或第八类，工具的供电方式决定了两者之间的区别。电动工具的正确类别是第七类，而手动工具（意指用手提供动力）的正确分类是第八类。

真空吸尘器袋

“真空吸尘器袋”（基础编号：070521）属于第七类，因为它与第七类中的真空吸尘器密切相关。由于这种袋子是纸做的，因此曾在一段时间内被归入第十六类，即均为纸制品的类别。但所有其他与吸尘器有关的产品都属于第七类。其他与吸尘器相关产品的示例也属于第七类，不属于其他类别，包括“真空吸尘器用喷洒香水和消毒液的附件”（基础编号：070506）和“真空吸尘器管”（基础编号：070507）。

D. 2017 年《尼斯协定》第 11 版中发生的重大变化或增补

《尼斯协定》第 11 版字母顺序表对第七类的增补、删除和修订主要是管理性的。为使条目变得更易于阅读和理解，条目均已被重新编排。一些示例包括：

“充气饮料制造机”已被修订为“饮料加气设备”（基础编号：070056）；

“制糖机器”已被修订为“制糖机”（基础编号：070356）；

“香肠机”已被修订为“制香肠机”（基础编号：070346）。

我们努力在第七类和第八类中为第七类的电动工具和第八类的手动工具创建了平行条目。这里有平行条目的两个示例：

第七类：电动拔钉机；

第八类：手动拔钉机；

第七类：滑雪板用电动磨边器；

第八类：滑雪板用手动磨边器。

在字母顺序表中，第七类也出现了一些值得关注并有用的增补、删除和修订。但根据第七类的既定特性，所有这些变化都是可以理解的，这些变化包括机器、机床、马达和引擎。自《尼斯协定》第 10 版以来，记录第七类所发生的变化的电子表格都包含在本书的附录中，关乎具体的增补、删除和修订，应对其予以参考。

第八类

正式文本

类目

手工具和器具（手动的）；

刀、叉和匙餐具；

随身武器；

剃刀。

注释

第八类主要包括各种行业的作为工具使用的手动器具。

本类尤其包括：

- 贵重金属制刀、叉和匙餐具；
- 电动剃刀和修剪刀（手工器具）。

本类尤其不包括：

- 某些特殊器具（参见按字母顺序排列的商品分类表）；
- 马达带动的机床和器具（第七类）；
- 外科手术刀（第十类）；
- 随身武器（火器）（第十三类）；
- 办公用切纸刀和碎纸机（第十六类）；
- 击剑用武器（第二十八类）。

释义

正如此类注释所述，第八类“主要包括各种行业的作为工具使用的手动器具”。其还包括许多手动或手动操作的家用工具，故这是一个相当简单的类别，但在某些领域中，某些商品的正确分类会遇到困难。

A. 类目

手工具和器具（手动的）

本类目覆盖了第八类中的大部分商品。由人力提供动力的工具和器具属于本类，而以马达或其他为动力来源的工具和器具不属于本类。

本类包括一些工具，例如“锤（手工具）”（基础编号：080156）、“非电动螺丝刀”（基础编号：080195）、“铲［手工具］”（基础编号：080110）、“手动的手钻”（基础编号：080028），以及“指甲锉”（基础编号：080168）、“手动胶黏剂挤压枪”（基础编号：080232）、“指甲抛光器具（电或非电）”（基础编号：080214），以及“牲畜打记号用工具”（基础编号：080031）。需要注意的是，除少数情况外，电动项目与其非电动的对应项一样，都属于第八类，如“电动或非电动刮胡刀”（基础编号：080179），这一类中的工具和器具都不是电动的。“手持”这一措辞的使用并非本类的分类标准。第七类中的确有手持工具存在，但其仍然是由马达或动力驱动的，例如“气锤”（基础编号：070249）和“电动刀”（基础编号：070131）。

需要注意的是，第7版的字母顺序表将下面这些条目从第八类转移到了第七类：“气动切削吹管”（基础编号：070486）、“气动焊接吹管”（基础编号：070504）、“气动焊接烙铁”（基础编号：070505）和“气动焊接设备”（基础编号：070503）。虽然这些工具在使用时是手持的，但其动力来源却并不是手的力量。所以这些项目被转移到更适合于不是由人手驱动的工具的类别（即使其可能是手持的），即第七类。

刀、叉和匙餐具

这个类目虽然看起来简单，但其所存在问题的数量却远超人们的预期。该术语所涵盖的商品似乎非常明确。用于切割以及手持的物品属于第八类，例如“锯（手工具）”（基础编号：080055）、“切刀*”（基础编号：080076）、“打孔器（手工具）”（基础编号：080229）和“小斧”（基础编号：080137）都属本类。但餐具的定义也包括用于吃饭的器具，即刀、叉和匙。当然，这些项目也可被视为家用器具，与许多其他的家用器具一样属于第二十一类，但其显然被餐具这个术语涵盖在内，因此被归入第八类。这一点在本类目的补充评论部分进行了详细讨论。

属于第八类的工具和属于第二十一类的工具之间的区别是混淆的主要原因。这个问题触及了第八类的本质，即什么才是合格的工具。具体而言，这个区别能确定物品在第八类中何时为“手动器具”，何时为“家用或厨房用具”。问题在于，是否可以在属于第八类的“各种行业的作为工具使用的手动器具”和属于第二十一类的家用或厨房用具之间画出一条明确的界限。

基于专业和非专业用途的标准对商品进行区分是很难适用的，但这似乎是区分第八类商品和第二十一类商品的主要标准。如“长柄勺［手工具］”（基础编号：080081）和“抹刀［手工具］”（基础编号：080014）都属于第八类。

这是否意味着汤匙和厨房铲也属于第八类？或其是否应被视为家用器具而属于第二十一类？《尼斯协定》第 11 版在这一难题上取得了一些进展。专家委员会将“胡桃钳”（基础编号：210387）和“方糖钳”（基础编号：210388）从第八类转移至第二十一类。此外，葡萄酒用长柄勺（ladles for wine）也被修改为“盛葡萄酒用长柄勺”（ladles for serving wine）（基础编号：210390），并被转移至第二十一类。但仍有许多被认为是厨房用具的工具被保留在第八类中。

餐具本身的定义产生了一个关于分类的问题。餐具被定义为“锋利或可用于切割的工具，特别是用于切割和用餐的器具”（韦氏在线词典）。正如本类的注释所言，很明显，除了高度专业化用途的刀，例如“外科手术刀”（基础编号：100029）（第十类）和“拆信刀”（基础编号：160291）（第十六类），“刀*”（基础编号：080205）是属于第八类的。但第二十一类特别包括了两个注释，即“家用和厨房用具”和“厨房用小型手动的切碎机、研磨机、压榨机、碾碎机，例如，蒜压榨器、胡桃钳、杵和研钵”。该注释可以轻松将根据字母顺序表属于第八类的器具涵盖在内。比如第八类包括“绞肉机［手工具］”（基础编号：080236）、“剁菜刀”（基础编号：080136）和“蔬菜切片器”（基础编号：080073），但这些项目基于前文所提的注释，很容易被归入第二十一类，这也是合适的。同样，第二十一类还包括“厨房用擦菜板”（基础编号：210197），它在本质上与属于第八类的蔬菜切碎机没有任何区别。

因为“餐具”包括第八类中的刀、叉和匙，所以关于餐具的定义又出现了另一系列的问题。这些项目可以被认为是厨房用具，依然属于第八类，即使与之相关的项目已经被转移至第二十一类，即胡桃钳、方糖钳和盛葡萄酒用长柄勺。

需要注意的是，本类目在《尼斯协定》的法语版本中被称为“coutellerie, fourchettes et cuillers”（刀、叉和匙）。如果用更接近法语版本的语言来表述餐具，这一点在英语中应该更好理解。若如此，餐具将被视为“knives, forks, and spoon”（刀、叉和匙）。在英语中，该术语被认为涵盖了餐桌上使用的餐具。在法语或英语版本中，第八类指的是手动切割装置的所属类别，因为基于本类的第一个类目“手工具和器具（手动的）”，可以证明将手动切割装置归入第八类是合理的。

但是，如果英语与法语“coutellerie，four chettes et cuillers”更接近，那么该条目将在类目和注释中更易于理解和应用。

随身武器

第八类所列的随身武器是非爆炸性的武器。在字母顺序表中，随身武器被明确为“火器以外的武器”，例如“剑”（基础编号：080208）、“刀*”（基础编号：080205）、“鱼叉”（基础编号：080140）、“捕鱼鱼叉”（基础编号：080170）和“（枪上的）刺刀”（基础编号：080025），以及这些商品的容器，比如“剑鞘”（基础编号：080125）。虽然枪支可能被认为是随身武器，但其显然不属于第八类。正如字母顺序表所言，第八类是“除火器外的随身武器”（基础编号：080022）的所属类别。第十三类是“火器”（基础编号：130009）所适合的类别，第10版的字母顺序表将这些商品的特定排除项引入至第八类中。后文将对第八类中火器的特定排除项予以进一步讨论。

剃刀

将“电动或非电动刮胡刀”（基础编号：080179）与其他切割工具一起归入第八类是有理可依的。关于属于第八类的刮胡刀需要注意一点，即非电动刮胡刀和电动刮胡刀都属于本类。电动刮胡刀并不像人们想象的那样属于第七类，它们和与之密切相关的非电动的对应项都属于第八类（参见下文注释）。

B. 注释

第八类主要包括各种行业的作为工具使用的手动器具。

本类尤其包括：

- 贵重金属制刀、叉和匙餐具。

虽然主要影响第十四类和第二十一类的修改基本上解决了贵金属和非贵金属制品之间的区别的问题（详情参见下文关于这些类别的讨论），但该注释依然将贵金属和非贵金属制品之间的区别保留在第9版中。但注释之所以仍然被保留着，是因为它是正确的。事实上，对贵金属和非贵金属的分类模式进行修改的主要原因在于，由贵金属制成的商品与非贵金属制成的相同商品归入同一类别。所以贵金属和非贵金属餐具都属于第八类。因此，本注释是对当时的政策的准确反映，无需删除。

本类尤其包括：

- 电动剃刀和修剪刀（手工器具）。

如上所述，“电动或非电动刮胡刀”（基础编号：080179）属于第八类。“个人用理发推子（电动和非电动）”（基础编号：080219）和“电动和非电动脱毛器”（基础编号：080242）也属于第八类。如果决定将这类电动和非电动项目都归入第八类，那么就务必需要对此予以明确，所以类目、注释和字母顺序表对此均有提及。

本类尤其不包括：

- 某些特殊器具（参见按字母顺序排列的商品分类表）。

这是一个很难予以置评的条目，因为它潜在的覆盖面很广。当然，专门用于医疗领域的仪器，属于第十类而非第八类。换言之，除非某个项目显然是用于一般用途的手动工具，否则应参见字母顺序表以确保专业器具的正确分类。

本类尤其不包括：

- 马达带动的机床和器具（第七类）。

第七类的部分对此已进行了详细的讨论。这个第八类的排除项与第七类的排除项“手工具和器具（手动的）（第八类）”是相反的。

本类尤其不包括：

- 外科手术刀（第十类）。

这个排除项比较好理解，将其与第一个排除性项目放在一起阅读时更是如此。“外科手术刀”（参见字母顺序表）是一个应当属于第八类之外的其他类别专业手动工具的极佳示例。为了说明这一点，我们在特定注释中进行了说明。

本类尤其不包括：

- 随身武器（火器）（第十三类）。

第10版的字母顺序表引入了这个排除项，这表明可被称为“随身武器”的火器不属于第八类，而属于第十三类，即火器的所属类别。注释对该特定排除项的纳入说明，属于第八类的随身武器是火器以外的武器。值得注意的是，“刺刀”也属于第八类，虽然该术语一般用于指代枪口顶端固定有刀片的火器，但只有刀片本身是刺刀，所以将“（枪上的）刺刀”（基础编号：080025）归入第八类是正确的。

本类尤其不包括：

- 办公用切纸刀和碎纸机（第十六类）。

这个排除项也可以被视为专业手动工具的一个例子，应属于第八类之外的其他类别。如果没有该注释，那么“拆信刀”（基础编号：160291）就像外科手术刀一样很容易被归入第八类，因为对于这些商品的表述均采用第八类的术语。同样，为了确保这些商品按照其专业类别予以正确分类，本注释中已经列出了这些商品。

本类尤其不包括：

- 击剑用武器（第二十八类）。

通过注释将“击剑用武器”（基础编号：280130）明确排除在第八类之外是最适宜的做法。其他经常被认为是体育用品的项目都属于第八类，如“捕鱼鱼叉”（基础编号：080170）和“猎刀”（基础编号：080053）。但这些鱼叉和刀的用途与属于其他类别的鱼叉和刀是一样的，所以没有理由将其从第八类中排除。但击剑用武器并不是真正意义上的用来造成伤害的武器。事实上，击剑用武器内置了保护装置，以防止其变成真正的随身武器。它们是运动表演中所使用的体育用品，为了避免混淆，确保分类正确，击剑用武器作为特定排除项目被第八类所排除。

C. 补充评论

手动工具

与手持工具不同，手动工具属于第八类。使用“手持”描述本类的项目会产生误导，因为很多即便是由电提供动力的工具也是手持的。“链锯”（基础编号：070484）、“电动螺丝刀”（基础编号：070566）和“动力锤”（基础编号：070248）都是手持工具，但因为它们是电动的，所以属于第七类。值得注意的是，字母顺序表在提及第八类的工具时，使用的始终是“手动”的表述，而在提及第七类的手持工具时使用的是“非手动”的表述。

奶酪切片器、切比萨饼用刀、鸡蛋切片器［非电］

第八类包括了“奶酪切片器（非电）”（基础编号：080248）、“切比萨饼用刀（非电）”（基础编号：080249）和“鸡蛋切片机，非电动”（基础编号：080251），以便继续澄清类目“餐具”中的条目，并将第八类的商品与第二十一类中的厨房用具予以区别。这些项目显然能够实施切割活动，因为这是餐具所具有的基本特征，这将有利于确定应将商品归入第八类还是第二十一类。

文身器

为了避免将本项目作为一种医疗器械而被错误地归入第十类，字母顺序表将“文身器”（基础编号：080256）包含在内。本装置通常以某种方式获得动力，但就像不管是否为电动的都属于第八类的刮胡刀一样，文身器不管是否需要用电提供动力，也都属于第八类。“文身针”（基础编号：080269）属于《尼斯协定》第11版的字母顺序表的第八类。

金刚砂锉

“金刚砂锉”（基础编号：080257）属于第八类。这一点值得特别注意，因为其他的金刚砂产品基于类目中的条目“磨料制剂”而属于第三类，例如“金刚砂”（基础编号：030094）、“金刚砂布”（基础编号：030086）和“金刚砂纸”（基础编号：030084）。但第三类中的金刚砂产品并不是以工具的形式存在的，而是某种悬浮液中的磨料，或是一般用作磨料的布或纸。第八类中的项目是手工具成品，所以虽然其具有研磨属性，但其不是第三类中的研磨剂。需要注意的是，“指甲砂锉”（基础编号：080267）在2016年就已经被收录至《尼斯协定》第10版的字母顺序表中。

D. 2017年《尼斯协定》第11版中发生的重大变化或增补

第七类和第八类的平行条目

《尼斯协定》第11版对第八类中的增补和修订侧重于为第七类电动工具和第八类手动工具创设明确的平行条目。这些清晰的条目对于理解第七类和第八类之间的区别很有帮助。

将一些厨房用具从第八类转移至第二十一类

在《尼斯协定》第11版中，一些厨房用具被从第八类转移至第二十一类。这是一个可喜的进步，因为之前很难确定厨房中使用的哪些“工具”属于第八类，而哪些又属于第二十一类。将胡桃钳和方糖钳予以转移，并将葡萄酒用长柄勺改为“盛葡萄酒用长柄勺”且转移到第二十一类，是迈出的第一步，希望未来的《尼斯协定》能对这一性质作出更多说明。

第九类

正式文本

类目

科学、航海、测量、摄影、电影、光学、衡具、量具、信号、检验（监督）、救护（营救）和教学用装置及仪器；处理、开关、转换、积累、调节或控制电的装置和仪器；

录制、传送或重放声音或影像的装置和仪器；

磁性数据载体，录音盘；

CD 盘，DVD 盘和其他数字存储媒介；

投币启动设备用机械装置；

收银机，计算设备，数据处理装置，计算机；

计算机软件；

灭火设备。

注释

本类尤其包括：

- 实验室科研用装置和仪器；
- 操纵船舶用装置和仪器，如测量和传令用装置和仪器；
- 分度仪；
- 穿孔卡式办公机械；
- 不论录制媒体或传播途径的所有计算机程序和软件，即包括录制在磁性媒体上的软件或从远程计算机网络上下载的软件。

本类尤其不包括：

- 下列电动仪器及器械：

(1) 厨房用电气用具（食品碾磨和搅拌器，榨果汁器，电动磨咖啡器等)，以及使用电动机的其他设备及器具，都属于第七类；

(2) 抽取或分发燃料的装置（第七类）；

(3) 电动剃刀，修理刀（手工器具）和熨斗（第八类）；

(4) 用于房间供暖或液体加热、烹饪、通风等的电器（第十一类）；

(5) 电动牙刷和梳子（第二十一类）。

- 钟表和其他计时器（第十四类）。
- 主时钟（第十四类）。
- 与外接显示屏或监视器连用的娱乐和游戏装置（第二十八类）。

释义

A. 类目

由于科学和计算机领域发生的巨大发展和变化，第九类已经成为《尼斯协定》中最大的类别之一。然而，庞大的内容并非必然会导致商品分类的困难，尽管在该类别的某些领域的确会出现这种问题。本类别涵盖的范围很广，包括从科学或研究性质的到电子仪器类的大量商品。虽然专门的项目属于其所属领域所在的类别，例如第十类中的医疗器械，但是第九类中的项目一般与技术领域有关。

科学、航海、测量、摄影、电影、光学、衡具、量具、信号、检验（监督）、救护（营救）和教学用装置及仪器；处理、开关、转换、积累、调节或控制电的装置和仪器

在本类目中，这一条目所包含的商品很多。为了更好地解释本条目，下文将分别讨论该条目提到的每一个概念。

“科学”装置及仪器的名称可能是本类别商品中最广泛且最模糊的一类。如该类别中的注释所示，这个术语指的是用于科学研究的物品。因此，“实验室用层析设备”（基础编号：090585）、“示波器”（基础编号：090374）、“显微镜”（基础编号：090193）和实验室中使用的其他物品都属于第九类。用于科学目的的装置及仪器与用于医疗目的的仪器之间的区别可能会引发问题。就X射线技术的正确分类而言，这种区别是很清楚的。在字母顺序表中，几乎所有与X射线有关的项目在第九类和第十类中都存在对应条目。主要问题在于，确定X射线装置和仪器等商品在何时用于科学目的，以及在何时用于医疗目的。一般而言，当仪器的功能在于诊断或治疗个人的身体疾病或身体状况时，该仪器用于医疗用途，在这种情况下，该仪器属于第十类。然而，当该仪器纯粹用于研究目的，或用于其他完全与医学无关的目的时，例如，用于检测制成品缺陷的X射线仪器，则该项目属于第九类。

这个领域真正的困惑来自那些既可以用于科学研究，又可以用于医疗诊断和治疗的设备。这些物品往往被描述为用于科学目的，并属于第九类，例如“试管”（基础编号：090236）。此外，即使某一项目是用来培养或保存可导致个人疾病诊断的标本，该项目也不应被归入第十类。试管本身并不能诊断或治疗患者，它只是用于保存从个人身上提取的测试样本，以便确定个人所处的情况。试管的使用完全独立于个人的实际诊断，因此，只能被适当地归入第九类。

类目中的术语“航海”装置及仪器可以被恰当地归入测量、声音传输或信号设备和仪器的所属类别中。实际上，第九类的注释指出，本类“尤其包括……操纵船舶用装置和仪器，如测量和传令用装置和仪器”。然而，将特定“航海”项目列入第九类消除了将这些商品错误地归入第十二类的可能性，因为它们通常是船只或船舶的一部分。因此，“浮标”（基础编号：090583）或“信号浮标”（基础编号：090518）属于第九类。作为航海装置和信号装置，“导航仪器”（基础编号：090358）也属于第九类，即使其经常被安装在船上，并且可能被误认为是第十二类的项目。

与“航海器械和仪器”（基础编号：090356）一样，“测量装置及仪器”（基础编号：090280）也被具体列于该类目之中。在此处，这些项目也可能会作为“测量”装置及仪器而被归入第九类，然而，对测量领域予以明确提及消除了任何可能产生的混淆，即这类项目可能会作为专业使用的工具而被归入第八类。例如，“测量用链”（基础编号：090056）或“测量水平仪”（基础编号：090333）就明确属于第九类。

类目中接下来的三个分类在其应用中不存在任何突出的问题。“摄影、电影和光学装置及仪器”十分易于定义和分类。当然，有几个特定的项目可能会引起混淆。X射线仪器可以被认为是摄影仪器，如果它不是用于医疗目的，则属于第九类，反之，则属于第十类。该分类方法遵循了专门用于医疗目的的项目的总体模式。用于医疗目的与非用于医疗目的的区别也出现在与某些镜片有关的光学领域。“隐形眼镜”（基础编号：090554）的功能与眼镜相似，属于第九类。然而，人工晶状体——“外科移植用假眼球［眼内假体］”（基础编号：100194）属于第十类，这是因为它们对眼球而言具有侵入性，所以显然属于第十类“假肢、假眼和假牙”的类目。属于摄影、电影或光学装置及仪器定义范围内的大多数其他项目都属于第九类，例如，“照相机［摄影］”（基础编号：090184）和与其用途有关的项目，所有类型的“光学镜头”（基础编号：090324），以及用于天文台的“望远镜”（基础编号：090476），以及普通的“眼镜”（基础编号：090331）。

同样地，“衡具和量具”一词对商品的正确分类而言几乎没有什么影响。其中一个难点在于量杯和“计量勺”（基础编号：090641）。虽然量杯和计量勺显然属于厨房用具，而且可能很容易被归入第二十一类，但由于它们是测量仪器，因此被正确地归入第九类中。同样地，“尺［量器］”（基础编号：090284）属于第九类，尽管可能存在将其作为绘图仪器的类型之一而归入第十六类的趋势，但是，只有未经校准和没有刻度的“制图尺”（基础编号：160234）才属于第十六类。

“信号装置”包括发出警告或传递信息的项目，例如“信号铃”（基础编号：090127）、“信号浮标”（基础编号：090518）、“警报器”（基础编号：090449）、“火警报警器”（基础编号：090068）和“非爆炸性烟雾信号”（基础编号：090524）。这也是一个相当容易进行分类的领域，通常不存在显著问题。值得注意的是，发出警告或信息的标志，如果是发光的或机械性质的，则其属于第九类。其他类型的标志则根据其材料成分进行分类，这些标志通常是由金属（第六类）或非金属（第十九类）构成。

“检验（监督）装置及仪器”是指对商品或其功能进行监督控制的设备。虽然字母顺序表中没有太多具体的参考，但这些设备的一些示例包括：“假币检测器”（基础编号：090173）、“气体测试仪”（基础编号：090278）、“照蛋器”（基础编号：090241）和“邮戳检查装置”（基础编号：090149）。此外，对于没有按照字母顺序表特别列出的检查仪器，也存在一些一般条目为其分类提供指引，例如，“非医用测试仪”（基础编号：090249）及“材料检测仪器和机器”（基础编号：090240）。因为所有这类项目均属于第九类，所以这并不是一个困难的分类领域。

“救护（营救）装置及仪器”存在一些与分类相关的问题，这些问题与第二十八类中的体育设备有关。应当划出一条界线，将能够在体育活动中拯救生命和防止严重但不致命或甚至致命的伤害身体的项目，与一些只是提供舒适度或保护、防止出现轻度碰撞和瘀伤的项目区分开来。属于前一种的装置属于第九类，属于后一种的装置属于其他类别，例如第二十八类。类似于足球头盔是“安全头盔”（基础编号：090112），而安全头盔属于第九类。足球头盔可以防止头部受到可能导致严重身体损害或造成死亡的撞击。因此，虽然足球头盔可以作为体育设备而被归入第二十八类，但因为它们确实属于救护器材，所以它们更适合被归入第九类。然而，“保护垫［运动服的部件］”（基础编号：280147）属于第二十八类，因为它可以防止碰撞和瘀伤，而这些碰撞和瘀伤通常不会致命或使人虚弱，所以不能将其视为第九类的救护器材。如果能保护身体免受伤害，在工作过程中使用的防护器材即使不是救护器材，也属于第九类。这是第九类中一个可以理解的包含项，因为没有其他类别能合理地包括这些项目，而且将其归入第九类非常合适。因此，“工人用护膝垫”（基础编号：090605）属于第九类，而“护膝［体育用品］”（基础编号：280144）和“护胫［体育物品］”（基础编号：280046）属于第二十八类。

接下来将讨论在水中使用的救护器材，例如“救生圈”（基础编号：090517）、“救生衣”（基础编号：090546）和“救生筏”（基础编号：090073），这些示例显然都属于第九类。尽管可以将潜水或潜泳视为一项运动，但潜水器具，例如“潜水面罩”（基础编号：090597）、“潜水服”（基础编号：090162）和“潜水呼吸器”（基础编号：090355）也属于第九类。对此概念予以扩展，将会导致可以把其他可视为体育设备的项目归入第九类，例如，用于游泳的护目镜。“体育用护目镜”（基础编号：090654）属于第九类，因为它属于光学仪器或装置。此外，使用运动护目镜既能保护眼睛，又能确保使用者的视觉清晰准确。需要注意的是，一般而言，在水中使用的任何防护设备类型几乎都属于第九类，即便其是在水上运动活动中使用。但如前所述，用于训练或用于保护生命或身体之外的用途的游泳设备不属于第九类，水下游泳设备除外。这类设备的一些示例包括“翼形浮袋”（基础编号：280211）、“游泳浮带”（基础编号：280212）、“游泳浮力背心”（基础编号：280213）和“游泳用鸭脚蹼”（基础编号：280093），这些项目都属于第二十八类。

第九类的“教学用装置及仪器”和第十六类的“教育或教学用品”之间存在的差异很难区分。第九类中有关“教学用装置”的条目只有“视听教学仪器”（基础编号：090061）、“教学仪器”（基础编号：090440）、“急救训练用人体模型”［教学仪器］（基础编号：090680）以及“运载工具驾驶控制和模拟器”（基础编号：090448）。然而，这些项目（除“教学仪器”这一宽泛而模糊的术语之外）无论是否用于教学目的，都会被归入第九类，因为它们除了用于教学目的之外，还具有一些可以证明它们属于第九类的特性，例如其具备技术因素或电子因素。另外，第十六类中提及了很多特定的教学材料，包括“书籍”（基础编号：160095）、“纸*”（基础编号：160006）、“笔［办公用品］”（基础编号：160242）和“黑板”（基础编号：160201）。对每个类目使用的术语予以谨慎应用是基本原理，这一基本原理可解释在两个类别中教学项目之间存在的区别。“装置和仪器”是在第九类中使用的措辞，而“用品”

一词是在第十六类中使用的术语。此外，第九类的教学用装置包括设备、器具和仪器，它们要求以学生与这些装置互动的方式进行教学。属于第十六类的其他教学用品则是通过观察（observation）进行教学的，而不是像模拟器那样，通过执行任务进行或需要与装置进行物理交互。这是一个难以界定和适用的区别。可以说，大多数与教育领域有关的项目都属于第十六类；但是，在教学过程中发挥积极作用的教育项目，或包含第九类特征的项目，则应参照字母顺序表予以分类。

《尼斯协定》第8版（2001年）增加了“处理、开关、转换、积累、调节或控制电的装置和仪器”的类别。该表述取代了位于“测量”（surveying）之后、“摄影”（photographic）之前的词语“电”（electric），构成了本类目条目开头所述的装置和仪器。对该表述进行修改是因为“电子装置和仪器”的条目范围太过宽泛，包括了更适合于属于第九类之外的其他类别的商品，例如，“电锤”（基础编号：070489）被正确地归入第七类，而非第九类。对类目的修改清楚地表明，处理、开关、转换或以其他方式控制电的装置和仪器都属于第九类。其他电气设备虽然也可能属于第九类，但这些商品要么是在字母顺序表中被特别列出，要么是在注释中被提及。

录制、传送或重放声音或影像的装置和仪器

由于本类目术语的特殊性和明确性，这些商品不存在分类问题。从“电视机”（基础编号：090468）和“电话机”（基础编号：090423），到“投币式自动点唱机”（基础编号：090062）和“扩音器”（基础编号：090341），几乎所有涉及录制、传送或重放声音、影像的项目都属于第九类。

磁性数据载体，录音盘

与前面的类别一样，接下来包括“磁性数据载体，录音盘”的部分也是相当一致的。“计算机软件（已录制）”（基础编号：090591）和其他类似的媒体载体属于第九类。需要注意的是，用于另一项目（如汽车）的计算机芯片，在与汽车分开销售的情况下，仍然属于第九类。然而，尽管汽车的大部分功能是由磁性数据载体控制的，但汽车本身属于第十二类，而非第九类。

CD盘，DVD盘和其他数字存储媒介

这些商品与前述所列商品的不同之处在于，它们是专门用于数字录制的。这些商品携带数据、音频和视频记录的方式不同于上一条目中描述的磁性数据载体和录音盘。例如，“CD盘［音像］”（基础编号：090587）位于本类目的字母顺序表中。与上一个类目一样，本表述所包含的商品都非常明确，不会出现分类问题。

投币启动设备用机械装置

“投币启动设备用机械装置”（基础编号：090063）是一种机械装置，用于释放机器中的特定物品或材料，或用于激活机器。该机械装置是机器的一部分，其执行以下功能：识别投入机器中的物品并释放相应物品或材料，或者激活插入机器中的货币或代币的相应功能。投币启动设备用机械装置属于第九类，这是因为它是作为机器运行的控制器而发挥功能的，而控制装置最常出现在第九类中。需要注意的是，该机械装置与正在被控制或启动的机器是分开的。因此，虽然“投币式台球桌”（基础编号：280124）属于第二十八类，而“投币启动的洗衣机”（基础编号：070236）和“自动售货机”（基础编号：070537）属于第七类，但控制这些投币设备的机械装置被恰当地归入第九类中。

收银机，计算设备，数据处理装置，计算机

该类目的下一个分类包含各种各样的项目，这些项目通过在运作中使用人工智能这一共同思路而被联系在一起，即“收银机”（基础编号：090525）、“计算设备”（基础编号：090103）、“数据处理设备”（基础编号：090306）和“计算机”（基础编号：090372）。由于过去几十年来技术的进步，第九类商品中的此一领域增长迅速，并且在该类中注册的商标中占据了相当大的比例。特别是当计算机程序被认为是本类目的对应项时，这种现象尤甚。

这一领域的广度在一定程度上简化了术语所涵盖商品的分类。从“与计算机连接用的打印机*”（基础编号：090618）到“电子笔［视觉演示装置］”（基础编号：090598），几乎所有与计算机相关的项目都属于第九类。一旦某个项目被确定为与计算机有关，那么它的分类就不会存在什么问题了。需要注意的是，在“技术天平”的另一端，“算盘”（基础编号：090627）也被包含在字母顺序表中，属于第九类。毕竟算盘是已知最古老的计算器之一，人们至今仍在使用。因此，尽管算盘在使用中的唯一能量来源是人的指尖，但根据特定包含项“计算机器”（基础编号：090103），算盘被正确地归入第九类中。

计算机软件

类目“计算机软件”几乎不需要解释。值得注意的是，这一表述并不认为对软件的编程属于商品。相反，本类目所涵盖的项目是该编程的载体。这种载体通常采用光盘或磁带的形式，甚至于如今在某些地方仍在使用的穿孔卡片形式。本类目还包括“可下载的计算机程序”（基础编号：090658）。

将这种无体物视为第九类商品的理由在于，无论该产品是通过硬盘介质（如磁盘或磁带）获得的，还是直接从在线来源下载的，位于终端的使用者在其计算机中将收到完全相同的产品。因此，结果是相同的：直到被用户抹除或删除之前，该程序将被保存在终端使用者的计算机中。

灭火设备

类目内的最后一项是“灭火设备”（基础编号：090750）。在分类的正确性方面，该项目也不存在问题。但值得注意的是，“消防车”（基础编号：090297）也属第九类。虽然消防车是用于运送消防员及火警装备的车辆，但消防车包含属于其本身所有的自给式灭火装置，因此被归入第九类是正确的。

B. 注释

第九类的注释非常重要。因为这个类目涵盖的商品范围太过宽泛，以至于类目只能在一定程度上发挥作用。该类目注释中提供的信息对于作出正确的分类决定而言是必不可少的。

本类尤其包括：

- 实验室科研用装置和仪器。

如上所述，在关于“科学装置及仪器”类目的讨论中，第九类所包括的科学装置和仪器是在科研实验室所使用的。正如在前文讨论中所指出的那样，此处的问题在于，很难将实验室装置和医疗领域使用的诊断设备区分开来。解决办法是用适当的表述区分商品，并将其归入相应的类别（将用于科学研究和实验室的商品归入第九类，将用于医疗目的的商品归入第十类），或者省略将商品具体归入第九类和/或第十类的表述，并假定在无须进一步说明的情况下，科学装置和仪器属于第九类。

本类尤其包括：

- 操纵船舶用装置和仪器，如测量和传令用装置和仪器。

在先前的一次讨论中也提到了这一注释。前文关于“航海装置及仪器”的部分提出了假定所有与船舶有关的商品都必须被归入第十二类中的固有困难。“航行用信号装置”（基础编号：090357）及“导航仪器”（基础编号：090358）在字母顺序表中被明确列为属于第九类的商品。由于它们与船舶的整体联系，这些装置和仪器很容易被错误地归入第十二类。单凭类目，便可将诸如救护装置等商品归入第九类中，并允许将与船及船舶有关的其他项目归入第十二类。注释中的特定包含项以及字母顺序表中的单独条目清楚地表明，即使与“海用运载装置”有关（参见第十二类的类目），量具、信号和检验的商品也属于第九类。

本类尤其包括：

- 分度仪。

很明显，“分度仪［测量仪器］”（基础编号：090419）属于第九类；然而，由于分度仪也可以属于第十六类，因此被列于注释的特定包含项中。对于其他绘图仪器而言，只要它们没有经过校准就可以用，并且只是作为绘图的指导或模板使用的测量仪器，则属于第十六类。“制图尺”（基础编号：160234）和“绘图用直角尺”（基础编号：160069）属于第十六类，而“尺［量器］”（基础编号：090284）属于第九类。字母顺序表包括了第九类中的条目“分度仪［测量仪器］”（基础编号：090419），但并不包括第十六类中与分度仪相对应的条目。这可能是因为其假设所有分度仪都具有测量功能，因此必须属于第九类。似乎并不存在一种仅用于绘图的器具可以被归入第十六类。

本类尤其包括：

- 穿孔卡式办公机械。

在当今的计算机技术时代，该条目似乎已经过时了。在将其列入注释中时，这类办公室机械与属于第十六类中的其他办公室机械之间存在混淆，例如，“办公室用碎纸机”（基础编号：160287）与“姓名地址印写机”（基础编号：160005）。“办公室用打卡机”（基础编号：090097）的技术含量很高，与早期的计算机关系密切，它值得作为第九类的特定包含项被列入注释中。需要指出的是，“录制计算机程序用纸带和卡片”（基础编号：160231）与其他纸制品一起被归入第十六类。但是，将穿孔卡式办公机械这个早期计算机时代的机械归入第九类是恰当的。

本类尤其包括：

- 不论录制媒体或传播途径的所有计算机程序和软件，即包括录制在磁性媒体上的软件或从远程计算机网络上下载的软件。

这一特定包含项是在《尼斯协定》第8版中所添加的。该条目清楚地表明，无论其交付方式为何，包含在用户计算机中的计算机程序和软件都属于第九类。归根结底，无论软件是从光盘驱动器（CD－ROM）还是从远程网络加载到计算机上，用户所拥有的东西都是相同的。贸易中的无体物被确认为商品是《尼斯协定》的一大创新之处。然而，由于产品之间没有区别，无论其是以光盘驱动器还是以下载代码的形式存在，将所有软件和程序归入第九类中合情合理。

本类尤其不包括：

- 下列电动装置及仪器：

（1）厨房用电气用具（食品碾磨和搅拌器，榨果汁器，电动磨咖啡器等），以及使用电动机的其他设备及器具，都属于第七类；

（2）抽取或分发燃料的装置（第七类）；

（3）电动剃刀，修理刀（手工器具）和熨斗（第八类）；

（4）用于房间供暖或液体加热、烹饪、通风等的电器（第十一类）；

（5）电动牙刷和梳子（第二十一类）。

此特定排除项包含五个子部分，因为所有的子部分都是相互关联的，所以将其放在一起讨论。本注释排除了第九类中的项目，否则根据前文讨论的特定包含项，这些项目在逻辑上可能会被包括在内。

第 10 版字母顺序表对某些项目采用了与先前不同的办法，例如对那些特定排除项所包含项目的处理办法与先前对这些商品的处理方式不同。因此，许多项目被从第九类转移至其他类别中。如前所述，支持这种大量转移的办法的原因在于，电子产品不一定仅仅因为其属于电动而需要被归入第九类。在第 10 版字母顺序表生效之前，存在一些支持这种办法的示例。例如，“牙刷”“电动牙刷”（基础编号：210250 和 210276）无论是电动的还是非电动的，都属于第二十一类，而“削铅笔器（电或非电）”（基础编号：160293）无论是电动的还是非电动的，都属于第十六类。电动的和非电动的两个项目都被包括在字母顺序表的单一功能类别中。在第 10 版字母顺序表生效之前，一些项目无论是否带电，都属于同一个类别，而其他一些项目则是根据其是否带电而归于不同的类别（带电的属于第九类，不带电的根据其功能属于不同的类别），因此会导致用户在查找项目时存在困惑。这一特定排除项突出了一些经过修订、根据新办法而产生的类别，将电气器具按其功能类别进行了分类，而不是仅仅是因为其是由电动操作而将其归入第九类。

本类尤其不包括：

- 钟表和其他计时器（第十四类）；
- 主时钟（第十四类）。

“钟”（基础编号：140011）和“表”（基础编号：140057）被特别排除在第九类之外，因为它们可以被合理地视为测量时间的设备，所以可能会作为测量装备及仪器而被错误地归入第九类。这类商品实际上属于第十四类，本类目中的钟表和计时器清楚地表明，这些项目属于第十四类。在第九类中唯一分类正确的钟表是“考勤钟［时间记录装置］”（基础编号：090649），即如条目括号内的表述所示，用于记录时间段的钟表。这些钟表通常在工作场合中被使用，用于记录员工的工作小时数，其目的不在于告知时间，而是测量和记录在各种活动上花费的时间。需要注意的是，因为“秒表”（基础编号：140164）被认为是计时仪器，所以属于第十四类。

“主时钟”（master clocks）（基础编号：140043）也被特别排除在第九类之外。主时钟是经过精确校准的、精确的计时设备，其他的时钟和时间源的设定均来源于主时钟的时间设置。然而，归根结底，主时钟属于钟表，因此属于第十四类。需要注意的是，属于第九类的“计时器［时间记录装置］”（基础编号：090586）和属于第十四类的“计时器［手表］”（基础编号：140027）之间是存在区别的。

本类尤其不包括：

- 与外接显示屏或监视器连用的娱乐和游戏装置（第二十八类）。

这是在《尼斯协定》第10版中引入的一个重要排除项。在这一排除项之前，适合与外部显示屏或监视器一起使用的娱乐和游戏装置属于第九类，而不适合与外部显示器或监视器一起使用的娱乐和游戏装置（具有独立屏幕或监视器的娱乐和游戏装置）属于第二十八类。随着产业的发展，同样的设备既可以与外部显示器一起使用，也可以与自己的独立屏幕或显示器一起使用，因此这种区分变成了一种人为的区分，并成为分类的基础。目前，字母顺序表收录了属于第二十八类的“视频游戏机”（基础编号：280214），但并未具体说明该机器是与外部屏幕或监视器一起使用，还是具有独立的屏幕或监视器。因为该商品基本上是被用作娱乐和玩游戏，所以第二十八类对这两种装置而言是合适的类别。

C. 补充评论

“可下载的电子出版物”（基础编号：090657）

正如前文关于软件和计算机在第九类中的分类讨论所言，无论软件和计算机程序以何种方式交付，它们均属于第九类。同样的原理也适用于可下载的电子出版物。这些出版物可以通过光盘驱动器或从远程计算机网络被下载到用户的计算机上。值得注意的是，“可下载的计算机程序”（基础编号：090658）也位于字母顺序表中，属于第九类。

“急救训练用人体模型［教学器具］”（基础编号：090680）

该项目很容易被错误地归入其他类别中，包括第二十八类，因为它与洋娃娃有几分类似，因为该项与目前属于第二十类的人体模型类似，尽管其被专门称为时尚模特；甚至因其具备教育价值而被归入第十六类。但是，由于急救训练用人体模型是一种装置，并且因为第十六类仅限于指导和教学用品（装置除外），所以，基于类目中“教学用装置及仪器”，第九类是唯一一个将急救训练用人体模型包括在内的合理类别。

“煮蛋计时器［沙漏］”（基础编号：090683）

煮蛋计时器［沙漏］属于《尼斯协定》的第九类。由于该项目常用于家庭厨房，所以之前是与其他厨房用具一起被归入第二十一类。但是，它主要是一种时间测量装置，因此，将它与其他测量设备一起归入第九类更为合适。

“基因芯片（DNA 芯片）”（基础编号：090684）

虽然 DNA 是具有生命的物质，但由于基因芯片（DNA 芯片）是用于科学研究的物品，因此将其归于第九类是合理的。为了避免第一类的项目与其他生物材料，或第三十一类与其他生物体之间产生分类错误，基因芯片（DNA 芯片）被纳入字母顺序表中，并被适当地归入第九类。

“交通信号灯［信号装置］”（基础编号：090687）

为了避免将交通信号灯当作照明用产品而错误地归入第十一类，《尼斯协定》第 9 版引入了这个条目。括号内的解释“信号装置”清楚地表明这是一个属于第九类的商品。交通信号灯不是在交通中行驶中为车辆和行人照明的路灯，因此属于第十一类。

“实验室用特制服装”（基础编号：090691）

与第九类中的防护服一样，明确提及该项目是为了防止其被错误地与非专业服装一同归入第二十五类中。实验室中使用的服装通常要经过消毒，甚至可能对穿着者具有保护作用。因此，将这类服装归入第九类比将其归入第二十五类更为合适。

转移“消防人员用石棉挡板”（基础编号：090689）

“消防人员用石棉挡板”被从第十七类转移至第九类。尽管它确实具有一些绝缘性能，这也证明了它先前属于第十七类中是合理的，但石棉挡板的主要功能在于保护消防员免于因暴露在火灾中而受伤或死亡。鉴于其他救生和救护项目属于第九类，将“消防人员用石棉挡板”从第十七类转移到第九类是具有意义的。

重申《尼斯协定》第 10 版的重大变更

尽管本书着重介绍了《尼斯协定》第 11 版所带来的变化，但本书上一版所列出的第九类分类的重大变化仍值得予以重申。第10版中最显著的变化在于电子装置分类方法的变化。具体而言，这种新的方法是根据特定商品的功能进行分类，而不是根据其是电动的还是自动的这一事实进行分类，这一点之前确保了该特定商品属于第九类。这一基本规则相对较新，我们在对电子装置进行分类时应予以牢记。如果对特定电子装置的分类存有疑问，参见字母顺序表。

D. 2017年《尼斯协定》第11版中发生的重大变化或增补

现代化

《尼斯协定》第11版对第九类的修改并不多。修订期间的重点似乎在于字母顺序表的现代化。在2012年《尼斯协定》第10版施行之时，引入了许多鲜为人知，甚至不为人知的新产品。老式或过时的术语已被删除或更新。以下对该类别的增补是第九类中这种现代化趋势的示例：

“数码相框”（基础编号：090711）；

“电子图书阅读器”（基础编号：090718）；

“智能手机”（基础编号：090719）；

“智能眼镜（数据处理）”（基础编号：090748）；

“智能手表”（基础编号：090749）；

“自拍杆［手持单脚架］”（基础编号：090742）。

将一些过时术语予以现代化或删除的示例包括：将“计算盘”（calculating discs）改为“计算圆尺”（circular slide rules）（基础编号：090101），将“便携式电话”（portable telephones）改为“无绳电话”（cordless telephones）（基础编号：090661），以及将“移动电话”（mobile telephones）、“手机”（cell phones 和 cellular phones）（基础编号都为090734）添加至字母顺序表中。

作为现代化内容的一部分，第九类删除了以下内容：

文字处理机（word Processors）；

会计机器（accounting Machines）；

夹鼻眼镜条目（pince - nez entries）。

关于消防设备的说明

机动消防车被更改为“消防车”（基础编号：090297），消防车被更改为“消防泵”（基础编号：090298）。救火车（fire trucks）也被称为消防车（fire engines），其分类一直使人困惑。虽然消防车是用于将消防员和设备运送至火场的车辆，但其拥有自给自足的独立灭火装置，因此被正确地归入第九类。

"电热袜"（基础编号：110345）

该项目已经被转移至第十一类中。这种转移是合适的，因为电热袜的目的在于为足部供暖。袜子中带有电力的部分不符合第九类的用途。与其他加热或取暖设备一样，第十一类才是符合这些商品的所属类别。

"与计算机连用的操纵杆（视频游戏用除外）"（基础编号：090747）

之所以要注意该条目，是因为除第九类之外，操纵杆目前还出现在其他三个类别中。"与计算机连用的操纵杆（视频游戏用除外）"（基础编号：070567）位于第七类注释的特定包含项中，同时也位于字母顺序表中；"运载工具用操纵杆"（基础编号：120278）属于第十二类；而"视频游戏操纵杆"（基础编号：280228）属于第二十八类。

第十类

正式文本

类目

外科、医疗、牙科和兽医用仪器及器械；

假肢、假眼和假牙；

矫形用物品；

缝合材料；

残疾人专用治疗和辅助装置；

按摩器械；

婴儿护理用器械、器具及用品；

性生活用器械、器具及用品。

注释

第十类主要包括通常用于诊断、治疗或改善人体和动物机能或状况的外科、医疗、牙科和兽医用器械、仪器及用品。

本类尤其包括：

- 医用支撑绷带和特种服装，例如，压力衣，静脉曲张用长袜，拘束衣，矫形鞋；
- 月经、避孕和分娩用仪器、器械及用品，例如，月经杯，子宫帽，避孕套，分娩褥垫，产钳；
- 由人造或合成材料制成的植入用假体及治疗用具，例如，人造外科移植物，人造乳房，脑起搏器，可生物降解的骨固定植入物；
- 医用特制家具，例如，医用或牙科用扶手椅，医用气褥垫，手术台。

本类尤其不包括：

- 医用辅料和吸收性卫生用品，例如，橡皮膏，包扎用绷带和纱布，防溢乳垫，婴儿尿布和失禁用尿布，卫生棉条（第五类）；

- 活体外科移植物（第五类）；
- 医用无烟草香烟（第五类）和电子香烟（第三十四类）；
- 轮椅和电动代步车（第十二类）；
- 按摩用床和医院用床（第二十类）。

释义

A. 类目

有关第十类商品分类存在的诸多困难已在第五类和第九类的分析中进行了讨论。第十类的类目相当明确。但是，与其他大多数类别一样，第十类的某些方面也存在问题。

外科、医疗、牙科和兽医用仪器及器械；假肢、假眼和假牙

正如在关于第五类商品中所讨论的，“仪器及器械”是用来确定类别的关键词，它可以确定外科、医疗、牙科或兽医领域使用的物品是否应当属于第五类的药物或制剂，也可以确定这些物品是用于实施这些药物和制剂的设备，还是属于第十类的、用于提供针对疾病和身体状况的诊断和治疗的设备。

对第十类商品进行分类的主要困难与第五类中面临的难题类似。许多可属于其他类别的项目，如果附有医疗（或外科、牙科或兽医）用途的说明，则属于第十类。此外，有些物品可以用来缓解身体状况，但因为其不是医疗器械，所以不属于第十类。如果属于第十类，设备和仪器必须是治疗性的，需要达到可以由医学专业人员使用或开具处方的程度，或对治疗或缓解疾病或身体状况起到缓解作用。与医疗领域相关，但不是用于实际治疗特定疾病的设备不属于第十类。例如，“医院用病床”（基础编号：200138）属于第二十类，因为它们是能以各种方式移动的床，并且具有包括约束杆和静脉杆支架在内的各种特征，但是这些床无法用于治疗疾病。然而，“医用床”（基础编号：100173）属于第十类；例如，专为烧伤患者建造的床，由于床与烧伤区域的有限接触对患者的康复非常重要，这类项目被适当地归入第十类。这种独特的、用于这类情况的特殊用床，必须经过特别的构造才能推进患者的治疗进程。如本类别注释的特定包含项所示，“医用特制家具，例如，医用或牙科用扶手椅，医用气褥垫，手术台”属于第十类。字母顺序表中“医用特制家具”（基础编号：100119）的条目体现了这一点。

同样，如果其他物品被指明用于医疗用途，则属于第十类，而用于非医疗用途的物品则属于其他类别。字母顺序表中体现这一区别的条目包括：第十类中的“医用带”（基础编号：100045），与之相反的是第二十五类中的“服装带［衣服］”（基础编号：250031）；第十类中的“医用灯”（基础编号：100108）与第十一类中的“灯”（基础编号：110040）；第十类中的“医用体温计”（基础编号：100198）与第九类中的“非医用温度计”（基础编号：090429）。由此出现的模式是，只要对商品的描述清楚地表明了这种特殊用途，被指定并实际上用于医疗目的的商品就属于第十类，否则，该商品必须被归入常规适用的类别中。在许多情况下，如果同一商品可同时用于医疗和非医疗目的，则该商品将同时属于第十类和该商品所属的标准类别。

矫形用物品

“整形用品”“矫形用物品”（都属于基础编号：100038）和“缝合材料”（基础编号：100149）在逻辑上包括在此类别中，并且几乎不存在混淆和问题。然而，之前在第五类中讨论的“绷带”在整形用物品的类目中产生了一些问题。为整形状态提供支撑的绷带属于第十类，而用于保护或作为药物制剂载体的绷带属于第五类。属于第十类绷带的一些示例包括“矫形用膝绷带”（基础编号：100193）、“支撑绷带”（基础编号：100020）、“静脉曲张用长袜”（基础编号：100166）、“拘束衣”（基础编号：100041）以及“矫形用关节绷带”（基础编号：100020）。

缝合材料

在类目中列出缝合材料，是为了避免将这些商品错误地归入第二十三类（纱线和线类）。通过在类目中明确包括这些商品，可以清楚地看出，属于缝合材料定义范围内的任何纱线都属于第十类。其他缝合材料，例如“缝合针”（基础编号：100009），也属于第十类。

残疾人专用治疗和辅助装置

该用语被增补至《尼斯协定》第11版的类目中。它涵盖的商品范围很广，如果不是类目中包含了这种表述，其中的一些商品可以被归入第十类之外的类别。事实上，许多项目的分类可能存在错误，因此引入了该表述。

该类目包括整形用品，“医用四脚拐杖”（基础编号：100230）和“残障者用助行架”（基础编号：100226）。但是，根据上述内容和下文中的特定排除项所示，“轮椅”（基础编号：120062）和“电动代步车［行动迟缓人使用］（基础编号：120281）”属于第十二类，因为它们即使是用于运输残疾人，也被视为是车辆。

按摩器械

《尼斯协定》第11版类目中的另一个新条目“按摩器械”，现已明确被归入第十类。该条目在《尼斯协定》先前版本字母顺序表中的基础编号为100113。现在，按摩机械因被包含在类目中而得以强调。

婴儿护理用器械、器具及用品

《尼斯协定》第11版中增加了另一个澄清性用语，这一表述将这些项目固定在第十类中。“奶瓶”（基础编号：100028）和“婴儿用安抚奶嘴［奶嘴］”（基础编号：100145）都位于字母顺序表中，并且显然属于这一类目，就像非常总括的条目“护理器械”（基础编号：100016）一样。

性生活用器械、器具及用品

多年来，对性生活用器械、器具及用品的分类一直存在争议，因此，在《尼斯协定》第11版的类目中加入了该表述，从而解决了这一问题。虽然这些项目通常被用于增强性交的快感，但是它们是通过改善参与该活动的个人机能或状况实现此目的的。该表述取自《尼斯协定》第11版中修订的注释。因此，“性玩具”（基础编号：100234）和“性爱娃娃”（基础编号：100219）现在明确属于第十类，并且仅属于第十类。

B. 注释

第十类主要包括通常用于诊断、治疗或改善人和动物的机能或状况的外科、医疗、牙科和兽医用器械、仪器及用品。

在以前的版本中，第十类几乎没有特定包含项，也没有特定排除项。《尼斯协定》第11版对此已经进行了修改。这两个领域（特定包含项与特定排除项）都得到了广泛扩展，对新条目的解释如下。

本类尤其包括：

- 医用支撑绷带和特种服装，例如，压力衣，静脉曲张用长袜，拘束衣，矫形鞋。

该注释是对先前版本“支撑绷带”注释的扩展。如上文“矫形用物品和缝合材料”的类目所述，第五类绷带和第十类绷带之间存在的区别对于这些项目的分类至关重要。为了重申这一区别，用于治疗伤口、吸收体液或向伤口运送药物的绷带被归入第五类，而用于为伤口提供支撑和稳定性的绷带被归入第十类。

在此注释中列入用于医疗目的的特殊服装是非常有用的。这一明确的包含项消除了有关提供有益于医疗的服装在分类方面产生的任何歧义。注释中的示例为用户提供了关于属于第十类的服装性质的指南，与第二十五类是相反的。

本类尤其包括：

- 月经、避孕和分娩用仪器、器械及用品，例如，月经杯，子宫帽，避孕套，分娩褥垫，产钳。

本注释澄清了因包含其他与月经用品相关的项目而可能使这些项目产生的歧义，例如，第五类中的“卫生护垫”（基础编号：050233）。与第五类中的其他绷带一样，月经护垫也具有吸收功能。但是，在经期使用的项目，例如“月经杯”（基础编号：100241），本质上不具有吸收功能，因此属于第十类而非第五类。注释中包括的其他与月经用品有关的项目，从逻辑而言也属于本部分。虽然对这些其他项目的分类可能不存在问题，但将它们包括在这个注释中是有所帮助的。

本类尤其包括：

- 由人造或合成材料制成的植入用假体及治疗用具，例如，人造外科移植物，人造乳房，脑起搏器，可生物降解的骨固定植入物。

本注释对第五类中的“活体外科移植物”（基础编号：050397）和“人造外科移植物”（基础编号：100208）进行了区分。虽然它们之间的区别非常简单，但是在第十类的注释中对这些商品予以注明，应该能避免《尼斯协定》的使用者在这一方面出现错误。

本类尤其包括：

- 医用特制家具，例如，医用或牙科用扶手椅，医用气褥垫，手术台。

上述有关第十类的分类在一定程度上讨论了这一概念，该概念涉及指定用于医疗目的的商品的分类，以及在不用于医疗目的的情况下，同一商品在其他相关类别中的分类。“医院用病床”（基础编号：200138）和“医用床”（基础编号：100173）的示例就是这一概念的缩影。虽然有些家具可以在医疗环境中使用，但只有专门为医疗用途设计的家具才属于第十类。“手术台”（基础编号：100150）、“分娩褥垫”（基础编号：100004）和“牙科医生用扶手椅”（基础编号：100048）就是属于第十类的医疗专用家具的示例。

本类尤其不包括：

- 医用辅料和吸收性卫生用品，例如，橡皮膏，包扎用绷带和纱布，防溢乳垫，婴儿尿布和失禁用尿布，卫生棉条（第五类）。

作为包含项中关于支撑绷带的注释的对应项，这一特定排除项进一步强调了属于第五类而不属于第十类的绷带和吸收性物品的性质。需要注意的是，在进行区别时，具有吸收特性是一个重要的因素。吸收性的辅料和其他物品属于第五类，而支撑性用品属于第十类。

本类尤其不包括：

- 活体外科移植物（第五类）。

作为另一个在第十类中对应一个特定包含项的对应项，这一特定排除项重申了第五类活体组织移植物的分类，而人工或合成移植物属于第十类。

本类尤其不包括：

- 医用无烟草香烟（第五类）和电子香烟（第三十四类）。

这一重要的排除项，即医用无烟草香烟（第五类）和电子香烟（第三十四类），是《尼斯协定》第 11 版的新规定。因为二者均可以被认为是有助于戒烟的器械或装置，所以将其归入第十类的医疗器械是存在争议的。“医用无烟草香烟”（基础编号：050081）应被视为一种配方特殊的替代品，其用途在于改善或避免出现不良的身体状况，如果不是这样（以特殊配方）配制的，则属于第五类以外的类别，比如“医用营养食物”（基础编号：050297）。如果不是因为它们的特殊配方可以改善或避免不良身体状况的发展，这些食品将被归入第二十九类或第三十类。因此，虽然无烟草香烟可被视为第十类的医疗装置，但这些香烟所产生的烟雾会被吸入人体内，因此第五类才是这类项目较为合适的分类。

“电子香烟”（基础编号：340039）也可以被认为是一种可以改善或避免不良身体状况的装置，但它们并不总是用于此目的。由于电子香烟可以与各种香料一起使用，电子香烟可以被用作烟草香烟的替代品，但使用电子香烟的目的在于获得不同于使用烟草香烟的体验，而不是用于戒烟。因此，电子香烟属于第三十四类。将电子香烟包括在本注释第十类的排除项中是很重要的，因为该项目的一种用途可能是为了戒烟，所以它们有可能属于第十类。

本类尤其不包括：

- 轮椅和电动代步车（第十二类）。

如上所述，“轮椅”（基础编号：120062）和“电动代步车［行动迟缓人使用］”（基础编号：120281）属于第十二类，因为它们被视为车辆，而非医疗装置。事实上，尽管轮椅和电动代步车需求量很大，并且因为各种医疗状况而被个人所广泛使用，但它们并不能对疾病或状况提供医学治疗。轮椅和电动代步车是专用车辆，属于第十二类。需要注意的是，“带轮担架”（基础编号：100036）属于第十类。与“带轮拉伸机”（基础编号：100036）一样，担架虽然能用于运输，但担架是在治疗过程中使用的，并且通常在医疗环境中使用。因此，第十类是适合这类医疗运输设备的类别。

本类尤其不包括：

- 按摩用床和医院用床（第二十类）。

如前述，“医院用病床”（基础编号：200138）属于第二十类，因为它们是具有各种移动方式和特征的床，这些特征包括约束杆和静脉杆支架，但是，这些床不能用于治疗疾病。“按摩用床”（基础编号：200229）也是如此。虽然它们具有按摩用床所特有的属性，例如，面部摇篮（face cradle），但床本身并不能提供任何形式的医疗或物理治疗。但“手术台”（基础编号：100150）和烧伤患者用床并非如此。这些床的物理特性直接影响个人的治疗，因此被适当地归入第十类。

C. 补充评论

婴儿用品

“奶瓶”（基础编号：100028）、“奶瓶用奶嘴”（基础编号：100170）、“出牙咬环”（基础编号：100018）和“婴儿用安抚奶嘴”（基础编号：100145）都属于第十类。因为“婴儿食品”（基础编号：050298）属于第五类，所以婴儿喂奶用具属于第十类是合乎逻辑的。由于奶嘴与用于奶瓶的奶嘴在形状和功能方面非常相似，很难将其区分开来，因此奶嘴也属于第十类。出牙咬环（teething rings）具有特殊的牙科功能，也属于第十类。

用于医疗诊断但与病人没有直接联系的项目

有些产品被用于在不与患者接触的情况下，对医疗状况予以诊断或分析。即使与医学领域存在联系，分析测试数据结果的计算机程序也属于第九类，而非第十类。为了进行分类，必须注意区分直接从患者处收集数据的产品（第十类）与操作或解释数据的产品（第九类）之间的差异。

“吊带［支撑绷带］”（基础编号：100217）

正如在前文关于支撑绷带的讨论中所指出的，这一领域容易引起误解和分类错误。吊带通常是由一块简单的布料所制成，这块布料可能会形成适合或不适合身体的形状。然而，它支撑着正在康复的肢体，即使吊带是被“穿着”在身体上的，也不应该与其他织物一起被归入第二十四类，或与服装一起被归入第二十五类。吊带具有医疗功能，因此被合适地归入第十类中。此条目清楚地说明了这一分类。还应注意的是，“抱婴儿用吊带”（基础编号：180122）属于第十八类，因为它类似于在旅行或走动时用来容纳婴儿的袋子。这些条目区分了两种不同用途的吊带，并为每种吊带指出了适当的所属类别。

“耳塞［听力保护装置］”（基础编号：100224）

《尼斯协定》第10版将项目“耳塞［听力保护装置］”转移至第十类。在第九类中，该项目被简单地标识为“耳塞”。“［听力保护装置］”的详细说明是在该项目被转移至第十类时增加的。许多保护身体各部位的项目都属于第九类，如“体育用保护头盔”（基础编号：090656）和“工人防护面罩”（基础编号：090210）。然而在大多数情况下，耳塞是由耳朵出现状况或问题的人使用的。从某种意义上讲，耳塞能治疗目前的身体状况，因为使用耳塞可以防止由于该状况而造成的进一步损害或不适。虽然详细的表述中包括“保护”一词，但在这种状况下，耳塞是为了保护耳朵免受现有状况造成的进一步损害或不适。而第九类中的防护物品是为了避免对身体其他健康部位造成伤害。还应注意的是，“听力保护器”（基础编号：100124）也属于第十类。将“耳塞［听力保护装置］”从第九类转移至第十类，使这两个类似的项目归于同一类别，从而避免了关于为什么一个项目属于第九类、而类似的项目却属于第十类的猜测。

D. 2017年《尼斯协定》第11版中发生的重大变化或增补

与其他类别一样，《尼斯协定》第10版的类目和注释在第11版中得到了极大的扩展。然而，这些增补的内容大多都对一直属于第十类的商品的分类进行了编纂和澄清，但由于各种原因，它们被错误地归入其他类别中。这些都是非常受欢迎的补充，而其中的澄清应该会使第十类商品的类别比过去更加浅显易懂。

《尼斯协定》第11版第十类的另一个重大变化在于，其引入了美国和英国拼写各种术语的平行条目。在以前，这种拼写是不一致的。虽然存在一些平行条目，但许多条目在单个条目的方括号内包含了一个术语的英式或美式拼写。其他类别也有这种情况。在第十类中，目前分别包括英式拼写和美式拼写的术语是骨科“orthopedic”（美式拼写）和“orthopaedic”（英式拼写）。

第十一类

正式文本

类目

照明、加热、蒸气产生、烹饪、冷藏、干燥、通风、供水及卫生用装置。

注释

本类尤其包括：

- 空气调节装置；
- 电或非电的暖床器，热水袋，长柄暖床炉；
- 非医用电热垫（板）和电热毯；
- 电热服装；
- 电热水壶；
- 电炊具。

本类尤其不包括：

- 制造蒸气的装置（机械部件）（第七类）。

释义

A. 类目

第十一类所包含的装置具有“环境控制”的特点。虽然这类商品看起来并不模糊，但可能会与其他类别的电热商品相混淆。其他类别的电热商品并不向环境提供热量，而是在加热后被用于执行其他任务。第十一类中的商品即被归入此类，因为它们的目的在于对环境或某一特定物品进行加热。

照明、加热、蒸气产生、烹饪、冷藏、干燥、通风、供水及卫生用装置

由于该类目“照明、加热、蒸气产生、烹饪、冷藏、干燥、通风、供水及卫生用装置”只有一个非常长的条目，下文对条目中的每个商品领域都将予以单独说明。

照明装置

显然，这个条目指的是能发光的商品，从“圣诞树用电灯”（基础编号：110195）到“路灯”（基础编号：110263）。该条目似乎包罗万象，但也存在需要注意的例外和区别。例如，“汽车转向信号装置”（基础编号：1202）和“运载工具用灯”（基础编号：110027）属于第十一类，而实现车辆信号引导功能（signaling function）的装置“汽车转向指示臂”（基础编号：120228）属于第十二类。“暗室灯［摄影］”（基础编号：090318）属于第九类，这是因为它们是摄影显影过程中不可或缺的一部分。在第九类中可找到其他与照明有关的电气设备，例如，“调光器［调节器］（电）”（基础编号：090606）、“闪光信号灯”（基础编号：090126）和“闪光灯泡［摄影］”（基础编号：090206）。第十一类中的照明装置并不是为高度专业化用途而特别设计的，它们只是一些提供光照的装置。“实验室灯”（基础编号：110176）是本说明的一个例外，它属于第十一类。因为实验室灯的目的在于提供光照，而非发挥真正的科学功能，所以将该项归入第十一类而非第九类是合理的。字母顺序表中存在一个包含这些商品的条目，这表明第十一类是适合这些商品的类别。

加热装置

第十一类中的“加热装置”（基础编号：110067）是提供热量的项目，而不是特别为特殊用途而制作的项目。除第十一类外，第十类是产生热量的项目最常见的分类类别。如果加热装置包括用于医疗目的的详细说明，那么它将被正确地归入第十类中。这些商品的一些示例是“医用电热垫”（基础编号：100050）和“医用电热毯”（基础编号：100191）。这些商品非医疗用途的对应项属于第十一类，即“非医用电热毯”（基础编号：110305）和“非医用电加热垫［靠垫］”（基础编号：110296）。

与“实验室灯”（基础编号：110176）一样，“实验室燃烧器”（基础编号：110058）也是实验室装置属于第九类的一般规则的例外。该项目出现在字母顺序表的特定条目中，使得该项目在第十一类中的分类变得很明确。虽然该项目用于实验室，但其目的在于提供热量，而非执行科学功能。其他使用热量来实现某种功能的商品不属于第十一类。例如，“电动喷胶枪”（基础编号：070476）属于第七类，即使其中的热量是用来熔化喷枪中的胶水，以便将其应用于表面，该项目仍然不属于第十一类。“胶加热器”（基础编号：110100）属于第十一类，因为热量既能用于熔化胶水，又能使其保持黏性，因此可以使用另一种工具将其应用于表面上。第十一类的加热装置的目的在于加热胶水并对其进行保温。而对于第七类中的电胶枪而言，它的目的在于立即涂抹刚刚在枪内熔化的胶水。

蒸气产生装置

蒸气产生装置采用了许多其他属于第十一类商品的原理，因此，蒸气产生装置属于本类也是有道理的。此外，“乙炔燃烧器”（基础编号：110003）和“乙炔发生器”（基础编号：110004）属于第十一类。但是，“发电机组”（基础编号：070171）和“电流发生器”（基础编号：070124）属于第七类。第七类中的电力和电流发生器创造了一种可用于许多不同应用的电源。因为它是一种使用其他来源（例如，水、风能、天然气或原子燃料）产生的电力来执行任务并制造产品的机器，所以属于第七类。第十一类中的乙炔发生器产生的气体具有一种特别的加热能力。因为“加热装置”属于第十一类，所以乙炔发生器也属于第十一类。

烹饪装置

如果烹饪装置以电为动力或具有其他类型电源的，则其属于第十一类。因此，“加热烹调器”（基础编号：110108）、“炉子”（基础编号：110140）、“厨房炉灶［烘箱］”（基础编号：110204）、“电炉”（基础编号：110170）、“烤炉”（基础编号：110230）、“烤架［烹饪设备］”（基础编号：110172）和“烤盘［烹饪用具］”（基础编号：110172）都属于第十一类，只要它们是通过使用电源实现烹饪功能即可。没有电源的类似商品则属于其他类别，通常是作为厨房用具而被归入第二十一类中。在字母顺序表中，第二十一类烹饪用具的一个例子是“烤架［烹饪用具］”（基础编号：210145）。与第十一类的“烤架［烹饪设备］”的不同之处在于，第二十一类的烤架提供了在单独热源上放置的烹饪面板；换言之，第二十一类的烤架类似于平底锅（pan）。而第十一类的烤架拥有属于自身的独立热源，该热源以电、煤气或木炭为燃料。

冷藏装置

所有的冷藏装置都属于第十一类。即使有例外，数量也很少。“空气调节设备”（基础编号：110014）无论是用于建筑物还是用于车辆，都是本类别产品的示例。

干燥装置

就分类而言，干燥装置会产生与加热装置所产生的类型相同的混淆。如果某一物品的目的在于干燥和加热，或在干燥的过程中强制通风，则必须将其归入第十一类。如果干燥的操作是用来完成另一项任务，或干燥是通过机械的方式完成，则该装置可被归入其他类别。这一概念类似于上述“加热装置”部分所解释的概念。

有时很难将第十一类中的“干燥器”（基础编号：110097）与第七类中的“旋转式脱水机［非加热］”（基础编号：070084）区别开来。对于第十一类中的装置而言，干燥是通过加热实现的，使用第十一类中干燥设备的结果是生产干货或其他物品（例如毛发），即这种干燥是通过加热达成的，而不是通过机械方法。

通风装置

此表述涵盖的商品与“空气调节装置”（基础编号：110099）密切相关。然而，这些商品并不一定具有冷却作用，但其却能使空气扩散。“通风罩”（基础编号：110006）与“实验室用通风罩”（基础编号：110244）一样，属于第十一类。实验室用通风罩与其他实验室设备一起被归入第十一类，而非第九类。这看起来可能有些奇怪，但仔细分析后就会清楚地发现，实验室用通风罩并不具有科学研究的功能，它仅仅是在实验室内通风。因此，没有理由将实验室用通风罩作为一种实验室器具归入第九类。

供水装置

该类别的商品与“卫生用装置”高度相关。许多用于卫生目的的商品都与供水有关，例如，“澡盆”（基础编号：110033）、“沐浴器”（基础编号：110121）、“洗涤槽”（基础编号：110299）和“抽水马桶”（基础编号：110105）。然而，也有一些供水装置仅仅是用于供水。这些装置包括“水分配设备”（基础编号：110096）、“喷水器”（基础编号：110126）和“消防栓”（基础编号：110049）。因为这些类型的商品都被包含在第十一类中，所以它们之间精确的区别并不重要。

卫生用装置

很多商品都可以被用于卫生目的。显然，如前所述，例如，“澡盆”（基础编号：110033）、“淋浴器”（基础编号：110121）、“洗涤槽”（基础编号：110299）、“抽水马桶”（基础编号：110105）等个人卫生用品都被包含在这一类中。但该类还包括空气和水的消毒装置，因此“空气过滤设备”（基础编号：110015）、“空气净化装置和机器”（基础编号：110207）和消毒装置也属于这一类。

B. 注释

本类尤其包括：

- 空气调节装置。

如前文所述，作为制冷装置的一种，“空气调节装置”（基础编号：110099）属于第十一类。然而，由于很少有人认为空气调节装置具有制冷作用，因此注释特别将其归入本类别，以避免在另一类中造成混淆和引起可能的分类错误。

本类尤其包括：

- 电或非电的暖床器，热水袋，长柄暖床炉；
- 非医用电热垫（板）和电热毯。

注释的特定包含项中涵盖了“暖床器”（基础编号：110304）、“热水袋”（基础编号：110302）和“长柄暖床炉”（基础编号：110306），因为这些项目无论是电动的还是非电动的，都属于第十一类。分类在第十一类中的大部分项目是由电或其他电源（例如燃气）供电的，因此很明显，这些装置的供电版本属于第十一类。同样的分类原理也适用于非医用电热垫（板）和电热毯。但是，“暖床器”（基础编号：110304）、“热水袋”（基础编号：110302）和“长柄暖床炉”（基础编号：110306）即使没有通电，其自身也包含独立的热源。这些项目的所有非电动版本都包含热水或其他提供热量的加热材料。

本类尤其包括：

- 电热服装。

这个特定包含项最终阐明了这些商品的分类。多年来，电热服装一直属于第九类，因为它们被认为是免受极端寒冷影响的救生保护措施。字母顺序表的条目提供了本类商品的一个示例，即“电热袜”（基础编号：110345）。电热服装因为属于服装，所以也属于第二十五类。但是，电热服装的主要功能是提供热量，这是典型属于第十一类商品的属性。在大多数情况下，这些热量并非被用于救生目的，因此第九类不是适合这些电热服装的分类类别。热量为御寒带来了舒适感，该项目可以被视为属于第十一类中的一种“便携式”加热器，而不能被视为第九类的救生设备或第二十五类的服装。

本类尤其包括：

- 电热水壶。

该注释似乎是不言而喻的，但“电热水壶”（基础编号：110303）很容易与非电热水壶一起被归入第二十一类中。特定包含项表明，第十一类是这些商品的适当类别。

本类尤其包括：

- 电炊具。

与电热水壶一样，本注释消除了与“电炊具”（基础编号：110107）分类有关的任何问题。电炊具不应属于第二十一类，第二十一类是非电气炊具所属的类别。

本类尤其不包括：

- 制造蒸气的装置（机械部件）（第七类）。

与其他机械部件一样，作为机械部件的蒸气产生装置必须与第七类中的机械一起分类。虽然第十一类明确包括了蒸气产生设备，但此例外情形覆盖了类目中的条目。当许多项目属于机械部件时，它们属于第七类；如果不是机械部件，则可以归于其他类别。这些例外通常在注释中被加以突出。

实际上，将与机械相关的蒸气产生设备排除在第十一类之外，并将其纳入第七类，是合乎逻辑的，因为蒸气被用作机器的动力源，能够使机器发挥其功能，而不是用于加热或其他控制环境的目的。因此，将这种蒸气产生装置归入第七类是合理的。

C. 补充评论

原子和核设施

“原子堆”（基础编号：110253）、“核燃料和核减速剂处理装置”（基础编号：110193）和“核反应堆”（基础编号：110253）都属于第十一类。最终，这些项目都能够提供照明、加热，并且为发挥其他第十一类的功能提供动力，例如，制冷、干燥和通风。没有比第十一类更适合它们的类别。第九类通常是小型装置所属的类别，这些装置不能被认为是属于第七类的机械，因此，将它们归入第十一类是合理的。需要注意的是，“原子堆用燃料”（基础编号：

010087）属于第一类。

“自来水或煤气设备和管道的调节和安全附件”（基础编号：110216、110259、110240和110241）

具有控制或调节功能的商品通常属于第九类。然而，各种各样的安全装置属于第十一类。这些调节和安全附件与第十一类的功能紧密相关。煤气和自来水的输送，对于许多第十一类的商品及其功能至关重要。因此，作为气体装置、管道和自来水装置一部分的调节和安全装置，在逻辑上属于第十一类。

“管道［卫生设备部件］”（基础编号：110103）

前文关于调节和安全附件的讨论也适用于此。一般而言，金属制成的管道属于第六类；若管道易于弯曲，并且不是由金属制成，则属于第十七类；若管道不是由金属制成，并用作建筑用途，则属于第十九类；但是，若管道是卫生设备的一部分，则属于第十一类。同样地，将管道收录至第十一类别中，对于理解这一类别而言十分重要，第十一类中的管道是直接连接到设备上的专用部件，例如，“澡盆”（基础编号：110033）、“沐浴器”（基础编号：110121）、“洗涤槽”（基础编号：110299）和“盥洗室［抽水马桶］”（基础编号：110105）。进出这些设备输送水的管道是建筑材料，如果其是由金属制成的，则属于第六类；如果不是，则属于第十九类。还应注意的是：“通风和空调设备用非金属管”（基础编号：190235）属于第十九类，“中央供热装置用金属管道”（基础编号：060076）和“通风和空调设备用金属管”（基础编号：060415）属于第六类。因此，第十一类系统中使用的管道（pipes）属于第十一类，而第十一类系统中使用的管道（ducts）属于第六类或第十九类，这取决于它们是由金属制成还是由非金属制成。

“清洁室［卫生装置］”（基础编号：110325）

清洁室被包含在字母顺序表中，因为这些项目的分类并不清楚。一方面，清洁室可以被视为一种结构内的结构，根据材料成分的不同，可以属于第六类或第十九类；另一方面，筹备工作组和专家委员会发现，该项目旨在提供一个清洁的环境——这对于定义商品的性质非常重要，因此第十一类是最合适的类别。用于提供这种清洁环境的通风、干燥和清洁系统，使该项目被归入第十一类，而非建筑材料所属的类别。

火山岩石

第十一类将“野餐烧烤用火山岩石”（基础编号：110326）包含在内，明晰了一个有争议的分类领域。岩石是基础的非金属建筑材料，因此许多岩石产品属于第十九类。但是，火山岩石在烧烤架中的用途，要求它们与烧烤架本身一起被归入第十一类，而不是与非金属建筑材料一起被归入第十九类。火山岩石是烧烤架不可分割的组成部分，因此与烧烤架一起被适当的归于同一类别。

“太阳能集热器［供暖］”（solar thermal collectors［heating］）（基础编号：110269）

这种表述改进了先前字母顺序表中的条目“solar collectors［heating］”，以明确这些集热器是用于取暖和提供热量的用途。本项目曾与属于第九类的“光伏电池”（基础编号：090531）之间存在混淆。然而，第九类的项目是用于收集电能的，这就导致光伏电池被适当地归入第九类，而第十一类是用于供暖的，因此太阳能集热器的条目属于第十一类。

D. 2017 年《尼斯协定》第 11 版中发生的重大变化或增补

在《尼斯协定》第 11 版中，第十一类的变化很少。最重要的变化在于“电热袜”（基础编号：110345）被从第九类转移到了第十一类，这一点在前文已讨论。除此之外，第 11 版还对一些表述进行了现代化修改，删除了一些过时的项目，并增加了一些有趣的新项目，比如“制墨西哥薄饼用电饼铛”（基础编号：110338）和“电巧克力喷泉机”（基础编号：110341）。

第十二类

正式文本

类目

运载工具；

陆、空、海用运载装置。

注释

本类尤其包括：

- 陆地车辆用马达和引擎；
- 陆地车辆用联结器和传动机件；
- 气垫船。

本类尤其不包括：

- 某些非运输用的特种车辆（参见按字母顺序排列的商品分类表）；
- 车辆的某些部件（参见按字母顺序排列的商品分类表）；
- 铁路用金属材料（第六类）；
- 非陆地车辆用马达、引擎、联结器和传动机件（第七类）；
- 所有马达和引擎的部件（第七类）。

释义

A. 类目

该类涵盖许多项目，但是找到这些项目的共同要素并不困难。实际上，第十二类的类目“陆、空、海用运载装置”是整个分类表中最短的类目之一。第十二类涵盖了所有与人、动物以及货物运输相关的项目。

运载工具；陆、空、海用运载装置

因为所有表述都与运输方式有关，所以可以在一个部分中讨论第十二类的整个类目。在描述这一类别时，最重要的澄清在于，强调该类别项目的目的必须是将东西从一个地方搬运或运输到另一个地方，无论这些东西是否有生命。换言之，如果一件移动装置的主要目的是执行一项任务，而不是将人或东西从一个地方运送到另一个地方，例如，属于第七类的“自推进式扫路机”（基础编号：070034），那么该项目不属于第十二类。同样，如果一个装置可以移动，但是被作为家具或其他静态设备使用，例如“有小脚轮的茶具台”（基础编号：200082）（第二十类），则其不属于第十二类。除了少数几个例外，从“降落伞”（基础编号：120113）到“婴儿车”（基础编号：120163），从“缆车”（基础编号：120190）到“弹药车［车辆］”（基础编号：120052）的所有运载工具均属于第十二类。

必须特别注意第七类注释中所注明的区别。该注释规定，陆用运载工具的马达和引擎属于第十二类，而单独的马达和引擎则属于第七类。一般来说，运载工具的组成部分或特别为其使用而设计的项目属于第十二类，这些项目包括“婴儿车盖篷”（基础编号：120164）、“脚踏车辆用驮篮”（基础编号：120254）、“补内胎用全套工具”（基础编号：120008）和“儿童安全座（运载工具用）”（基础编号：120112）等。

B. 注释

本类尤其包括：

- 陆地车辆用马达和引擎。

“陆地车辆引擎”“陆地车辆马达”（基础编号：120130）属于第十二类，而“非陆地车辆用引擎”“非陆地车辆用马达”（基础编号：070433），以及用于其他运载装置的马达和引擎，还有所有马达和引擎的零部件，都属于第七类。

本类尤其包括：

- 陆地车辆用联结器和传动机件。

为避免混淆，本注释明确指出，“陆地车辆联结器”（基础编号：120003）和“陆地车辆联动机件”（基础编号：120142）属于第十二类，而非第七类。

“非陆地车辆用联轴节”（基础编号：070385）、“非陆地车辆用联动机件”（基础编号：070253）和“机器联动装置”（基础编号：070369）属于第七类。

本类尤其包括：

- 气垫船。

增加这一特定包含项的原因可能在于“气垫船”（基础编号：120237）不能完全被称为陆地运载工具，虽然它们能依靠气垫前进，还可以在水面上移动，但它们不能真正被视为水上交通工具或空用交通工具。因此，为了确保气垫船能被正确归入第十二类，注释包含了这一特定包含项。但是，该注释并未指出气垫船是陆地车辆还是其他环境中的运载装置（例如在水中，甚至在空中）。这一重要区别在字母顺序表中并未予以明确，可能会引起分类问题。虽然运载装置本身无论是在陆地、空中还是水上移动，都属于第十二类，但许多零部件是依据它们是用于陆地车辆还是用于其他类型的运载工具进行分类的。

本类尤其不包括：

- 某些非运输用的特种车辆（参见按字母顺序排列的商品分类表）；
- 车辆的某些部件（参见按字母顺序排列的商品分类表）。

注释清楚地表明，不同类型车辆中的某些部件以及某些专用车辆本身不属于第十二类。参考字母顺序表是有必要的，因为它可以确保这些部件的正确分类。

本类尤其不包括：

- 铁路用金属材料（第六类）。

虽然第六类也对这一排除项进行了讨论，但是此处对此予以重申。如第六类所述，“铁路金属材料”（基础编号：060089）是与其他金属产品一同被分类的。这是有一定道理的，虽然铁路轨道对火车的运行能力而言是不可或缺的，但铁路轨道本身并不是火车本身的结构组成部分。将铁路归入第十二类类似于将道路归入第十二类，这种划分显然是不恰当的。该注释清楚地表明，铁路轨道与其他运载设备不一样，不属于第十二类。

本类尤其不包括：

- 非陆地车辆用马达、引擎、联结器和传动机件（第七类）；
- 所有马达和引擎的部件（第七类）。

有关这一特定排除项的解释，参见前文的讨论。

C. 补充评论

第十二类以外的特定车辆部件

正如本类别的注释所述，有些运载工具的特定部件不属于第十二类。这包括第二十七类的“汽车用脚垫”（基础编号：270010）、第十一类的“汽车灯”（基础编号：110256）和“运载工具用防眩光装置［灯配件］”（基础编号：110249）。请注意，在与车辆相关的、属于第十二类之外类别的项目中，任何项目都不是运载工具为了发挥功能所不可或缺的。虽然在第十二类中也有一些对运载工具发挥功能而言无关紧要的项目，但这些项目之所以属于第十二类，是因为它们不会属于其他类别，因此，第十二类是最适合这些商品的分类领域。例如，“运载工具用座椅”（基础编号：120177）不会被作为“家具”而归入第二十类。第十二类是唯一可以包含这些项目的类别，因为它们是运载工具永久的、不可或缺的一部分。相反，“汽车用脚垫”（基础编号：270010）等项目属于第二十七类，是地板覆盖物，因此没有必要将它们归入第十二类。

“运载工具用窗玻璃”与“运载工具用窗户”

第二十一类中的“运载工具用窗玻璃［半成品］”（基础编号：210231）与第十二类的“运载工具用窗户”（基础编号：120198）之间存在一些混淆。运载工具用窗玻璃是一种半加工的玻璃，其可能为了达到防眩光和承受冲击的目的而经过特殊配制，但是，它实际上是一块玻璃板，在最终使用之前必须经过进一步加工和处理。然而，运载工具用窗户属于成品，它们已经成型并适于车辆使用。这两种商品之间存在明显区别，这也决定了它们属于两个不同的类别。

“遥控运载工具（非玩具）”（基础编号：120257）

第十二类将该项目予以列出，这是因为许多遥控运载工具是玩具，与名为“成比例的模型车”（基础编号：280091）的玩具一起被归入第二十八类。第十二类中涵盖的遥控运载工具通常是在对人有危险的环境中执行任务的运载工具，而非按比例缩小的模型。因为它们可以发挥第十二类运载工具的主要功能，即提供运输，因此这个条目明确指出，即使车上没有人，或车辆无人驾驶，第十二类也是这些商品所适合的类别。需要注意的是，“军用无人机”（基础编号：120273）和“民用无人机”（基础编号：120275）被增补至《尼斯协定》第 11 版的字母顺序表中。

“滑板车［车辆］”（基础编号：120258）

由于滑板车的引入和流行，其不仅可以作为一种玩具使用，还可以作为一种有效的交通工具使用，因此该条目被纳入《尼斯协定》第9版中。该产品比玩具滑板车更耐用，并且还具有使其适合将成年人从某一处运送到另一处的功能。为了防止这种类型的踏板车被作为“滑板车［玩具］”（基础编号：280115）而错误地归入第二十八类（此前“滑板车［玩具］”是唯一被纳入字母顺序表的滑板条目），条目“滑板车［车辆］”（基础编号：120258）被纳入第9版的字母顺序表中。

D. 2017年《尼斯协定》第11版中发生的重大变化或增补

在《尼斯协定》第11版中，第十二类几乎没有发生什么变化。增加、修改和删除的一个重点在于介绍美式和英式拼写术语“tyres”（轮胎）和“tires”（轮胎）的平行条目。这种做法是前后矛盾的。虽然的确存在一些平行条目，但许多条目在单个条目中用方括号表示的术语的英式或美式拼写合并了。而现在，存在包含“轮胎”（tyres）（英式拼写）和“轮胎”（tires）（美式拼写）的平行条目。

另一个重点领域是将“cycles”（自行车和摩托车的统称）的零部件与配件条目分解为摩托车（motorcycle）和自行车（bicycle）的平行条目。例如，目前有“自行车撑脚架”（基础编号：120046）和“摩托车撑脚架”（基础编号：120097）两个条目。字母顺序表中删除了原“cycles”（自行车和摩托车的统称）零部件或配件的条目，取而代之的是自行车和摩托车的平行条目。

第十三类

正式文本

类目

火器；

军火及弹药；

炸药；

焰火。

注释

第十三类主要包括火器和烟火产品。

本类尤其不包括：

- 火柴（第三十四类）。

释义

A. 类目

这是一个界定清晰的类别，几乎没有例外，但是，一些具体意见也应被提出。属于第十三类的项目是通过引燃、推进或爆破力造成破坏的，不应仅仅因为它们是武器就将其归入第十三类。“刀*”（基础编号：080205）可以是武器，但其属于第八类。同样地，尽管弓和箭的功能与枪支和步枪相似，但它们属于第二十八类。弓和箭不是爆炸装置，因此不属于第十三类。第十三类中使用“武器”一词，是为了将属于本类的项目与其他可被归入其他类别的类似项相区别，例如第十三类中的“捕鲸炮［武器］”（harpoon guns［weapons］）

（基础编号：130069）和第二十八类中的“鱼叉枪［体育用品］”（harpoon guns［sports articles］）（基础编号：280071）。武器形式的鱼叉枪和非武器形式的鱼叉枪之间存在巨大差别，这种差别足以确保它们位于不同的类别。

火器

“火器”（基础编号：130009）包括用于军事或体育的所有枪支和步枪类型。值得注意的是，用于狩猎或射击赛的火器属于第十三类，而不是与其他的体育用品一样属于第二十八类。用于狩猎或射击赛的火器与用于其他用途的火器基本相同，都被适当地归入第十三类。根据用途的不同，无须在第十三类和第二十八类之间划分此特定项目，因为第十三类本身就是一个非常特殊的类别。属于第十三类的项目应当只能属于第十三类，除非项目的性质在不作为武器使用后发生了改变，如上文讨论的鱼叉枪和捕鲸炮的示例。

军火及弹药

“火器弹药”（基础编号：130042）也属于第十三类。弹药通常内部含有爆破物质或者本身就是爆破物质，其与火器配合使用进一步验证了炮弹被分类于第十三类的正确性。

“导弹［武器］”（基础编号：130052）也与弹药一样被用于火器中，但是导弹自身不具有爆破力。通常情况下，会有一个爆炸源推动导弹脱离火器或其他发射器，但该发射器会与导弹分离。然而，导弹对火器发挥功能而言不可或缺，因此它与火器一起被归入第十三类。

炸药

为了与第十三类项目的“爆炸性”特质保持一致，所有类型的“炸药”（基础编号：130034）都属于第十三类。这些炸药包括用于军事、工业或体育目的的炸药。此外，与炸药有关的商品，若没有炸药则无法发挥作用，则属于第十三类，如“炸药导火线”（基础编号：130060）、“炸药用引爆信管”（基础编号：130062）和“起爆栓”（基础编号：130018）。

还应注意的是，“爆炸性烟雾信号”（基础编号：130064）属于第十三类。这是一种警告或安全装置，很容易被归入第九类，但是，因为其具有爆炸性，所以它与其他炸药一起被归入第十三类。

焰火

将“焰火”（基础编号：130013）归入本类不存在太多需要解释的问题，

因为焰火具有燃烧性和爆炸性，所以十分符合这一类别的标准。也没有其他类别适合这些商品。

B. 注释

第十三类主要包括火器和烟火产品。

本类尤其不包括：

- 火柴（第三十四类）。

第十三类中唯一的特定排除项是“火柴”（基础编号：340001）。尽管火柴与本类别的其他项目具有相似之处，因为其具有引燃的特性，并且在一定程度上具有爆炸性，但火柴的使用与吸烟者物品之间存在的联系，证明了将火柴与其他吸烟者物品一起归入第三十四类是合理的。

C. 补充评论

与火器和爆炸物有关的项目

因为许多与第十三类项目有关的项目通常由高度专业化或改装过的配件组成，所以它们也被作为与火器和炸药相关的项目进行分类。例如，“武器肩带”（基础编号：130063）、“火器清洁刷”（基础编号：130010）和“除瞄准望远镜外的火器用瞄准器”（基础编号：130058）都属于第十三类。需要注意的是，“火器用瞄准望远镜”（基础编号：090509）属于第九类，因为其望远镜的特性与第九类的其他光学设备有关。

个人防护用喷雾

“个人防护用喷雾”属于第十三类，因为它是使用推进力来达成目的的。这种类型的喷雾可以属于第一类，因为其中重要的防御元素是一种由化学物质组成的喷雾，这种喷雾可以刺痛攻击者的眼睛，或以其他方式使攻击者丧失能力。产品从容器中被喷出的事实可以被忽略，分类可以由容器中包含的内容物来决定。然而，通过将这些喷雾与具有类似功能的“催泪武器”（基础编号：130008）进行比较，筹备工作小组和专家委员会允许将这些商品纳入第十三类，从而避免了将该项目错误地归入第一类。应当指出的是，《尼斯协定》第9版已将“防驱虫剂化学品”从第一类中删除，这是因为第十三类包含了“个人防护用喷雾”（基础编号：130073），第一类中的攻击性化学品造成了这些类似物品分类的不一致，因此被删除。

第十四类

正式文本

类目

贵金属及其合金；

首饰，宝石和半宝石；

钟表和计时仪器。

注释

第十四类主要包括贵金属及某些由贵金属制成或镀贵金属的商品，以及首饰、钟表及其零部件。

本类尤其包括：

- 首饰，包括仿真首饰，例如，人造宝石首饰；
- 衬衫袖扣，领带饰针，领带夹；
- 钥匙圈和钥匙链以及上面挂的小饰物；
- 首饰用小饰物；
- 首饰盒；
- 首饰和钟表的零部件，例如，首饰用扣环和珠子，钟表机芯，钟针，表发条，表蒙。

本类尤其不包括：

- 智能手表（第九类）；
- 非首饰用、非钥匙链用、非钥匙圈用小饰物（第二十六类）；
- 按照材质分类的非贵金属制或非镀有贵金属的艺术品，例如，普通金属制（第六类），石、混凝土或大理石制（第十九类），木、蜡、石膏或塑料制（第二十类），瓷、陶瓷、陶土、赤陶或玻璃制（第二十一类）；
- 某些按其功能或用途分类的贵金属制品或镀贵金属制品，例如，绘画、装饰、印刷和艺术用金属箔及金属粉（第二类），牙科用金汞合金（第五类），刀叉餐具（第八类），电触点（第九类），金笔尖（第十六类），茶壶（第二十一类），金银线制绣品（第二十六类），雪茄烟盒（第三十四类）。

释义

A. 类目

第十四类经历了《尼斯协定》第9版所有类别中最广泛的修订。尽管《尼斯协定》目前已更新至第11版，但第9版中关于贵金属商品分类的变化仍然值得重述，因为这对《尼斯协定》中某些商品的分类产生了深远影响。基本而言，该变化宣告了：原本由贵金属制成时属于第十四类，但不是由贵金属制成时则根据其功能而属于其他类别的项目，现在即使由贵金属制成也应属于与其功能相关的其他类别。这一决定消除了本类别中的许多混淆，这些混淆一方面是由于某些贵金属制成的商品被归入第十四类，而另一些不是由贵金属制成的商品被列入其他类别引起的；另一方面是因为有些商品不考虑其是否由任何特殊物质组成，而仅依照商品功能进行分类。这一事先安排导致某些以贵金属制造的商品不属于第十四类。例如，由贵金属制造的胡桃夹子属于第十四类，但如果其不是由贵金属制成则属第八类（需要注意的是，胡桃夹子在《尼斯协定》第11版中属于第二十一类，并不涉及其材料成分）。尽管用贵金属制成的相框并不少见，特别是当其被设计成容纳特殊活动的照片时，例如，出生或婚礼，然而，对于相框而言，无论其是由什么材料制成，都只能属于第二十类。问题一次又一次地出现：为什么一种由贵金属制成的商品要么按其功能分类，要么属于第十四类，而另一种商品却不管其材料成分如何，完全根据其功能分类呢？对这一领域的修订方法在于根据商品的功能对其进行分类，这种方法即使不能完全消除混淆，也应该能消除大部分混淆。

贵金属及其合金

贵金属及其合金占据着第十四类中的大部分内容。这一类别被称为首饰类。本类目是从大多数精美珠宝的制造材料开始的，这一安排非常合理。不是由贵金属及其合金制成的首饰也属于第十四类，但制作首饰的经典材料是这一类别的天然组成部分。

首饰，宝石和半宝石

“首饰，宝石和半宝石”这一类目的应用可能是该类别中最简单的。所有的“珠宝首饰”（基础编号：140050），无论是由贵金属、宝石还是其他材料制成的，都属于第十四类。从精美的黄金首饰到人造珠宝，再到皮革首饰和用其他不寻常的材料制作的珠宝，都属于第十四类。如果该项目被认为是具有珠宝性质的个人装饰品，则其属于第十四类。

“宝石”（基础编号：140074）和“半宝石”（基础编号：140073）属于第十四类。很明显，镶嵌在珠宝饰品中的宝石和半宝石也属于这一类别。然而，未完成或未镶嵌的宝石也属于第十四类。这类宝石，特别是半宝石，有可能被归入第二十类，包括“黄琥珀”（基础编号：200005）、“珍珠母（未加工或半加工的）”（基础编号：200153）、“未加工或半加工象牙”（基础编号：200131）❶和“珊瑚”（基础编号：200071）——所有这些项目都是用于制造首饰的材料，但如果首饰处于未完成状态，则这些项目不能被归入第十四类。由于宝石和半宝石只属于第十四类，无论其是经过镶嵌的还是未经镶嵌的，是成品还是未完成品，为了避免分类错误，这些商品都被明确地包含在该类目中。

钟表和计时仪器

该条目也非常易于应用和理解。所有“钟”（基础编号：140011）和“表”（基础编号：140057）都属于第十四类，甚至“日晷”（基础编号：140022）也属于该类别，落地摆钟和炉上饰钟也是如此。另外，诸如“手表带”（基础编号：140017）和“表壳［手表零件］”（基础编号：140144）之类的手表部件也属于此类别。

该类目中本条目唯一引起争议的领域在于“秒表”（基础编号：140164）的分类。具体来说，问题在于秒表是否应被视为第十四类中的“计时仪器”（基础编号：140030），或第九类中的时间测量设备或“时间记录装置”（基础编号：090478）。但是，根据本类目条目的表述，秒表属于第十四类。尽管此表述涵盖了广泛的设备，但此表述比第九类涉及“……测量……装置及仪器”的表述更为具体。在字母顺序表中，即使第九类包括“时间记录设备”，也不必然导致将秒表归入第九类，因为这些设备的目的不是记录时间，而是表明经过的时间，这是属于第十四类手表的主要用途之一。

---

❶《尼斯分类》第11版中已删除。——译者注

此外，值得注意的是，在字母顺序表中，第九类“计时器［时间记录装置］”（基础编号：090586）和第十四类“计时器［手表］”（基础编号：140027）的计时器之间存在明显区别。

B. 注释

第十四类主要包括贵金属及某些由贵金属制成或镀贵金属的商品，以及首饰、钟表及其零部件。

本类尤其包括：

- 首饰，包括仿真首饰，例如，人造宝石首饰。

当然，该类别包括“珠宝首饰”（基础编号 140050）。该包含项明确涵盖了仿制珠宝，其中“人造珠宝［服装首饰］”（基础编号：140097）是此类仿制珠宝的一个具体示例。一般而言，这一原则的适用不存在问题。这一点已在前文中详细讨论过，因为首饰是类目中的一个条目。

本类尤其包括：

- 衬衫袖扣，领带饰针，领带夹。

本注释明确了：“衬衫袖扣”（基础编号：140122）、“领带饰针”（基础编号：140151）和“领带夹”（基础编号：140033）都属于这一类。这些项目可能会被错误地归入第二十六类的“服装扣”（基础编号：260010）。然而，本注释明确指出，这些项目与珠宝一样，应被视为个人装饰品。

本类尤其包括：

- 钥匙圈和钥匙链以及上面挂的小饰物；
- 首饰用小饰物。

《尼斯协定》第 11 版中添加了上述两个特定包含项。第 11 版的字母顺序表中已列出了“钥匙圈［带小饰物或短链饰物的扣环］”和“钥匙链”（基础编号均为 140162），并增加了带方括号的表述“带小饰物或短链饰物的扣环”。因此，包含小装饰品或短链饰品的饰物也属于第十四类。需要注意的是，“贵金属制钥匙圈”（基础编号：140172）属于第十四类，而“普通金属制钥匙圈”（基础编号：060221）属于第六类。“首饰用小饰物”（基础编号：140018）不存在分类问题，但应当注意的是，“非用于首饰、钥匙圈和钥匙链的小饰物”（基础编号：260133）属于第二十六类，以及注意第四类中存在特定排除项对此予以规定。

本类尤其包括：

● 首饰盒。

本特定包含项是在《尼斯协定》第11版中增加的。该增补清楚地表明，首饰盒或其他首饰容器作为家用容器属于第十四类，而非第二十类。它们通常特别适合用特制的间隔或开槽来存放珠宝。需要注意的是，字母顺序表中的“首饰盒［箱子或盒子］”（jewellery cases［caskets or boxes］）和“首饰盒［箱子或盒子］”（jewelry cases［caskets or boxes］）（两个条目的基础编号均为140166）已被更改为“首饰盒”（jewellery boxes）和“首饰盒”（jewellery boxes），并且方括号中的表述“箱子或盒子”也从条目中被删除了。

本类尤其包括：

● 首饰和钟表的零部件，例如，首饰用扣环和珠子，钟表机芯，钟针，表发条，表蒙。

《尼斯协定》第11版增加了此特定包含项。这一特定包含项消除了有关首饰和钟表部件之间可能存在的任何歧义。单独而言，可以将这些部件归入第十四类以外的其他类别。例如，金属制的表发条可以作为金属硬件被归入第六类。但是，“表发条”（基础编号：140058）仅适用于钟表，就像其他一些部件一样（这些部件特别适合于它们所被使用的项目），应将其归于制成品的所属类别。

本类尤其不包括：

● 智能手表（第九类）。

在《尼斯协定》第11版中将“智能手表（数据处理）”（基础编号：C090140）作为第十四类的特定排除项引入是一个重要的增补。第九类还添加了“智能戒指”（基础编号：C090141）。这些条目清楚地表明，所有具有信息技术特征的项目都具有独特的功能，这些特征将它们与没有信息技术特征的项目及其类别区别开来；这些具有信息技术特征的项目属于第九类，而不是属于其非技术特征对应项所在的类别。

本类尤其不包括：

● 非首饰用、非钥匙链用、非钥匙圈用小饰物（第二十六类）。

有关本排除项的解释，参见上述讨论。

本类尤其不包括：

● 按照材质分类的非贵金属制或非镀有贵金属的艺术品，例如，普通金属制（第六类），石、混凝土或大理石制（第十九类），木、蜡、石膏或塑料制（第二十类），瓷、陶瓷、陶土、赤陶或玻璃制（第二十一类）。

这是第十四类中一项非常易于实施且重要的排除项。简而言之，贵金属制成的艺术品属于第十四类，由石头制成的艺术品属于第十九类，由非贵金属制成的艺术品属于第六类。一般来说，这一区别适用于雕像和塑像，但其他类型的艺术品也可能会受到此注释的影响，且字母顺序表严格一致地适用这一例外。

本类尤其不包括：

- 某些按其功能或用途分类的贵金属制品或镀贵金属制品，例如，绘画、装饰、印刷和艺术用金属箔及金属粉（第二类），牙科用金汞合金（第五类），刀叉餐具（第八类），电触点（第九类），金笔尖（第十六类），茶壶（第二十一类），金银线制绣品（第二十六类），雪茄烟盒（第三十四类）。

该注释清楚地表明，这些由贵金属制成的商品是按照其功能或用途进行分类的，而非仅仅因为是由贵金属制成就属于第十四类。一般而言，这适用于商品由贵金属制成相较于由普通金属或某些其他材料制成时可以更好地发挥其功能，或者当其功能比由贵金属制成的事实更为重要时的情形。在上述注释给出的示例中，“牙科用金汞合金”（基础编号：050230）（第五类）、“电触点”（基础编号：090148）（第九类）以及“金制笔尖”（基础编号：160134）（第十六类）在由金属制成时能更好地发挥功能。“绘画、装饰、印刷和艺术用金属粉”和“绘画、装饰、印刷和艺术用金属箔”（基础编号：020090 和 020092）（第二类）、“刀叉餐具*”（基础编号：080078）（第八类）、“茶壶”（基础编号：210222）（第二十一类）、“金线制绣品”和“银线制绣品”（基础编号：260094 和 260093）（第二十六类）以及雪茄烟盒［或“雪茄箱”（基础编号：340015）］（第三十四类），因为其位于字母顺序表中，在确定分类时，相比于它们是由贵金属制成的，这些项目的功能才是在确定分类时更为重要的因素。本特定排除项的示例仅代表了一小部分基于其功能进行分类的项目。若有疑问，例如，某项目是由贵金属制成，是否应属于第十四类，或即使该项目是由贵金属制成，是否属于按其功能划定的类别，应当参见字母顺序表。

C. 补充评论

宗教用品

“赞珠［念珠］”（基础编号：140175）是伊斯兰教使用的一串珠子，用于记录祈祷的次数。类似地，“念珠”（chaplets）（基础编号：140178）和“念珠”（rosaries）（基础编号：140178）是基督教在祈祷时使用的小珠。在《尼斯协定》第 11 版之前，念珠属于第十六类，即书籍和其他纸制品的所属类别，因为它们被视为与祷告书类似。但是，对于这些项目而言，第十六类并不是一个合适的分类，因为它们实际上是一串珠子，应被更恰当地归入第十四类。这些珠子不会像书籍一样被“阅读”，相反，它们被用于记录祷告的次数。由于宗教物品不存在唯一的所属类别，因此最好将其归入主要成分所属的类别，即珠子。《尼斯协定》第11版引入了赞珠，这与将念珠转移到第十四类是一致的。

D.《尼斯协定》第11版引入的重大修改或补充

珠宝（jewellery/jewelry）

第十四类增补、修改和删除的一个重点是引入了珠宝美式和英式拼法的“jewellery”（英式拼法）和“jewelery”（美式拼法）的平行条目。此前，这种做法并不一致。虽然存在一些平行条目，但许多条目在单个条目的方括号中采用了某个术语的英式或美式拼法，或者在某些情况下，在方括号中同时使用英式和美式拼法，以指明条目主要表述的性质，如“象牙制品［首饰］”{ivory [jewellery, jewelry (AM.)]}。该条目现在被分成两个条目，即“象牙首饰”(ivory jewellery)（基础编号：140046）和“象牙首饰”（ivory jewelry）（基础编号：140046）。目前，在第十四类中有许多含有术语不同拼写的珠宝（jewellery）和珠宝（jewelry）的平行项目。然而，应该注意的是，在类目和注释中，只使用了珠宝的英式拼写“jewellery”。

第十五类

正式文本

类目

乐器

注释

本类尤其包括：

- 机械钢琴及其附件；
- 音乐盒；
- 电动和电子乐器。

本类尤其不包括：

- 录制、传送、放大、修改和重放声音的装置（第九类）。

释义

A. 类目

第十五类是一个典型的小型类别。高度专业化的乐器生产商并不多见。然而，本类的商品是独特的，并且不能被归入任何其他类别。因此，这个小型且独立的类别是《尼斯协定》的重要组成部分。

乐器

“乐器”（基础编号：150025）很容易被归入这个单一的类别中。与乐器关系密切的配件和经过专门改装后用于乐器的设备也属于本类，例如，“乐器盒”（基础编号：150035）、“乐器用弱音器”（基础编号：150065）和“指挥棒”（基础编号：150009）。

本类中的大部分问题都在注释中得到了解决。本类包括了所有类型的乐器，几乎不存在例外，例如，从最简单的“奥卡利那笛”（基础编号：150056）和“口琴”（基础编号：150014），到最宏伟、最复杂的钢琴（基础编号：150008）和“风琴”（基础编号：150057）。除了少数例外，任何能产生音乐的物品都属于第十五类。乐器的整体和乐器的结构部分也属于本类。“乐器弦、乐器用簧片和乐器弦轴”（基础编号分别为150028、150003和150021）作为与乐器关系密切的配件和专门改装过的设备也属于第十五类。

B. 注释

本类尤其包括：

- 机械钢琴及其附件。

此特定包含项表明，机械钢琴属于第十五类。这些项目可能会被作为机械而被合理地归入第七类；然而，机械钢琴的主要用途在于制造音乐，因此被合理地归入第十五类。机械钢琴的配件，如“乐谱纸卷［钢琴］”（基础编号：150078），也属于第十五类，而不属于第十六类的纸制品类别。然而，需要注意的是，“印刷好的乐谱”（基础编号：160374）属于第十六类，因为它本身并不能创作音乐；乐谱由表演者阅读，并通过表演者将乐谱的内容演奏成音乐。

本类尤其包括：

- 音乐盒。

此特定包含项可能会产生一些问题。注释之所以将音乐盒纳入其中，是为了避免“音乐盒”（基础编号：150052）像钢琴一样被作为一种机械而错误地归入第七类，抑或是被作为一件娱乐和休闲用品而错误地归入第二十八类。由于音乐盒会产生音乐，故其被恰当地归入第十五类。

如果音乐盒元件被包含在另一产品（例如玩具或塑像）中，将会出现一些分类上的困难。类目、注释和字母顺序表没有为这一问题的解决提供帮助。任何包含音乐盒元件的物品都可能属于第十五类。但是，如果音乐元素被认为是整个物品中的次要用途，那么将该物品归入其他类别也是合理的。但是，根据《尼斯协定》，尚不清楚哪些可能的解决方案是合适的。

本类尤其包括：

- 电动和电子乐器。

对于何种物品可以被视为“电子乐器”（基础编号：150044），此特定包含项提出了一些难题。许多电子乐器都含有显要的计算机元件、电路元件或动力元件。尽管该设备中含有显要的计算机元件，产生声音和音乐的电子仪器都属于第十五类，例如，“音乐合成器”（基础编号：150087）。音乐合成器的主要功能在于产生声音和音乐。类似地，电子钢琴、吉他和风琴这些商品也属于第十五类。将这些商品归入第九类并无益处，因为它们是创作音乐的乐器，所以这些项目是与其他类似商品一起分类的（参见下文有关第九类装置的特定排除项）。

需要注意的是，对这些乐器或其他任何乐器的声音进行增强的电子装置属于第九类，例如，“放大器”（基础编号：090037）。不应将这些项目归入第十五类（有关此方面的其他信息，参见下文的排除项）。

本类尤其不包括：

- 录制、传送、放大、修改和重放声音的装置（第九类）。

此特定排除项连同上述关于电动和电子乐器的特定包含项一起，对本领域所呈现的问题进行了澄清。必须对创作音乐的装置与录制、传送、放大、修改和重放声音的装置进行区分。合理的做法是将前者归入第十五类，将后者归入第九类。

例如，在声音产生后对其进行操作的装置，如音序器，被恰当地归入第九类，因为它是一种“声音复制装置”（基础编号：090452）。然而，当声音制造器和声音控制器之间的界限变得越来越模糊时，区分也变得愈发困难。在描述这些存在问题的商品时，需要具体说明该设备的重要性是在于其可以制造声音的特性（第十五类）还是在于其对声音的控制（第九类）。

C. 补充评论

音乐架

“乐器架”（基础编号：150088）属于第十五类，因为它是经过专门改装的、与乐器一起使用的配件。“乐谱架”（基础编号：150080），即用于放置乐谱的架子，也属于第十五类，因为它是在演奏乐器时使用的配件。如前所述，“印刷好的乐谱”（基础编号：160374）本身作为印刷品，属于第十六类。因为这些乐器架和乐谱架都被称为“音乐架”，所以无论是乐器还是乐谱用的架子，在就其向相关的国家主管部门申请商标时可能需要对架子的确切性质予以明确。

铃

奇怪的是，“铃*”（基础编号：060241）作为一个金属产品却属于第六类。显然，铃会发出声音，但或许是因为一个铃只能产生单一的声音，所以它不被视为一种乐器。第六类中的这一条目含有一个星号，这表明除了第六类中的铃，还存在属于其他类别的铃。事实上，“钟琴［乐器］”（基础编号：150017）属于第十五类。钟琴是一组由键盘控制的调谐铃铛，所以可以推定，这组铃铛是用于制作音乐的。此外，《尼斯协定》第8版将“手摇铃［乐器］”（基础编号：150086）纳入第十五类，这大概是为了厘清这一方面存在的混淆。现在，用于制作音乐的铃显然属于第十五类。其他铃仍属于第六类，但字母顺序表已经将手摇铃作为一种特殊的铃（不属于第六类）纳入其中。

音乐合成器

虽然“音乐合成器”（基础编号：150087）是非常依赖计算机化（computerization）的电子装置，但其并非仅仅被用于录制、传送、放大、修改和重放声音。音乐合成器本身就能够产生音乐。该项目被字母顺序表所收录，以确保其被正确地归入第十五类，并且不会因为“录制、传送、放大、修改和重放装置（第九类）”的特定排除项而被排除在第十五类之外。

第十六类

正式文本

类目

纸和纸板；

印刷品；

书籍装订材料；

照片；

文具和办公用品（家具除外）；

文具用或家用黏合剂；

艺术家用材料和绘画材料；

画笔；

教育或教学用品；

包装和打包用塑料纸、塑料膜和塑料袋；

印刷铅字，印版。

注释

第十六类主要包括纸张、纸板和由这些材料制成的某些商品以及办公用品。

本类尤其包括：

- 切纸刀和切纸机；
- 夹持或保护纸的套、封皮或装置，例如，文件夹，夹钱用夹子，支票簿夹，夹纸曲别针，护照套，剪贴集；
- 某些办公用机器，例如，打字机，速印机，办公用邮资盖印机，削铅笔器；
- 艺术家和室内外油漆匠用绘画涂漆用具，例如，艺术家用水彩颜料碟，画家用画架和调色盘，房屋油漆用辊子，颜料盘；

- 某些一次性纸制品，例如，纸围涎，纸手帕和纸桌布；
- 某些不按照功能和用途分类的纸制品和纸板制品，例如，包装用纸制袋子、封套和容器，纸制或纸板制雕像、塑像和艺术品，诸如纸制小雕像、镶框或未镶框的平板印刷品、油画和水彩画。

本类尤其不包括：

- 颜料（第二类）；
- 艺术家用手工具，例如，抹刀，雕塑凿刀（第八类）；
- 教学仪器，例如，视听教学仪器，急救训练用人体模型（第九类），玩具模型（第二十八类）；
- 某些按其功能和用途分类的纸制品和纸板制品，例如，相纸（第一类），研磨纸（第三类），纸制百叶帘（第二十类），桌用纸制杯盘（第二十一类），纸制床单和枕套（第二十四类），纸衣服（第二十五类），卷烟纸（第三十四类）。

释义

A. 类目

第十六类是尼斯分类系统中最大的类别之一。本类涵盖的商品范围广泛，其中包括由纸制品和印刷品行业许多制造商生产的普通消费品。

纸和纸板

“纸和纸板”的表述对于该商品的分类而言并不难理解。然而，也有一些不属于第十六类的商品也在此措辞的表述范围内。不属于第十六类的纸制品的示例包括第十七类的“石棉纸”（基础编号：170071）、第二十五类的“纸衣服”（基础编号：250122）、第五类的“芥子膏药纸”（基础编号：050237）和第二十一类的“纸盘”（基础编号：210173）。需要指出的是，这些纸制品要么是高度专业化的，要么是传统上由其他材料制成的物品的纸张替代品。因为这些专业化纸制品属于第十六类以外的其他类别，所以如果存在任何关于纸或纸板的制成品是否属于第十六类的问题，应当参见字母顺序表。所幸这种二分法并不常见，而且在很大程度上，纸和纸板制品通常会被正确地归入第十六类。

印刷品

尽管这种简单的表述涵盖的商品范围非常广泛，但该表述在分类中的应用十分明确。各国法律都规定了所有在贸易中作为商品使用的印刷品都属于第十六类。“书籍”（基础编号：160095）、“贺卡”（基础编号：160250）、“目录册”（基础编号：160080）、“表格（印刷好的）”（基础编号：160158）、“杂志［期刊］”（基础编号：160243）和“报纸”（基础编号：160032）属于第十六类。这可能是类目中最容易理解和应用的条目。类目中第一个条目所包含的纸制品与本条目“印刷品”（基础编号：160175）之间的界限可能常常模糊不清，但鉴于这两者都属于第十六类，故它们之间界限不清并不会影响分类，虽然可能有必要澄清它们的界限并理解这些商品的性质。

书籍装订材料

“书籍装订材料”（基础编号：160236）这个项目需要一些解释。这个概括性的术语不包括工业装订过程中使用的机器。工业装订用的机器属于第七类条目“工业用书籍装订装置和机器”（基础编号：070327）项下。然而，“书籍装订装置和机器［办公设备］”（基础编号：160330）属于第十六类，其既位于字母顺序表中，也位于此类目中。其合理性如下。

首先，第十六类所包含的装订过程中使用的办公机器和设备，可以被视为在类目“书籍装订材料”的表述范围内。当在办公环境下使用这些办公设备时，它们也被视作“办公室用品”，并且第十六类的类目特别列明了此项。下文将对其进行详细讨论。装订设备和机器作为办公室用品的特性，进一步证明了将这些商品归入第十六类的合理性。

其次，许多可能属于其他类别的项目，如果不是用于装订的目的，则属于第十六类，如“装订带［装订书用］”（基础编号：160205），“书籍装订用布”（基础编号：160238）和“书籍装订细绳”（基础编号：160239）。如果项目的名称含糊不清，则应明确说明该商品是用于装订目的，从而恰当地将其归入第十六类。

照片

“照片［印制的］”（基础编号：160147）不会产生任何特殊问题。但该术语是指摄影过程的成品，即在纸上产生的图像。实现这一结果的项目属于其他类别，如“未曝光的感光胶片”（基础编号：010581）和“感光纸”（基础编号：010418）属于第一类，“曝光胶卷”（基础编号：090515）和“幻灯片

[照相]”（基础编号：090185）属于第九类。“照片”这一项目在本类目中被特别予以列明，以避免其被错误地归入第一类或第九类。

文具和办公室用品（家具除外）

本类目中的“文具”（基础编号：160209）并非一个类目中难以界定的项目。它包括信纸和信封。而下一个短语“办公室用品（家具除外）”则涵盖了在办公室内使用的各种材料和设备。

首先，书写或打字用具，如“笔[办公用品]”（基础编号：160242）、“铅笔”（基础编号：160031）和“墨水*”（基础编号：160142）都在此短语的表述范围内。关于“墨水”这个项目，需要注意的是，第十六类的墨水仅指书写用墨水或办公打印机用墨水（通常用于生产小批量或单份副本），例如，“电动或非电动打字机”（基础编号：160132）属于第十六类。请注意，只有“电脑打印机用墨带”（基础编号：160326）属于第十六类，而“打印机和复印机用墨水”（基础编号：020121）属于第二类，“打印机和复印机用未填充的鼓粉盒”（基础编号：090720）属于第九类（因为它是电脑打印机的一部分）。此外，虽然印刷业使用的机器属于第七类，计算机打印设备属于第九类，但印刷业使用的墨水和用于大批量生产的印刷设备使用的墨粉属于第二类。上述两种类型的墨水存在很大的不同：第一种墨水很容易被定义为文具或办公室用品，因而被恰当地归入第十六类；而第二种墨水与其他高用量或工业性质的着色剂一起归类更合理，因此将其归入第二类是正确的。

本类目中的第二个短语“办公室用品（家具除外）”涵盖的产品范围非常广泛。“电动或非电动打字机”（基础编号：160132）是第十六类办公室用品的一个主要示例，这一项目的收录为将其他种类的办公机器归入第十六类奠定了基础。然而，困难在于，如何区分那些被正确归入第十六类的办公机器和设备，与那些被正确归入第七类或第九类的办公机器和设备。

例如，“姓名地址印写机”（基础编号：160005）、“拆信刀[办公用品]”（基础编号：160291）、“速印机”（基础编号：160128）和“油印器械及机器”（基础编号：160230）属于第十六类，而“印刷机器”（基础编号：070218）和“切割机”（基础编号：070146）属于第七类，“复印机[照相、静电、热]”（基础编号：090154）属于第九类。第七类设备和第十六类设备之间的区别在于设备的实际使用情况。如果是工业化的使用或大量使用，则项目属于第七类。但是，如果该装置仅限于在办公室内，在小于第七类项目的范围内应用，那么该装置则作为办公室用品而被恰当地归入第十六类。因此，“切断机[机器]”（基础编号：070123）属于第七类，而“拆信刀”（基础编号：160291）属于第十六类。方括号中的表述有助于澄清这一区别。

第九类中与办公有关的设备包括那些利用了特别属于第九类的技术来实现其功能的设备。计算机部件是计算机打印机功能所不可或缺的，因此，“与计算机连用的打印机*”（基础编号：090618）属于第九类，而打印机（其可能是电动的，但使用机械而非技术手段来运行）则属于第十六类。同样地，复印机使用了照相的方法自动生成复制图像，故复印机属于第九类；而使用模板产生重复图像的油印机器则属于第十六类，因为其运行并不依赖于第九类的技术。虽然某些第十六类的装置具有电气性质，但相比于其办公用品的特性，其具有的电气性质是次要的。因此，第十六类办公设备的分类是由其使用领域和功能决定的，而不是由其动力来源决定的。

文具用或家用黏合剂

如前述第一类中关于黏合剂的讨论以及第十六类的类目所述，“文具用或家用黏合剂［胶水］”（基础编号：160265）属于第十六类。第十六类中的黏合剂通常与家庭或办公室用纸制品相关。但是，“工业用黏合剂”（基础编号：010002）属于第一类。针对黏合剂是属于第一类还是第十六类的问题，第一类的讨论对其区分进行了总结。

艺术家用材料和绘画材料；画笔

接下来的两项，即“艺术家用材料和绘画材料”和“画笔”，因为它们之间关系密接，所以可以放在一起讨论。除了颜料产品本身（第二类）和艺术家使用的手工具（第八类），艺术家所使用的商品几乎都属于第十六类。这两个排除项都被纳入第十六类的注释中。因此，艺术家使用的任何种类的颜料都属于第二类，而艺术家使用的工具，例如，“调色刀”（基础编号：080013）、“凿子”（基础编号：080159）和“抹刀［手工具］”（基础编号：080014），即使是由艺术家所使用，也属于第八类。绘画材料可能是由真正的艺术家所用的，也可能是由那些喜欢艺术创作但并非“艺术家”的个人使用。字母顺序表中的“绘画材料”包括“比例绘图仪［绘图器械］”（基础编号：160208）、“绘画笔”（基础编号：160185）和“绘画板”（基础编号：160123）。

以下项目被视为“艺术家用材料”，并且属于第十六类，即“艺术家用水彩颜料碟”（基础编号：160166）、“画家用画架”（基础编号：160087）和“模型用黏土”（基础编号：160026）。需要注意的是，“模型用黏土”指的是所有用于塑形的物质，包括专业或“严肃”的艺术家用于创作艺术作品的黏土，以及儿童使用的塑形混合物。儿童使用的模型用黏土不应被作为一种玩具而归入第二十八类，因为其用途基本上与第十六类的塑形材料相同。当然，“画家用刷（画笔）”（基础编号：160050）被认为是艺术家用材料，当其被用于艺术创作时显然属于第十六类。但是，不仅用于“艺术”的刷子属于本类，所有具备刷子形式或功能的涂漆器（paint applicators）也属于第十六类，例如，“房屋油漆用辊子”（基础编号：160215）。这些刷子不应与通常用于清洁或个人梳妆的刷子（第二十一类）相混淆。其他类型的涂漆器属于与其性质相适应的特定类别，例如，“油漆喷枪”（基础编号：070298）与其他动力驱动的机器一起被归入第七类。

第十六类中“艺术家用材料”的最后一点说明与绘图设备有关。例如，“绘画用直角板”（基础编号：160297）、“画图用圆规”（基础编号：160096）和“制图尺”（基础编号：160234）等项目都属于第十六类，因为它们的用途在于为绘图定型。如果这些物品是为测量目的而进行校准，则必须将其作为测量设备归入第九类｛参见字母顺序表的“测量用圆规”（基础编号：090200）和“尺［量器］”（基础编号：090284）｝。

教育或教学用品

有时很难进行分类的另一类商品是“教育或教学用品”。《尼斯协定》第11版从本类目中删除了“装置除外”（except apparatus）的表述，所以我们需要谨记，教学装置一般属于第九类。在字母顺序表中，第九类的特定条目包括“视听教学仪器”（基础编号：090061）和“急救训练用人体模型［教学器具］”（基础编号：090680）。第九类的其他教学仪器本质上大多是具有科学性质的，或需要通过第九类的技术与学生进行物理交互（physical interaction）。将教育或教学用品归入第十六类源于这样一个事实，即无论具备何种程度的教育用途，“书籍”（基础编号：160095）、“图表”（基础编号：160070）、“书写材料”（基础编号：160136）和其他类似商品都属于第十六类。

然而，此类目概括性的表述使得诸如“教学用组织剖面图”（基础编号：160106）和“地球仪”（基础编号：160165）等项目均被本类所包含——这两个项目都可以被视为“教育或教学用品”这一短语最广义的应用。

包装和打包用塑料纸、塑料膜和塑料袋

类目的下一项“包装和打包用塑料纸、塑料膜和塑料袋”与第十七类和第二十二类中的类似商品之间都存在分类上的问题。关键词“包装和打包”（wrapping and packaging）是对第十六类商品的限制。相比之下，第十七类的商品并非用于包装或打包，而是用于“包裹”（packing）；第二十二类的商品仅限于不属于其他类别的麻袋和袋子；而本类目明确用于包装和打包用的袋子属于第十六类。但是，有必要对属于各类别的一些特定商品进行研究，以澄清它们之间的差异。

属于第十六类的包装材料在字母顺序表中被特别予以列出，包括“包装用纸袋或塑料袋［信封、小袋］”（基础编号：160246）、“包装用塑料气泡膜”（基础编号：160285）和“包装用塑料膜”（基础编号：160218）。第十六类也包括其他类型的袋子，例如“纸制或塑料制垃圾袋”（基础编号：160292）和“微波烹饪袋”（基础编号：160323）。第十七类的项目包括“非包装用塑料膜”（基础编号：170072）和其他根据其材料成分属于第十七类的包装用品（例如橡胶或石棉）。第十七类的包装用品通常被用作缓冲或绝缘材料，而不是像第十六类中的大多数包装项目那样被用作外部包装。与第十七类的项目类似，有些袋子根据其材料成分属于第二十二类，例如纺织品，如“包装用纺织品袋［信封，小袋］”（基础编号：220069）；或是根据它们用于运输或储藏散装材料而属于第二十二类，例如条目“运输和贮存散装物用麻袋”（基础编号：220068）。这三类商品之间的差别不难分辨。第十六类的包装袋和包装纸被用作商品的外部包装，且通常用于例如零售店用或家用的小规模场合。第十七类的包装材料特别限于由第十七类所独有的材料制成的商品或用于缓冲或绝缘的包裹材料。第二十二类的麻袋和袋子也仅限于由自身类别所明确的材料制成的商品，或用于储藏或运输的麻袋和袋子。

印刷铅字，印版

由于“印刷铅字”（基础编号：160065）和“凸印板”（基础编号：160040）与印刷品关系密切，故其包含于本类目，从而避免了其被错误地与印刷机一起归入第七类。因为与装订材料的关系，这些商品也属于第十六类。此外，根据材料成分，“非纺织品制印刷机垫”（基础编号：160177）也属于第十六类。如果印刷机垫不是纸制的，那么它就是由纺织品制成的。“纺织品制印刷机垫”（基础编号：240106）属于第二十四类。

B. 注释

第十六类主要包括纸张、纸板和由这些材料制成的某些商品以及办公用品。

本类尤其包括：

● 切纸刀和切纸机。

“切纸刀［切具］［办公用品］”和“切纸机［办公用品］”（基础编号均为160291）被列入第十六类特定包含项的理由非常清楚。如果没有此特定包含项，它们本可能很容易地与其他刀具一起被归入第八类，或与切割机一起被归入第七类，并且这看起来也十分合理。但是，正如此特定包含项所确认的那样，因为它们被认为是办公用品，所以属于第十六类。

本类尤其包括：

● 夹持或保护纸的套、封皮或装置，例如，文件夹，夹钱用夹子，支票簿夹，夹纸曲别针，护照套，剪贴集。

该特定包含项以《尼斯协定》总言部分的表述为基础，即“原则上，与拟装载的产品相适应的容器与该产品属于同一类别”。因此，夹持或保护纸的套、封皮或装置属于第十六类，因为纸张通常属于第十六类。其中的一些项目，例如“支票簿夹”（基础编号：160333）和“护照夹”（基础编号：160340）通常由皮革或皮革替代品制成，并且可以根据“皮革和人造皮革”的类目而被归入第十八类。但是，第十六类中此特定包含项清楚地表明，不论纸制品的套、封皮或夹子本身的材料成分为何，套、封皮或夹子本身都属于第十六类。

本类尤其包括：

● 某些办公用机器，例如，打字机，速印机，办公用邮资盖印机，削铅笔器。

该概念在前述关于“办公室用品（家具除外）”的类目中已经讨论过了。尽管各种类型机器本可以根据它们的使用范围和功能被归入第七类或第九类，但那些被认为是办公机器的商品均属于第十六类。参见前述第七类、第九类和第十六类中有关机器分类区别的讨论。

本类尤其包括：

● 艺术家和室内外油漆匠用绘画涂漆用具，例如，艺术家用水彩颜料碟，画家用画架和调色盘，房屋油漆用辊子，颜料盘。

前述“艺术家用材料和绘画材料”的类目部分已涉及此特定包含项。但是，此处的范围仅限于绘画用具。值得关注的是，此特定包含项可以清楚地表明这些绘画用具属于第十六类，无论它们是由艺术家使用的还是由室内外油漆匠使用。此特定包含项的内容也很重要，因为它蕴含着这样的概念，即与颜料一起使用的用具并非与颜料本身一起被归入第二类。第二类不包括任何仪器或设备，但可能原本存在将与颜料一起使用的物品与颜料一起归入第二类的趋势。该特定包含项清楚地表明，根据第十六类的类目“艺术家用材料和绘画材料”，与颜料一起使用的用具属于第十六类。

本类尤其包括：

- 某些一次性纸制品，例如，纸围涎，纸手帕和纸桌布。

分类的标准不在于产品是否是一次性的，而在于其是否是由纸制成的。此特定包含项清楚地表明，本来可能属于第二十四类的项目，例如“纺织品手帕”（基础编号：240078）和“餐桌用布（非纸制）”（基础编号：240070），以及第二十五类的“非纸制围涎”（基础编号：250128），如果是由纸制成的，则属于第十六类。纸制品在大多数情况下都是一次性的，故注释中增补了这个形容词（“一次性的”），以强调第十六类商品的性质，并且该形容词将其与第二十四类和第二十五类的对应项进行了区分。但需要注意的是，“纸制床罩”（基础编号：240032）属于第二十四类，而“纸衣服”（基础编号：250122）属于第二十五类。

本类尤其包括：

- 某些不按照功能和用途分类的纸制品和纸板制品，例如，包装用纸制袋子、封套和容器，纸制或纸板制雕像、塑像和艺术品，诸如纸制小雕像、镶框或未镶框的平板印刷品、油画和水彩画。

此特定包含项列出了第十六类商品的示例清单，因为它们是纸制的，并且它们的功能或用途没有被另一类别所覆盖。如前述，第十六类是包装用袋子、封套和容器的类别，无论它们是纸做的还是塑料做的。而且，正如在第六类、第十四类和其他根据商品的材料成分进行合理分类的类别中所讨论的那样，艺术品没有单独的所属类别，因此艺术品是根据其材料成分进行分类的。可能本注释中最值得关注的内容是“镶框或未镶框的平板印刷品、油画和水彩画”。未镶框的物品不存在特别的问题，因为它们的衬底通常属于第十六类，包括“油画布”（基础编号：160216）。如果不是因为其被特别列入字母顺序表中，属于第十六类，油画布本可以作为工艺品而被归入第二十四类。更值得关注的是，镶框的艺术品“画框”（基础编号：200225）属于第二十类；但镶框的平板印刷品、油画和水彩画并非边框本身的原因而被投入销售，它们被投入销售是因为边框内部的物品。因此，镶框的和未镶框的“石印品”（基础编号：160187）、“镶框或未镶框的绘画”（基础编号：160030）和“水彩画”（基础编号：160020）都属于第十六类是合情合理的，因为消费者所关注的是边框内部的物品，而非边框本身。

本类尤其不包括：

- 颜料（第二类）。

因为艺术家用材料和“画笔”（基础编号：160273）属于第十六类，所以艺术家或房屋油漆匠使用的“油漆*”（基础编号：020001）或许可以属于同一类别。此外，如前述关于第二类商品所讨论的那样，“颜料盒［学校用品］”（基础编号：160217）作为一种教学器材被归入第十六类。因此，本注释非常清楚地表明，虽然大多数与颜料相关的产品属于第十六类，但与这些产品一起使用的颜料仍属于第二类。

本类尤其不包括：

- 艺术家用手工具，例如，抹刀，雕塑凿刀（第八类）。

注释中的此特定排除项也与艺术家用材料有关。将其排除在本类之外的原因与前一个注释相同。由于艺术家用材料和“画笔”（基础编号：160273）属于第十六类，其他艺术家用工具也很容易被归入这一类别。然而，具有相同功能的工具，无论是由艺术家使用还是由其他行业的专业人员使用，都应被归入第八类。请回顾第八类的注释，即“第八类主要包括各种行业的作为工具使用的手动器具”。此注释并未将艺术家从此注释表述的“行业”中排除。因此，艺术家用手工具属于第八类。

本类尤其不包括：

- 教学仪器，例如，视听教学仪器，急救训练用人体模型（第九类），玩具模型（第二十八类）。

第九类的教学仪器在第九类的章节已经讨论过了，但此处还是要予以重申，因为第九类的“教学用装置及仪器”与第十六类的“教育或教学用品”（instructional and teaching materials）之间的界限难以划清。第九类中与“教学仪器”（基础编号：090440）相关的特定条目仅有“视听教学仪器”（基础编号：090061）和“急救训练用人体模型”（基础编号：090680），以及“运载工具驾驶和控制模拟器”（基础编号：090448）。但是，无论这些项目是否用于教学，它们都属于第九类；然而，第十六类提及了许多具体的教学用品，从“书籍”（基础编号：160095）、“纸*”（基础编号：160006）和“笔［办公用品］”（基础编号：160242）到“黑板”（基础编号：160201）。可用于解释两类教学用品之间区别的理由是：谨慎地适用每个类目所使用的术语。第九类的类目使用了“装置及仪器”的措辞，而第十六类则使用了“用品”（materials）这一词语。此外，第九类的教学装置包括设备、器具和通过学生与设备进行交互的方式进行教学的仪器。第十六类中的其他教学用品需要通过观察来教学，而不是像模拟器那样通过执行任务或与仪器进行物理交互来进行教学。这是一个很难界定和应用的范围。简言之，多数与教育领域有关的项目都属于第十六类，但是，对于在教学过程中发挥着积极作用的教学用品而言，应参考字母顺序表，因为它们可能符合第九类项目的要求。

本注释中作为教学装置的另一项示例是第二十八类的玩具模型。模型可以被视为一种教学装置，因为它是一种物理演示，其可以使教学目标更易于理解或更清晰明了。然而，将其称为“玩具”并将其归入第二十八类则削减了该模型的教育性目的。在先前版本的《尼斯协定》中，模型包含在第十六类的类目中。而《尼斯协定》第 11 版将其删除，或许是因为它们可以被视为教学装置，而教学装置显然被排除在第十六类之外。今后的修订应找到解决这一明显问题的方法，并对教育性模型的分类予以澄清。目前，模型只属于第二十八类，并且被指定为玩具，又因为它们被认为是教学装置，从而被明确地排除在第十六类之外。

本类尤其不包括：

- 某些按其功能和用途分类的纸制品和纸板制品，例如，相纸（第一类），研磨纸（第三类），纸制百叶帘（第二十类），桌用纸制杯盘（第二十一类），纸制床单和枕套（第二十四类），纸衣服（第二十五类），卷烟纸（第三十四类）。

此特定排除项涵盖了所有不属于第十六类的纸和纸板项目，这些项目是鲜有的例外情形。此注释清楚地表明，纸制品应依据其功能或用途进行分类。就分类而言，当其功能和用途远比其是由纸制成的事实更重要的时候，该项目不属于第十六类。对于本注释中的所有项目而言，这些商品的用途或功能比它们是由纸制成的事实更为重要。例如，相纸的纸张属性仅仅体现在其是纸张中化学物质的载体，它使得图像显影或被打印在该纸张上，因此“相纸”（基础编号：010322）属于第一类。使用卷烟纸来制造卷烟比卷烟是由纸制成的事实更为重要，故“卷烟纸”（基础编号：340024）属于第三十四类，而非第十六类。

C. 补充评论

“雕塑黏土用模具［艺术家用原材料］”（基础编号：160352）

其他模具根据其使用领域进行分类，例如“冰块模”（基础编号：210099）和其他模具被作为厨房用具而归入第二十一类，而“铸模［机器部件］”（基础编号：070276）则属于第七类。由于“模型用黏土”（基础编号：160026）属于第十六类，因此模具本身很容易被视作艺术家用材料，故这些项目被字母顺序表所收录，以避免发生分类错误。

将水族池和相关项目转移至第二十一类

在早期版本的《尼斯协定》中，室内水族池、相关的附属水族池罩和室内生态培养箱［生态箱］（indoor terrariums［vivariums］）曾属于第十六类，因为其主要被认为是教育性商品。这种看法在这些商品首次被纳入字母顺序表时是正确的，但这些商品目前作为教育性商品的价值已经变得微不足道或变得次要了。现如今，这些商品最常见于作为爱好或装饰品在家中或办公室出现。一般而言，它们是由玻璃制成的，所以其内部是透明的。在第9版字母顺序表中，"室内水族池"（基础编号：210336）被转移至第二十一类，即玻璃物品和家用容器所属的主流类别。而具有特定用途或功能的其他水族池项目仍保留在《尼斯协定》第8版所设定的类别中。这些项目包括第七类的"水族池通气泵"（基础编号：070005），第十九类的"水族池砾石"（基础编号：190233）和"水族池用沙"（基础编号：190234），以及第十一类中的"水族池照明灯"（基础编号：110309）、"水族池加热器"（基础编号：110308）和"水族池过滤设备"（基础编号：110307）。还应注意的是，大型"水族池［建筑物］"（基础编号：190190）实际上是属于第十九类的建筑物，因为它们主要由非金属材料制成。从第十六类转移到第二十一类的水族池是那些可以用于家中或办公室的水族箱，其不会被认为与建筑物结构相同。

D. 2017年《尼斯协定》第11版中发生的重大变化或增补

将念珠（rosaries/chaplets）从第十六类转移至第十四类

在《尼斯协定》第11版之前，念珠属于第十六类，因为其被认为与祈祷书相似。然而，对于这些项目而言，第十六类一直都不是一个合适的类别，因为事实上，念珠是一串珠子。对于这两种项目来说，将它们归入第十四类基础编号为140178的条目更为恰当。念珠不能像书本一样被"阅读"，但是可以用来记录祷告。因为宗教用品没有单独的类别，所以最好将念珠归入其主要组成部分的所属类别，即珠子所在的类别。

第十七类

正式文本

类目

未加工和半加工的橡胶、古塔胶、树胶、石棉、云母及这些材料的代用品；

生产用成型塑料和树脂制品；

包装、填充和绝缘用材料；

非金属软管和非金属柔性管。

注释

第十七类主要包括电绝缘、隔热或隔音材料，生产用塑料片、板或杆，以及由橡胶、古塔胶、树胶、石棉、云母及这些材料的替代品制成的某些制品。

本类尤其包括：

- 修复轮胎用橡胶材料；
- 抗污染的浮动屏障；
- 非文具、非医用、非家用胶带；
- 非包装用塑料膜，例如，窗户用防强光薄膜；
- 非纺织用弹性线、橡胶线和塑料线；
- 某些由本类材料制成的不按照功能和用途分类的制品，例如，插花用泡沫支撑物，塑料或橡胶制衬垫填充材料，橡皮塞子，橡胶制减震缓冲器，橡胶制包装袋或信封。

本类尤其不包括：

- 消防水龙带（第九类）；
- 作为卫生设备部件的管道（第十一类），金属硬管（第六类）及非金属硬管（第十九类）；

- 建筑用隔热玻璃（第十九类）；
- 某些按其功能或用途分类的本类原材料制品，例如，树脂胶（第二类），牙科用橡胶（第五类），消防人员用石棉挡板（第九类），补内胎用黏胶补片（第十二类），橡皮擦（第十六类）。

释义

A. 类目

围绕第十七类商品的正确分类的谜团尚未解开。第十七类是一个技术性的类别，在很大程度上依赖所包含项目的材料成分，但第十七类也包括许多用途非常特定的项目，而这些用途是第十七类所特有的。遵循下文讨论的几条简单准则，就有可能解开本类和正确地被归于本类的项目的谜团。

未加工和半加工的橡胶、古塔胶、树胶、石棉、云母及这些材料的代用品

如类目所示，第十七类包括“未加工和半加工的橡胶、古塔胶、树胶、石棉、云母及所有这些材料的代用品”。此类目项所列的材料涵盖了广泛的商品。橡胶、古塔胶和树胶都属于本类别，因为它们之间彼此关联，都是植物的分泌物。正如“所有这些材料的代用品”这一表述所指出的，按照原始植物分泌物的特性仿制而成的合成材料也属于第十七类。这些项目通常是柔软的、可塑的，并且在自然状态下通常具有黏性。因此，它们被用于制造许多借助这些特性来发挥功能的产品。

“石棉”（基础编号：170091）和“未加工或半加工云母”（基础编号：170070）与“生橡胶或半成品橡胶”（基础编号：170017）、“古塔胶”（基础编号：170050）和“未加工或半加工树胶”（基础编号：170117）不同，因为“石棉”和“未加工或半加工云母”是矿物产品。它们的价值主要在于其隔热特性。事实上，这种隔热特性是本条目中未加工和半加工材料的一个共同特性。它们在某种程度上都可以被用作隔热材料。然而，请注意，由这五种材料制成的大多数项目都属于第十七类，即使它们没有特定的功能或用途，也没有理由将其归入第十七类以外的其他类别。

生产用成型塑料和树脂制品

该类目的下一个项目——“生产用成型塑料和树脂制品”是指由第一类

的“未加工塑料”（基础编号：010438）或第二类的“未加工的天然树脂”（基础编号：020061）制成的成型塑料，这些成型塑料将被制成可属于不同类别的塑料成品。第十七类的塑料和树脂，通常是挤压成型的条状、块状、颗粒状、棒状、片状和管状的塑料和树脂，被用于制造其他产品。有时，第十七类的塑料本身就是成品，例如字母顺序表中所列出的“非包装用塑料膜”（基础编号：170072）。但是，第十七类的塑料通常处于原材料和塑料成品之间的过渡状态。请注意，“半加工丙烯酸树脂”（基础编号：170002）、“半加工人造树脂”和“半加工合成树脂”（均在基础编号 170075 项下）属于第十七类。与第十七类的塑料一样，“生产用成型塑料和树脂制品”最终将被制成第十七类以外的其他类别的成品。

包装、填充和绝缘用材料

第十七类中的许多商品都属于“包装、填充和绝缘用材料”。第十七类中的“包装”材料旨在实现衬垫（padding）或填塞（stuffing）的功能，而第十七类的“填充”材料则是用于堵塞（filling）或密封（sealing）的物质。第十七类中的“绝缘”材料涵盖了所有类型的电绝缘、隔热、隔音材料，从“隔音材料”（基础编号：170008）到“绝缘漆”（基础编号：170060）和“绝缘纸”（基础编号：170055），都被包括在内。如前述，第十七类的第一个条目所列出的材料，即橡胶、古塔胶、树胶、石棉和云母，都具有电绝缘、隔热或隔音特性。

根据本类目的说明，第十七类中的项目包括“非文具用、非医用和非家用胶带”（基础编号：170085）、“离合器垫”（基础编号：170039）、“挡风雨条”（基础编号：170013）、“绝缘、隔热、隔音用玻璃纤维”（基础编号：170103）、“电网用绝缘体”（基础编号：170098）和“挡风雨条”（基础编号：170013）。本类目通过使用“电绝缘、隔热或隔音材料”的表述，对该领域进行了相当准确的总结。

非金属软管和非金属柔性管

本类目的最后一个条目为“非金属软管和非金属柔性管”。本类目只包括非金属软管及柔性管，而这些软管不具备特定功能或用途来证明其属于其他类别。具有这些功能和用途的软管存在于第七类、第九类、第十类、第十一类、第十二类和第十九类。显然，在对具有特定用途或功能的非金属软管进行分类时，应当参见字母顺序表，以证明将其归于第十七类以外的类别是合理的。

B. 注释

第十七类主要包括电绝缘、隔热或隔音材料，生产用塑料片、板或杆，以及由橡胶、古塔胶、树胶、石棉、云母及这些材料的替代品制成的某些制品。

本类尤其包括：

- 修复轮胎用橡胶材料。

第十七类的第一个特定包含项是“修复轮胎用橡胶材料”（基础编号：170109）。该项目必须与第一类的“补轮胎用合成物”（基础编号：010465）和第十二类的“翻新轮胎用胎面”（基础编号：120156）相区别。目前尚不清楚将此包含项明确列入本类注释的原因。第十七类是该半成品项目唯一适合的类别似乎是不言自明的。然而，由于第一类和第十二类中存在与之相关的项目，故通过该注释将修复用橡胶明确列入其合适的类别是有所帮助的。

本类尤其包括：

- 抗污染的浮动屏障。

“抗污染的浮动障碍物”（基础编号：170108）作为一个特定包含项被列于第十七类中。该项目存在许多不同的称谓，在石油工业中尤其如此；然而，它们都作为一种隔离材料被归入第十七类，因为它们能将一个区域与污染物的污染“隔离”开。

本类尤其包括：

- 非文具、非医用、非家用胶带。

一般而言，当胶带在家中使用或用作文具时，属于第十六类，而当其用于医疗目的时则属于第五类。然而，非文具、非医用、非家用胶带属于第十七类。一种非家庭使用、非文具或非医疗用途的胶带，通常在工业领域中用于第十七类的用途，例如用于填充。本类将该项目包含在内，而不考虑其用途，这存在概念性问题；然而，似乎并不存在另一个更适合该项目的其他类别。请注意，只有“非文具、非医用、非家用胶带”（基础编号：170085）（着重强调）属于第十七类。而其他非胶带形式的工业黏合剂则属于第一类。

本类尤其包括：

- 非包装用塑料膜，例如，窗户用防强光薄膜。

鉴于塑料膜最常用于包装和打包，此注释对确定哪种塑料膜属于第十七类而言很有帮助。在这一问题上，“窗户用防强光薄膜［染色膜］”（基础编号：170115）的示例特别有用。因为它是一种薄膜，所以该项目被归于第十七类是合适的。字母顺序表所包含的第十七类中另一个关于薄膜的有用示例是“半加工泡沫塑料制过滤材料”（基础编号：170106）。尽管塑料薄膜很少被用于包装或打包以外的其他用途，但此注释清楚地表明，当遇到这种薄膜时，除非其功能或用途足以证明它属于另一类别是合理的，例如“便携式游戏机屏幕专用保护膜”（基础编号：280229）（第二十八类），否则应将该薄膜归入第十七类。

本类尤其包括：

- 非纺织用弹性线、橡胶线和塑料线。

本注释中要解决的第一个问题是，如果不用于纺织，那么弹性线、橡胶线或塑料线将用于何种用途？当然，这些线是用来制造衣服部件的，但是即便是这种用途，从严格意义上讲，它们也不会被认为是纺织用线，因为由这些线制成的弹性带、橡胶带或塑料带（用于衣服）与这些线本身差了一个处理步骤。这些线还在包装工业中被用于制造盛装食物和捆扎行李的边带（webbing）。其还被用于制造工业边带，而这些工业边带随后再用于制造蹦床和蹦极绳索。这些线还被用于制造医用绷带，脚踝、膝盖和肘部护具，臀部和腰部支撑物，甚至是服装首饰。因此，这些线是用于制造各种终端产品部件的半成品。该注释清楚地表明，这些线属于第十七类，而不属于纺织线所属的传统类别，即第二十三类。

本类尤其包括：

- 某些由本类材料制成的不按照功能和用途分类的制品，例如，插花用泡沫支撑物，塑料或橡胶制衬垫填充材料，橡皮塞子，橡胶制减震缓冲器，橡胶制包装袋或信封。

本注释提供了一些第十七类商品的有用示例，这些商品属于第十七类的原因可能并非一目了然。

“插花用泡沫支撑物［半成品］”（基础编号：170112）属于第十七类，因为如字母顺序列表的条目所示，这种泡沫支撑物是半成品。该产品之所以被视为半成品，是因为这个条目是指由花匠切割后制成合适的尺寸、用于特定插花活动的大块泡沫。该产品很少以成品的形式出售，即使是在零售店购买后用于家中也是如此。它是一整块泡沫，必须根据个人安排所需的尺寸进行加工。

塑料或橡胶制衬垫填充材料似乎是第十七类所明确包含的一个项目；然而，本类的类目中没有使用衬垫和填充这两个术语。具有这种衬垫和填充用途的商品根据类目中“包装、填充和绝缘用材料”的条目被归入第十七类。正如前文在该特定注释的解释中所提及的，第十七类的“包装”材料旨在实现衬垫或填充功能。本注释非常清楚地表明，衬垫和填充功能是第十七类商品的特征。另外，参见字母顺序表中基础编号 170014 项下所涵盖的两个条目，即

“橡胶或塑料制衬垫材料”和“橡胶或塑料制填充材料”。

“橡皮塞子”（基础编号：170018）属于第十七类，正如前文类目部分所解释的，其“填充”特性是指“密封”这一概念。橡胶塞当然可以被用于密封各种容器。最常见的用橡皮塞密封的容器是瓶子。由于瓶子属于第二十一类，故将瓶子用的橡皮塞子归入第二十一类是合理的。但是，由于橡皮塞子可以被用于密封各种容器，而这些容器中很多都不属于第二十一类，因此最好将其作为一般用途的填充物或密封物归入第十七类。

“橡胶制减震缓冲器”（基础编号：170021）属于第十七类，因为其具有提供衬垫的包装特性。与橡皮塞子一样，一些减震缓冲器并没有被明确说明其具有某个功能或用途，以证明其应属于除第十七类以外的其他类别。这些减震缓冲器可被用于许多不同的商品，以防止因冲击造成的损害。因此，最好将这些非特定的橡胶制减震缓冲器归入第十七类。

包装用胶袋或信封，或如字母顺序表所表述的“包装用橡胶袋［信封、小袋］”（基础编号：170077），似乎是互相矛盾的，因为本类注释中特定排除项的措辞表明，“包装”并非第十七类商品的特征。然而，用于一般包装的袋子、信封和小袋在《尼斯协定》中是根据它们的材料成分进行分类的，例如，“包装用纸袋或塑料袋［信封、小袋］”（基础编号：160246）属于第十六类，而“包装用纺织品袋［信封、小袋］”（基础编号：220069）属于第二十二类。这个示例清楚地表明，尽管这些袋子被用于包装（这并非第十七类的特征），但由于它们的材料成分是橡胶，并且根据《尼斯协定》对用于包装的袋子、信封和小袋的一般分类方案，这些袋子属于第十七类。

请注意，本注释仅列举了第十七类中少数几个独特的商品示例。对任何可能被认为属于第十七类的商品，如果存在属于其他合适类别的可能性，应当参阅字母顺序表。

本类尤其不包括：

- 消防水龙带（第九类）。

“消防水龙带”（基础编号：090708）之前属于第十七类，但在《尼斯协定》第10版中被转移至第九类。消防水龙带被认为具有高度的专业性，仅在紧急情况或生命救援状况下使用，因此不适宜将其与一般用途的柔性软管一起分类。由于其他消防设备属于第九类，为了在《尼斯协定》中保证对相似和相关联商品处理的一致性，消防水龙带也被转移至第九类中。

本类尤其不包括：

- 作为卫生设备部件的管道（第十一类），金属硬管（第六类）及非金属硬管（第十九类）。

《尼斯协定》许多类别的特定排除项中都有管道。除第十七类外，第六类、第十一类和第十九类是管道的主要所属类别，具体分类取决于管道的用途、材料成分和柔韧性。有关如何确定这些管道分类的指导，参见这些类别中的讨论。此特定排除项也清楚地表明，这些特殊的管道不属于第十七类。

本类尤其不包括：

- 建筑用隔热玻璃（第十九类）。

这个有用的特定排除项聚焦于一个不属于第十七类的隔热项目。一般而言，具有隔热性能的产品属于第十七类。“建筑用隔热玻璃”（基础编号：190180）是少数几个例外之一。“建筑玻璃”（基础编号：190063）属于第十九类。建筑用隔热玻璃主要是一种具有隔热性能的建筑玻璃。从分类的角度来看，其建筑功能远比其具有隔热性能更加重要，因此该项目与其他建筑产品一起被归入第十九类。

本类尤其不包括：

- 某些按其功能或用途分类的本类原材料制品，例如，树脂胶（第二类），牙科用橡胶（第五类），消防人员用石棉挡板（第九类），补内胎用黏胶补片（第十二类），橡皮擦（第十六类）。

如本注释所述，有一些具有第十七类特性的项目被归于第十七类以外的类别。但是，将这些项目排除在第十七类之外是有道理的。应当记住，这些只是示例，虽然下文的解释可能有助于理解这些特定的项目，但是如果一个项目既具有第十七类的特征，同时，将其归入第十七类以外的类别也是合理的，那么应当参见字母顺序表对其进行分类。

“树胶脂”（基础编号：020078）是主要由树胶和树脂的混合物制成的产品，要获得该产品通常需要在植物上切一个开口，并让汁液凝固，因此其显然属于第二类的未加工天然树脂。第十七类是生产用成型树脂制品的所属类别。这种状态下的树脂与第二类的树胶脂存在显著的不同。

“牙科用橡胶”（基础编号：050066）最常用的形式是牙用橡皮障（dental dams），其用于将牙医正在治疗的一颗或多颗牙齿进行分隔。牙科用橡胶也可以包括用于正畸的橡皮筋。这些高度专业化的产品由橡胶制成，且用于牙科领域，这证明了它们属于第五类，而不是与其他更为通用的橡胶产品一起被归入第十七类。

“消防人员用石棉挡板”（基础编号：090689）的主要功能是防止消防员因暴露于火灾中而伤亡。鉴于其他防护和救生产品属于第九类，故将该产品归入第九类而非第十七类是合理的。

“补内胎用黏胶补片”（基础编号：120194）具有第十七类商品的两个特性，即“黏合性”和“由橡胶制成”。但是，它们专门用于修理第十二类的项目，即“充气轮胎的内胎”（基础编号：120007）。因此，该项目更适合被归入第十二类。

“橡皮擦”（基础编号：160139）属于第十六类，尽管其由第十七类的构成材料（橡胶）制成。橡皮擦作为文具属于第十六类。“文具”一词可以包括书写材料和信纸。信封和橡皮擦也可以视作书写材料。它们都被作为指导或教学用品归入第十六类，因为它们经常在教学环境中被使用。

再次强调，请注意这些项目只是具有第十七类特征的少数示例，但由于它们特殊的用途、功能或目的，属于第十七类以外的类别。字母顺序表中还有其他具有这种性质的项目，如果一个项目由第十七类的材料制成，或具有第十七类所具有的特性，但同时也具有《尼斯协定》中其他类别的特征，关于其分类的任何问题，应当参见字母顺序表。

C. 补充评论

绝缘、隔热、隔音产品

许多产品之所以属于第十七类完全是基于其具有隔绝性能（insulating properties）。这些产品的非绝缘的对应项可被归入许多其他不同的类别。“绝缘、隔热、隔音用毡”（基础编号：170045）和“绝缘、隔热、隔音用织物”（基础编号：170056）属于第十七类，而其不具有隔绝性能的对应项则属于第二十四类。“绝缘油”（基础编号：170052）属于第十七类，而非绝缘油属于第四类。“绝缘漆”（基础编号：170060）属于第十七类，而非绝缘漆属于第二类。这种分类模式在字母顺序表中一直存在。当商品的某种形式具有隔绝性能时，原本可能属于不同类别的商品就必须被归入第十七类。此一般规则的一个例外是第十九类的“建筑用隔热玻璃”（基础编号：190180）。建筑用隔热玻璃属于第十七类以外的类别，因为它由几块玻璃组成，在这些玻璃之间有一个密封的腔室，腔室中充满了气体，但玻璃和气体本身都不具备隔热性能。此外，它是为了适应特定的窗户开口而建造的。因此，它是一种用于特定结构的成品，作为一种非金属建筑材料被归入第十九类是合理的。

“消防人员用石棉挡板”（基础编号：090689）的转移

此条目的转移（从第十七类转移到第九类）已经在第九类的C部分讨论过。此项目的特定用途，即保护消防员的生命，使得将其根据材料成分与其他救生设施一起归入第九类更为合适，而不是将其归入第十七类。

第十八类

正式文本

类目

皮革和人造皮革；

动物皮；

行李箱和背包；

雨伞和阳伞；

手杖；

鞭，马具和鞍具；

动物用项圈、皮带和衣服。

注释

第十八类主要包括皮革、人造皮革及由其制成的某些制品。

本类尤其包括：

- 行李箱和背包，例如，手提箱，旅行箱，旅行包，抱婴儿用吊袋，书包；
- 行李牌；
- 名片夹和钱包；
- 皮革或皮革板制箱和盒。

本类尤其不包括：

- 人用的皮制的服装、鞋、帽（第二十五类）；
- 为所装产品定制的包或箱，例如，笔记本电脑专用包（第九类），照相机或摄影设备专用包或箱（第九类），乐器盒（第十五类），带轮或不带轮的高尔夫球袋（第二十八类），滑雪板和冲浪板专用袋（第二十八类）；
- 某些按其功能或用途分类的皮革、人造皮革、毛皮制品，例如，磨剃刀的皮带（第八类），抛光用皮革（第二十一类），清洁用麂皮（第二十一类），服饰用皮带（第二十五类）。

释义

本类不存在太多问题，因为本类所包含的项目在类目中表示得非常清晰。

A. 类目

皮革和人造皮革

该类主要包括“皮革和人造皮革”。在未加工或半加工状态下，皮革和人造皮革毫无争议地属于第十八类。尽管某些皮革制品不属于第十八类（请参见下文注释中的特定排除项），但处于基础状态下的皮革，无论其以后用于制造什么产品，都属于第十八类。

动物皮

从皮革和人造皮革很容易过渡到类别中的下一个条目，即“动物皮”。“动物皮”（fur）（基础编号：180067）和“动物皮”（pelts）（基础编号：180002）被明确列于本类中，对于这些项目的正确分类应该不存在混淆。所有“动物皮”（animal skins）（基础编号：180002）、毛皮，以及其他处于原始或半成品状态下的动物皮都属于第十八类。

行李箱和背包

但是，类目下一项包括“行李箱”（基础编号：180092）和“旅行包”（基础编号：180078），它们可能与其他类别的箱包在分类上存在一些混淆和难题。第十八类的包是供个人使用，并用于将商品从一个地点移动至另一地点。因此，“旅行用衣袋”（基础编号：180111）属于第十八类，而存放衣物的衣袋｛在字母顺序表中表述为“衣服罩［储藏用］”（基础编号：200252）｝属于第二十类。显然，行李箱和旅行包属于本类。但以下项目属于第十八类却并不显而易见，即“购物网袋”（基础编号：180114）、“手提包”（基础编号：180077）、“书包”（基础编号：180020）、“抱婴儿用吊袋”（基础编号：180044）、“护脊书包”（基础编号：180127）和“带轮购物袋”（基础编号：180070）——这些都是“背包”的示例，将它们归入第十八类是以该类目

（“背包”）为基础的。

雨伞和阳伞；手杖

类目中的这两个群组几乎不存在问题，因为它们所描述的商品范围很窄。类目这一组项包括“手杖*”（基础编号：180015）和“铁头登山杖”（基础编号：180001），以及这些项目的构成部分。需要注意的是，“医用四脚拐杖”（基础编号：100230）属于第十类。但基于第十八类中这一宽泛的类目，其他所有的拐杖都属于第十八类，除非其符合上述第十类条目的特定程度。

鞭，马具和鞍具

类似地，类目的下一项“鞭，马具和鞍具”的表述也不存在特别棘手的问题，但是，它为各式动物装备的归类开启了大门，其中有些动物装备属于第十八类，要么是因为它们是由皮革制成（或最初由皮革制成，但现在由另一种材料制成），要么是因为与动物有关。根据字母顺序表，一些与动物有关的项目属于第十八类，包括“动物嚼子［马具］”（基础编号：180017）、“马具配件”（基础编号：180120）、“秣囊［草料袋］”（基础编号：180050）、“马鞍套”（基础编号：180097）和“马镫”（基础编号：180119）。不属于第十八类、与动物有关的项目包括第二十类的“狗窝”（基础编号：200058）、第九类的“叫狗哨子”（基础编号：090508）和第二十一类的“马刷”（基础编号：210073）。需要再次强调的是，除非与动物有关的产品明显属于第十八类，否则应当参见字母顺序表，以确保产品的正确分类，并确保该特定产品无须被归入第十八类以外的其他类别。

动物用项圈、皮带和衣服

这些项目之所以在类目中被列出，是因为它们很容易造成分类上的混淆。可以理解，动物用的衣服本来可以和人类的衣服一起归入第二十五类。然而，动物的衣服显然与人类的衣服存在很大的差别。因此，动物的衣服和其他宠物“穿”的产品一起被归于第十八类，例如“牵引动物用皮索”（基础编号：180005）、“动物项圈*”（基础编号：180030）以及“马毯”（基础编号：180026）。请注意，第十八类的动物用项圈条目带有星号。这是因为“动物用防寄生虫项圈”（基础编号：050087）属于第五类，且“训练动物用电子项圈”（基础编号：090746）属于第九类。此外，在字母顺序表的分类过程中，我们还意识到，尽管大多数的动物通常不穿“衣服”，但也有许多动物是穿“衣服”的。因此，字母顺序表中存在“宠物服装”（基础编号：180135）的条目。这是唯一一个对“动物用衣服”有所涉及的类目。

B. 注释

第十八类主要包括皮革、人造皮革及由其制成的某些制品。

本类尤其包括：

- 行李箱和背包，例如，手提箱，旅行箱，旅行包，抱婴儿用吊袋，书包

如上文类目部分所述，所有这些商品均属于第十八类。通常情况下，其中的许多项目，特别是“手提旅行箱”（基础编号：180115）、“旅行箱”（基础编号：180029）和“旅行包”（基础编号：180078）是由皮革制成的，因此属于第十八类。如今，这些商品除皮革外还可以由人造皮革或皮革替代品制成，例如，纺织物或塑料。但是，这些商品本身仍被保留在第十八类中。通过与常年存在于第十八类的行李箱和背包的类比，用于携带的物品也被归入第十八类，这些属于第十八类的项目中例如“抱婴儿用吊带”（基础编号：180122）、“书包”（基础编号：180020）和字母顺序表所包含的其他背包也属于第十八类，与在第十八类中存在已久的行李箱和背包类似。

本类尤其包括：

- 行李牌。

这是一个注释中非常具体的项目，但其可能被错误地归入第十六类，因为其可以被视为第十六类的“纸制或卡纸板制标签”（基础编号：160308）。此外，行李牌被贴在第十八类的物品上，这是将其归入本类并在注释的包含项对此加以强调的另一个原因。

本类尤其包括：

- 名片夹和钱包。

根据《尼斯协定》总言商品分类项下的（f）项，原则上，与拟装载的产品相适应的容器应与该产品属于同一类别。但“名片夹”（基础编号：180126）和“信用卡包”（基础编号：180125）属于第十八类，即使其容纳的纸制品本来可能导致其被归入第十六类。但根据类目“行李箱和背包”的表述，将这些项目归入第十八类是合理的。这些容器被用作携带个人物品。因此，即使这些产品所容纳的大多数商品可能是纸制的，但基于其用于携带的目的，注释仍将其包含在第十八类中。

本类尤其包括：

- 皮革或皮革板制箱和盒。

在整个《尼斯协定》中，箱和盒都是按照它们的材料成分进行分类的，

除非其经过改装能容纳某个特定的物品，那么在这种情况下，它们属于该物品所属的类别。本注释清楚地表明：这些“皮革或皮革板制盒”（基础编号：180089）和“皮革或皮革板制箱”（基础编号：180091）都属于第十八类，因为它们是由皮革或皮革板制成的。

本类尤其不包括：

- 人用的皮制的服装、鞋、帽（第二十五类）。

服装、鞋、帽如果是由皮革或毛皮制成的，本来可以很容易地被归入第十八类。但是，这些项目通常依据其功能被归入第二十五类，而不是依据它们的材料成分进行分类。由于适当的服装分类标准已经建立，因此即便服装是由皮革或毛皮制成的，也没有理由将其归入第十八类。此项目是一个很好的示例，它说明了这些属于其他类别的物品即使是由皮革制成的，也不应属于第十八类。然而，如前述，给动物和宠物穿的衣服属于第十八类。

本类尤其不包括：

- 为所装产品定制的包或箱，例如，笔记本电脑专用包（第九类），照相机或摄影设备专用包或箱（第九类），乐器盒（第十五类），带轮或不带轮的高尔夫球袋（第二十八类），滑雪板和冲浪板专用袋（第二十八类）。

作为前述注释中特定包含项“名片夹和钱包”的对应项，此特定排除项清楚地表明，经过特别改装用来容纳或携带物品的箱或包，属于其所容纳物品的所属类别。本注释提供的示例非常清楚地表明，这些箱和包是专门用来容纳特定物品的，因此应与这些被容纳的物品一同被归类。

本类尤其不包括：

- 某些按其功能或用途分类的皮革、人造皮革、毛皮制品，例如，磨剃刀的皮带（第八类），抛光用皮革（第二十一类），清洁用麂皮（第二十一类），服饰用皮带（第二十五类）。

大多数皮革制成的物品都属于第十八类，除非它们所具备的用途使得其更适合被归入其他类别。在字母顺序表中，“磨剃刀的皮带”（基础编号：080006）属于第八类，因为它被视为是一种手动工具；而“清洁用麂皮”（基础编号：210263）和“抛光用皮革”（基础编号：210100）都属于第二十一类，因为它们与海绵和该类中的其他清洁用具类似。如前述，皮革制成的衣服属于第二十五类，因此注释中的示例“服饰用皮带”（第二十五类）和前述注释中皮制服装的排除项都对此进行了强调。在这些示例中，商品的功能比材料成分更为重要。除非有理由将皮革制品归入其他类别，否则大部分皮革制品都属于第十八类。当遇到某个项目的分类是由商品的功能还是材料成分决定的问题时，应当参见字母顺序表。

C. 补充评论

“抱婴儿用吊带”（基础编号：180122）

如前文中第十类D部分所述，字母顺序表收录了“吊带［支撑绷带］”（基础编号：100217），因此，将“抱婴儿用吊带”（基础编号：180122）纳入字母顺序表也是合理的，这就使得这类吊带被归入第十八类。尽管这类吊带具有支撑作用，但不能将其视为一种绷带。但是，由于其他与婴儿有关的项目属于第十类，例如“奶瓶”（基础编号：100028）和“婴儿用安抚奶嘴”（基础编号：100145），因此字母顺序表也列出了这些吊带，以确保它们作为携带装置被正确地归入第十八类中，从而避免将其错误地与其他婴儿护理产品一起归入第十类。

D. 2017年《尼斯协定》第11版中发生的重大变化或增补

香肠肠衣

《尼斯协定》第11版中，将“香肠肠衣”从第十八类转移至第二十八类。香肠肠衣最初之所以被归入第十八类，可能是因为它与皮革和毛皮之间的关系。但是，其唯一用途是制造第二十九类食品。条目的表述随着类别的转移发生了改变。如今，该条目在第二十九类中被表述为“天然或人造的香肠肠衣”，基础编号为290226。

“儿童牵引带”（reins for guiding children）（基础编号：180136）

《尼斯协定》第11版将“儿童牵引带”从第二十六类转移至第十八类。虽然第二十六类包括缎带和编带，但儿童牵引带似乎并不能与这类项目兼容。尽管将牵引马或其他动物的词语［即“缰绳”（reins）］用在“牵引儿童”上可能不太合适［参见第十八类的“缰绳”（reins）（基础编号：180072）］，但第十八类还存在其他与保育相关的项目，例如“抱婴儿用吊带”（基础编号：180122）和“婴儿背袋”（基础编号：180123）。儿童牵引带类似于“皮绳”（基础编号：180031），而皮绳也属于第十八类。因此，将“儿童牵引带”从第二十六类转移至第十八类是合适的，因为“儿童牵引带”几乎没有理由（如果有的话也微不足道）属于第二十六类。除非可能不愿意将该项目与用于指导或约束动物的第十八类项目一起分类。

犹太教经文护符匣（tefillin）

犹太教经文护符匣是由皮革制成的小盒子，盒子上附着皮革皮带，里面装着羊皮纸卷，上面刻有摩西五经（Torah）的经文。犹太教经文护符匣是犹太人在做晨祷时使用的，并且该项目已被收录至《尼斯协定》的字母顺序表，属于第十八类，因为该项目主要是由皮革制成的。鉴于《尼斯协定》中不存在宗教物品的类别，例如，念珠（rosaries/chaplets）和赞珠（misbaha），它们本质上是一串珠子，类似于珠宝，而珠宝属于第十四类，所以念珠和赞珠也属于第十四类；而“犹太教经文护符匣”（基础编号：180132）属于第十八类，这是因为它的主要材料成分是皮革。

第十九类

正式文本

类目

非金属的建筑材料；
建筑用非金属硬管；
柏油，沥青；
可移动非金属建筑物；
非金属纪念碑。

注释

第十九类主要包括非金属建筑材料。

本类尤其包括：

- 半成品木材（例如，横梁，板，护板）；
- 贴面板；
- 建筑用玻璃（例如，平板，玻璃瓦片）；
- 路标用玻璃颗粒；
- 混凝土制信箱。

本类尤其不包括：

- 水泥保护剂，水泥防水用制剂（第一类）；
- 防火制剂（第一类）。

释义

A. 类目

非金属的建筑材料

非金属的建筑材料（non – metallic building materials）或字母顺序表所列的“非金属建筑材料”（building materials，not of metal）（基础编号：190197）构成了第十九类的大部分项目。如前所述，由金属制成的建筑材料属于第六类。字母顺序表指出，第十九类的项目并非由金属制成，这表明如果同一项目是由金属制成的，则必须将其归入第六类。为了与类目中非金属建筑材料保持一致，“涂层［建筑材料］”（基础编号：190129）属于第十九类，而“涂料［油漆］”（基础编号：020070）属于第二类；“建筑用芦苇”（基础编号：190163）属于第十九类，而“芦苇［编织用料］”（基础编号：200178）则属于第二十类。

此外，不能属于其他类别的项目，以及传统意义上由非金属材料制成的项目都属于第十九类，即使这些物品本身并不会在建筑中被使用。这些项目包括“石、混凝土或大理石制小塑像”（基础编号：190224）和“石、混凝土或大理石制半身像”（基础编号：190202）。

建筑用非金属硬管

类目中的下一项，即字母顺序表所列的“建筑用非金属硬管”（基础编号：190178），很容易被当作非金属建筑材料；然而，该项目在类目中被单独列出，这是因为它与第六类、第十一类和第十七类的其他项目之间可能存在分类上的混淆。为了避免混淆，这个类目表述得非常清晰。非金属建筑用硬管属于第十九类。其他类型的管道如果是由金属制成的，则属于第六类；如果不是由金属制成并属于卫生设施的一部分，则属于第十一类。

柏油，沥青

类目详细指出了“柏油”（基础编号：190013）和“沥青”（基础编号：190017），以避免其被错误地归入其他类别，例如，当这些项目被用作涂料时被错误地归入第二类。这个一般规则的一个例外是“沥青油漆”（基础编号：020025），属于第二类。但是，油漆并非建筑材料，然而，例如“屋顶用沥青涂层”（基础编号：190082）这样的项目与建筑有关，被恰当地归入第十九类。

可移动非金属建筑物

下一个项目，“可移动的非金属建筑物”（基础编号：190119）正如字母顺序表所列出的那样，它是本类“最终”的非金属建筑材料。正如前文所强调的，“可移动金属建筑物”（基础编号：060170）属于第六类。这些建筑物必须是可运输的，这一要求与它们能够被定性为贸易中的货物有关。因此，其具备可被商标标识的法律资质（关于详细解释，参见第六类中关于可移动建筑物的讨论）。因此，“非金属简易小浴室”（基础编号：190203）和“可移动的非金属温室”（基础编号：190167）属于第十九类。

另外，需要注意可移动的房屋与“房车”或“野营车”的区别。可移动的房屋作为一种可移动建筑物，属于第十九类，虽然它可以移动，并且可能会被移动一到两次，但它实际上是一种永久性住宅。而第十二类的“房车”或“野营车”（基础编号：120249）实际上是运载工具或运载工具的附加装置。

其他一些“建筑结构”（structures）并不一定会被视为“建筑物”，但如果在运输后被无限期地搁置于某地，且并非主要由金属制成，那么这样的建筑结构就属于第十九类。在字母顺序表中，这些建筑结构的一些示例包括“鸟食台［非金属结构］”（基础编号：190194）、“非金属鸡房”（基础编号：190156）、“非金属跳水板”（基础编号：190152）、“砖石信箱”（基础编号：190228）、“不发光、非机械的非金属标志”（基础编号：190165）和“非金属电话间”（基础编号：190041）。在本条目中，“建筑物”这一术语的使用外延非常宽泛。

非金属纪念碑

最后，“非金属纪念碑”（基础编号：190117）属于第十九类，一些示例包括“墓碑”（基础编号：190144）和“非金属墓［纪念物］”（基础编号：190225）。与许多属于第十九类的其他项目一样，这些金属制成品的对应项应属于第六类。

B. 注释

第十九类主要包括非金属建筑材料。

本类尤其包括：

- 半成品木材（例如，横梁，板，护板）。

“半成品木材”（基础编号：190026）（例如梁、板、护板）作为最基础的非金属建筑材料被归入本类。但是，这些商品必须与第三十一类的“未切锯木材”（基础编号：310017）相区别。同样地，第十九类半成品性质的木材也必须与第二十类或第二十一类的成品木材项目相区别。虽然第十九类的材料最终并非被用于制造第十九类的商品，但其仍属于第十九类。也就是说，由第十九类材料制成的商品可能不会被用于建筑领域。该规则的一个示例是字母顺序表中的“制家用器具用木材”（基础编号：190030）条目。一般而言，以木材制成的家用器具属于第二十一类，而用于制作器具的木材本身就属于第十九类。

本类尤其包括：

- 贴面板。

因为“贴面板”（基础编号：190033）不被认为是“建筑材料”，所以本注释对此予以特别注明，这是因为贴面板通常很轻，并且可与家具组合起来使用。但作为半成品木材或木材替代品，将其归入第十九类是恰当的。

本类尤其包括：

- 建筑用玻璃（例如，平板，玻璃瓦片）；
- 路标用玻璃颗粒。

注释明确列出了“建筑用玻璃”（基础编号：190063）（例如平板、玻璃瓦片）和“路标用玻璃颗粒”（基础编号：190121），从而避免这些项目被作为“未加工或半加工的玻璃”而归入第二十一类。为了进一步巩固这种分类模式，第二十一类的类目将建筑用的未加工或半加工的玻璃排除在该类别之外。无论是建造建筑结构还是建造道路，建筑过程中使用的玻璃都属于第十九类。

本类尤其包括：

- 混凝土制信箱。

这个项目被包含在第十九类的注释中，用以区分第十九类的“砖石信箱”（基础编号：190228）、第六类的“金属信箱”（基础编号：060120）和第二十类的“非金属、非砖石制信箱”（基础编号：200244）。这是整个分类系统所遵循的分类方法的一个典型示例，即将无法属于某个特定类别的项目按照其材料成分予以归类。

本类尤其不包括：

- 水泥保护剂，水泥防水用制剂（第一类）；

- 防火制剂（第一类）。

本注释将“水泥防腐剂”［字母顺序表中的“除油漆和油外的水泥防腐剂”（基础编号：010196）］、“水泥防水制剂”［字母顺序表中的“除油漆外的水泥防水化学品”（基础编号：010195）］以及“防火制剂”（基础编号：010294）排除在本类之外，这些项目均属于第一类。因为这些材料与建筑物及建筑材料关系密切，所以它们可能会被错误地归入第十九类。然而，这些材料主要是建筑行业中使用的化学产品，因此将其归入第一类是恰当的。

C. 补充评论

“石、混凝土或大理石制小塑像”（基础编号：190224）

就像由贵金属制成的艺术品属于第十四类一样，由象牙制作的艺术品属于第二十类，由玻璃和瓷器制成的艺术品属于第二十一类。同样，由第十九类材料制成的艺术品属于第十九类。虽然将大理石制的小塑像与混凝土建筑归入同一类别似乎有些奇怪，但这种分类遵循了《尼斯协定》中所列明的分类方案。因为小雕像或小塑像没有特定的所属类别，所以这些项目必须根据其材料成分进行分类。因此，由石、混凝土或大理石制的小塑像与由这些材料制成的其他项目一起被归于第十九类。

“光伏电池组成的非金属屋顶板”（基础编号：190240）

“光伏电池组成的非金属屋顶板”是第十九类中一个值得关注且非常有用的包含项。“光伏电池”（基础编号：090531）属于第九类。然而，这些电池通常被装入建筑元素当中，由此而产生了一个问题，即如何最恰当地对这些项目进行分类，是将其归入第九类，还是第十九类？此条目通过将商品明确归入第十九类解决了这一难题。屋顶板这一元素是这些商品实现其主要功能的要件，因此，将这些商品归入第十九类是恰当的，尽管这些商品中包含了一个第九类的元素。

第二十类

正式文本

类目

家具，镜子，相框；

存储或运输用非金属容器；

未加工或半加工的骨、角、鲸骨或珍珠母；

贝壳；

海泡石；

黄琥珀。

注释

第二十类主要包括家具及其部件，由木、软木、苇、藤、柳条、角、骨、象牙、鲸骨、贝壳、琥珀、珍珠母、海泡石以及这些材料的代用品或塑料制成的某些制品。

本类尤其包括：

- 金属家具，野营用家具，枪架，报纸陈列架；
- 室内窗用百叶帘或遮光帘；
- 寝具，例如，床垫，弹簧床垫，枕头；
- 镜子，家具用和梳妆用镜；
- 非金属车牌；
- 非金属小五金器具，例如，螺栓，螺丝，销钉，家具用脚轮，紧固管道用非金属环；
- 非金属、非混凝土制信箱。

本类尤其不包括：

- 实验室用特制家具（第九类）或医用特制家具（第十类）；

• 室外百叶帘：金属制（第六类），非金属、非纺织品制（第十九类），纺织品制（第二十二类）；

• 被单和枕套，鸭绒被和睡袋（第二十四类）；

• 某些特殊用途的镜子，例如，光学用镜（第九类），外科或牙科用镜（第十类），后视镜（第十二类），枪用瞄准镜（第十三类）；

• 某些按其功能或用途分类的由木、软木、苇、藤、柳条、角、骨、象牙、鲸骨、贝壳、琥珀、珍珠母、海泡石以及这些材料的代用品或塑料制成的产品，例如，制首饰用珠子（第十四类），木地板条（第十九类），家用篮（第二十一类），塑料杯（第二十一类），苇席（第二十七类）。

注释

A. 类目

第二十类和第二十一类经常相互混淆，因为这两类有时被称为“总括”(catch - all) 类或杂货类。但是，每个类别仅包括具有特定材料成分或具有特定功能或用途的杂货。

家具，镜子，相框

“家具，镜子，相框”属于第二十类，只存在几个极少数的例外。下文将对注释中提及的特定排除项进行更详细的讨论。但是，除了少数几类被注释所特定排除的家具，所有家具都属于第二十类。其中包括商业家具，例如，“陈列架”（基础编号：200057）、“搁物架［家具］”（基础编号：200108）和“图书馆书架”（基础编号：200024）。

此外，当“镜子［玻璃镜］”（基础编号：200193）具有玻璃镜的性质时（正如条目中方括号内的词语所表示的），则属于第二十类。作为光学设备的镜属于第九类｛请参见字母顺序表中的“镜［光学］”（基础编号：090354)｝。第二十类包括袖珍镜以及任何个人用或装饰用的镜子。例如安装在房间墙壁上的“镜砖”（基础编号：200261），这类镜子的范围很广。除注释中排除性表述所提及的具有高度专业用途的镜子外，所有一般用途和非专业用途的镜子都属于第二十类。

最后，“相框”（基础编号：200225）被归入本类目的这一条目中。此处的相框包括所有的相框，无论它是什么材料的。如果没有此包含项，相框原本可能会根据其材料成分被归入许多其他的类别。

存储或运输用非金属容器

一般而言，非金属容器如果不是用于家庭存储或以运输为目的，则属于第二十类，而与之对应的金属容器属于第六类。这种金属/非金属的区别贯穿于《尼斯协定》，所以相当容易适用。比较难以确定的是与家用容器相对的、用于存储或运输的容器的性质。例如，“家养宠物栖息箱”（基础编号：200008）和“狗窝”（基础编号：200058）这样的容器属于第二十类，因为从广义上讲，它们是用于存储的容器。宠物会在有限的时间内被“存储”在栖息箱和窝中。一般而言，第二十类的容器并非典型的家用或厨房用容器。家用或厨房用容器属于第二十一类。第二十类包含存储或运输用容器的事实证明了诸如“棺材”（基础编号：200047）、“食品橱”（基础编号：200122）和“鸟巢”（基础编号：200312）等容器被归入本类是合理的。

未加工或半加工的骨、角、鲸骨或珍珠母；贝壳；海泡石；黄琥珀

“未加工或半加工的骨、角、鲸骨或珍珠母；贝壳；海泡石；黄琥珀”，这四个独立类目中的材料之所以被放在一起讨论，是因为它们都是自然界中存在的物质。但它们不能、也不应该被归入其他类别，除非被用于特定用途，例如，第二十六类中的“妇女紧身衣上的衬骨”（基础编号：260012）。“天然材料”这一特征很重要，因为字母顺序表中的条目表明，除了本类目中特别强调的那些材料外，其他天然材料也属于本类。例如，许多天然材料和动物产品，如“动物蹄”（基础编号：200179）、“动物爪”（基础编号：200010）、“珊瑚”（基础编号：200071）、“软木塞”（基础编号：200030）也属于第二十类。甚至“动物标本”（基础编号：200006）也属于第二十类。当然，该条目是指动物标本剥制术，而非毛绒玩具。但是，请注意，“蜡［原料］”（基础编号：040027）属于第四类，而与养蜂业相关的许多项目或由蜡制成的项目属于第二十类，例如“蜂箱用巢础”（基础编号：200039）和“木、蜡、石膏或塑料像”（基础编号：200187）。

B. 注释

第二十类主要包括家具及其部件，由木、软木、苇、藤、柳条、角、骨、象牙、鲸骨、贝壳、琥珀、珍珠母、海泡石以及这些材料的代用品或塑料制成的某些制品。

本类尤其包括：

- 金属家具，野营用家具，枪架，报纸陈列架；
- 室内窗用百叶帘和遮光帘。

如本注释所述："家具"包括"金属家具"（基础编号：200132）和"野营用家具"。将金属家具收录至本类中，使得许多类型的商业家具（无论其材料成分如何）也被归入第二十类。本注释中的其他项目被认为是家具的形式。这证明了将"枪架"（基础编号：200118）和"报纸陈列架"（基础编号：200134），以及塑料、木材或金属陈列架归入第二十类是合理的。

相比之下，室内窗用百叶帘或遮光帘｛参见字母顺序表中的条目"窗用室内遮帘［家具］"（基础编号：200272）｝难以被视为家具。将室内窗用百叶帘和遮光帘描述为家具是将其归入第二十类的基础，因为第二十类也是其他家具项目的所属类别。从广义上讲，家具是指让房间做好入住准备的房间装饰。室内窗用百叶帘和遮光帘完全符合这一概念，因为它们通过提供美观的装饰、必要的遮光以及向居住者提供私密的居住环境，使房间可以随时入住。

本类尤其包括：

- 寝具，例如，床垫，弹簧床垫，枕头。

在本注释中，"寝具"是指与家具一起使用，以便能够发挥其预期功能的商品，例如"床垫*"（基础编号：200079）和"枕头"（基础编号：200157）。这些商品几乎是家具的一部分；如果没有床垫或枕头，床架本身并不能发挥床的功能。但是，如果本注释没有对这些项目属于本类予以明确，其原本可能属于除第二十类以外的其他类别。例如，这些项目可以与"床单和枕套"（基础编号：240068）一起被归入第二十四类（请参见下文讨论的特定排除项），因为床垫、枕头和床单之间关系密切。本注释避免了这种分类上的混淆。将这些项目作为床的部件归入第二十类更为合适。

本类尤其包括：

- 镜子，家具用和梳妆用镜。

本注释强调，所有类型的镜子和玻璃镜均属于第二十类。但是，对应法文条目，该术语的英文同义词与之并不匹配。法文条目对此的表述为"les glaces et miroirs d'ameublement ou de toilette"。一个与该法文短语相对应的、更易于理解的英文版是"looking glasses and mirrors used as furniture or used for grooming"（用作家具或用于梳妆的镜子）。而本条目的英文短语，即"looking glasses, furniture and toilet mirrors"（镜子，家具用和梳妆用镜）则令人十分困惑。上述法文短语清楚地表明其包括挂在墙上、独立摆放在架子上、镶嵌在家具或装在口袋中用于个人梳妆的镜子。所有这些镜子或玻璃镜均属于第二十类。

本类尤其包括：

- 非金属车牌。

本注释仅将字母顺序表所包含的汽车车牌或类似的登记牌称为“非金属车牌”（基础编号：200130）。如果第二十类中不存在这一特定包含项，这些商品（如果不是金属制成的）原本可以作为印刷材料而被归入第十六类。正如字母顺序表所示，“金属车牌”（基础编号：060400）属于第六类，因而遵循了已确立的模式，即根据它们是否由金属制成，将类似商品归入第六类或第二十类。请注意，即使这些车牌通常与运载车辆一同使用，它们也不属于第十二类。这些车牌并非运载工具的结构部件；相反，它们可以被移动和更换，因此，它们没有被作为车辆部件归入第十二类。

本类尤其包括：

- 非金属小五金器具，例如，螺栓，螺丝，销钉，家具用脚轮，紧固管道用非金属环。

本注释清楚地表明，如果这些小五金器具不是由金属制成的，则它们属于第二十类。与其对应的金属制品属于第六类。对本注释无须进一步深入研究，因为若不存在包含这些项目的功能或用途的其他类别，与金属相关的项目属于第六类，而对应的非金属项目则属于第二十类，这种关联关系是《尼斯协定》中的常见模式。

本类尤其包括：

- 非金属、非混凝土制信箱。

显然，本注释的唯一目的在于为信箱提供完整的分类方案。如前述，“金属信箱”（基础编号：060120）属于第六类，“砖石信箱”（基础编号：190228）属于第十九类，而“非金属、非砖石制信箱”（基础编号：200244）属于第二十类。

本类尤其不包括：

- 实验室用特制家具（第九类）或医用特制家具（第十类）。

本注释中的这些特定排除项表明实验室用特制家具属于第九类，而医用特制家具属于第十类。被排除在第二十类之外的家具（例如上述两个示例）必须具有高度的专业性，并且附有详细的描述，说明其只能被用于设计好的目的。因此，一张配备了科学设备专用配件的桌子（例如，实验室燃烧器配件、排气罩、内置试管支架等）属于第九类。然而，如果是在实验室中使用的普通桌子，并且除了可能是由金属制成、以避免被各种化学物质腐蚀之外不具有其他特殊特征，那么它将作为一件没有特殊用途的金属制家具而被归入第二十类。字母顺序表列出了几个医用特制家具的示例，包括“医用床”（基础编号：100173）和“医用水床”（基础编号：100096），它们都属于第十类，因为为了对某种身体症状进行辅助治疗（例如，严重烧伤或大面积的骨科创伤），它们经过了特别的改造。“床*”（基础编号：200102）属于第二十类，可以预见，“医院用病床”（基础编号：200138）和“非医用水床”（基础编号：200230）也属于第二十类，后者是根据其附加条件而被归入本类的。医院用病床之所以属于第二十类，而非第十类，是因为这些病床虽然与普通的床不同，但其所具备的特殊特征并不能对身体症状提供辅助治疗。例如，医院用病床的很多部分都能够升降，这在很大程度上是为了提供舒适和方便。

本类尤其不包括：

- 室外百叶帘：金属制（第六类），非金属、非纺织品制（第十九类），纺织品制（第二十二类）。

在第二十类的这一特定排除项中，最关键的是要注意“室外”一词的使用。如前述，无论“窗用室内遮帘［家具］”（基础编号：200272）的材料成分是什么，其均属于第二十类。但是，室外百叶帘是按其材料成分进行分类的，因为其被视为建筑材料，位于建筑物的外部且通常作为建筑或改建项目的一部分被用于安装。因此，与其他建筑材料一样，室外百叶帘若是由金属制成，则属于第六类，即“金属制室外遮帘”（基础编号：060158）；若并非由金属或纺织品制成，则属于第十九类，即“非金属、非纺织品制室外遮帘”（基础编号：190107）。“纺织品制室外遮帘”（基础编号：220111）和“纺织品遮篷”（基础编号：220058）则属于第二十二类。

本类尤其不包括：

- 被单和枕套，鸭绒被和睡袋（第二十四类）。

如前述，这些商品属于第二十四类，尽管传统上与之配套使用的商品，即“床*”（基础编号：200102）、“床垫*”（基础编号：200079）和“枕头”（基础编号：200157）属于第二十类。该排除项应当解决这些商品和第二十类相关项目分类之间的任何歧义。请注意，睡袋被包含于第二十类的特定排除项中。在先前版本的《尼斯协定》中，“睡袋”（基础编号：240124）属于第二十类，因为它被视为第二十类中家具“床”的替代品，或者它也可能被视为露营用的家具。《尼斯协定》第11版把睡袋转移至第二十四类，因为它们更适合与床上用品和其他床罩一同分类。

本类尤其不包括：

- 某些特殊用途的镜子，例如，光学用镜（第九类），外科或牙科用镜（第十类），后视镜（第十二类），枪用瞄准镜（第十三类）。

在明确了大多数镜子属于第二十类之后，本注释针对该广泛的包含项分出了几个例外。被本类所排除的项目是某些根据功能或用途进行分类的特殊镜子。注释和字母顺序表所包含的这些特殊镜子的示例有：第九类的“镜［光学］”（基础编号：090354）、第十类的“牙科用镜”（基础编号：100078）和“外科医生用镜”（基础编号：100118）、第十二类的“后视镜”（基础编号：120173）以及第十三类的“枪瞄准镜”（基础编号：130038）。这些是不属于第二十类的镜子的示例。在对具有特殊功能或用途的镜子进行分类时，应当参见字母顺序表。

本类尤其不包括：

- 某些按其功能或用途分类的由木、软木、苇、藤、柳条、角、骨、象牙、鲸骨、贝壳、琥珀、珍珠母、海泡石以及这些材料的代用品或塑料制成的产品，例如，制首饰用珠子（第十四类），木地板条（第十九类），家用篮（第二十一类），塑料杯（第二十一类），苇席（第二十七类）。

前述类目部分，对为什么将许多由这些天然材料及其代用品制成的或者由塑料制成的项目归入此类的原因已经讨论过了。该部分还包含了注意事项，即如果由类目所列物质制成的项目依据专门用途或功能进行分类比依据材料成分进行分类更为重要，则其属于第二十类以外的其他类别。该注释和相关类目的解释仅给出了六个商品的示例，这些商品由第二十类的材料制成，但依据其功能或用途属于第二十类以外的其他类别。因此，如果一个项目由第二十类的材料制成，但可以依据其特殊用途或功能而被归入另一类别时，应当参见字母顺序表对其进行分类。

C. 补充评论

茶点车和小餐车

从名称上看，“茶点车”和“小餐车”似乎应与其他车辆和运输设备一起被归入第十二类。然而，“有小脚轮的茶具台”（“tea carts” and “tea trolleys”）（均在基础编号 200082 项下）是相对静止的物体，与车辆相比，其更类似于家具。它们是用来盛放茶水和随附食品的，因此被恰当地归入第二十类。

窗帘五金

大多数窗帘五金不论其材料成分如何，都属于第二十类。通常来说，相对于其他种类的五金器具，金属五金器具属于第六类，而非金属五金器具属于第二十类。但是，根据材料成分，窗帘五金的分类不存在区别。窗帘钩、窗帘轨、窗帘环、窗帘杆和窗帘滚轴（基础编号分别为 200176、200171、200011、

200175和200121）均属于第二十类，无须考虑其材料成分。因此，无论这些项目是由金属还是非金属材料制成，都必须推定它们属于第二十类。此处唯一的例外是窗帘架（curtain holders），对窗帘架更好的表述为“窗帘圈”（curtain loops）。第二十类中基础编号为200101的法文条目表述为“embrasses non en-mateierers textiles”和“embrasses”，该法文条目被翻译为“窗帘圈”（curtain loops）。窗帘圈是由柔性材料制成的圈，其附着在窗帘上，并在窗帘杆上形成环，使窗帘保持悬挂的状态。《尼斯协定》将“非纺织品制窗帘圈”（基础编号：200101）归入第二十类，而将“纺织品制窗帘圈”（基础编号：240047）归入第二十四类。由于第二十四类的圈或支架不会被视为窗帘五金，故依据两个大类的材料成分（纺织品和非纺织品）对其进行分类。除此以外，所有窗帘五金均属于第二十类，包括由各种材料成分（包括织物、塑料、绳或金属）制成的“窗帘扣”（基础编号：200177）。

“婴儿游戏围栏用垫”（基础编号：200275）

此项目被纳入字母顺序表中，以避免它被错误地与其他垫子一起被归入第二十七类。“婴儿玩耍用携带式围栏”（基础编号：200022）属于第二十类，因此将该围栏的配件归入第二十类也是合理的。将婴儿游戏围栏用垫归入第二十类是合理的，因为它与床垫或枕头类似，而床垫或枕头均属于第二十类。

第二十一类

正式文本

类目

家用或厨房用器具和容器；

梳子和海绵；

刷子（画笔除外）；

制刷原料；

清洁用具；

未加工或半加工玻璃（建筑用玻璃除外）；

玻璃器皿，瓷器和陶器。

注释

第二十一类主要包括家用和厨房用小型手动器具，以及盥洗室用具，玻璃器皿和由瓷、陶瓷、陶土、赤陶或玻璃制成的某些制品。

本类尤其包括：

- 家用和厨房用具，例如，蝇拍，切面包板，开瓶器，鸡尾酒调酒器，存钱罐，水桶，炊具和平底锅；
- 厨房用小型手动的切碎机、研磨机、压榨机或碾碎机，例如，蒜压榨器，胡桃夹，杵和研钵；
- 上菜器具，例如，方糖钳，冰块夹，馅饼用铲和上菜勺；
- 电和非电梳子；
- 电和非电牙刷；
- 碗碟架和饮料瓶架。

本类尤其不包括：

- 清洁制剂（第三类）；

• 小型电动的切碎机、研磨机、压榨机，或碾碎机（第七类）；

• 剃刀及剃毛装置，理发器和指甲钳，电或非电的修指甲和修脚器具，例如，修指甲成套工具，指甲砂锉，去死皮钳（第八类）；

• 餐具（第八类）；

• 除虱梳，刮舌器（第十类）；

• 电烹饪器具（第十一类）；

• 梳妆镜（第二十类）；

• 某些按其功能或用途分类的玻璃制品、瓷器和陶器，例如，假牙用瓷料（第五类），眼镜片（第九类），隔热、隔音用玻璃棉（第十七类），陶瓷砖瓦（第十九类），建筑用玻璃（第十九类），纺织用玻璃纤维（第二十二类）。

释义

A. 类目

第二十一类包含了家用和厨房用器具及容器，其中包括个人梳妆用具和器具。第二十一类的商品通常用于家庭或室内环境。虽然本类涵盖了范围广泛的商品，其中有些商品可能被认为是零碎物件（odds - and - ends），但将它们归于第二十一类的理由是充分的。类目的表述支持将字母顺序表中表示为特定条目的项目归于本类。

家用或厨房用器具和容器

类目中的“家用或厨房用器具和容器”条目再次回顾了先前在第八类中讨论的问题，即在通常被视为家庭用具的项目中，难以确定哪些应作为工具被归入第八类，哪些应作为家庭用具或厨房用具被归入第二十一类。对此，《尼斯协定》第11版中有所改善，其中一些器具曾经属于第八类，但这些器具显然是家庭或厨房用器具而非手工具，所以它们被转移至第二十一类。这些项目包括“胡桃钳”（基础编号：210387）、“方糖钳”（基础编号：210388）和“盛葡萄酒用长柄勺”（基础编号：210390）。

此类目所涵盖的其他项目，对“家庭”（household）一词的范围作了广义解释。它包括诸如用于饲养家畜的“器具和容器”。与动物有关的产品示例包括“宠物排泄用盒”（基础编号：210306）、“捕鼠器”（基础编号：210216）、“人造留窝鸡蛋”（基础编号：210164）、“家养宠物用笼子”（基础编号：

210302）、“家禽环”（基础编号：210011）和“喂料槽”（基础编号：210002）。

同样，“容器”和“器具”这两个术语在家庭项目的领域中也被赋予了广泛的含义，它们不仅将诸如“家庭或厨房用容器”（基础编号：210199）和“开塞钻（电或非电）”（基础编号：210043）之类的项目归入本类，同时也将“便壶”（基础编号：210192）、“垃圾箱”（基础编号：210194）、“花盆”（基础编号：210133）和“喷壶”（基础编号：210016）归入本类。

在第二十一类的项目中，涵盖范围最广的是炊具和餐具。各种类型的非电气炊具，从“罐”（基础编号：210153）和“煎锅”（基础编号：210136），到“烤盘［烹饪用具］”（基础编号：210145），再到“烘蛋奶饼的非电铁模”（基础编号：210309），均属于本类。“碟”（基础编号：210208）、“饮水玻璃杯”（基础编号：210319）和桌上用于上菜的器具也属于第二十一类。后一组包含项的例外是由刀、叉和匙组成的一套餐具，其属于第八类，即“餐具［刀、叉和匙］”（基础编号：080059）。此外，请注意，“纸盘”（基础编号：210173）和“纸或塑料杯”（基础编号：210318）属于第二十一类，而非作为纸制品被归入第十六类。

梳子和海绵；刷子（画笔除外）；制刷原料

类目中接下来的几个项目可以放在一起讨论，因为它们之间相互关联。这些项目是：“梳子和海绵；刷子（画笔除外）；制刷原料”。这些项目非常明确，并且被详尽地包含在第二十一类中，但第十六类的“画笔”（基础编号：160273）除外。除了第五类或第十类中具有医疗用途的梳子和刷子外，用于给人或动物梳理毛发的梳子和刷子、各种类型的海绵以及所有制作刷子的材料均属于第二十一类。

将制刷原料归入此类似乎不太协调。但是，由于刷子属于本类，故将制造刷子的原料归于此类也是合理的。这种包含项的一个示例是“制刷用兽毛”（基础编号：210010）。该特定项目原本可以被归入其他不同的类别，例如，包含“动物角”（基础编号：200035）的第二十类或包含其他动物产品［例如“装潢填充用羽毛”（基础编号：220064）和“兽毛”（基础编号：220065）］的第二十类。将“制刷用兽毛”归入第二十一类，可以消除该商品被错误归入其他类别的可能性。

清洁用具

“刷子*”（基础编号：210014）和“家用海绵”（基础编号：210280）也

与本类目中接下来的两个项目有关，即“清洁用具”。同样，此处由该术语所描述的包含项也是非常详尽的。“扫帚”（基础编号：210020）、“扫地毯器”（基础编号：210021）、“抹布”（基础编号：210282）、“清洁用麂皮”（基础编号：210263）、“家务手套”（基础编号：210290）和其他非电动清洁用品均属于第二十一类，尽管其材料成分原本可以决定它们被归入其他类别。例如，清洁用皮革原本可以属于第十八类，即皮革制品的类别；布原本可以属于第二十四类，即纺织品的类别；家务手套原本可以属于第二十五类，即服装的类别。如果不是类目中此条目所涵盖的范围广泛，所有这些项目逻辑上原本可以属于第二十一类以外的类别。请注意，“清洁用钢丝绒”（基础编号：210005）基于其清洁用途而属于本类，而非根据其金属材料成分属于第六类。

未加工或半加工玻璃（建筑用玻璃除外）

该类目中的下一个项目是“未加工或半加工玻璃（建筑用玻璃除外）”。将其包含在本类中有些反常，因为本类所包含的通常是成品。然而，成品玻璃项目也属于本类，所以，将未加工或未完成状态下的玻璃归于本类或许并不矛盾。除了字母顺序表中“未加工或半加工玻璃（建筑用玻璃除外）”（基础编号：210149）的一般条目以外，涉及该领域的特定条目相对较少。字母顺序表中的一些条目包括“非绝缘、非隔热、非隔音用玻璃棉”（基础编号：210152）、“运载工具用窗玻璃［半成品］”（基础编号：210231）（参见第十二类关于此项的讨论）、“玻璃板［原材料］”（基础编号：210143）、“非纺织用石英纤维”（基础编号：210283）以及一些并非用于绝缘、隔热、隔音或纺织的玻璃纤维。需要注意的是，“合成灵敏导电玻璃”（基础编号：210229）属于第二十一类。鉴于“电导体”（基础编号：090141）属于第九类，但在“合成灵敏导电玻璃”项目中，第二十一类条目中的玻璃元素比该商品的电导体元素更为重要，因此该项目被归入第二十一类，即使导体本身属于第九类。这些未完成状态下的玻璃制品并不会在第二十一类商品中占据很大比例，但需要注意的是，这些产品属于第二十一类而非其他看似和第二十一类同样合适的类别。

玻璃器皿，瓷器和陶器

大部分由玻璃器皿、瓷器和陶器制成的项目属于第二十一类，除非有明确理由将这些材料制成的项目归入其他类别，例如，若其具有医疗用途，则属于第十类。实际上，将由此类材料制成的项目归入本类是合理的，因为这些材料构成了第二十一类项目的主要成分，并且也是基于其功能进行分类的，例如，“盘”（基础编号：210235）和“饮水玻璃杯”（基础编号：210319）或“有柄大杯”（基础编号：210232）。因此，从逻辑上讲，由玻璃器皿、瓷器和陶器制成的装饰项目属于第二十一类，例如“瓷、陶瓷、陶土、赤陶或玻璃制塑像”（基础编号：210217）。

需要注意的是，该类别包括与明确属于第二十一类的商品结合使用的项目。借助“配合”（association）这一概念，有些项目被归入第二十一类，这样的示例包括：“倾倒用尖嘴管”（基础编号：210027）和“花盆”（基础编号：210133）配合使用，或“瓶”（基础编号：210045）和“喷壶”（基础编号：210016）配合使用。

B. 注释

第二十一类主要包括家用和厨房用小型手动器具，以及盥洗室用具，玻璃器皿和由瓷、陶瓷、陶土、赤陶或玻璃制成的某些制品。

本类尤其包括：

- 家用和厨房用具，例如，蝇拍，切面包板，开瓶器，鸡尾酒调酒器，存钱罐，水桶，炊具和平底锅。

本注释指出，本类包括“家用和厨房用具”。这种宽泛的表述使各种家庭和厨房用具被包含在本类中。正如前文中所详细讨论的，这会导致本类项目和第八类商品之间产生分类冲突。

注释所提供的示例对于定义第二十一类器具和容器的范围和类型非常有帮助。“水桶”（基础编号：210023）、“烹饪锅”（基础编号：210101）和“煎锅”（基础编号：210136）非常明显属于第二十一类，因为它们显然是家庭和厨房用的容器。类似地，“蝇拍”（基础编号：210069）、“切面包板”（基础编号：210169）、“开塞钻（电或非电）”（基础编号：210043）和“鸡尾酒调酒器”（基础编号：210082）也显然是家用和厨房用具。请注意，开塞钻无论是电动的，还是非电动的都属于第二十一类。但第二十一类中的大多数非电动厨房用品却并非如此。第二十一类中大多数项目既可以是电动的，也可以是非电动的，但只有非电动的项目才属于第二十一类。当它们是由电力驱动的时候，则大部分项目属于第七类（电不是为了产生热量）或第十一类（电是为了产生热量）。厨房和家庭用具的唯一例外是“开瓶器（电或非电）”（基础编号：210048）。这是有道理的，因为开塞钻无论是电动的还是非电动的，都属于第二十一类。作为与开塞钻关联紧密的项目，开瓶器无论是电动的还是非电动的，也都属于第二十一类。

还剩下一个值得关注的注释，即“存钱罐”（piggy banks）（基础编号：

210224)。该项目原本可以作为一个娱乐物品而被归入第二十八类，因为以“猪”为表现形式的存钱罐既古怪又有趣。但是，其他装硬币的容器属于第二十一类，即“零钱罐”（coin banks）（基础编号：210376）。因为猪形存钱罐或任何形式或形状的存钱罐只是一个零钱罐而已，作为家用容器，其显然属于第二十一类。本注释和字母顺序表中存钱罐的条目清楚地表明，这类项目属于第二十一类而非第二十八类。

本类尤其包括：

● 厨房用小型手动的切碎机、研磨机、压榨机或碾碎机，例如，蒜压榨器，胡桃夹，杵和研钵。

本注释涵盖了许多项目，这些项目属于第二十一类并且是在厨房中使用的。在确定一个项目何时属于第二十一类以及何时属于第七类或第八类时，这些示例非常有用。显然，第七类并非这些项目的合适类别，因为本注释指出，这些项目必须是手动的，即它们应当是通过手动操作，而非电力驱动。注释所给定的器具的用途也很重要。请注意，这些项目不具备切割（cutting）和切断（chopping）的用途。用于切割或切断的器具属于第八类，除非其被认为是第七类的机器。因此，“绞肉机［机械］”（基础编号：070211）属于第七类，因为条目将其指定为机械；而“绞肉机［手工具］”（基础编号：080236）则属于第八类，因为条目将其指定为手动工具。在第二十一类的字母顺序表中，不存在切碎用器具，切割器具仅有“切糕点器”（基础编号：210328）和“饼干模具”（基础编号：210316），前者并非用于切割，而是用于将糕点原料混合在一起；至于后者，与其说是切割用具，不如说是烹饪模具。其他“模子［厨房用具］”（基础编号：210079）也属于第二十一类，这为将饼干切刀作为一种“烹饪用模具”（基础编号：210103）而归入第二十一类提供了支撑。

本类尤其包括：

● 上菜器具，例如，方糖钳，冰块夹，馅饼用铲和上菜勺。

本注释中的项目原本可以被视为第八类的手动工具。本注释清楚地表明，它们是第二十一类的厨房用具。事实上，在《尼斯协定》第11版之前，“方糖钳”（基础编号：210388）曾一直属于第八类。基于这一调整，“冰块夹”（基础编号：210381）也被添加至《尼斯协定》第11版的字母顺序表中。同样地，在《尼斯协定》第11版中，“盛葡萄酒用长柄勺”（基础编号：210390）也被从第八类转移至第二十一类，从而使得“上菜勺”（基础编号：210383）被添加至第二十一类的字母顺序表中。“馅饼用铲”（基础编号：210177）在《尼斯协定》第11版之前曾属于第二十一类，但它们如今被包含在本注释中，正如本注释开头所指出的，它们是上菜器具。

本类尤其包括：

- 电和非电梳子；
- 电和非电牙刷。

第二十一类的注释以及字母顺序表都对这些包含项进行了明确。将这些商品与它们的非电动对应项一起分类是可以理解的，尤其是因为，第九类不再简单地将电动项目包括在内，同时将非电动的对应项归于其他类别。但如前所述，在第二十一类中，电动和非电动器具的数量是有限的。除“电梳”（基础编号：210176）和“电动牙刷”（基础编号：210276）外，“毛球去除器（电或非电）”（基础编号：210377）、“诱杀昆虫用电力装置”（基础编号：210345）和“电刷（机器部件除外）”（基础编号：210251）也是电动的项目，也属于第二十一类。

本类尤其包括：

- 碗碟架和饮料瓶架。

许多架子属于第二十类，因为它们被认为是家具。本注释表明，专门用于存放第二十一类项目的架子属于第二十一类，而非第二十类。其他专门用于存放特定类别项目的架子也属于其所存放项目的所属类别，例如，“笔架”（基础编号：160281）属于第十六类，“乐器架”（基础编号：150088）属于第十五类，而“照相器材架”（基础编号：090391）属于第九类——因为钢笔和铅笔、乐器、照相器材分别属于第十六类、第十五类和第九类。因为“碟”（基础编号：210208）和“细颈圆酒瓶”（基础编号：210063）都属于第二十一类，所以专门用来存放它们的架子也属于第二十一类。字母顺序表中不存在任何碗碟架和饮料瓶架的条目，因此本注释的包含项是这些商品分类的唯一指导。

本类尤其不包括：

- 清洁制剂（第三类）。

虽然使用清洁制剂的器具属于第二十一类，但清洁制剂被特别排除在第二十一类之外。

本类尤其不包括：

- 小型电动的切碎机、研磨机、压榨机，或碾碎机（第七类）。

“小型电动的切碎机、研磨机、压榨机，或碾碎机”属于第七类。然而，如前述，它们非电动的对应项属于第二十一类。在对可能属于第二十一类的电气项目进行分类时，如果它不是电动的，则应当参见字母顺序表，因为在《尼斯协定》中，本类电气项目的分类并未遵循一贯的模式。

本类尤其不包括：

- 剃刀及剃毛装置，理发器和指甲钳，电或非电的修指甲和修脚器具，例如，修指甲成套工具，指甲砂锉，去死皮钳（第八类）。

如果不是这个注释，这些项目原本会被合理地归入第二十一类，因为它们通常是在家中使用的。这些项目是手动操作的工具和器具，因而属于第八类。这就产生了一些分类上的混淆，因为其他个人卫生用品都属于第二十一类，例如刷子和梳子。但是，这些商品作为手动工具的特征在于控制性（controlling），故本注释确认了它们属于第八类。

本类尤其不包括：

- 餐具（第八类）。

因为餐具可以被视为第二十一类的厨房或家庭用具，所以该特定排除项非常重要，它清楚地表明，用于进食的“餐具［刀、叉和匙］”（基础编号：080059）属于第八类。多年以来，将餐具从第二十一类中予以排除的做法引起了混淆。关于该问题的详细信息，参见第八类中关于这些商品的讨论。

本类尤其不包括：

- 除虱梳，刮舌器（第十类）。

尽管大多数个人梳妆用的梳子都属于第二十一类，但“除虱梳”（基础编号：100229）作为第二十一类梳子的例外被列入此注释中，因为它们具有特定的医疗用途，即消除头发上的虱子。实际上，“梳*”（基础编号：210076）的条目含有一个星号，这是为了表明，虽然大多数梳子属于第二十一类，但也有一些梳子属于其他类别，第十类的除虱梳就是其中之一。

“刮舌器”（基础编号：100070）与其他口腔卫生装置［例如“牙刷”（基础编号：210250）］一起被归入第十类，而非第二十一类，这是因为它们具有医疗功能，并且是刮刀的形态。此外，不同于可能属于第二十一类的除虱梳（因为其他个人护理用的梳子都属于第二十一类），第二十一类中并未包含刮刀。考虑到刮刀作为口腔卫生用具与牙刷之间的关系，本注释清楚地表明，刮舌器不会与牙刷一起被归入第二十一类。

本类尤其不包括：

- 电烹饪器具（第十一类）。

“电炊具”（基础编号：110107）属于第十一类（请注意，这些项目与第七类中制备食物的电气设备不同），但“非电气炊具”（基础编号：210274）属于第二十一类。这种差异体现在以下条目中，即“烤盘［烹饪设备］”和“烤架［烹饪设备］”（两种设备的基础编号均为110172）属于第十一类，而“烤盘［烹饪用具］”和“烤架［烹饪用具］”（两种设备的基础编号均为

210145）属于第二十一类。第十一类和第二十一类中与烹饪有关的商品之间的区别在于：这些商品有无集成热源。例如，“电热水壶”（基础编号：110303）属于第十一类，而“非电烧水壶”（基础编号：210246）属于第二十一类。

本类尤其不包括：

- 梳妆镜（第二十类）。

“手持镜子［化妆镜］”（基础编号：200274）属于第二十类，这一点在第二十类的注释中也强调过。虽然其他盥洗用品和玻璃制品也属于第二十一类，但根据第二十一类的注释和字母顺序表中的特定条目，这些相对较小的个人用镜子属于第二十类。

本类尤其不包括：

- 某些按其功能或用途分类的玻璃制品、瓷器和陶器，例如，假牙用瓷料（第五类），眼镜片（第九类），隔热、隔音用玻璃棉（第十七类），陶瓷砖瓦（第十九类），建筑用玻璃（第十九类），纺织用玻璃纤维（第二十二类）。

一般情况下，由玻璃、瓷器和陶器制成的商品属于第二十一类。但是，与许多其他情况一样，无论材料成分为何，具有特殊或特别用途的商品均需按照其用途被归入其他类别。本注释包含了这些商品的一些示例，以供参考。

C. 补充评论

“清洁用钢丝绒”（基础编号：210005）

这显然是一个金属项目，但该项目并未与其他金属项目一起被归入第六类。该项目属于第十二类，是因为它专门用于清洁。与清洁布一样，该项目的材料成分并没有影响其分类。本项目的功能决定了它的类别，所以它与其他用于清洁的物品是一起分类的。

“梳妆盒”（基础编号：210115）

如果“非专用化妆包”（基础编号：180093）与其他“旅行包”（基础编号：180078）是空包出售的，则其属于第十八类。但是，梳妆盒是指盒子中通常盛有物品的梳妆盒。而且，因为梳妆盒中的许多物品都属于第二十一类，所以梳妆盒本身也是第二十一类字母顺序表中的一个条目。梳妆盒内的项目通常包括“刷子*”（基础编号：210014）、“梳*”（基础编号：210076）、“牙刷”（基础编号：210250）和“肥皂碟”（基础编号：210191）等。由于这些项目属于第二十一类，故梳妆盒也与其所容纳的商品一起被归于同一类别。

“一次性盘子”（基础编号：210333）

显然，该项目属于第二十一类，因为根据字母顺序表中的条目，“纸盘”

（基础编号：210173）和更传统的、由诸如瓷器和陶器等材料制成的“盘”（基础编号：210235）都属于第二十一类。同样，根据此条目，将塑料盘归入第二十一类是正确的。

贵金属制品

《尼斯协定》第9版对贵金属制品的分类方法进行了修改，这对第二十一类的影响最大。在这之前，许多贵金属制品都属于第十四类，包括碗、托盘、茶具、油醋瓶、烛台等家用器具。同时，这些商品在第二十一类中存在对应条目，这些对应条目是指由非贵金属制成的相同物品。《尼斯协定》第9版中，从根本上删除了所有第二十一类商品描述中提及的“非贵金属制”（“not made of precious metal”和“not of precious metal”）等短语。这些商品是家用器具和类似物品，如今属于第二十一类，但它们不再依据其材料成分而属于任何其他类别。例外情况，比如第十四类中那样，包括那些没有依据其功能进行分类的商品，例如雕像和盒子。这类商品的分类一直由其材料成分决定。因此，“普通金属塑像”（基础编号：060244）属于第六类，“贵金属制塑像”（基础编号：140096）属于第十四类，“石、混凝土或大理石制塑像”（基础编号：190170）属于第十九类，等等。尽管贵金属制品这种分类方法的变化已经大约存续了十年，但仍有必要予以重申，以保证不会出现相关商品的分类错误——这些商品原本可能是由贵金属制成的，但现在不论其材料成分为何，都属于第二十一类。示例之一是第二十一类的“茶具［餐具］”（基础编号：210209）。茶具通常包括银器，如茶壶或方糖钳。然而，“茶壶”（基础编号：210222）和“方糖钳”（基础编号：210388）仅位于第二十一类的字母顺序表中，而并未被提及它们的材料成分。因此，不论茶壶、方糖钳和整套茶具的材料成分为何，它们都属于第二十一类。

D. 2017年《尼斯协定》第11版中发生的重大变化或增补

第11版字母顺序表中最重要的变化在于，将某些手持器具从第八类转移至第二十一类，因为它们被认为是家用和厨房用器具，而不是手动操作的工具和设备。这些内容在前文已经讨论过了。这种变化可能看起来并不起眼，但其预示着有可能会重新对餐具进行分类，即将餐具从第八类转移至第二十一类。虽然将餐具归入第八类是有道理的，因为它们可以被视为手动操作的工具或器具，但它们更类似于第二十一类中与饮食或上菜有关的家用和厨房用器具。

第二十二类

正式文本

类目

绳索和细绳；

网；

帐篷和防水遮布；

纺织品或合成材料制遮篷；

帆；

运输和贮存散装物用麻袋；

衬垫和填充材料（纸或纸板、橡胶、塑料制除外）；

纺织用纤维原料及其替代品。

注释

第二十二类主要包括帆布和制帆用其他材料，绳缆，衬垫和填充材料，纺织用纤维原料。

本类尤其包括：

- 用天然或人工纺织纤维、纸或塑料制成的缆和绳；
- 渔网，吊床，绳梯；
- 运载工具用非专用盖罩；
- 某些不按照功能或用途分类的包和袋，例如，洗衣用网袋，裹尸袋，邮袋；
- 包装用编织袋；
- 动物纤维和纤维纺织原料，例如，兽毛，茧，黄麻，未加工或加工过的羊毛，生丝。

本类尤其不包括：

- 金属绳（第六类）；

- 乐器弦（第十五类）和球拍线（第二十八类）；
- 纸或纸板衬垫及填充料（第十六类），橡胶或塑料制衬垫及填充料（第十七类）；
- 某些按照功能或用途分类的网和包，例如，安全网（第九类），运载工具用行李箱（第十二类），旅行用衣袋（第十八类），发网（第二十六类），高尔夫球袋（第二十八类），运动用网（第二十八类）；
- 按照材质分类的非纺织品包装袋，例如，包装用纸袋或塑料袋（第十六类），包装用橡胶袋（第十七类），包装用皮袋（第十八类）。

释义

A. 类目

本类是纺织品系列的第一个类别，相关的类别还包括第二十三类、第二十四类和第二十五类。这些类别的排序是合乎逻辑的，其从第二十二类开始，本类包含了处于未完成状态下的纺织品，即纤维。本类还包含了一些无法被归入其他纺织品类别的成品。这些项目在类目中被予以列明，下文对此进行了讨论。

绳索和细绳；网；帐篷和防水遮布；纺织品或合成材料制遮篷；帆；运输和贮存散装物用麻袋

“绳索*”（基础编号：220021）和“细绳”（基础编号：220035）属于第二十二类，除非它们是由必须属于另一类别的材料制成的，例如第六类的“金属绳索”（基础编号：060341）和第十七类的“橡胶绳”（基础编号：170031）；抑或是除非它们有非常特定的用途，而该用途决定了其属于第二十二类以外的类别，例如第十五类的“乐器弦”（基础编号：150028）和第二十八类的“球拍线”（基础编号：280042）。

“网*”（基础编号：220094）、“帐篷”（基础编号：220071）、“纺织品遮篷”（基础编号：220058）、“防水帆布”（基础编号：220002）和“帆”（基础编号：220059）一般也属于第二十二类。在适当的时候，其他类别也包含一些网状产品，但这些产品与绳索和细绳一样，只有在具有独特的、专门的用途时才属于其他类别。示例之一是“蚊帐”（基础编号：240079）。蚊帐属于第二十四类，因为其与第二十四类的床单关系紧密。

“运输和贮存散装物用麻袋”（基础编号：220068）和“包装用纺织品袋［信袋、小袋］”（基础编号：220069）属于第二十二类，因为该项目所附加的限定词表明它们是用于商业或工业领域的。第十八类中有袋和包，因为第十八类是旅行包和背包的类别，但第十八类的袋和包通常是个人使用的，而非用于商业或工业领域。此外，非纺织品制袋子属于其他类别，例如，第十六类的“包装用纸袋或塑料袋［信封、小袋］”（基础编号：160246）和第十七类的“包装用橡胶袋［信封、小袋］”（基础编号：170077）。此外，具有特殊用途的包则根据其用途而属于不同的类别，例如，“糕点裱花用袋［裱花袋］”（基础编号：210315）、“板球包”（基础编号：280047）和“便携式计算机专用包”（基础编号：090709）。但是，“包装用纺织品袋［信封、小袋］”（基础编号：220069）基于其材料成分按其所具有的一般商业或工业用途而属于第二十二类。

衬垫和填充材料（纸或纸板、橡胶、塑料制除外）

类目中的“衬垫和填充材料”在功能上与第十六类和第十七类的包装和填充材料相似。但是，正如类目所示，本类别所包含的项目不是由纸、纸板、橡胶或塑料制成的。这使得“天然”的填充材料属于第二十二类，例如“装潢填充用羽毛”（基础编号：220064）、“木棉”（基础编号：220047）和“装潢填充用羊毛”（基础编号：220033）。

纺织用纤维原料及其替代品

最后，“纺织用纤维原料及其替代品”属于第二十二类。制衣的流程开始于本类目，结束于第二十五类的成品服装。因此，纤维最初被制成纱和线（第二十三类），然后被制成平面纺织品（第二十四类），最后被制成成品服装（第二十五类），而最初始的纤维原料属于第二十二类。这些纺织品原料包括“驼毛”（基础编号：220012）、“苎麻纤维”（基础编号：220066）、“未加工棉花”（基础编号：220025）和“精梳羊毛”（基础编号：220052）。此外，由非天然材料制成、但被用于纺织的纤维也属于本类，例如“纺织用玻璃纤维”（基础编号：220093）、“纺织品用塑料纤维”（基础编号：220092）和“纺织用石英纤维”（基础编号：220037）。

B. 注释

第二十二类主要包括帆布和制帆用其他材料，绳缆，衬垫和填充材料，纺织用纤维原料。

本类尤其包括：

- 用天然或人工纺织纤维、纸或塑料制成的缆和绳。

如前所述，第二十二类包括所有的缆和绳，除非其是由本注释未列出的材料制成的或者具备高度专业性的功能。本注释在类目所列的绳索和细绳（ropes and string）的基础上增加了缆和绳（cords and twines），并具体指明了许多可以用于制成这些商品的材料。尽管如此，缆和绳仍属于第二十二类。如果不是因为本注释的存在，纸制的缆和绳可能会被错误地归入第十六类，塑料制的缆和绳也可能会被错误地归入第二十类。

不同于字母顺序表所提及的第十七类的“橡胶绳”（基础编号：170031）或第六类的“金属绳索”（基础编号：060341），将上述商品归入第二十二类是合理的，特别是当这些商品由上述材料制成，并且几乎不具备专业性功能时。

本类尤其包括：

- 渔网，吊床，绳梯。

本注释列出了渔网、吊床和绳梯，因为它们是第二十二类中具有特定用途的成品的示例。第二十二类中许多项目都具有广泛的用途，它们通常被用于工业或商业领域，或者作为未完成或未加工的纤维将在进一步的生产中使用。然而，本注释中的所有商品都是网状的或是由绳制成的，它们被本类的类目明确列明。“渔网”（基础编号：220011）显然是网，因此被归入第二十二类是恰当的。请注意，这些网是商业渔民使用的渔网。“钓鱼用抄网”（基础编号：280060）被视为钓鱼用具，因此属于第二十八类。“吊床”（基础编号：220043）既可以被视为一种网，也可以被视为一种绳索制品。“绳梯”（基础编号：220023）也是一种绳索制品。应当注意的是，在整个《尼斯协定》中，梯子一直是按照材料成分进行分类的。

本类尤其包括：

- 运载工具用非专用盖罩。

“运载工具用非专用盖罩”（基础编号：220075）本质上是防水帆布，其在第二十二类的类目中被列出，以避免被错误地归入第十二类。之所以会产生这种错误是因为它是被用于运载工具上的。但是，“运载工具用盖罩［成形］”（基础编号：120224）与车辆本身都属于第十二类，因为它们被明确地安装或“固定”在车辆上。

本类尤其包括：

● 某些不按照功能或用途分类的包和袋，例如，洗衣用网袋，裹尸袋，邮袋。

如前述，有些袋和包，属于第二十二类以外的其他类别。通常情况下，第二十二类的袋和包是在商业和工业领域中用于运输或贮藏的袋和包。但是，即使不具有商业或工业用途，一些袋和包也属于第二十二类。注释中列出了这种包的一些示例，即“洗衣用网袋”（基础编号：220106）、“裹尸袋”（基础编号：220107）和“邮袋”（基础编号：220104）。请注意，其他用途的包和袋根据其材料成分而属于其他类别，例如第十六类、第十八类或第二十四类。参见上文类目部分的讨论中给出的示例，以及下文有关网和包的特定排除项的注释。

本类尤其包括：

● 包装用编织袋。

如本类目中注释所重申的，根据其材料成分并且因为具有包装用途，包装用编织袋属于第二十二类。

本类尤其包括：

● 动物纤维和纤维纺织原料，例如，兽毛，茧，黄麻，未加工或加工过的羊毛，生丝。

如类目所述，“纤维纺织原料”（基础编号：220010）属于第二十二类。本注释给出了这类纤维的一些具体示例。可能需要特别注意的一个项目是动物纤维。动物纤维的项目并不是字母顺序表中属于任何一个类别的条目。但是，“猪鬃*”（基础编号：220114）、“马毛*”（基础编号：220027）和“羊毛絮”（基础编号：220041）都属于第二十二类。注释中的其他项目，即“茧”（基础编号：220019）、“黄麻”（基础编号：220046）、“未加工或加工过的羊毛”（基础编号：220050）和“生丝”（基础编号：220008）都是字母顺序表中某些纤维纺织的佳例，属于第二十二类。

本类尤其不包括：

● 金属绳（第六类）。

第二十二类的重点在于材料成分，其决定了项目的分类。因此，金属绳不应该与其他绳索和绳索制品一起被归入第二十二类，而应与其他金属项目一同被归入第六类。本注释非常清楚地表明，绳索如果不是由第二十二类的材料制成，则属于其组成材料所属的类别，例如“金属绳索”（基础编号：060341）。

本类尤其不包括：

• 乐器弦（第十五类）和球拍线（第二十八类）。

由于它们的高度专业性，“乐器弦”（基础编号：150028）不属于第二十二类，而是与乐器本身一起被归入第五类。第二十八类的“球拍线”（基础编号：280042）也是如此。这些项目被排除在第二十二类之外是可以理解的。

本类尤其不包括：

• 纸或纸板衬垫及填充料（第十六类），橡胶或塑料制衬垫及填充料（第十七类）。

只有“非橡胶、非塑料、非纸或纸板制［减震或填充用］包装材料”（基础编号：220031）属于第二十二类。这将使“装潢填充用羊毛”（基础编号：220033）、“棉屑［填塞物］”（基础编号：220007）和“装潢填充用羽毛”（基础编号：220064）也被归入第二十二类。

本类尤其不包括：

• 某些按照功能或用途分类的网和包，例如，安全网（第九类），运载工具用行李箱（第十二类），旅行用衣袋（第十八类），发网（第二十六类），高尔夫球袋（第二十八类），运动用网（第二十八类）。

大多数纺织制成的网和包都属于第二十二类，除非另一种特定功能取代了材料成分作为其主要分类因素的地位。本注释列举了一些网和包的示例。这些网和包是依据其用途分类的，而不是基于其材料成分而属于第二十二类。这些示例包括第二十六类的“发网”（基础编号：260042）、第九类的“救生网”（基础编号：090260）、第十二类的“运载工具用行李网”（基础编号：120123）、第十八类的“旅行用衣袋”（基础编号：180111）、第二十八类的“带轮或不带轮的高尔夫球袋”（基础编号：280061）和第二十八类的“运动用网”（基础编号：280064）。

本类尤其不包括：

• 按照材质分类的非纺织品包装袋，例如，包装用纸袋或塑料袋（第十六类），包装用橡胶袋（第十七类），包装用皮袋（第十八类）。

正如上文类目和有关包和袋的特定包含项注释中所述，非纺织品包装袋属于其材料成分所属的类别，本注释再次重申了这一点。

第二十三类

正式文本

类目

纺织用纱和线。

释义

这是唯一一个类别列表中没有注释的类别。它仅包括这个简单的类目。

A. 类目

纺织用纱和线

从第二十二类纤维纺织原料开始，与纺织品相关的一系列类别转向“纺织用纱和线”。到目前为止，这是尼斯分类系统中最简单的类别。该类别仅仅包含纱和线，无论其是天然的还是合成的，只要用于与纺织相关的用途即可。因此，不仅棉线、丝线以及毛线和纱线（基础编号分别为 230002、230007 和 230004）属于本类，纺织用玻璃纤维线、线和纱、皮线、塑料线（基础编号分别为 230017、230019、230018 和 230020）也属于本类。但是，后一类的线或纱如果要被归入第二十三类，还必须明确说明其用于纺织。

字母顺序表列出了许多不属于第二十三类的线，但这些项目都对其用途予以了明确，以证明其分类是合理的。其中一些示例包括第十七类的“焊接用塑料线”（基础编号：170047）和“非纺织用弹性纱”（基础编号：170038），以及第九类的“电线识别线”（基础编号：090293）。但是，任何纺织用线都属于第二十三类，这几乎没有例外。

第二十四类

正式文本

类目

织物及其替代品；
家庭日用纺织品；
纺织品制或塑料制帘。

注释

第二十四类主要包括织物和家用织物覆盖物。

本类尤其包括：

- 家庭日用纺织品，例如，床罩，枕套，纺织品毛巾；
- 纸制床单和枕套；
- 睡袋，睡袋衬里；
- 蚊帐。

本类尤其不包括：

- 医用电热毯（第十类）和非医用电热毯（第十一类）；
- 纸制桌布和餐巾（第十六类）；
- 石棉防火幕（第十七类），竹帘和装饰珠帘（第二十类）；
- 马毯（第十八类）；
- 某些特殊用途的纺织品和织物，例如，书籍装订用织物（第十六类），绝缘、隔热、隔音织物（第十七类），土工布（第十九类）。

释义

如类目所述，本类是“未包含在其他类别的织物和纺织品”，以及床罩和桌布的类别。一般而言，这意味着用于传统纺织用途的织物和平面纺织制成品都属于本类。

A. 类目

织物及其替代品

未加工完成的纺织品或布匹属于本类。从“丝绸［布料］”（基础编号：240088）到“棉织品”（基础编号：240028），只要将织物用于传统的纺织品，则不存在例外。

本类还包括一些织物的替代品。“塑料材料［纤维代用品］”（基础编号：240081）属于本类；因此，当由塑料制成时，大多数织物都属于本类。值得注意的是：“油布（作桌布用）”（基础编号：240025）也属于第二十四类。某些由纺织品制成的商品也属于第二十四类。这些商品不仅包括未加工完成的纺织品，还包括制成品，这些制成品既不是第二十五类的“服装*”（基础编号：250045）制品，也不会属于其他类别。这些商品的一些示例包括“纺织品制或塑料制帘”（基础编号：240085）、“纺织品制或塑料制旗”（基础编号：240042）、“纺织品手帕”（基础编号：240078）、“蚊帐”（基础编号：240079）、“纺织品制印刷机垫”（基础编号：240106）、“寿衣”（基础编号：240041）和“纺织品制壁挂”（基础编号：240103）。

家庭日用纺织品

“家庭日用纺织品”（基础编号：240071）将许多成品项目引入本类。为了确定适合属于第二十四类的商品类型，必须考虑一个词，即“flat”（平面的）。通过将这个单词与特定织物结合考虑，即如果该纺织物是平面的，也就是说，如果它可以被折叠并存放在架子上，则该纺织物属于第二十四类。当然，根据本类目，家庭日用纺织品，例如“床罩”（基础编号：240029）、“杯垫［餐桌用布］”（基础编号：240096）、“枕套”（基础编号：240080）和“床单”（基础编号：240068）也属于第二十四类。但是，请注意“枕头”（基础编号：200157）和“床垫*”（基础编号：200079），它们都与枕头套和床单有关，故属于第二十类。

纺织品制或塑料制帘

“纺织品制或塑料制帘”看似不足以成为一个类目，但将这些帘归入其他类别并不恰当。因此，将其列为类目中的一个项目非常重要。此外，对“纺织品制或塑料制帘”（基础编号：240085）的限制也很重要。由其他材料制成且不用于窗帘的帘属于第二十四类以外的类别，例如第十七类的“石棉防火幕”（基础编号：170003）和第二十类的“装饰珠帘”（基础编号：200167）。另外，大多数帘用五金属于第二十类，但这不符合将相似物品归入同一类别的分类模式。从这个意义上说，帘与帘用五金似乎应属于同一类别。虽然这些商品之间相互关联，但从根本上和功能上而言，它们是完全不同的商品。将纺织品制或塑料制帘归入第二十四类是恰当的。

B. 注释

第二十四类主要包括织物和家用织物覆盖物。

本类尤其包括：

- 家庭日用纺织品，例如，床罩，枕套，纺织品毛巾。

给定的示例阐明了该注释的主旨。但是，这些示例列举了可在浴室或厨房中使用的床单和亚麻布，即“纺织品毛巾”（基础编号：240072）。餐用亚麻布也在“家庭日用纺织品”一词的含义范围内，这在字母顺序表的条目中得到了证实，例如“纺织品餐巾”（基础编号：240076）、“纺织品制杯盘垫”（基础编号：240097）以及表意非常宽泛的条目，即“餐桌用布（非纸制）”（基础编号：240070），几乎不存在例外。可以说，所有家庭日用纺织品都属于第二十四类。

本类尤其包括：

- 纸制床单和枕套。

在字母顺序表中，唯一被指定为第二十四类商品的纸制品是“纸制床罩”（基础编号：240032）。第二十四类的其他项目，如果是由纸制成的，则通常属于第十六类，例如“纸巾”（基础编号：160306）、“纸制旗”（基础编号：160286）和“卸妆用薄纸”（基础编号：160294）。这三个项目的织物对应项属于第二十四类。尚不清楚纸制床罩为何会被归入本类，而第二十四类中其他项目的纸制品对应项则属于第十六类。然而，“纸制床罩”（基础编号：240032）是字母顺序表中的唯一例外，因此，仅将其视为例外即可。因为这是一种反常现象，所以它作为一个特定包含项被列入注释中。

本类尤其包括：

- 睡袋，睡袋衬里。

在先前版本的《尼斯协定》中，野营睡袋（sleeping bags for camping）曾属于第二十类，与“床*”（基础编号：200102）类似。但睡袋并不是床，所以《尼斯协定》第 11 版将该条目改为“睡袋”（sleeping bags），并将其转移至第二十四类。在第二十四类中，睡袋被恰当地类比为“床罩”（基础编号：240029）。“睡袋衬里”（基础编号：240100）是安装在睡袋中的，因此它们也属于第二十四类。

本类尤其包括：

- 蚊帐。

在注释中对第二十四类中“蚊帐”（基础编号：240079）的分类进行强调非常重要。大多数的网，甚至是例如“动物喂食用网”（基础编号：220113）这样的制成品，都属于第二十二类。然而，蚊帐属于第二十四类，这是因为它们与第二十四类的床单关系密切。它们通常被挂在床上，甚至可以被视为一种由网制成的床单。

本类尤其不包括：

- 医用电热毯（第十类）和非医用电热毯（第十一类）。

“床上用毯”（基础编号：240114）一般属于第二十四类。但是，上述两个例外是合理的。“医用电热毯”（基础编号：100191）是高度专业化的项目，因而它和其他的医疗器械一起归入第十类是恰当的。“非医用电热毯”（基础编号：110305）则与其他加热设备一起被归入第十一类。而单纯由织物制成的床上用毯属于第二十四类。

本类尤其不包括：

- 纸制桌布和餐巾（第十六类）。

与第二十四类的“床罩”（基础编号：240029）不同，“纸制桌布和餐巾”（基础编号：160186）明确被第二十四类排除在外，而被第十六类所包含。尚不清楚这一区别对待的原因为何。但是，由于“纸餐巾”（基础编号：160295）属于第十六类，所以将纸制桌布和餐巾与之归为一类是合理的。

本类尤其不包括：

- 石棉防火幕（第十七类），竹帘和装饰珠帘（第二十类）。

正如前文第二十四类特定包含项的注释所述，“纺织品制或塑料制帘”（基础编号：240085）属于第二十四类。但是，此注释列出了三个重要的例外。与第二十四类中的帘有所不同，它们并非门窗的防范措施。它们的用途与帘大不相同。就“石棉防火幕”（基础编号：170003）而言，它不是由第二十四类的物质制成的，属于第十七类，并且被第二十四类的特定排除项列明，以避免被错误地归入本类。

本类尤其不包括：

- 马毯（第十八类）。

因为大多数毯子属于第二十四类（如前述），所以必须说明马毯是一个特殊的例外。“马毯”（基础编号：180026）虽然符合第二十四类的准则的大部分要求，但其仍被作为马鞍配件归入第十八类。

本类尤其不包括：

- 某些特殊用途的纺织品和织物，例如，书籍装订用织物（第十六类），绝缘、隔热、隔音织物（第十七类），土工布（第十九类）。

与许多其他类别一样，通常情况下被某类的类目范围所涵盖的项目，如果其用途或材料成分具有高度的专业性，用于执行某个特定任务，那么该项目则依据其功能和材料成分而归入其他类别，这同样适用于第二十四类。如前述，大多数纺织品都属于第二十四类，除非它们具有高度专业化的用途。第二十四类的这些例外被纳入字母顺序表中。本注释列出了第二十四类以外的其他类别的纺织品或织物的一些示例，即第十七类的“绝缘织物”（基础编号：170056）、第十六类的“书籍装订用织物”（基础编号：160150）和第十九类的“土工布”（基础编号：190236）。

第二十五类

正式文本

类目

服装，鞋，帽。

注释

本类尤其不包括：

- 某些特定用途的服装、鞋和帽（参见按字母顺序排列的商品分类表）。

释义

A. 类目

纺织品的最后一个类别，即第二十五类，并不存在理解和解释上的困难。第二十五类的应用就像其类目一样简单，即“服装*”（基础编号：250045）、“鞋*”（基础编号：250003）和“帽”（基础编号：250047）。

服装，鞋，帽

几乎所有服装都属于第二十五类。与许多其他领域一样，针对某个特定用途而专门改造的服装、鞋和帽属于与该特殊用途相关的类别。实际上，这种例外即是第二十五类的唯一注释。除字母顺序表其他类别中所列出的特殊服装外，服装、鞋和帽均属于第二十五类。

B. 注释

本类尤其不包括：

- 某些特定用途的服装、鞋和帽（参见按字母顺序排列的服务分类表）。

对于任何给定类别中包含项的例外情形，参见字母顺序表总是明智的做法。在第二十五类中，这些例外情形可能被描述为那些仅有高度专业化用途的项目。与更为显要的专业化功能相比，这些项目作为服装、鞋和帽的功能已经变得次要了。

例如，“防火服装”（基础编号：090288）属于第九类。只有因火灾而处于危险中时，人们才会穿着这种服装。这种服装并非人们在正常情况下（如购物、工作、在家放松或外出就餐）穿着或能穿的衣服；某些鞋子也是如此，例如第二十八类的“连冰刀的溜冰鞋”（基础编号：280028）；以及一些帽子，例如第九类的“安全头盔”（基础编号：090112）。但是，需要注意的是，“滑雪靴”（基础编号：250145）属于第二十五类。尽管穿着滑雪靴行走可能会存在困难或略显尴尬，特别是那些用于高山滑雪的滑雪靴，但滑雪靴与滑冰靴不同，滑冰靴上带有刀片，故属于第二十八类。滑雪者可以穿着滑雪靴沿着滑雪道走下去，事实上他们也的确是这样做的。需要注意的是，“运动靴*”（基础编号：250141）属于第二十五类，滑雪靴在该一般条目范围内也属于第二十五类。

虽然“滑水防潮服”（基础编号：250052）并非普通的“街头打扮”（street wear），但它也属于第二十五类。防潮服的专业性并不高，除了能够覆盖身体外不具备任何其他功能。但“潜水服”（基础编号：090162）属于第九类，这是因为潜水服能在潜水员深水潜水的过程中为他们的生命提供保护，并非仅仅是一种适合活动的身体覆盖物。

C. 补充评论

“纸帽［服装］”（基础编号：250162）

“纸衣服”（基础编号：250122）多年来一直属于第二十五类，该项目同时也是少数不属于第十六类的纸制品之一。纸帽之所以被增补到第二十五类中，是为了明确当其被用作服装时则属于本类。需要注意的是，“纸制晚会帽”（基础编号：280204）已被第10版的字母顺序表收录，属于第二十八类，这是因为这些项目被视为娱乐物品，而不像其他第二十五类商品那样被作为服装使用。

“睡眠用眼罩”（基础编号：250163）

该项目之所以被添加到第二十五类中是因为它的分类曾经存在一些问题。睡眠用眼罩的目的在于防止光线进入睡眠者的眼睛，但它和其他睡觉时穿着的衣服一样，也是附着在人体上的。所以第二十五类似乎是最合适睡眠用眼罩的所属类别，并且该条目将解决有关睡眠用眼罩在分类方面可能存在的歧义。

纺织品制婴儿尿布和相关商品

《尼斯协定》第10版将所有婴儿尿布转移至第五类。前文在第五类中对该移转进行了详细的讨论。然而，鉴于该转移的重要性，其中一些讨论值得在此予以重申。“婴儿尿布”（基础编号：050412）和“婴儿尿裤”（基础编号：050413）被从第十六类转移至第五类。作为该转移的一部分，该项目中“纸或纤维素制，一次性”（of paper and cellulose，disposable）的表述已被删除。现在，所有的尿布、婴儿尿裤和婴儿纸尿裤，不论其材料成分为何，都与成人用失禁品一起被归入第五类。如前述，在讨论失禁品的章节中，婴儿尿布可以被类比为其他绷带类型的卫生产品，而这些产品已经多年存在于第五类中，如“月经带”（基础编号：050233）和“卫生绷带”（基础编号：050047）。

需要注意的是，“婴儿裤［衣服］”（基础编号：250058）属于第二十五类，因为它仍被视为婴儿服装，并且其本质上不是婴儿尿布或尿裤。

第二十六类

正式文本

类目

花边和刺绣品，饰带和编带；

纽扣，领钩扣，饰针和缝针；

人造花；

发饰；

假发。

注释

第二十六类主要包括缝纫用品，用于佩戴的天然或人造毛发，头发装饰品，以及用于装饰其他物品的、不属于别类的小件物品。

本类尤其包括：

- 假发套，遮秃假发，假胡须；
- 发夹和发带；
- 发网；
- 扣子和拉链；
- 非用于首饰、钥匙圈和钥匙链的小饰物。

本类尤其不包括：

- 某些特种小钩（参见按字母顺序排列的商品分类表）；
- 某些特种针（参见按字母顺序排列的商品分类表）；
- 假睫毛（第三类）；
- 植发用毛发（第十类）；
- 用于钥匙圈或钥匙链的小饰物（第十四类）；
- 首饰用小饰物（第十四类）；

- 纺织用纱和线（第二十三类）。

释义

A. 类目

在某种意义上，第二十六类是纺织品生产链（开始于第二十二类）的延续，因为其包含由纺织品制成的商品以及与纺织品和服装有关的商品。

花边和刺绣品，饰带和编带

第二十六类始于“花边和刺绣品，饰带和编带”。这些项目与纺织品或服装有关。用于服装或其他纺织品的所有修饰品和装饰品都属于本类。但这些修饰品和装饰品未必需要由织物本身制成，尽管类目中所列的项目可能暗含着这种限制。

将装饰性服装或纺织品配件归入第二十六类，这为其他许多项目也归入第二十六类打开了大门。这些项目与该类目所列的商品之间仅存在微弱的联系，如第二十六类的“羽毛［衣物配件］”（基础编号：260082），这代表着对类目中的饰带和编带的逻辑延伸。通过将“饰带和编带”的含义扩展到包含装饰性配件，证明了“衣服装饰用亮片”（基础编号：260077）和“云母亮片”（基础编号：260071）属于第二十六类的合理性。

纽扣，领钩扣，饰针和缝针

根据类目“纽扣，领钩扣，饰针和缝针”的表述，紧固件和纺织工作用具属于第二十六类。该表述涵盖了“皮带扣”（基础编号：260031）、“扣子［服装配件］”（基础编号：260097）、“鞋扣”（基础编号：260001）和“拉链”（基础编号：260053）。基于本类目的表述，很多缝纫的概念都属于第二十六类。所以“织补架”（基础编号：260020）、“针插”（基础编号：260055）、“缝纫用顶针”（基础编号：260050）和“针线盒”（基础编号：260049）（专门设计用于容纳第二十六类的商品）都属于本类。

与这些商品有关、但可能并不完全符合这些商品定义的项目也属于本类。例如，只要不被视为珠宝，所有类型的饰针都属于第二十六类，包括缝纫中使用的直别针，以及“发针”（基础编号：260041）和“昆虫针”（基础编号：260131）。第二十六类的其他发饰，包括“头发装饰品”（基础编号：

260038)、“发夹”和“发片”（均在基础编号260040项下)、“发网”（基础编号：260042)、“发带”（基础编号：260013）{与第二十五类的“头带［服装］”（基础编号：250142）相对应}、“卷发纸”（基础编号：260121）和“电和非电的发卷（非手工具)”（基础编号：260127)。

人造花

类目中的下一个条目是“人造花”（基础编号：260059)。虽然“合成材料制圣诞树”（基础编号：280006）与其他圣诞树装饰品都属于第二十八类，但这个项目也在字母顺序表中得到了扩展，从而涵盖了人造水果、人造花环以及人造花制花环（基础编号分别为260061、260065和260099)。

发饰

这是一个含义非常宽泛的类别，不仅包括头发装饰品，如“蝴蝶结”（基础编号：260114)，还包括头发紧固件，如“发针”（基础编号：260041）和“发夹”（基础编号：260040)。这些物品可能是装饰性的，但它们的功能都在于固定头发的位置。

假发

将假发在第二十六类中予以列明是非常重要的。第十类是唯一包含“增发”(hair augmentations）的类别。在第十类中，头发被指定为“植发用毛发”（基础编号：100192)。问题也就随之出现：假发套（wig）何时被视为植发用毛发（hair prosthesis）而属于第十类，又在何时被视为假发而属于第二十六类？一个判断的方法是，植发用毛发是专门为因疾病或因治疗而脱发的患者制造的假发。植发用毛发也被称为“颅骨头发假体”（cranial hair prosthesis)，这与普通的假发是不同的，它们通常以颅骨模具为基础，从而实现完美的贴合。此外，植发用毛发由低过敏原性的面料制成，因为需要这种毛发的人通常对各种材料非常敏感，而且这些假发可以长时间佩戴。植发（hair implants）也可以被视为第十类的植发用毛发。植发用毛发是一种非常专业的医疗产品。其他所有类型的假毛发，从“假胡须”（基础编号：260014）到“接发片”（基础编号：260125）都属于第二十六类。值得注意的是，“人类的头发”（基础编号：260126）也属于第二十六类。用于制造非医用假发或非医用接发片的人类的头发属于第二十六类。

B. 注释

第二十六类主要包括缝纫用品，用于佩戴的天然或人造毛发，头发装饰品，以及用于装饰其他物品的、不属于别类的小件物品。

本类尤其包括：

- 假发套，遮秃假发，假胡须。

正如前文在假发的类目部分所讨论的，所有用来替换或增加人类天然毛发（或没有天然毛发）的假发或者甚至是真人的头发都属于第二十六类，但植发用毛发（用于替换因疾病或治疗而脱落的头发）或永久性植入的头发除外。

本注释中的项目，即“假发套”（基础编号：260079）、“遮秃假发”（基础编号：260089）和“假胡须”（基础编号：260014），是本类中一些毛发移植或增发产品的示例。

需要注意的是，与假发一起使用的商品不属于第二十六类，如“假发粘贴剂”（基础编号：030001）。此外，还应注意“假睫毛”（基础编号：030042）属于第三类，因为它本质上是一种化妆品。

本类尤其包括：

- 发夹和发带。

除类目所列的发饰外，各种头发紧固件和固发器也属于第二十六类。正如在类目的讨论中所指出的，这些项目本质上可能是装饰性的，但它们也具有实际的功能。第二十六类中还有许多其他紧固件，但是头发紧固件专门用于特定用途，故在本注释中予以列明。如果没有这一指引，“发夹”（基础编号：260040）和“发带”（基础编号：260013）原本可以作为个人装饰品而被归入第十四类，甚至作为身上穿着的物品（例如服装）而被归入第二十五类。

本类尤其包括：

- 发网。

作为一个与头发有关的项目的示例，本注释强调了“发网”（基础编号：260042）。发网不会像发夹和发带一样被视为头发紧固件，但它们都属于第二十六类。“染发用帽”（基础编号：260115）、“卷发纸”（基础编号：260121）和“发卷（非手工具）”（基础编号：260127）是第二十六类中其他与头发相关的项目示例，但它们不会被视为头发紧固件或发饰。

本类尤其包括：

- 扣子和拉链。

本注释明确将“拉链”（基础编号：260053）列入本类。目前尚不清楚该项目是否被“纽扣，领钩扣，饰针和缝针”的类目所包含，因而值得将其作为特定包含项在注释中予以列出。将此项目归入第二十六类是恰当的，因为它与第二十六类的其他项目关系密切。然而，如果没有此特定包含项，并且拉链是金属制的，则该项目可能会被错误地归入第六类，或作为一种工具被错误地归入第八类；而该项目如果是由塑料制成的，还有可能被错误地归入第二十类。

同样的道理也适用于“扣子［服装配件］”（基础编号：260097）。这些扣子和“鞋扣”（基础编号：260088）作为一种服装紧固件被归入第二十六类，而鞋子则被视为脚穿的“衣服”。如果注释中没有这个特定包含项，且字母顺序表中没有该条目，则扣子原本可以作为一种五金件而被归入第六类。实际上，第六类中存在一个“普通金属扣［五金器具］”（基础编号：060298）的条目。值得关注的是，“服装带［衣服］”（基础编号：250031）属于第二十五类，而且服装带通常有一个扣子，但如果扣子与服装带分开出售则属于第二十六类。

本类尤其包括：

- 非用于首饰、钥匙圈和钥匙链的小饰物。

饰物可以用来装饰除首饰、钥匙圈和钥匙链以外的其他物品，因此将其归入第二十六类是恰当的，因为第二十六类中包含了没有特定用途或功能的其他装饰物。

本类尤其不包括：

- 某些特种小钩（参见按字母顺序排列的商品分类表）。

第二十六类的特定排除项包括某些特种小钩。一些示例包括第十二类的“船钩头篙”（基础编号：120036）、第二十类的“窗帘钩”（基础编号：200176）和第二十八类的“钓鱼钩”（基础编号：280076）。从这些示例中可以看出，不属于第二十六类的钩子与属于本类的钩子在功能上存在很大的差异。通常情况下，第二十六类的钩子是一种紧固件，通常与衣服一起使用，例如“紧身胸衣钩”（基础编号：260098）。

本类尤其不包括：

- 某些特种针（参见按字母顺序排列的商品分类表）。

与前述有关小钩的注释相同，某些特种针也不属于第二十六类，相关的一些示例包括第十类的“医用针”（基础编号：100008）和第九类的“唱机针”（基础编号：090462）。同样，不属于第二十六类的针与属于本类的针在功能上也存在很大的差异。第二十六类的针最常用于制造纤维物或织物，例如，“织补针”（基础编号：260007）、“编织针”（基础编号：260009）、“编织用钩针”（基础编号：260051）和“绣花针”（基础编号：260132）。

本类尤其不包括：

- 假睫毛（第三类）。

如前述，“假睫毛”（基础编号：030042）并不属于第二十六类的“假发”（基础编号：260043），而是属于第三类的一种化妆品。

本类尤其不包括：

- 植发用毛发（第十类）。

植发用毛发的项目在前述有关假发套、遮秃假发和假胡须的注释中已经进行了全面的讨论。此处值得重申的一点在于：植发用毛发是由于疾病或治疗导致脱发而使用的头发替代物或增发。第二十六类的假发制品不能用于治愈疾病或用于治疗，但它可以被人们选择用于改善自然秃顶、增加现有的头发或其他美容目的。

本类尤其不包括：

- 用于钥匙圈或钥匙链的小饰物（第十四类）；
- 首饰用小饰物（第十四类）。

将“用于钥匙圈或钥匙链的小饰物”（基础编号：140177）和“首饰用小饰物”（基础编号：140018）这两个特定排除项一起处理，并参考前文第二十六类中有关特定包含项“非用于首饰、钥匙圈和钥匙链的小饰物”（基础编号：260133）的讨论。正如前文所讨论的：饰物可以用来装饰除首饰、钥匙圈和钥匙链以外的其他物品，因此，饰物与其他装饰品被一起归入第二十六类，而非第十四类。

本类尤其不包括：

- 纺织用纱和线（第二十三类）。

注释中的最后一个排除项涉及纱和线，尽管可能很容易被认为是“缝纫用品”，但它们显然属于第二十三类。正是基于这个原因，它们才在排除性的注释中被特别列明。许多与纱和线一起使用的物品，如“缝纫针”（基础编号：260004）和“缝纫用顶针”（基础编号：260050）、“编织针”（基础编号：260009）和“纽扣”（基础编号：260021）都属于第二十六类。但是，纱和线本身仍属于第二十三类。

C. 补充评论

“装饰徽章［扣］”（基础编号：260113）

本类中有几个混杂的项目需要特别予以注意，例如，本类的“装饰徽章

[扣]”（基础编号：260113）。此项目是指例如政治运动徽章，以及带有口号、诙谐的短语（取决于个人主张）或重要设计（例如20世纪60年代的“和平标志”）的别针徽章。诸如此类的项目并非第十四类的珠宝，但其可以被定义为服装饰品，从而属于第二十六类。

竞赛者用号码和亚麻织品标记用数字或字母

将本类的其他项目归于类目的“刺绣品”条目中是合理的。这些项目包括“竞赛者用号码”（基础编号：260112）、“亚麻织品标记用数字或字母”（基础编号：260032），以及其他类似的条目。曾经，这些识别标志被直接绣在亚麻织品或其他纺织品上。如今，尽管它们可以被打印出来，但它们的功能仍未发生改变，故第二十六类依旧是这些项目所适合的分类类别。

第二十七类

正式文本

类目

地毯，地席，席类，油毡及其他铺在已建成地板上的材料；
非纺织品制壁挂。

注释

第二十七类主要包括铺在已建成的地板和墙壁上的制品。

本类尤其不包括：

木地板（第十九类）。

释义

A. 类目

总体而言，这是“地板覆盖物”（基础编号：270002）和“墙纸”（基础编号：270007）的类别。这一宽泛的群组中仅有极少数的例外。

地毯，地席，席类，油毡及其他铺在已建成地板上的材料

在本类目的这个条目中，最重要的表述也许是“铺地板材料”（materials for covering existing floors）。此表述区分了第二十七类的项目和第十九类中用于地板制造的建筑材料。第二十七类的商品，例如“小地毯”（基础编号：270011）、“地毯”（基础编号：270011）和“亚麻油地毡”（基础编号：270014），均铺设在已经建造好的地板上。

“垫席”（基础编号：270006）与“健身用垫”（基础编号：270004）、“壁炉或烧烤架用耐火地垫”（基础编号：270019）和“瑜伽垫”（基础编号：270020）均属于第二十七类。这些商品都是用来铺在地板上的，尽管其铺在地板上的方式，或其铺在地板上要实现的用途，与地毯、地席和油毡有所不同。

第二十七类中一些特殊的地板覆盖物包括“人工草皮”（基础编号：270003）、“汽车用脚垫”（基础编号：270010）和“浴室防滑垫”（基础编号：270001）。其他类别中可能会存在一些特殊类型的垫子，但这些垫子一般情况下并不是在地板上使用的。这些垫子包括第十六类的“纸制餐具垫”（基础编号：160296）、第二十四类的“纺织品制餐具垫”（基础编号：240113）、第十六类的“啤酒杯垫”（基础编号：160037）以及第二十类的“洗涤台用可拆卸的垫”（基础编号：200099）。

非纺织品制壁挂

尽管墙纸通常不会被视为“壁挂”，但“壁挂（非纺织品）”这一表述允许将墙纸（wallpaper）包含在本类中。然而，在字母顺序表中也存在一个特定条目，即“非纺织品制壁挂”（基础编号：270013）。尽管很难想象一个挂毯并非由纺织品制成，但假设其存在，则其属于第二十七类。壁挂或许也可以由各种草、贝壳或珠子制成，从而基于其设计的丰富程度而被视作一种挂毯。除非装饰性墙面覆盖物是由纺织品制成而属于第二十四类，否则在其他任何情况下，装饰性的墙面覆盖物均属于本类。

B. 注释

第二十七类主要包括铺在已建成的地板和墙壁上的制品。

注释中的这句话纯粹是为了对本类进一步加以界定，它明确了“铺地板材料”的表述，并补充了信息，即第二十七类的商品是“铺在已建成的地板和墙壁上的制品”。这个短语证实了前述讨论中得出的结论，即瓷砖作为建筑材料属于第六类或第十九类，而作为地板覆盖物则属于第二十七类。如前文所述，在铺设瓷砖之前，准备铺设瓷砖的地板尚未完全“建造”好，因此，瓷砖本身不应被视为先前建造地板的家具陈设，它们是地板本身的一部分。

本注释也明确将“墙纸”（基础编号：270007）列入第二十七类。

本类尤其不包括：

- 木地板（第十九类）。

如前所述，建筑施工过程中使用的地板属于第十九类。此前，该项目与其他地板覆盖物一起被归入第二十七类，但将木地板归入第十九类更为恰当。原因有两点：第一，商品本身的性质，地板是在建筑施工期间铺设的；第二，“拼花地板”（基础编号：190112）的条目已经存在于字母顺序表中，因此将木地板归入第十九类是合理的。

第二十八类

正式文本

类目

游戏器具和玩具；

视频游戏装置；

体育和运动用品；

圣诞树用装饰品。

注释

第二十八类主要包括玩具和游戏装置，体育设备，娱乐及创意道具，以及某些圣诞树用装饰品。

本类尤其包括：

- 娱乐和游戏装置，包括其控制器；
- 娱乐及创意道具，例如，狂欢节面具，纸制晚会帽，五彩纸屑，恶作剧玩具和聚会道具；
- 打猎和钓鱼用具，例如，钓鱼竿，钓鱼用抄网，诱饵，狩猎用哨子；
- 各种运动和游戏设备。

本类尤其不包括：

- 圣诞树用蜡烛（第四类），圣诞树用电灯（第十一类），圣诞树用糖果和巧克力装饰物（第三十类）；
- 潜水装备（第九类）；
- 性玩具和性爱娃娃（第十类）；
- 体育和运动用服装（第二十五类）；
- 某些按照其他功能和用途分类的体育运动装备，例如，运动用头盔、护目镜和护齿（第九类），体育用火器（第十三类），健身用垫（第二十七类），以及某些按照其他功能和用途分类的打猎和钓鱼用具，例如，猎刀（第八类），鱼叉（第八类），猎枪（第十三类），渔网（第二十二类）。

释义

A. 类目

第二十八类通常被认为是玩具和游戏的类别。这样的描述是准确的，原因在于，此类目中列出了各种各样的商品，它们都可以被描述为玩具、游戏或其他类型的娱乐物品。

游戏器具和玩具

一般而言，第二十八类的商品是用于娱乐目的；但对在第二十八类的活动范围内使用的商品经常需要予以特别说明。只有在明确具有体育或玩具特征的情况下，许多项目才能被包含于本类别。用于不同目的的相同物品将被归于其他类别。例如，当在游戏器具和玩具中发现条目“火帽”时，该条目后面跟随着修饰语“[玩具]”（基础编号：280118）。如果火帽并不是玩具或不是与玩具手枪一起使用的，那么该商品属于第十三类［参见“非玩具用火帽”（基础编号：130066）］。“滑板车［玩具］”（基础编号：280115）也是如此。如果滑板车不是作为玩具使用，那么它属于第十二类［参见第十二类的“踏板摩托车”（基础编号：120280）］。

但这种程度的规范通常不是必要的，因为游戏器具和玩具很常见，很容易识别。

视频游戏装置

第二十八类的“视频游戏机器”（基础编号：280214）与第九类的“计算机”（基础编号：090372）之间的界限变得越来越难以分辨。曾经，视频游戏只能在电子游戏设备上游玩，目前市面上仍有一些个人电脑设备和游戏机是专门用于玩视频游戏的。但一般而言，视频游戏装置是指“娱乐场所用视频游戏机”（基础编号：280216）。仅用于玩或主要用于玩视频游戏的个人装置或控制器也属于第二十八类。

体育和运动用品

大多数体育和运动用品都属于第二十八类，但也有一些体育和运动用品属于其他类别，所以有必要说明第二十八类的商品是运动用品。例如，可以使用术语强调防护性体育设备和救生设备之间的区别，前者属于第二十八类，后者属于第九类。例如，“护膝（体育用品）”（基础编号：280144）、“保护垫（运动服部件）”（基础编号：280147）和“护胫（体育用品）”（基础编号：280046）等大多数护具都属于第二十八类。因为护具受损或伤及护具所保护的身体部分并不会危及生命。在字母顺序表中，这些项目的条目后面伴有带括号的短语，这表明这些项目与运动有关。不论具体在哪个领域使用，该特质将它们与第九类的“安全头盔”（基础编号：090112）区别开来。因为头部受伤会危及生命，所以即便被明确为运动用品，“体育用保护头盔”（基础编号：090656）也属于第九类。第九类的讨论详细探究了这种区别。

另一个在第二十八类中引起混淆的领域是运动服装。不同于第二十五类的服装，第二十八类的服装不会作为或不能舒适地作为日常服装穿着。所以“棒球手套”（基础编号：280141）、“击球手用手套［运动器件］”（基础编号：280015）（在板球比赛中使用的手套）、“击剑手套”（基础编号：280132）、“连冰刀的溜冰鞋”（基础编号：280028）和“演戏面具”（基础编号：280089）属于第二十八类。而“游泳衣”（基础编号：250126）、“骑自行车服装”（基础编号：250065）、“足球鞋”（基础编号：250075）、“滑雪靴”（基础编号：250145）和“滑水防潮服”（基础编号：250052）属于第二十五类。虽然一些属于第二十五类的运动服在运动环境之外穿着可能会显得反常、笨拙或不舒适，但即使不参加运动，这些服装也可以作为身体的覆盖物穿着。

圣诞树用装饰品

本类目的最后一项是“圣诞树用装饰品”。它不仅包括装饰品，还包括“合成材料制圣诞树”（基础编号：280006）。只要不能食用或用于照明，几乎所有类型的圣诞树装饰品都属于第二十八类［参见“圣诞树用装饰品（照明用物品和糖果除外）”（基础编号：280119）］。这样广泛的包含项也将“圣诞树用烛台”（基础编号：280029）和“圣诞树用人造雪”（基础编号：280096）归入第二十八类中。然而，“圣诞树用电灯”（基础编号：110195）属于第十一类，“圣诞树装饰用糖果”（基础编号：300008）属于第三十类。值得注意的是，在圣诞树烛台上使用的蜡烛被单独归入第四类。［参见第四类中的“圣诞树用蜡烛”（基础编号：040010）］。

B. 注释

第二十八类主要包括玩具和游戏装置，体育设备，娱乐及创意道具，以及某些圣诞树用装饰。

本类尤其包括：

- 娱乐和游戏装置，包括其控制器。

该注释比包含视频游戏装置的类目更为宽泛，并且其证明了将所有娱乐和游戏装置包含在内的合理性，不论这些装置是否涉及计算机原件，也不论它们是否需要用电。“包括其控制器”这一表述表明计算机化的娱乐和游戏装置属于第二十八类，因为计算机化的装置需要控制器。

该表述也表明：只有娱乐和游戏装置的控制器属于第二十八类。在检索字母顺序表中操纵杆的细目分类时，这一点就变得很清楚了。“作为机器部件的操纵杆（游戏机用除外）”（基础编号：070567）属于第七类；“与计算机连用的操纵杆（视频游戏用除外）”（基础编号：090747）属于第九类；“运载工具用操纵杆”（基础编号：120278）属于第十二类；最后，“视频游戏操纵杆”（基础编号：280228）属于第二十八类。

本类尤其包括：

- 娱乐及创意道具，例如，狂欢节面具，纸制晚会帽，五彩纸屑，恶作剧玩具和聚会道具。

这是一个第二十八类注释中非常有用的特定包含项。第二十八类中有一些项目不会被视为玩具、游戏装置或体育设备。但特别是像游戏玩具一样，相比于其他类别，比如其材料结构的所属类别，将这些娱乐和创意道具归入第二十八类更为合理。除本注释所罗列的项目外，字母顺序表中还存在一些娱乐项目和富有新意的项目：“魔术器械”（基础编号：280105）、“拉拉队用指挥棒”（基础编号：280164）、“雪景球”（基础编号：280175）、“万花筒”（基础编号：280190）和“圣诞拉炮［聚会助兴道具］”（基础编号：280027）。

本类尤其包括：

- 打猎和钓鱼用具，例如，钓鱼竿，钓鱼用抄网，诱饵，狩猎用哨子。

经过简要考虑，因为打猎和钓鱼都是娱乐活动，所以将打猎和钓鱼用具归于第二十八类是富有意义的。但并非所有打猎和钓鱼用具都属于第二十八类。如，“渔网”（基础编号：220011）指的是商业化的捕鱼用具，鱼属于第二十二类，“鱼饵（活的）”（基础编号：310132）属于第三十一类，“猎物袋［打猎用具］”（基础编号：180019）属于第十八类。虽然有一些狩猎物品被定性为用于狩猎，但它们无疑属于其他类别，即第八类中的“猎刀”（基础编号：080053），第十三类的“猎枪”和“体育用火器”（基础编号：130026），还有“打猎铅弹”（基础编号：130041），也属于第十三类。

本类尤其包括：

- 各种运动和游戏设备。

注释重申了本类目背后所蕴含的意图，即把用于运动和游戏的一般商品包含在内。实际上，所有类型的运动和游戏设备都可以属于第二十八类，几乎不存在限制。

本类尤其不包括：

- 圣诞树用蜡烛（第四类），圣诞树用电灯（第十一类），圣诞树用糖果和巧克力装饰物（第三十类）。

圣诞树用装饰品属于第二十八类；然而，作为装饰使用的“圣诞树用蜡烛”（基础编号：040010）属于蜡烛所在的类别，即第四类。同样的，“圣诞树用电灯”（基础编号：110195）也属于电灯所在的类别，即第十一类，“圣诞树装饰用糖果”（基础编号：300008）属于这类食品所属的食品类别，即第三十类。所以，与这些节日装饰有关的分类引入了一种分类模式：如果商品具备某种特别的属性，能使其在另一类别中的分类合理化，那么它们就属于那个类别而不是第二十八类。只有那些不能用于照明、不可食用的圣诞树装饰物才属于第二十八类。值得注意的是，只有用于圣诞树上的圣诞装饰物才属于第二十八类。在圣诞节使用的其他装饰物是基于其材料成分分类的，即与这些其他装饰物本身的所属类别一样。

本类尤其不包括

- 潜水装备（第九类）。

无论是专业还是娱乐用途的潜水装备都属于第九类，所以“体育用护目镜”（基础编号：090654）属于第九类而非第二十八类。很明显，虽然护目镜最常被用于潜水，但它也可用于其他运动活动。但即便护目镜可用于跳水以外的运动，将它归于第九类也是合理的，因为护目镜具有保护作用，还具备光学功能，这也是它属于第九类商品的特征。但需要注意的是，虽然注释明确排除了这个项目，但有些项目也不应被视为潜水装备，包括“游泳脚蹼”（基础编号：280093）和“鱼叉枪［体育用品］”（基础编号：280071）。与之相反，这些项目应被视为泳具或渔具，所以这些项目属于第二十八类。

本类尤其不包括：

- 性玩具和性爱娃娃（第十类）。

多年来，这些项目的分类一直存在争议，因此，在《尼斯协定》第11版的类目中加入了该表述，从而解决了这一问题。

虽然这些项目通常被用于增强性交的快感，但是它们是通过改善参与该活动的个人机能或状况实现此目的的。因此，“性玩具”（基础编号：100234）和“性爱娃娃”（基础编号：100219）现在明确属于第十类，并且仅属于第十类。

本类尤其不包括：

- 体育和运动用服装（第二十五类）。

如上所述，在体育和运动中使用的服装属于第二十五类，因为通常来说，这些服装与其他日常服装一样，可以在运动之外穿着。只有那些特别适合用于特定运动的、不能在运动之外穿戴的项目才属于第二十八类（见前文的示例）。

本类尤其不包括：

- 某些按照其他功能和用途分类的体育运动装备，例如，运动用头盔、护目镜和护齿（第九类），体育用火器（第十三类），健身用垫（第二十七类），以及某些按照其他功能和用途分类的打猎和钓鱼用具，例如，猎刀（第八类），鱼叉（第八类），猎枪（第十三类），渔网（第二十二类）。

在体育和运动用品项目中，许多不属于第二十八类的项目已经在前文的类目或第二十八类注释的特定包含项或排除项中进行了讨论。本注释表明：某些体育和运动用品因为其在该领域内的特殊用途和功能，因此被归于其他类别。一般来说，防止重伤或死亡的护具属于第九类，切割或刺穿用的工具如果不具备爆炸属性，则属于第八类，爆炸性装置属于第十三类，商业捕鱼装置属于第二十二类。虽然，除本注释中对第二十八类体育和运动项目分类的规定之外，几乎不存在例外情况，但如果存在任何疑问都应当参见字母顺序表。

C. 补充评注

装饰性物品与体育设备或玩具的对比

第二十八类中的一个常见问题涉及装饰品与体育设备或玩具之间的界限。例如，“狩猎或钓鱼用拟饵”（基础编号：280082）不再是第二十八类中的体育用品，因为其通常是由木头制作的，所以被作为一种装饰性家居用品而归入第二十类。或者，“玩具娃娃”（基础编号：280088）或“成比例的模型车”（基础编号：280091）何时不再是属于第二十八类的玩具，而是开始依据其材料成分性质被归于小雕像或小塑像。这一判断最好由商品的创造者做出。事实上，商品可以被归入任何一个类别。如果将商品指定为“玩具”，那么它就属于第二十八类；如果被指定为装饰性家居用品或小雕像、小塑像，那么它将依据其材料成分进行分类。

宠物用玩具

“宠物用玩具”（基础编号：280004）已被确定属于第二十八类。避免了关于狗玩起来就吱吱作响的塑料玩具，是应当作为动物配件而被归于第十八类，还是应当作为狗娱乐用物品而属于第二十八类产生的争议。

万花筒

这个项目属于《尼斯协定》的第二十八类，因为它是娱乐或游戏的对象。尽管万花筒采用了许多代表第九类商品特征的光学原理，但它不符合第九类商品的用途。“万花筒”（基础编号：280190）更适合于其他娱乐或游戏对象一起被归入第二十八类。

捕蝴蝶用网

字母顺序表纳入了“捕蝴蝶用网”（基础编号：280165），以避免其可能被错误地归入第二十二类。尽管专业人士可将其用于科研用途，但最常见的情况是蝴蝶爱好者们将其用于业余爱好或娱乐用途。所以，该项目与其他娱乐和爱好有关的项目一起被归入第二十八类。

滑雪板和冲浪板专用袋

“滑雪板和冲浪板专用袋”（基础编号：280166）特别适合容纳其装载的第二十八类的商品，将该项目归入第二十八类非常合适。滑雪板和冲浪板专用袋因为自身的尺寸和结构问题，除了装载特定的体育设备外，不具备其他用途。需要注意的是，字母顺序表将“带轮或不带轮的高尔夫球袋”（基础编号：280061）列于第二十八类，其原因与这些滑雪板和冲浪板专用袋相同。正如《尼斯协定》总言的商品类别和在前文第二十六类中所提到的那样：“原则上，与拟装载的产品相适应的容器与该产品属于同一类别。”

雪景球

“雪景球”（基础编号：280175）可能属于不同的类别。这些廉价的塑料雪景球通常在纪念品摊位上出售，它们仅仅是玩具，属于第二十八类。但更复杂、更具有艺术型的雪景球通常是以精细的木头或瓷器为基底，球体内部有复杂的雕塑，可以属于第二十类、第二十一类，或其主要材料成分的所属类别。但所有的雪景球不论材料成分是什么，都属于第二十八类，因为它们都是用于娱乐的物品。

宾果游戏牌

字母顺序表中明确罗列了“宾果游戏牌”（基础编号：280178），以确保该项目不会被错误地归入第十六类。宾果游戏牌非常简单，它是一种纸制印刷品，但其唯一功能就是玩游戏。第二十八类的“扑克牌”（基础编号：280191）和“抽奖用刮刮卡”（基础编号：280207）进一步巩固了宾果游戏牌的分类，因为这两个项目也是用来玩游戏的纸质印刷品。

修理草皮工具［高尔夫球运动用］

字母顺序表纳入了“修理草皮工具［高尔夫球运动用］”（基础编号：280179），因为其很容易被当作手动工具而被错误地归入第八类。但该项目是在打高尔夫球时必不可少的辅助工具。这不仅是要求一个高尔夫球手为下一个球员更换和抚平草皮的礼仪，而且在前一个球员没有这样做的情况下，高尔夫球手必须自己使用该工具来提升自己的游戏体验。类似地，“高尔夫球手套”（基础编号：280153）属于第二十八类，因为高尔夫球手套仅在运动中使用，但其可能会被错误地归入第二十五类。

节日悬挂、由儿童击破以获得其中玩具和糖果的彩饰陶罐

“节日悬挂、由儿童击破以获得其中玩具和糖果的彩饰陶罐”（基础编号：280183）出现在字母顺序表中，属于第二十八类，因为该项目显然是娱乐活动，并被用作派对游戏。但这个分类并非像看起来这么简单，因为节日悬挂、由儿童击破以获得其中玩具和糖果的彩饰陶罐通常是由纸制作的，这就使得将其归入第十六类成为可能，而且这个陶警通常装有糖果，这又使得第三十类也可能成为其所属类别。将节日悬挂、由儿童击破以获得其中玩具和糖果的彩饰陶罐纳入字母顺序表中表明，《尼斯协定》在越来越多的北美洲、中美洲和南美洲的国家/地区得到使用和采纳，字母顺序表也反映出这些国家/地区所独有的产品变得越来越重要。

遥控玩具汽车

在字母顺序表中，作为第十二类“遥控运载工具（非玩具）”（基础编号：120257）的对应项，第二十八类特别纳入了“遥控玩具汽车”（基础编号：280185），以明确二者之间的区别。

雪鞋

“雪鞋”（基础编号：280187）目前被字母顺序表收录在内，因为关于雪鞋的分类一直存在问题，需要在国际层面对其加以澄清。关于雪鞋的问题包括其是否属于运动鞋，所以应当属于第二十五类；或者是否是体育设备，所以应当属于第二十八类。因为专家委员会将其纳入字母顺序表中，属于第二十八类，所以最好将这种鞋子视为体育设备。

“电子靶”（基础编号：280193）

该项目位于第二十八类中，以确保电子靶不会被错误地归于第九类。电子靶是用于游戏的目标，通过电子方式记录击中数或得分数。虽然电子靶使用了

第九类的技术，但它实现的功能与非电子靶相同，所以被合理地归入第二十八类中。

“狩猎或钓鱼用香味诱饵”（基础编号：280194）和“伪装掩蔽物［体育用品］”（基础编号：280195）

如果不是字母顺序表对此予以明确，这两个用于狩猎或钓鱼的项目都可以属于第二十八类之外的类别。例如，香味诱饵可以与其他香味产品一样属于第三类，而伪装遮蔽物可以与其他永久固定或可移动的遮蔽物一样属于第十九类或第二十类。同样地，将这些项目纳入字母顺序表中可以明确其正确分类。

“男性下体弹力护身［体育用品］”（基础编号：280196）

另一个很容易产生分类错误的项目是“男性下体弹力护身［体育用品］”，该项目被字母顺序表所收录，属于第二十八类，以避免被错误地归入第二十五类，因为该项目是穿着在身上的。但就像“保护垫［运动服部件］”（基础编号：280147）属于第二十八类一样，护身能在运动时为人们提供保护和支撑，所以属于第二十八类。

第二十九类

正式文本

类目

肉，鱼，家禽和野味；

肉汁；

腌渍、冷冻、干制及煮熟的水果和蔬菜；

果冻，果酱，蜜饯；

蛋；

奶和奶制品；

食用油和油脂。

注释

第二十九类主要包括为食用目的而预制或腌制的动物性食品、蔬菜和其他园艺产品。

本类尤其包括：

奶饮料（以奶为主）；

供人食用的加工过的种子（非用作调味品的）。

本类尤其不包括：

- 某些植物类食品（参见按字母顺序排列的商品分类表）；
- 婴儿食品（第五类）；
- 医用营养食物和物质（第五类）；
- 膳食补充剂（第五类）；
- 加工过的种子（用作调味品的）（第三十类）；
- 色拉调味品（第三十类）；
- 待孵蛋（第三十一类）；

- 动物饲料（第三十一类）；
- 活动物（第三十一类）；
- 种植用种子。

释义

《尼斯协定》分类系统中最大的谜团是确定第二十九类和第三十类这两个食物类目之间的区别。但围绕这种二分法（dichotomy）所产生的混乱，并不会妨碍申请人确定其商品的恰当分类。这两个类种和系统中的另外两个类种不同，每个类种都存在并不明显但可以识别的项目。

A. 类目

肉，鱼，家禽和野味

为食用目的预制或腌制的任何肉类、鱼类、家禽和野味都属于第二十九类。任何并非为了食用目的而预制或腌制的产品都是活的，所以属于第三十一类。如果这些产品中的任何一种产品与第三十类的产品组合在一起，那么从某种程度上来讲，这个产品的性质就会发生变化，由此产生的食物将属于第三十类。例如，碎牛肉属于第二十九类，甚至肉饼形态（汉堡）的碎牛肉也属于第二十九类。但是，一旦将汉堡放在面包上并作为汉堡三明治售出，因为其具备的第三十类的元素很重要（面包），所以该项目也属于第三十类。但一块粘有面包碎的鸡肉或鱼肉，仍然属于第二十九类，因为即使其粘有属于第三十类的成分，该成品仍然主要是鸡肉或鱼肉。

肉汁

“肉汁”（基础编号：290068）本身不存在分类问题，它只是肉类基本成分的汁液。字母顺序表还包括了“肉冻”（基础编号：290049），该项目与汁液相似，但它是半凝固状态的。

腌渍、冷冻、干制及煮熟的水果和蔬菜

这个项目是“腌渍、冷冻、干制及煮熟的水果和蔬菜”，该项目与“肉，鱼，家禽和野味”一样，当这些商品出于食用目的而预制或腌制时，如梨罐头，应当属于第二十九类。但如果将其与第三十类的成分结合，使其食用的方法发生了改变，那么它的分类将被转移至第三十类。第二十九类的罐装或冷冻蓝莓与第三十类的蓝莓馅饼就是这种区别的一个示例。对于后者，蓝莓不仅与第三十类的成分结合，改变了第二十九类食品的性质，而且在这个特定的示例中，蓝莓已经成为第三十类的食品，即“馅饼（点心）”（基础编号：300104）。但就像肉类一样，仅粘有面包屑的蔬菜仍然属于第二十九类，如果不粘上面包屑的话，它们可以被当作开胃菜或配菜。值得注意的是，“油炸土豆片”（基础编号：290019）和“水果片”（基础编号：290131）属于第二十九类，而其他的“薄片［谷类产品］”（基础编号：300161）属于第三十类。第二十九类中的薄片是由属于第二十九类的产品制成，由属于第三十类的产品（如玉米、大米或其他谷物）制成的薄片属于第三十类。

果冻，果酱，蜜饯

类目中明确列出了“果冻，果酱，蜜饯”，以避免它们被错误地归入第三十类。因为果冻和果酱含糖量很大，所以一些字典将其定义为糖果。但它们主要还是被认为是水果而非糖果，因此它们是与其他水果制品一起分类的。该分析也同样适用于蜜饯。因为蜜饯被用作肉类的装饰或配菜，所以与调味酱汁非常相似；但是，“调味酱汁［condiments］”（基础编号：300122）却属于第三十类。与果酱和果冻相同的原因，这些蜜饯也属于第二十九类，例如“蔓越莓［蜜饯］”（基础编号：290156）和苹果酱或“苹果泥”（基础编号：290155）。与第三十类中的其他调味酱汁和糖相比，这些项目不是调味酱汁或糖果，水果是这些商品的主要成分，因此这些商品与其他水果制品一样，属于第二十九类。

蛋

“蛋*”（基础编号：290086）是一种动物蛋白产品，属于第二十九类。之所以将该项目在类目中单独列出，是因为存在许多由蛋制作、制成的产品，可以属于第三十类。但前文所述的分析在此处也同样适用，如果某个东西主要是由蛋制作的，那么无论是“鱼子酱”（基础编号：290016）还是“蛋粉”（基础编号：290087），都属于第二十九类。如果蛋变成了第三十类产品的一部分，或因为添加了第三十类的成分而成为第三十类产品的一部分，那么该项目也属于第三十类。例如，“乳蛋饼”（基础编号：300192）基本上是由鸡蛋、牛奶和奶酪制成的（都是属于第二十九类的项目），但如果乳蛋饼外面包裹着馅饼皮，则被认为是一种开胃糕点，属于第三十类。

奶和奶制品

这个条目实际上将所有不属于甜点的乳制品都纳入第二十九类中，所以“黄油”（基础编号：290008）、“奶油［奶制品］”（基础编号：290033）、“奶酪”（基础编号：290034）、“酸奶”（基础编号：290065）、“乳清”（基础编号：290073）和“奶饮料（以奶为主）”（基础编号：290072）都属于第二十九类。同样的准则也适用于肉类、水果、蔬菜和蛋；如果含有第三十类的成分显然对产品的性质发生了改变，那么该产品就属于第三十类而非第二十九类。

例如，“冰淇淋”（基础编号：300046）就是由牛奶、奶油或其他属于第二十九类的奶制品制成的。冰淇淋中加入了属于第三十类成分的糖，并将乳制品的成分转化为完全不同的食品，这说明将冰淇淋归入第三十类而非第二十九类是合理的。

食用油和油脂

第二十九类的最后一项是“食用油和油脂”。这个条目也几乎没有分类问题。所有“食用油”（基础编号：290032）、“黄油”（基础编号：290008）和“食用油脂”（基础编号：290005）都属于第二十九类。可以肯定的是，这个规则不存在例外，这也是分类体系中为数不多可以被称为规则（rule）的准则（guideline）。

B. 注释

第二十九类主要包括为食用目的而预制或腌制的动物性食品、蔬菜和其他园艺产品。

本注释开头的表述对于理解第二十九类并无太大帮助，它只是表明本类主要包括动物性食品以及“为食用目的而预制或腌制的”产品。这种笼统的解释非常宽泛，并且非常模糊。为了能更好地了解属于第二十九类的商品，应当参见类目和注释中的其他内容。

本类尤其包括：

- 奶饮料（以奶为主）。

“奶饮料（以奶为主）”（基础编号：290072）是一个单独的特定包含项。该项目有助于澄清什么商品属于本类，以及说明第二十九类的饮料和第三十类的饮料之间存在的差别。这个包含项表明了以奶为主要成分的饮料属于第二十九类。第二十九类的这个包含项通过对此予以明确，表明了含有奶但奶不是主要成分的饮料属于第二十九类之外的其他类别，这个类别通常是第三十类，但也并非总是第三十类。例如，根据本注释，以奶为主要成分的奶饮料（milk - based beverage）属于第二十九类，但“含牛奶的巧克力饮料”（基础编号：300085）属于第三十类。该分类是基于商品中的主要成分确定的。如果奶是主要成分，那么该项目就属于第二十九类；如果巧克力是主要成分，那么该项目就属于第三十类。

本类尤其包括：

- 供人食用的加工过的种子（非用作调味品的）。

《尼斯协定》对种子作出了明确区分。只有供人类食用，且不是用作调味品的种子才属于第二十九类。一些示例包括“加工过的葵花籽”（基础编号：290166）和“加工过的种子*”（基础编号：290171）。下一个第二十九类的条目包含一个星号，这是因为用作调味品的种子属于第三十类，而用于栽培的种子属于第三十一类。

本类尤其不包括：

- 某些植物类食品（参见按字母顺序排列的商品分类表）。

本条目在第二十九类和第三十类中都是排除项。第二十九类是加工水果和蔬菜的所属类别，这些商品显然都是植物类的。但其他植物类食品属于第三十类，例如，“咖啡”（基础编号：300026）、“茶*”（基础编号：300037）、“可可”（基础编号：300024）、“糖*”（基础编号：300069）、“米”（基础编号：300119）、“木薯淀粉”（基础编号：300127）、“西米”（基础编号：300121）、“谷粉*”（基础编号：300057）和“谷类制品”（基础编号：300034）。这些属于第三十类的商品全部是植物类的，所以《尼斯协定》的使用者在对植物类商品进行分类时应当保持谨慎。第二十九类仅仅包括水果和蔬菜。虽然都是植物，但这个特定排除项表明，水果和蔬菜之外的植物类食品属于第二十九类以外的其他类别。如前所述，第三十类在其中一个排除性注释中使用了相同的表述，表明不属于第三十类的植物类商品属于第二十九类。因为这两个食品类别中出现了平行排除的项目，所以建议读者参见关于植物类商品的字母顺序表，这些商品在第二十九类或第三十类中可能存在分类问题。

本类尤其不包括：

- 婴儿食品（第五类）；
- 医用营养食物和物质（第五类）。

特定排除项的以下两个项目曾在第五类的 A 部分中讨论过，即“婴儿食品”［基础编号：050298］和“医用营养食物和物质”（基础编号：050297 和 050350）。关于这些项目为何被第二十九类排除而被第五类收录的问题，可参见该部分的讨论。

本类尤其不包括：

- 膳食补充剂（第五类）。

这个特定排除项是在第10版字母顺序表中引入的，它显著澄清并简化了这一领域的商品。此前，为了将膳食补充剂纳入第五类，商品说明必须包含“医用”“兽医用”或“医用和兽医用”的表述。如果膳食补充剂未表明其具备第五类的用途，则应依据补充剂的性质将其归入第二十九类或第三十类。但是，膳食补充剂并不被视为包括餐食与点心在内的食物。膳食补充剂的本意是提高或补充人类或动物正常饮食的营养价值，所以属于第五类，无须任何更进一步的规定。可以对特定的补充剂予以特别标注，如“亚麻籽膳食补充剂”（基础编号：050421）和“亚麻籽油膳食补充剂”（基础编号：050422），也可以进行一般标注，如“矿物质食品补充剂”（基础编号：050382）。

本类尤其不包括：

- 加工过的种子（用作调味品的）（第三十类）。

如上所述，只有供人食用的加工过的种子（非用作调味品或调味料的）才属于第二十九类。这个特定排除项表明：“用作调味品的加工过的种子”（基础编号：300255）属于第三十类。字母顺序表中其他一些用作调味品的种子的示例有“烹饪用亚麻籽［调味品］”“烹饪用亚麻仁［调味料］”（基础编号均为300212）和“芝麻［调味品］”（基础编号：300256）。

本类尤其不包括：

- 色拉调味品（第三十类）。

因为“色拉调味品”（基础编号：300188）在第6版字母顺序表中从第二十九类转移至第三十类，所以该项目被纳入至特定排除项中。这种转移既是基于对第三十类的其他调味品作出的，如“蛋黄酱”（基础编号：300172）、“番茄酱［调味品］”（基础编号：300082）和“芥末”（基础编号：300101），也是依据将调味品合并至同一类别的逻辑作出的。有必要在第二十九类的特定排除项中提及此项目，让人们注意到这个长期属于第二十九类的项目已经被转移至第三十类。

本类尤其不包括：

- 待孵蛋（第三十一类）。

第二十九类明确排除了“孵化蛋（已受精）”（基础编号：310045），这是因为该项目可能会引起一些歧义。一些受精卵（fertilized egg）可供人食用，并可能属于第二十九类。但用“待孵”对该项目进行限定，就明确了该项目属于第三十一类。因为待孵化的受精卵是活体动物的初期形态，应当将其与其他活动物视为属于同一类别。

本类尤其不包括：

- 动物饲料（第三十一类）。

从鸟粮到农场动物食用的平衡谷物，所有动物食用的食物都属于第三十一类。当然，一般可供人类食用，但同时也可能被动物食用的食物仍然属于第二十九类（例如，用于饲养动物园中野生动物的生肉），除非明确规定食物是供动物食用的，那么任何专门供动物食用的食物都属于第三十一类。

本类尤其不包括：

- 活动物（第三十一类）。

第二十九类不包括活的动物。这种说法似乎是不言自明的，但动物有时是作为人类食用的食物、以活的状态出售的。但是这些“活动物”（基础编号：310006）不属于第二十九类。例如，龙虾通常是在活体状态下购买并带回家食用的；然而，“龙虾（活的）”（基础编号：310135）属于第三十一类，“龙虾（非活）”（基础编号：290057）属于第二十九类。此外还有一些贝类，例如，蛤蜊，它不仅可以在活体状态下出售，而且还可以生吃。但只有不是活体的“蛤（非活）”（基础编号：290132）才属于第二十九类。活的蛤蜊未被字母顺序表囊括在内，但字母顺序表包含了“贝壳类动物（活的）”（基础编号：310041），因此可以推定活的蛤蜊也属于第三十一类，因为它是一种活的贝壳类动物。

本类尤其不包括：

- 种植用种子。

这个特定排除项在字母顺序表中完成了对种子的分类。供人类食用的加工过的种子不属于第二十九类的调味品料，而经过加工后用作调味品的种子属于第三十类，只需要对“种植用种子”（基础编号：310068）进行分类指定，因为它不符合第二十九类和第三十类为种子设定的基本特性。基于本类的类目“未经加工的谷物和种子”，种植用种子属于第三十一类。

C. 补充评论

裹面糊的香肠

虽然“裹面糊的香肠”（基础编号：290153）似乎非常简单，但是该项目存在一个分类问题。面糊的主要成分属于第三十类，而香肠显然是属于第二十九类的经过加工的肉类。当属于第二十九类和第三十类的成分组合成某个单一的食品时，它的分类就会变得很困难。例如，虽然火腿、奶酪以及金枪鱼属于第二十九类，但是一旦将它们做成三明治，其所属类别就变成了第三十类。然而，裹面糊的香肠和其他属于第二十九类的、裹有面糊的类似项目一样，如“玉米热狗肠”（基础编号：290215）依然属于第二十九类，该项目仍主要是由第二十九类的商品构成。裹着的面糊不像三明治里的面包那么重要。面包是属于第三十类的食品，它是三明治中的主要元素，所以即使三明治（基础编号：300106）里面装满了属于第二十九类的商品，它也属于第三十类。但如果第二十九类的商品裹有由第三十类的成分制成的面糊，其仍属于第二十九类。

“白芝麻酱”（基础编号：290157）和“鹰嘴豆泥”（基础编号：290158）

白芝麻酱是一种由芝麻籽（种子）制成的糊状物。因为种子是蔬菜产品，所以任何由种子制成的糊状物都属于第二十九类。同样，因为鹰嘴豆泥是鹰嘴豆的糊状物，而鹰嘴豆是一种属于第二十九类的蔬菜，所以由鹰嘴豆制成的糊状物也属于第二十九类。

“腌制香草［调料］”（基础编号：300201）

“腌制香草”这个项目增加了方括号的注释“调料”。在《尼斯协定》早期版本中，腌制香草从第二十九类被转移至第三十类。该改变表明：虽然香草是植物，但它不是蔬菜或不作为蔬菜食用。相反，香草被少量地用于菜肴调味，或如第三十类注释所示，被用作“食品调味佐料”。由于加入了这一澄清，即这些香草是用来调味的，所以将其转移至第三十类是合情合理的。

D. 2017年《尼斯协定》第11版中发生的重大变化或增补

奶替代品

《尼斯协定》第11版明确了奶替代品和饮料的分类，这些奶替代品和饮料是由同一种食品制作的，但被作为饮料食用，而非奶替代品。现在第二十九类包括“米浆”（基础编号：290189）、“豆奶”（基础编号：290163）、“燕麦浆”（基础编号：290204）、“杏仁浆”（基础编号：290218）、“花生浆”（基础编号：290219）和“椰浆”（基础编号：290220）。还包括“以椰浆为主的饮料”（基础编号：290222）、“以杏仁浆为主的饮料”（基础编号：290224）和“以花生浆为主的饮料”（基础编号：290225），这些项目都被视为“奶饮料（以奶为主）”（基础编号：290072）。但“米制饮料（非奶替代品）”（基础编号：320055）和“大豆为主的饮料（非奶替代品）”（基础编号：320053）都属第三十二类。这些项目的所属类别取决于两点：一是它们自身的描述，二是对动物奶替代品、奶饮料（milk－based beverages）和其他由奶替代品的基本成分制成，但不是动物奶替代品的饮料之间区别的理解。

香肠肠衣

《尼斯协定》第11版将制香肠肠衣从第十八类转移至第二十九类。香肠肠衣最初之所以属于第十八类，可能是因为它与皮革和毛皮之间的关系。但是它唯一的用途是制造第二十九类的食品。条目的表述随着类别的转移发生了改变。如今，该项目在第二十九类中被表述为“天然或人造的香肠肠衣”，基础编号为290226。

“加工过的甜玉米粒”（基础编号：290211）

将加工过的甜玉米粒纳入《尼斯协定》第11版的字母顺序表中意义重大，因为玉米是一种谷物，它与其他加工谷物都属于第三十类，如“碾碎的大麦”（基础编号：300105）、“米”（基础编号：300119）和“粗燕麦粉”（基础编号：300142）。然而，专家委员会发现，因为玉米是作为蔬菜食用和使用，所以将玉米与其他蔬菜一起归入第二十九类更为合理。“未加工的甜玉米棒［剥皮的或未剥皮的］”（基础编号：310164）属于第三十一类，所有未经加工的，或未经处理的水果、蔬菜和谷物也属于第三十一类。

第三十类

正式文本

类目

咖啡，茶，可可和咖啡代用品；

米；

食用淀粉和西米；

面粉和谷类制品；

面包、糕点和甜食；

食用冰；

糖，蜂蜜，糖浆；

鲜酵母，发酵粉；

食盐；

芥末；

醋，沙司（调味品）；

香辛料；

冰（冻结的水）。

注释

第三十类主要包括为食用目的而预制或腌制的植物性食品，以及食品调味佐料。

本类尤其包括：

- 以咖啡、可可、巧克力或茶为主的饮料；
- 供人食用的加工过的谷物（如燕麦片或其他谷物）。

本类尤其不包括：

- 某些植物性食品（参见按字母顺序排列的商品分类表）；

- 非食品用防腐盐（第一类）；
- 药茶和医用营养食物和物质（第五类）；
- 婴儿食品（第五类）；
- 膳食补充剂（第五类）；
- 药用酵母（第五类），动物食用酵母（第三十一类）；
- 未加工的谷物（第三十一类）；
- 动物饲料（第三十一类）。

释义

为了最大限度地简化第三十类的商品分类，可以说任何未归入第二十九类的加工食品均属于第三十类。

A. 类目

咖啡、茶、可可和咖啡代用品；米；食用淀粉和西米

如本类注释所言，这七个项目都是“植物性食品”（西米是由西米棕榈仁制成的粉末，可作为食品淀粉使用）。然而，它们不被视为水果和蔬菜，所以不属于第二十九类。这些产品被纳入类目之后就成了第三十类的项目，如“巧克力饮料”（基础编号：300151）、“加奶巧克力饮料”（基础编号：300085）和“咖啡饮料和可可饮料”（基础编号分别为300149和300150）。

面粉和谷类制品；面包、糕点和甜食

第三十类类目中的下一组商品是“面粉和谷类制品”和“面包、糕点和甜食”。这些项目为将其他各种商品纳入第三十类提供了可能。依据类目的表述，几乎所有的烘焙产品、“冰糖*”（基础编号：300153）、“意式面食”（基础编号：300003）、“冰淇淋”（基础编号：300046）、“馅饼（点心）”（基础编号：300104）和其他以谷物为基础的产品都属于第三十类。从类目中另一组商品所列出的“糖”（基础编号：300069）到这一组的其他商品，本类容纳了大多数的甜品和糖果。

然而，水果甜点的分类可能会存在一些混淆。水果馅饼属于第三十类，但用于制作馅饼的水果罐头属于第二十九类。出现这种异常的原因已在前文第二十九类的讨论中进行了介绍，该讨论也同样适用于水果馅饼与水果罐头的例子：当属于第三十类的项目被添加至第二十九类的食物中，并且第二十九类食物的性质因此发生了改变，则该产品属于第三十类。

食用冰

“食用冰”（基础编号：300136）可以像冰淇淋或其他冷冻甜点一样食用。虽然食用冰通常是水果味的，但类目中的项目表明，即使水果是食用冰成品的重要组成部分，食用冰还是属于第三十类。

糖，蜂蜜，糖浆

类目中的这些条目适用起来非常简单，这些产品的性质和分类几乎不存在问题。这些项目是用来调味或制作其他食品的配料。与这些产品存在关联的其他商品也属于第三十类，例如，“黄色糖浆”（基础编号：300096）、“食品用糖蜜”（基础编号：300095）、“蜂胶*”（基础编号：300166）和“蜂王浆*”（基础编号：300168）。值得注意的是，蜂胶和蜂王浆最常见的用途是供人食用的；但这些项目在字母顺序表的条目中包含星号，所以如果将这些项目用于其他用途，则可将它们归于其他类别。这些产品最常见的其他用途是食用或药用，即“药用蜂王浆”（基础编号：050316）和“药用蜂胶”（基础编号：050426），如果这些商品是用于这些目的之一，那么显然属于第五类。

鲜酵母，发酵粉

“酵母*”（基础编号：300087）和“泡打粉”（基础编号：300199）在逻辑上属于第三十类，因为它们与许多本类目中的其他项目关系密切，如“糖*”（基础编号：300069）、“谷粉*”（基础编号：300057）和“面包”（基础编号：300093），所以也没有理由将酵母包含在第二十九类中。需要注意的是，另一种常用的烘焙材料——小苏打，即碳酸氢钠，如果被用作化学用途则属于第一类，即“化学用小苏打”（基础编号：010578）；如果被用于药用用途则属于第五类，即“药用小苏打”（基础编号：050304）；如果被用于烹饪或烘焙则属于第三十类，即“苏打粉［烹饪用小苏打］”（基础编号：300200）。酵母的条目包含星号，这是因为在后文的注释中，除第三十类以外还存在其他包含酵母的类别。

食盐；芥末；醋，沙司（调味品）；香辛料

接下来的几个项目可以组合在一起进行讨论。“食盐”（基础编号：

300049)、“芥末”（基础编号：300101)、“醋”（基础编号：300081)、“沙司［调味品］”（基础编号：300122）和“香辛料”（基础编号：300054)，所有这些项目都包括在注释的表述范围之内，即“食品调味佐料”。这些特定的项目将在食品制作中使用的调味佐料和香精（精油除外，属于第三类）归入第三十类。此外，常见的调味品还有“芥末”（基础编号：300101)、“佐料（调味品)”（基础编号：300167)、“番茄酱［调味品］”（基础编号：300082）和“蛋黄酱”（基础编号：300172)，这些项目都被合并到本类中。

“番茄调味酱”（基础编号：300171）被特别列于字母顺序表中，属于第三十类，以避免被作为蔬菜产品与其他西红柿一起被归入第二十九类，如“烹调用番茄汁”（基础编号：290110)、“番茄泥”（基础编号：290101）以及番茄罐头，这些项目都属于第二十九类。

冰（冻结的水）

本类目的最后一个项目“冰”是指“冰冻水”。因为冰淇淋和食用冰也属于第三十类，所以没有比第三十类更适合这个项目的类别了。冰在字母顺序表中的项目包括“天然或人造冰”（基础编号：300075）和“冰块（加入饮料用的)”（基础编号：300254)。

B. 注释

第三十类主要包括为食用目的而预制或腌制的植物性食品，以及食品调味佐料。

本类尤其包括：

- 以咖啡、可可、巧克力或茶为主的饮料。

本注释特别列出了以咖啡、可可、巧克力或茶为主的饮料，以避免该项目与其他饮料一起被归入第二十九类，甚至是第三十二类。本注释标注了第三十类和第二十九类饮料之间的不同，即“奶饮料（以奶为主)”（基础编号：290072)。可以说，至少在第二十九类和第三十类中，饮料是依据其主要成分或基础进行分类的。因此以奶为主要成分的饮料属于第二十九类，因为奶本身就属于第二十九类，而以“咖啡”“可可”“巧克力”或“茶”为主要基础的饮料属于第三十类（基础编号分别为300149、300150、300151、300187)，这是因为“咖啡”（基础编号：300026)、“可可”（基础编号：300024)、“巧克力”（基础编号：300038）和“茶*”（基础编号：300037）都属于第三十类。

本类尤其包括：

- 供人食用的加工过的谷物（如燕麦片或其他谷物）。

本注释明确了用于“早餐”的谷类食品在第三十类中的分类。类目所指的是“食用谷物”，但这种说法可以理解为只包括经过精加工的谷物成品，而不包括诸如“燕麦片”（基础编号：300145）、“即食玉米片”（基础编号：300043）或麸片这样的简单商品。基于下文在第三十类中所讨论的关于某些植物性食品的排除项注释，这些谷物产品可以属于第二十九类。当然，这些食用谷物产品是来源于植物的，很容易组成第三十类中特定排除项列出的产品，但注释中的这个特定包含项消除了对这些商品分类的疑问。

本类尤其不包括：

- 某些植物类食品（参见按字母顺序排列的商品分类表）。

第二十九类中有一些项目显然属于符合第三十类注释的内容，很容易被视为“为食用目的制作或腌制的植物性食品”。例如，第二十九类的类目“腌渍、冷冻、干制及煮熟的水果和蔬菜；果冻，果酱，蜜饯”无疑可以被第三十类的注释所涵盖。这个特定排除项要求参见字母顺序表中有关“植物性”的商品，以确定果酱、果冻、腌制水果和腌制蔬菜是否属于第二十九类，或是否像“米”（基础编号：300119）、“谷粉*”（基础编号：300057）和“糖*”（基础编号：300069）一样属于第三十类。此外还应注意，第二十九类存在一些与其排除性注释相同的表述，表明植物性商品不属于第二十九类而属于第三十类。因为这两个食物类别出现了平行排除，因此，对于那些在第二十九类和第三十类中的分类可能存在问题的植物性商品，最好参见字母顺序表。

本类尤其不包括：

- 非食品用防腐盐（第一类）。

“食品用防腐盐”（基础编号：300014）属于第三十类，但“非食品用防腐盐”（基础编号：010003）属于第一类。尽管将该项目从第三十类中予以排除是有意义的，但是将其归入第一类并不合理。本注释还指出，第三十类只包括食用盐，其他食盐产品必须属于其他类别，最常见的是第一类。

本类尤其不包括：

- 药茶和医用营养食物和物质（第五类）；
- 婴儿食品（第五类）。

与这些项目类似的排除项已经在前文第二十九类中讨论过了。需要注意的是，“药茶”（基础编号：050149）是第三十类的特定排除项，这是为了避免这些商品与“茶*”（基础编号：300037）一同出现在本类中。第三十类排除这些商品的原因与第二十九类相同。第五类对药茶和医用营养食物、物质与婴儿食品的分类区别进行了讨论。

本类尤其不包括：

- 膳食补充剂（第五类）。

这一特定排除项标志着对该领域商品的重大澄清和简化。

此前，为了将膳食补充剂纳入第五类，商品说明必须包含“医用”“兽医用”或“医用和兽医用”的表述。如果膳食补充剂未表明其具备第五类的用途，则应依据补充剂的性质将其归入第二十九类或第三十类。但是，膳食补充剂被认为不是包括餐食与点心在内的食物。膳食补充剂的本意是提高或补充人类或动物正常饮食的营养价值，所以属于第五类，无须任何更进一步的规定。可以对特定的补充剂予以特别标注，如“亚麻籽膳食补充剂”（基础编号：050421）和“亚麻籽油膳食补充剂”（基础编号：050422），也可以进行一般标注，如“矿物质食品补充剂”（基础编号：050382）。

本类尤其不包括：

- 药用酵母（第五类），动物食用酵母（第三十一类）。

如前所述，以其他形式存在、用途不同的酵母不属于第三十类。“药用酵母”（基础编号：050194）和“酵母膳食补充剂”（基础编号：050424）属于第五类，而“动物食用酵母”（基础编号：310077）属于第三十一类。

本类尤其不包括：

- 未加工的谷物（第三十一类）。

第三十类的注释将“未加工的谷物”排除在外，并指出该项目属于第三十一类。从第三十一类的讨论中可以看出，这个定义是准确的。但第三十一类也指出，有时很难确定食品什么时候是未加工的而属于第三十一类；而什么时候又因为经过一定程度的加工属于第二十九类或第三十类。谷物一旦变为可供人食用的形式，则不再属于第三十一类，属于第三十一类的只有“未加工的谷物”。

本类尤其不包括：

- 动物饲料（第三十一类）。

可以理解的是，动物饲料也被第三十类所排除。该项目被第二十九类排除的解释在此处也同样适用，任何经过特别配置以供动物食用的饲料都属于第三十一类。

C. 补充评论

调味品

不论调味品最终被用于调制何种食物或饮料，不属于香精油的调味品都属于第三十类。一般而言，字母顺序表中的第三十类特别列出了“除香精油外的饮料用调味品”、“除香精油外的蛋糕用调味品”（基础编号分别为300141和300070）和“除香精油外的食物用调味品”（基础编号：300140）。值得注意的是，“除香精油外的烟草用调味品”（基础编号：340042）和“除香精油外的电子香烟用调味品”（基础编号：340043）和其他烟草产品一样属于第三十四类。但因为这些调味品既不是精油，也不用于给食物或饮料调味，所以这种分类是有意义的。

“非医用浸液”（基础编号：300009）

字母顺序表中的这个条目涉及由草药、水果或花制成的，类似于茶的饮料。因为“药用草药茶”（基础编号：050240）被列于字母顺序表中，属于第五类，所以本条目表明，由传统的“茶*”（基础编号：300037）之外的其他材料制作的浸液，如果不是用于医疗目的则属于第三十类。

墨西哥式夹饼和墨西哥式薄饼

毫无疑问，“墨西哥式夹饼”（基础编号：300184）和“墨西哥式薄饼”（基础编号：300185）属于第三十类，因为它们是以玉米为基础的产品。作为谷物的玉米及其衍生产品都属于第三十类［参见第二十九类中关于“加工过的甜玉米粒”（基础编号：290211）的讨论］。将这些商品列入字母顺序表，是另一个引入源于美洲文化项目的重要示例。

塔博勒色拉❶

字母顺序表纳入了“塔博勒色拉”（基础编号：300190），这是因为该项目的分类可能存在问题。塔博勒色拉主要由碾碎的干小麦制成，是一种谷物，一般属于第三十类。但该项目的成品中也含有大量的欧芹，作为蔬菜产品，欧芹属于第二十九类。由于谷物在该项目中占比很大，所以将其归入第三十类而非第二十九类是合理的。

哈发糕

虽然“白芝麻酱”（基础编号：290157）是一种由芝麻制成的糊，属于第二十九类，但另一种芝麻制成的产品“哈发糕”（基础编号：300191）却属于第三十类。哈发糕是一种高甜度的糖果，与其他高甜度产品一样属于第三十类。因为哈发糕是由属于第二十九类的一个重要成分制作的，所以将哈发糕包括在第三十类中非常重要，从而避免这种由芝麻制成的糖果被错误分类。

乳蛋饼

作为另一种结合了第二十九类和第三十类商品的项目，需要对“乳蛋饼”

---

❶ 一种由碾碎的干小麦、韭菜、西红柿、薄荷和欧芹制成的黎巴嫩色拉。

（基础编号：300192）的分类进行说明。乳蛋饼类似于“馅饼（点心）”（基础编号：300104），明确属于第三十类。但乳蛋饼的馅料主要是由第二十九类的项目构成，例如，鸡蛋、培根、菠菜和奶酪，并且不是甜的。正是凭借乳蛋饼与馅饼之间的相似性，才最终确定了乳蛋饼属于第三十类。

“豆酱［调味品］”（基础编号：300194）

虽然本项目的基本组成部分属于第二十九类，即经过加工的大豆，但字母顺序表还是将其纳入第三十类中。然而，基于第三十类注释的表述，因为豆酱是被当作“食品调味佐料”使用的，它是一种调味品，所以属于第三十类。

第三十一类

正式文本

类目

未加工的农业、水产养殖业、园艺、林业产品；

未加工的谷物和种子；

新鲜水果和蔬菜，新鲜芳香草本植物；

草木和花卉；

种植用球茎、幼苗和种子；

活动物；

动物的饮食；

麦芽。

注释

第三十一类主要包括没有经过任何为了食用目的处理的田地产物和海产品、活动物和植物，以及动物饲料。

本类尤其包括：

- 未加工的谷物；
- 植物残体；
- 未加工的藻类；
- 未切锯木材；
- 待孵蛋；
- 新鲜蘑菇和块菌；
- 动物用便溺垫物，例如，香砂，宠物用砂纸。

本类尤其不包括：

- 微生物培养物和医用水蛭（第五类）；

- 动物用膳食补充剂和含药物的饲料（第五类）；
- 半成品木材（第十九类）；
- 人造鱼饵（第二十八类）*；
- 米（第三十类）；
- 烟草（第三十四类）。

释义

此类延续了从第二十九类开始的“食物链”，尽管它也包括一些非食品类的项目。

A. 类目

未加工的农业、水产养殖业、园艺、林业产品

本类目起始于农业、水产养殖业、园艺和林业产品。因为还存在另一个包括活动物的类别，所以这个类目包含的是未加工的农业、水产养殖业、园艺、林业产品。本类目是将“干椰肉”（基础编号 310040）、“果渣”（基础编号：310086）、“棕榈叶［棕榈树叶］”（基础编号：310100）、“花粉［原材料］”（基础编号：310057）、“未加工软木”（基础编号：310078）和“未切锯木材”（基础编号：310017）等项目纳入第三十一类的基础。

未加工的谷物和种子

这个类目非常广泛，包括了“谷［谷类］”（基础编号：310066）和“植物种子”（基础编号：310068）。可以结合注释，理解这些项目属于第三十一类的原因，注释的部分表述包括：“主要包括没有经过任何为了食用目的处理的田地产物和海产品，活动物和植物，以及动物饲料。”因此，第三十一类的谷物和种子是未加工的产品，比如“燕麦”（基础编号：310012）、“小麦”（基础编号：310061）、“未加工的食用亚麻籽”（基础编号：310160）和“未加工谷种”（基础编号：310023）。在大多数情况下，任何程度的加工都会使得这些谷物被转移至第三十类［参见“燕麦片”（基础编号：300145）、“面粉”（基础编号：300063）和“烹饪用亚麻籽［调味品］”（基础编号：300212）］。

---

* 作者未对该类进行释义。——编辑注

新鲜水果和蔬菜，新鲜芳香草本植物

这个项目非常简单明确。但存在一个问题，即新鲜水果、蔬菜和草药被加工到什么程度才属于第二十九类，而非第三十一类。要解决这一问题，首先应当研究一些简单的示例。一般来说，只要将水果、蔬菜或草药从其植株上采摘下来，没有后续的加工，那么该项目就属于第三十一类。

但从地里采摘下来的莴苣看起来并不像最终在杂货店里购买的莴苣，因为商店里的莴苣已经洗掉了污渍，外层坚硬的叶片被去除，莴苣也有可能被放置在一个塑料袋里。这种程度的处理不会将莴苣从第三十一类中排除，莴苣仍然是一种新鲜的蔬菜，它的总体状态和被采摘时是相同的。但如果把莴苣切碎，并密封在一个袋子里，准备作为沙拉的配料使用，它就很可能会类似于“蔬菜色拉”（基础编号：290102），变为属于第二十九类的食品，加工的程度能改变蔬菜的性质，所以莴苣不能再被认为是“未加工的”了。这一区别类似于第二十九类和第三十类商品之间的区别，其中第三十类的成分改变了第二十九类产品的性质，导致商品分类从第二十九类变为第三十类。

草木和花卉；种植用球茎、幼苗和种子

这两个条目可以一起讨论，因为它们关系非常紧密。在此处，对于哪些产品属于第三十一类的问题应该不会存在争议。所有正在生长或曾经生长的事物，例如，“圣诞树”（基础编号：310009）和“装饰用干花”（基础编号：310056）都属于第三十一类。这些生长物的“种植用种子”（基础编号：310068）、“花卉球茎”（基础编号：310091）或“籽苗”（基础编号：310072）也属于第三十一类。值得注意的是，第三十一类的种子是种植用种子，如果打算供人食用，那么必须是完全未加工的种子。加工过的种子属于第二十九类，例如“加工过的葵花籽”（基础编号：290166）。供动物食用的加工过的种子属于第三十一类。因此，加工过和未加工的种子之间的界限在动物饲料中变得不那么重要，因为无论加工的程度有多大，种子都属于第三十一类。

活动物

“活动物”（基础编号：310006）这个条目非常明确。几乎所有活的动物、鸟、鱼等都属于第三十一类，所以“孵化蛋（已受精）”（基础编号：310045）也属于第三十一类。正如前文第二十九类所解释的那样，活生物的初始阶段存在于受精卵中，其目的是发育成那个活生物。本类还包括活的食用的或活体状态下出售、以供烹调的活的动物，比如“牡蛎（活的）”（基础编号：310137）、“贻贝（活的）”（基础编号：310136）和“龙虾（活的）”（基础编号：310135）。

动物的饮食

只要不用于医疗目的，任何一种动物营养品都属于本类。与供人食用的食品一样，如果该食品或饮料是专门为治疗或治愈某种特定的症状而配制的，那么必须将其归入第五类，并在注释中指明其特殊用途。除此之外，从“鸟食”（基础编号：310035）和“宠物饮料”（基础编号：310142），到“牲畜饲料”（基础编号：310060）和“干草”（基础编号：310058），所有供宠物食用的食品和饮料都属于第三十一类。

麦芽

虽然类目中包括“麦芽”，但只有“酿酒麦芽”（基础编号：310084）作为字母顺序表的一个特定项目被第三十一类包含在内。其他麦芽产品都属于第三十类，如“食用麦芽膏”（基础编号：300164）和“人食用麦芽”（基础编号：300165）。所以，麦芽只有在作为酿造和蒸馏过程中使用的原料时才属于第三十一类。

B. 注释

第三十一类主要包括没有经过任何为了食用目的处理的田地产物和海产品，活动物和植物，以及动物饲料。

本类尤其包括：

- 未加工的谷物。

本注释在前文第三十类的部分，以及第三十一类类目的第一个条目中已经讨论过了。未加工的谷物属于第三十一类，必须将其与之前讨论过的、属于第三十类的经过加工的谷物予以区别。

本类尤其包括：

- 植物残体。

植物残体是一个不寻常的项目，指的是在收成后留在田里的植物，也可以指葡萄或橄榄在榨汁或榨油后留下的固体残渣。植物残体包括水果的果皮、果肉、种子和茎，其中含有很多营养物质，这也是为什么植物残渣可以被作为一种有效的动物饲料使用。植物残渣属于第三十一类，因为它可作为“动物食品”（基础编号：310007）使用。在字母顺序表中，对应所有植物残体的条目只有“水果渣”（基础编号：310086）和“蒸馏后蒸馏器中的残留物”（基础编号：310022），这两个项目都属于第三十一类。

本类尤其包括：

- *未加工的藻类。*

未加工的藻类可供人或动物食用，所以将其归入第三十一类是合理的。字母顺序表中的条目将其简单表述为：“人或动物食用的未加工海藻”（基础编号：310003）。虽然藻类具备一些动物的特性，但它一般被视为一种植物。但不管藻类是动物还是植物，它在未经过加工时都属于第三十一类。

本类尤其包括：

- *未切锯木材。*

未切锯木材属于第三十一类。字母顺序表的条目“未加工木材”（基础编号：310019）和“未切锯木材”（基础编号：310017）反映了该产品。但“半成品木材”（基础编号：190026）属于第十九类，因为该项目会被视为一种非金属建筑材料。新砍下的树属于第三十一类，但如果它被切割为木板，那么无论其完成度有多高，该木材都是半成品木材，属于第十九类。

本类尤其包括：

- *待孵蛋。*

如前述，“待孵蛋”（基础编号：310045）属于第三十一类，因为该项目是活体动物的初始形态，并且该项目与可供食用的受精卵也存在不同。

本类尤其包括：

- *新鲜蘑菇和块菌。*

蘑菇和块菌虽然是真菌的一种，但它们是类似于水果和蔬菜的农产品，所以在新鲜或未加工的状态下，蘑菇和块菌属于第三十一类。字母顺序表将“新鲜蘑菇”（基础编号：310024）、“新鲜块菌”（基础编号：310121）以及其他新鲜或未经加工的食品包括在内，也明确支持了这一点。而“腌制蘑菇”（基础编号：290120）和“腌制块菌”（基础编号：290113）与其他腌制或经过加工的水果或蔬菜一起被归入第二十九类中。

本类尤其包括：

- *动物用便溺垫物，例如，香砂，宠物用砂纸。*

这是类目中一个重要的特定包含项。许多产品（包括砂）都可以用于制作便溺垫物。但在没有明确特定用途时，砂属于第十九类，如“砂（铸造砂除外）”（基础编号：190166）。本类目明确了不管是松散的，还是粘在纸上的动物用便溺垫物都属于第三十一类。由其他材料制作的便溺垫物也属于第三十一类，如“动物栖息用泥炭”（基础编号：310081）和“动物垫窝用干稻草”（基础编号：310098）。

本类尤其不包括：

- 微生物培养物和医用水蛭（第五类）。

这是将活动物列入第三十一类的唯一例外。微生物培养物和医用水蛭指的是用于医疗（第五类）目的的微生物和其他类似的简单生物。虽然这些生物可以被称为“活动物”，但其适用是高度专业化的，并且不同于活动物的一般用途，所以是作为在特定领域使用的非生物予以分类。

本类尤其不包括：

- 动物用膳食补充剂和含药物的饲料（第五类）。

从某种意义上说，“动物用膳食补充剂”（基础编号：050419）和“含药物的饲料”（基础编号：050445）被认为不是主要构成动物营养物质的食品。正如其名称所示，膳食补充剂意味着增加或补充正常饮食的营养价值。含有药物的动物饲料也非常明确：它是动物饲料，其中含有重要的药物成分。所以，动物用膳食补充剂和含药物的饲料属于第五类而非第三十一类，不需要再进一步说明。

本类尤其不包括：

- 半成品木材（第十九类）。

这个排除项已经在前述第三十一类特别包含的对应项“未切锯木材”中讨论过了。木材必须经过一定程度的加工，才能从第三十一类转移至第十九类。“未加工木材”（基础编号：310019）、“未切锯木材”（基础编号：310017）和“制木浆的木片”（基础编号：310018）属于第三十一类，而“木板条”（基础编号：190035）、“铺地木材”（基础编号：190032）和“半成品木材”（基础编号：190026）属于第十九类。

本类尤其不包括：

- 米（第三十类）。

特定排除项还提到了“米”（基础编号：300119），正如类目所言，米属于第三十类。米是一种谷物，所以很容易被归入第三十一类。但是米最重要的功能是作为食物供人食用，所以被作为食物产品而属于第三十类。当然，将米包含在第三十类中需要一定程度的加工，未经加工的米属于第三十一类。

本类尤其不包括：

- 烟草（第三十四类）。

这个特定排除项表明，即使“烟草”（基础编号：340003）是一种农产品，但它仍然属于第三十四类。烟草极具重要性，所以它有自己所独有的类别。因为烟草是不能供人食用的农产品，如果没有第三十四类的存在，烟草将会属于第三十一类。

C. 补充评论

未加工软木

“未加工软木”（基础编号：310078）是天然产品的一个示例，当处于未加工或半加工状态时，未加工软木属于第三十一类，但当其成为成品时则属于其他类别。软木产品的成品属于第二十类，包括“软木瓶塞”（基础编号：200029）、软木片和其他形式的成品。片状软木或其他成品的原材料属于第三十一类。同样，“未加工树皮”（基础编号：310139）属于第三十一类，而完成度更高的“药用树皮”（基础编号：050132）属于第五类。

第三十二类

正式文本

类目

啤酒；

矿泉水和汽水以及其他不含酒精的饮料；

水果饮料及果汁；

糖浆及其他制饮料用的制剂。

注释

第三十二类主要包括不含酒精的饮料及啤酒。

本类尤其包括：

- 无酒精饮料。

本类尤其不包括：

- 医用饮料（第五类）；
- 奶饮料（以奶为主）（第二十九类）；
- 以咖啡、可可、巧克力或茶为主的饮料（第三十类）。

释义

A. 类目

啤酒

本类目中唯一存在问题的是第一个项目，即“啤酒”（基础编号：320002）。啤酒里虽然含有酒精，但却与“无酒精饮料”（基础编号：320031）

一同属于第三十二类。啤酒之所以属于第三十二类，是因为它经常被作为本类其他软饮料的替代品饮用。通常来说，第三十三类是含酒精的饮料的所属类别，啤酒的酒精含量比第三十三类的大多数饮料更低。但需要注意的是，啤酒属于第三十二类并非是因为其酒精含量低，而是因为啤酒是作为软饮料的替代品而被归于此类的。

矿泉水和汽水以及其他不含酒精的饮料；水果饮料及果汁

“矿泉水和汽水以及其他不含酒精的饮料；水果饮料及果汁”，这几个项目几乎不存在问题。这些项目是非常明确的，包含了本类中的大部分商品。类目中的包含项“无酒精果汁饮料”（基础编号：320006）和“果汁”（基础编号：320010）避免了将这些商品与其他水果产品一起被归入第二十九类。一些属于第二十九类和第三十类的饮料可能会与属于第三十二类的饮料产生混淆。注释突出强调了这些商品，下文对此也进行了讨论。

糖浆及其他制饮料用的制剂

这个类目是“糖浆及其他制饮料用的制剂”。该产品应该很少出现分类问题，但应将“制饮料用糖浆”（基础编号：320011）与属于其他类别、用于其他目的的糖浆进行区分。一般而言，即使是以水果为基底，这些其他糖浆也属于第三十类，因为它们含糖量很高，并且是与第三十类的其他商品结合在一起使用的，如“冰淇淋”（基础编号：300046）。这些其他糖浆被认为是食品和制饮料用的制剂。如果糖浆的主要目的是制作饮料，那就必须将其归入第三十二类。可以同时用于两种用途的糖浆可能属于第三十类或第三十二类，条件是必须明确每个类别的特性，即用作甜品配料的糖浆属于第三十类，而用于制作饮料的糖浆属于第三十二类。值得注意的是，即使被用于制作含酒精的饮料，其他糖浆或提取物也属于第三十二类，如“制啤酒用蛇麻子汁”（基础编号：320021）和“烈性酒配料”（基础编号：320024）。这些商品属于第三十二类非常合适，因为它们即使被用于生产酒精饮料，也不包含任何酒精。

B. 注释

第三十二类主要包括不含酒精的饮料及啤酒。

本类尤其包括：

- 无酒精饮料。

第三十二类包含了无酒精饮料。这些饮料原本含有酒精成分，但在后续的加工过程中将酒精去除了，这一点不同于不含酒精的饮料，后者的成分中从未包含过酒精。如果含有传统意义上的酒精，这些产品的生产商往往不允许使用该产品被大众所熟知的名称。这是国家法律的规定，也是基于商业诚信的考量。基于定义可知，“啤酒”（基础编号：320002）含有酒精，除非它是一个特定的项目，反之包含了少量的酒精，不会被认为是酒精饮料，而是一种“软”饮料，例如，桦木啤酒或“姜汁啤酒”（基础编号：320003）。另外，在这种情况下，低酒精饮料不应属于第三十二类（啤酒除外）。

本类尤其不包括：

- 医用饮料（第五类）。

将医用饮料从第三十二类排除的理由，与将医用食品列入第五类并排除在第二十九类和第三十类之外的理由相同。需要强调的是，依据医疗专业人士的指示，被用于治疗或治愈某一特定症状的食品或饮料属于第五类。应当指明这种特殊用途，以避免产生混淆，或被错误地归入第二十九类、第三十类、第三十二类，又或者在涉及动物食品的情况下被错误地归入第三十一类。值得注意的是，“等渗饮料”（基础编号：320045）属于第三十二类，虽然该项目富含矿物质，可以在剧烈运动后帮助身体恢复，但不能说明该项目能够治疗或治愈某种特定的疾病。因此，这些饮料的特定条目被纳入字母顺序表中，属于第三十二类。

本类尤其不包括：

- 奶饮料（以奶为主）（第二十九类）；
- 以咖啡、可可、巧克力或茶为主的饮料（第三十类）。

正如在第二十九类和第三十类注释中的特定包含项中所讨论的那样，奶饮料总是属于第二十九类。但“咖啡饮料”“可可饮料”“巧克力饮料”或“茶饮料”（基础编号分别为300149、300150、300151和300187）属于第三十类，这是因为“咖啡”（基础编号：300026）、“可可”（基础编号：300024）、“巧克力”（基础编号：300038）和“茶*”（基础编号：300037）都属于第三十类。所以，冰咖啡或“冰茶”（基础编号：300186），以及经过调味的茶饮料（如桃味冰茶）属于第三十类而非第三十二类，即使它们与大多数第三十二类中的其他饮料以相同的方式或目的饮用。

C. 补充评论

无酒精苹果酒

经过大量讨论后，“无酒精苹果酒”（基础编号：320047）被增补至第8

版第三十二类的字母顺序表中。这是《尼斯协定》适应美洲需求的另一个佳例。在北美洲，苹果酒通常是不含酒精的饮料，它仅仅是鲜榨的、未杀菌的苹果汁。但在欧洲，苹果酒一般是含有酒精的。事实上，“苹果酒”（基础编号：为330009）这个不合格的条目，多年以来一直存在于第三十三类的字母顺序表中。为了满足《尼斯协定》适应北美洲用户的需求，第三十二类限制地引入了苹果酒，即“无酒精”的苹果酒。

D. 2017年《尼斯协定》第11版中发生的重大变化或增补

奶替代品及相关饮料

《尼斯协定》第11版明确了奶替代品和其他饮料（由与奶替代品相同的食材制成，但不属于奶替代品）的分类。目前，第二十九类包括“米浆”（基础编号：290189）、“豆奶”（基础编号：290163）、“燕麦奶”（基础编号：290204）、“杏仁浆”（基础编号：290218）、“花生浆”（基础编号：290219）和“椰浆”（基础编号：290220），还包括“以椰浆为主的饮料”（基础编号：290222）、“以杏仁浆为主的饮料”（基础编号：290224）和“以花生浆为主的饮料”（基础编号：290225）。这些项目都被视为“奶饮料（以奶为主）”（基础编号：290072），但“米制饮料（非奶替代品）”（基础编号：320055）和“大豆为主的饮料（非奶替代品）”（基础编号：320053）属于第三十二类。这些项目的分类取决于，动物奶替代品、奶饮料和由奶替代品的成分所做成的饮料（但该饮料不是用该成分作为奶替代品）之间的描述和理解。

第三十三类

正式文本

类目

含酒精的饮料（啤酒除外）。

注释

本类尤其不包括：

- 医用饮料（第五类）；
- 无酒精饮料（第三十二类）。

释义

任何不属于第二十九类、第三十类、第三十二类的饮料或不属于第五类的医用饮料，都属于第三十三类。这就使得在食品和饮料的最后一类中，只剩下含酒精的饮料了。

A. 类目

含酒精的饮料（啤酒除外）

不管饮料中含有多少酒精，所有含酒精的饮料都属于第三十三类。这包括预混合的“鸡尾酒”（基础编号：330010）、“酒精饮料原汁”（基础编号：330024）和“果酒（含酒精）”（基础编号：330002）。

如果一种饮料含有酒精，并且不能作为“啤酒”（基础编号：320002）、“麦芽啤酒”（基础编号：320004）或其他一些啤酒类产品被大众所熟知的术语来分类，那么它就必须属于第三十三类。如前文所述，饮料的酒精含量并不能决定它是否因为酒精含量低而属于第三十二类，或因酒精含量高而属于第三十三类，分类是根据某种产品是属于第三十二类的啤酒产品，还是属于第三十三类的其他酒精产品作出的。

B. 注释

本类尤其不包括：

- 医用饮料（第五类）。

这个特定排除项曾在第三十二类中讨论过。将医用饮料从第三十二类排除的理由，与将医用食品列入第五类并排除在第二十九类和第三十类之外的理由相同。需要强调的是，依据医疗专业人士的指示，被用于治疗或治愈某一特定症状的食品或饮料属于第五类。应当指明这种特殊用途，以避免产生混淆，或被错误地归入第二十九类、第三十类、第三十二类，又或者在涉及动物食品的情况下，被错误地归于第三十一类。

本类尤其不包括：

- 无酒精饮料（第三十二类）。

第三十三类不包括无酒精饮料。这一点在第三十二类中也有过讨论。无酒精饮料原本是含有酒精的，但在随后的加工过程中将酒精去除了，然后向公众出售。所以，作为贸易中的货物，无酒精饮料不能被视为属于第三十三类中的含酒精的饮料。

C. 补充评论

苹果酒

在字母顺序表中，一个可能存在的混淆点是第三十三类中的项目“苹果酒”（基础编号：330009）。本条目是指含酒精的苹果酒产品。但正如前文第三十二类所指出的，该混淆在将“无酒精苹果酒”（基础编号：320047）归入第三十二类之后已经得到了澄清。

第三十四类

官方文本

类目

烟草；

烟具；

火柴。

注释

本类尤其包括：

- 烟草代用品（非医用的）。

本类尤其不包括：

- 医用无烟草香烟（第五类）。

释义

商品的最后一个类别并不是特别难区分的类别。该类别是高度专业化的，包含了一些除了在这个领域使用外，还可以属于其他类别的商品。

但需要注意的是，贵金属商品分类的变化影响了第三十四类的商品（如果商品并非由贵金属制作，则按照其功能进行分类）。许多第三十四类的项目受到了这种影响。目前属于第三十四类的商品不再需要讨论其材料成分是什么，即使是由贵金属制成的也不再属于第十四类。一些示例包括“烟灰缸”（基础编号：340036）、“雪茄烟盒”（基础编号：340015）和“雪茄烟嘴”（基础编号：340017）。所有这些项目都属于第三十四类，无须考虑它们的组成材料是什么。

A. 类目

烟草

这个类目明显包括“烟草”（基础编号：340003）和烟草制品，即“香烟”（基础编号：340020）、“雪茄”（基础编号：340013）、“烟草”（基础编号：340003）和“鼻烟”（基础编号：340033）。可以确定，所有烟草和烟草制品都属于第三十四类。需要注意的是，烟草并不会作为未加工的园艺产品或农产品而属于第三十一类。这可能存在两个原因。第一，烟草种植者通常要对烟草进行干燥和加工。在以某种方式加工前，烟草不会被当作贸易中的商品，因此，在进入公共市场之前，烟草基本上已经经过处理。这也导致了将烟草归入第三十四类的第二个原因。烟草一旦经过加工就不能像人食用食品那样供人食用了，所以烟草不属于任何食品的所属类别。第二，种植烟草不是为了装饰，即属于第三十一类的其他植物的用途，同时，也不存在将烟草归入第二十九类、第三十类、第三十一类的理由。因此，所有形式的烟草都属于第三十四类。

烟具

本类还包括那些与烟草和烟草制品关系密切的项目，例如，“烟斗”（基础编号：340009）、“香烟烟嘴”（基础编号：340022）和“烟斗通条”（基础编号：340026）。与烟草制品有关的项目也可以属于其他类别，如“小本卷烟纸”（基础编号：340010）可以属于第十六类，“雪茄切刀”（基础编号：340014）可以属于第八类，“烟斗搁架”（基础编号：340030）可以属于第二十类，“烟草罐”（基础编号：340032）可以属于第二十一类。但这些项目都是属于第三十四类的商品。这些产品为了与属于第三十四类的项目（烟草）一起使用的高度专业的产品区分，保险的做法是，将专门用于烟草和烟草制品使用的商品一起归入第三十四类。

火柴

第三十四类的类目单独列出了“火柴”（基础编号：340001），这是因为火柴本质上是可以引起燃烧的物品，很可能被错误地归入第十三类。但正如第十三类注释所言，火柴与烟草和烟草制品密切相关，所以属于第三十四类。

B. 注释

本类尤其包括：

- 烟草代用品（非医用的）。

除了烟草本身外，烟草代用品也属于第三十四类。字母顺序表包括了条目“非医用含烟草代用品的香烟”（基础编号：340019），还提到了第三十四类的“烟用草本植物”（基础编号：340028）。这一特定包含项不仅对烟草代用品制成的成品香烟属于第三十四类作出了澄清，还明确了烟草代用品本身也属于第三十四类。

本类尤其不包括：

- 医用无烟草香烟（第五类）。

“医用无烟草香烟”（基础编号：050081）和“医用吸烟药草”（基础编号：050336）属于第五类。第五类曾经对此进行过讨论。正如第五类所讨论的那样，因为几乎所有与吸烟相关的商品都属于第三十四类，所以即使把这些商品归于其他类别（如烟灰缸可以属于第二十一类）也是有意义的，为了避免将这种高度专业化的香烟与其他吸烟用品一起被归入第三十四类，第三十四类将其列为排除项，第五类将其列为包含项。

C. 补充评论

贵金属烟具

《尼斯协定》第9版发生了这一变化。这个问题意义重大，虽然在其他类别中已经讨论过多次，但仍然值得重复。正如第三十四类所言，第十四类的贵金属制品与基于其功能同样属于该类的商品之间的区别已经不复存在。这些商品现在都是依据其功能进行分类的，不用考虑其组成材料，而且现在这些项目都不属于第十四类。

第三十五类

正式文本

类目

广告；

商业经营；

商业管理；

办公事务。

注释

第三十五类主要包括由个人或组织提供的服务，其主要目的在于：

(1) 对商业企业的经营或管理进行帮助；

(2) 对工商企业的业务活动或者商业职能的管理进行帮助；以及由广告部门为各种商品或服务提供的服务，旨在通过各种传播方式向公众进行广告宣传。

本类尤其包括：

• 为他人将各种商品（运输除外）归类，以便顾客浏览和购买；这种服务可由零售商店、批发商店、自动售货机、邮购目录或借助电子媒介提供，例如，通过网站或电视购物节目；

• 有关书面讯息和记录的登记，抄录，写作，编纂，系统化服务，以及数学或者统计资料的汇编服务；

• 广告单位的服务，以及直接或邮寄散发说明书或者样品的服务；本类可涉及有关其他服务的广告，如银行借贷或无线电广告服务。

本类尤其不包括：

• 与工商企业的经营或者管理无直接关系的估价和编写工程师报告的服务（参见按字母顺序表排列的服务分类表）。

释义

第三十五类的服务指的是那些对另一实体的商业活动在经营或管理方面提供直接协助的服务。这些服务能帮助其他企业以商业化模式运作，不能仅仅因为企业经营就将其实施的活动归于第三十五类，若是如此，无论其具体活动为何，所有的商业活动都将属于第三十五类。这样的结果会损害分类方案的整体目标。

A. 类目

广告

不论是通过哪种媒体予以呈现，所有类型的“广告”和“广告宣传”（基础编号均为350039）都属于第三十五类。第三十八类特别排除了“无线电广告”（基础编号：350040），这是为了避免将这个属于第三十五类的服务与“无线电广播”（基础编号：380003）一起归于电信服务的所属类别。无线电广告和发放传单都是属于第三十五类的服务，因为广告可以帮助其他企业实现商业目标，所以广告符合第三十五类的准则。广告是以纯商业的方式发挥作用的，不能提供技术专长、物质创造、运输或财务支持，是企业取得成功的主要工具，因此所有形式的广告都属于第三十五类。但如果一家企业为自身经营活动做广告，这种情况不属于广告服务。基于《尼斯协定》和大多数国家/地区的法律，广告和宣传服务必须是由另外一方为正在进行广告宣传的企业提供服务。

商业经营；商业管理

因为这两个类目联系紧密、相互重叠，并且通常难以区分，所以可以将它们放在一起讨论。该表述定义了大多数属于第三十五类的活动。这两个类目与广告一样，也包括帮助其他企业发挥功能或达成目的。基于类目对这些项目的表述，一些活动可以属于第三十五类，例如“簿记”（基础编号：350015）、“会计”（基础编号：350015）、“拟备工资单”（基础编号：350067）和“税款准备”（基础编号：350073）。基于这些类目，其他企业的经营管理也属于第三十五类。如果企业的目的在于经营他人的业务，那么这种管理活动也属于本类。另外，协助企业管理自身的业务活动也属于第三十五类。

商业管理服务也是如此。当然，如果服务的提供者为其他人管理一项业务，那么该服务就属于第三十五类。第三十五类包括协助企业管理自身商业功能的活动。

商业经营服务包括以下行为：

“成本价格分析”（基础编号：350007）；

“经营效率专家服务”（基础编号：350029）；

“计算机文档管理”（基础编号：350061）；

“统计资料汇编”（基础编号：350100）；

“商业研究”（基础编号：350041）；

“商业评估”（基础编号：350032）。

商业管理服务包括以下行为：

“文件复制”（基础编号：350026）；

“职业介绍”（基础编号：350012）；

“人员招收”（基础编号：350068）；

“拟备工资单”（基础编号：350067）；

“绘制账单、账目报表”（基础编号：350016）；

“税款准备”（基础编号：350073）。

这些活动类型之间的界限并不清晰，商业经营服务通常可被认为是商业管理服务，但这些活动都达到了第三十五类服务的目的，即在业务活动或商业职能方面，为管理服务提供者以外的工商企业提供帮助。

办公事务

办公事务比商业经营和商业管理更容易定义和理解。办公事务由企业为实现其商业目的进行的日常业务构成，如“办公机器和设备出租”（基础编号：350013）、“复印服务”（基础编号：350009）、“文字处理”（基础编号：350075）、“文秘”（基础编号：350072）、“速记”（基础编号：350043）、“谈话记录（办公事务）”（基础编号：350045）和“打字”（基础编号：350022）等，这些活动是一些可被视为办公事务的示例，是由另一个实体为企业提供的服务；这些服务就像经验、管理和广告服务一样，对于商业企业的运作必不可少。

B. 注释

第三十五类主要包括由个人或组织提供的服务，其主要目的是：

（1）对商业企业的经营或管理进行帮助；

（2）对工商企业的业务活动或者商业职能的管理进行帮助；以及由广告部门为各种商品或服务提供的服务，旨在通过各种传播方式向公众进行广告宣传。

本类尤其包括：

• 为他人将各种商品（运输除外）归类，以便顾客浏览和购买；这种服务可由零售商店、批发商店、自动售货机、邮购目录或借助电子媒介提供，例如，通过网站或电视购物节目。

本注释解决了什么属于"零售店服务"的问题。事实上，专家委员会在第十七次会议的报告中表明，该表述与"零售店服务"有关。许多国家/地区并不承认零售店服务是一项可能需要成为服务商标注册主体的活动。这些国家/地区发现，零售店的主要功能是销售商品，而《尼斯协定》并不承认这种活动是一项服务，因为这种活动主要是为销售提供者而非第三方提供便利。

然而，其他承认该活动是一项服务的国家/地区则认为，零售店提供的服务不仅是销售商品，还可被视为服务，其中就包括将各种产品集中在一个地点内，为消费者提供一个可以选择商品的场所，并为消费者提供用于完成购买的手段。注释中包含了这些活动。《尼斯协定》第 11 版在该领域的一个重要增补是纳入了"药用、兽医用、卫生用制剂和医疗用品的零售服务"（基础编号：350108）。这是《尼斯协定》首次将所有类型的零售或批发服务明确纳入字母顺序表中。尽管这一特定条目目前仅限于"药用、兽医用、卫生用制剂和医疗用品"的领域，但其可能会为未来增补其他零售和批发领域的条目打开大门，例如杂货、服装、体育用品和电子设备等。这一表述受到欢迎且长期备受瞩目，有望得到专家委员会的认可并被列入《尼斯协定》第 11 版字母顺序表中。

显然，如果一个国家/地区不能依据国内法承认零售店服务属于服务商标注册对象的服务类型，那么该国家/地区目前没有承认这种服务的义务。该表述和前文提到的第 11 版的条目为那些将这些活动视为服务的国家/地区提供了指导，以确定哪一类才是这一活动所适合的类别。

本类尤其包括：

• 有关书面讯息和记录的登记，抄录，写作，编纂，系统化服务，以及数学或者统计资料的汇编服务。

这个包含项指的是涉及组织和管理他人商业活动的服务。值得注意的是，第三十五类的活动是为了他人利益实施的。无论文件管理系统多么复杂或不同寻常，保险公司都不能将其自己所有的文件进行数字化文件管理作为一项服务。但如果另一个实体为了不相关的业务执行该任务，那么该服务属于第三十五类。本注释包括那些属于第三十五类业务的最常见的方面。

本注释还涉及编纂数学或者统计资料的服务。必须结合第三十五类服务的目的理解该术语。编纂数学或统计资料必须是用于商业用途，例如“经济预测”（基础编号：350063）、“商业评估”（基础编号：350032）或“绘制账单、账目报表”（基础编号：350016）。

本类尤其包括：

- *广告单位的服务，以及直接或邮寄散发说明书或者样品的服务；本类可涉及有关其他服务的广告，如银行借贷或无线电广告服务。*

本注释包含了属于第三十五类的广告服务，几乎所有广告活动都属于本类。要不是这些项目达成了广告的目的，如“无线电广告”（基础编号：350040）和“电视广告”（基础编号：350044）都属于第三十五类，本类中的一些活动可能属于其他类别。但大多数与广播电视有关的服务要么属于第三十八类，如“无线电广播”（基础编号：380003）和“电视播放”（基础编号：380005），要么属于第四十一类，如“广播和电视节目制作”（基础编号：410026）、“无线电文娱节目”（基础编号：410015）和“电视文娱节目”（基础编号：410031）。注释最后一句强调了这种分类的区别，指出“有关其他服务的广告”属于第三十五类。以这句话为例，银行借贷广告属于第三十五类，而不是像其他金融服务一样属于第三十六类；无线电广告属于第三十五类，它既不属于第三十八类，也不属于其他与无线电服务有关的第四十一类。

另一个关于广告服务的重要准则是，广告所针对的必须是服务提供商之外的实体。银行不能为自己的贷款项目提供广告服务。为客户银行的贷款计划创作广告的实体可以主张其提供的广告服务属于第三十五类。第三十五类服务为其他实体的工作、管理或商业运营提供了帮助，这正是广告领域的服务提供商为他人所做的。

本类尤其不包括：

- *与工商企业的经营或者管理无直接关系的估价和编写工程师报告的服务（参见按字母顺序排列的服务分类表）。*

正如本注释特定包含项所言，编纂数学或者统计资料的服务属于第三十五类（如果是出于商业目的），而“与工商企业的经营或者管理无直接关系的估价和编写工程师报告的服务”（如果不是出于商业目的）被第三十五类所排除。若这些报告是纯科学的，对实际条件的分析，或是为其他目的提供信息（如建造或制造），那么与这些报告和估价有关的服务不属于第三十五类。

C. 补充评论

“广告宣传”（基础编号：350039）

如前所述，宣传和广告活动是属于第三十五类的服务。本领域中字母顺序表所包含的一些特定活动可能会产生混淆，因为某些活动所显示的特性可能属于其他类别，如“为广告或推销提供模特服务”（基础编号：350049）属于第三十五类。模特服务一般被认为是娱乐服务的分支，但如果模特服务针对的是广告或促销，则属于第三十五类。

“广告宣传本的出版”（基础编号：350038）是广告的一部分，所以也属于第三十五类。出版服务一般属于第四十一类，但本类中这种服务的条目特指除宣传文本以外的书籍和文本。如果有关服务针对并限于实现宣传功能，像电视制作服务一样，则该服务属于第三十五类而非第四十一类。

专业咨询

在《尼斯协定》第 7 版和以前的版本中，除“商业专业咨询”（基础编号：350062）属于第三十五类，“保险咨询”（基础编号：360055）或“金融咨询”（基础编号：360054）属于第三十六类之外，专业咨询服务都属于第四十二类。随着《尼斯协定》第 8 版取消了第四十二类对一般性咨询的注释，专业咨询服务不再完全属于第四十二类，但上述特定条目除外。咨询服务目前属于与咨询的主题相对应的服务类别，这种做法与多年以来就咨询和信息服务进行分类的准则相同［参见总言服务项下的（c）项］。

但在制定咨询、信息或建议服务的内容时，必须以服务为基础。如“家具领域的咨询服务”就没有提供充足的分类信息。与购买家具相关的咨询服务属于第三十五类，与修理家具相关的咨询服务属于第三十七类，与制造家具相关的咨询服务属于第四十类，与家具设计有关的咨询服务属于第四十二类。为了确保咨询服务的正确分类，必须说明内容性质的具体情况。

“为挑选人才而进行的心理测试”（基础编号：350090）

为挑选人才而进行的心理测试属于第三十五类，这是因为第四十二类的修订消除了将这项服务归入第四十二类的可能性。将这项服务纳入第三十五类是恰当的，因为它与就业服务关系密切，并且潜在雇员的质量是雇主在商业上的重要考虑因素。

“报刊剪贴”（基础编号：350088）

报刊剪贴服务属于第三十五类，因为这项服务的目的在于就公共形象和影响企业的重要事项向商业或非商业企业提供信息。这些信息对企业的管理和业务活动有所裨益，所以属于第三十五类。

“价格比较服务”（基础编号：350091）

“价格比较服务”这项活动被明确的归类在第三十五类。这是因为该项目很可能会被错误地归入第三十六类。价格是金融功能，大多数与金融有关的服务都属于第三十六类。但在比较价格时并不存在资金的交易。价格比较服务可以提供信息，人们和企业可以据此作出购买决定，但价格比较服务不会因为发生了购买而产出资金上的流动。所以价格比较服务所提供的信息仅限于商业目的，它是企业或个人基于价格比较后再决定购买哪种商品或服务时所作出的决定。

“为零售目的在通信媒体上展示商品”（基础编号：350092）

不能仅仅因为使用了通信媒体而将这种活动归入第三十八类。这项服务的目的与零售商店服务相同，是一种在零售环境中向潜在消费者展示商品，以供其查看和考虑的服务。为了避免将该项目归入第三十八类，字母顺序表将这个项目收录在内，属于第三十五类。

“为消费者提供商品和服务选择方面的商业信息和建议”（基础编号：350093）

与提供信息和建议有关的服务一般属于与信息和建议的内容有关的服务类别，但为消费者提供的商业信息和建议不属于此列。为消费者提供的商业信息和建议类似于价格比较服务，但其往往不只是简单的比价，还包括相关质量、购买地点和其他因素，消费者可基于此决定是否购买。所以与价格比较服务一样，这个条目也被列入字母顺序表中，属于第三十五类，以避免被错误地归于其他类别。

“特许经营的商业管理”（基础编号：350096）

第四十五类含有特许经营服务，其中包括许可的法律内容。起草许可协议涉及的法律概念非常复杂，通常是由律师起草这些协议。一旦协议完成，对这种特许经营的管理就变成了第三十五类中的纯商业性服务。这个条目表明了对特许经营的管理属于第三十五类。

“外购服务［商业辅助］”（基础编号：350097）

这个服务类似于其他就业服务，在就业服务中，一个实体为与之不相关的个人提供工作。外包服务与临时或永久的就业介绍服务相比更为复杂，因为外包服务可能涉及对整个企业部门的行政管理，而该部门的工作是由不属于该企业的雇员进行的。外包服务通过让其他人员承担客户业务中的一个重要内容，能够帮助客户执行其业务。作出这一决定的原因可能是财务上的，或者是出于便利或承担责任的考虑，但企业无论出于什么原因选择将其业务外包，提供外包服务的实体所提供的服务是属于第三十五类的活动。

“广告版面设计”（基础编号：350101）

就像商业广告制作服务属于第三十五类一样，这项服务也属于第三十五类。该服务可以被认为是属于第四十二类的“平面美术设计”（基础编号：420144），或是属于第四十一类的与出版有关的服务。但该项针对的是广告样本，基于这种特殊性，第三十五类将该项目包含在内，以避免其被错误地归入第四十二类。

“寻找赞助”（基础编号：350102）

从最广泛的意义上来说，可以将这项服务类比为猎头服务，该服务可以找到合适的高管人员来填补企业中高级职位的空缺。本项目所要找寻的是赞助，即愿意帮助企业在一些方面取得成功的个人或企业。该服务并不局限于资金赞助，但即便如此，寻找赞助服务也不一定能提供企业所需的足够资金。该服务将投资资金的主体与需要资金的主体相匹配，它更多的是一种供求活动，其中，服务提供商提供实体，这些实体可以向需要这种赞助的另一家企业提供赞助。

“广告稿的撰写”（基础编号：350099）

文本撰写作为一种智力活动，似乎适合像其他艺术、教育或文化服务一样属于第四十一类。事实上，第四十一类就存在一个条目“文稿撰写”（基础编号：410184）。但写作是为了宣传时，将这种专业的文字撰写服务与其他广告服务一同分类更为合适。如果不是为了宣传，文本的写作将基于上述原因而属于第四十一类。

时装秀

时装秀的性质决定了它的所属类别。如果是为了宣传，时装秀属于第三十五类，而如果是为了娱乐则属于第四十一类。字母顺序表中的相关条目包括第三十五类的“为广告宣传目的组织时装表演”（基础编号：350103）和第四十一类的“为娱乐目的组织时装表演”（基础编号：410188）。

“药用、兽医用、卫生用制剂和医疗用品的零售服务”（基础编号：350108）

如前文所述，这是字母顺序表中一个非常重要的条目。关于这个条目的评论值得再次重申。这是《尼斯协定》第一次将所有种类的零售或批发服务在字母顺序表中予以详细列明。尽管这一特定条目目前仅限于“药用、兽医用、卫生用制剂和医疗用品”的领域，但这或许会为未来增补其他零售和批发领域的条目打开大门，例如杂货、服装、体育用品和电子设备等。这一表述受到欢迎且长期备受瞩目，有望得到专家委员会的认可并被列入《尼斯协定》第11版字母顺序表中。

D. 2017年《尼斯协定》第11版中发生的重大变化或增补

21世纪的服务业

《尼斯协定》第11版的字母顺序表中有许多条目反映了21世纪的商业运作模式。下面是一些相关的增补：

“为推销优化搜索引擎”（基础编号：350111）；

“网站流量优化”（基础编号：350112）；

“点击付费广告”（基础编号：350113）；

“在计算机数据库中更新和维护数据”（基础编号：350117）；

“为商品和服务的买卖双方提供在线市场”（基础编号：350120）。

第三十六类

正式文本

类目

保险；

金融事务；

货币事务；

不动产事务。

注释

第三十六类主要包括金融业务和货币业务提供的服务以及与各种保险契约有关的服务。

本类尤其包括：

- 与金融业务和货币业务有关的服务：

(1) 银行及其有关机构的服务，例如，外汇经纪人或清算机构；

(2) 不属于银行的信贷部门的服务，例如，信贷合作社团、私人金融公司、放款人等的服务；

(3) 控股公司的"投资信托"服务；

(4) 股票及财产经纪人的服务；

(5) 与承受信用代理人担保的货币业务有关的服务；

(6) 与发行旅行支票和信用证有关的服务。

- 融资租赁服务。
- 不动产管理人对建筑物的服务，例如，租赁、估价或融资服务。
- 与保险有关的服务，例如，保险代理人或经纪人提供的服务，为被保险人和承保人提供的服务。

释义

A. 类目

本类包括与金融、不动产交易和保险相关的所有活动，并不难解释。如果某项服务会影响资金流动，或影响以货币、保险或不动产形式进行的投资，则该项服务属于第三十六类。

保险

保险服务是投资行业的一个重要部分，所以这项服务属于第三十六类。购买保险属于货币投资，保险在特定情况发生后会被激活，例如，疾病、死亡或意外事故。保险可以向投保人保证，将存在一笔资金用于支付这些情况导致的后果。另外，投资行业的生存依赖于保险基金，保险基金是由保险公司投资的，以提供额外的资金来履行它们对被保险人的义务，前提是保险公司的赔偿超过了投保的保费总额。因此“保险经纪、咨询、信息和承保”（基础编号分别为360010、360055、360060和360012）都属于第三十六类。

金融事务；货币事务

这两个类目被组合在一起，因为它们所包含的活动类型通常是一样的。事实上，第三十六类的注释提供了本条目包含的示例，但它没有区分金融事务和货币事务。当然，这两个领域之间的界限很难厘清，也许金融事务更多涉及投资和其他以书面交易为代表的资金处理活动，而不涉及资金的实际转移。货币事务一般涉及实际的金钱交易。但它们之间的区别并不重要，基于活动的性质，无论是金融事务还是货币事务都属于第三十六类。

第三十六类注释对大多数金融和货币活动进行了解释，但一个基于类目属于第三十六类的非常重要的活动并未被注释所涵盖，这个项目即估价服务。字母顺序表中包含了六种评估服务，即“古玩估价、艺术品估价、珠宝估价、钱币估价、不动产估价和邮票估价”（基础编号分别为360051、360052、360061、360062、360014和360064）。值得注意的是，“商业评估”（基础编号：350032）服务不属于第三十六类，因为这项服务明确且独特地为“工商企业的经营事务或者商业职能的管理提供了帮助”，所以属于第三十五类。不过，第三十六类的估价服务是用于金融或货币用途。将不动产估价归入第三十六类也是合理的，因为该项目显然与房地产事务有关。第三十六类中的估价，如字母顺序表中所列的那样，是为物品所有者确定特定物品的价值。所有者可将该估价作为投保的依据，或作为出售、购买这些货物的准则。但无论估价的内容多么深奥、多么具有美感，它的目的也是获得财物。

不动产事务

除了对相关物理结构进行实际建造、维护或设计，几乎所有与不动产有关的服务都属于第三十六类。“不动产代理、不动产经纪和不动产出租”（基础编号分别为360007、360008 和360004）都属于第三十六类。值得关注的是，“不动产管理”（基础编号：360032）也属于第三十六类。如前所述，大部分管理服务都属于第三十五类；但不动产管理却属于第三十六类，这是因为这项服务主要属于第三十六类的活动，比如房产租赁和租赁管理，所以不动产管理变成了一种“不动产事务”，和其他所有不动产服务一样，属于第三十六类。

B. 注释

第三十六类主要包括金融业务和货币业务提供的服务以及与各种保险契约有关的服务。

本类尤其包括：

- 与金融业务和货币业务有关的服务：

(1) 银行及其有关的机构的服务，例如，外汇经纪人或清算机构。

银行和与银行关系密切的服务都属于第三十六类。无论是金融事务还是货币事务，银行所提供的都是典型属于第三十六类的服务。本注释还包括外汇经纪人或清算机构服务，如“金融票据交换”（基础编号：360021）。一般而言，如果某项服务是由银行实施的，则该服务属于第三十六类。

本类尤其包括：

- 与金融业务和货币业务有关的服务：

(2) 不属于银行的信贷部门的服务，例如，信贷合作社团、私人金融公司、放款人等的服务。

如果银行之外的金融机构执行类似于银行所提供的服务，那么该服务也属于第三十六类。本注释对此进行了明确，一个实体实施的活动如果像银行一样，或提供类似于银行那样的服务，那么该活动就属于第三十六类。

本类尤其包括：

- 与金融业务和货币业务有关的服务：

(3) 控股公司的“投资信托”服务。

本注释进一步详细说明了属于第三十六类的服务，因为这些活动侧重于金融或货币交易。但本注释在英文版本中的表述有些不清楚，尚不清楚本注释指的是作为控股公司一部分的投资信托的服务还是指两个独立的实体，即投资信托和控股公司的服务。法语与之对应的表述（les services des "investment trust," des compagnies "holding"）更为清晰，它表明第二种英文解释是正确的。但是字母顺序表提到了各种与信托和投资有关的服务（具体而言，如果不是特定的投资信托服务的话），但并不包括条目"控股公司"，也不包括表明这些实体的活动属于第三十六类的条目。本注释或许意在表达这样一种概念，即投资信托或控股公司提供的服务针对的是不相关的实体，且仅限于第三十六类所列的金融或货币服务。

本类尤其包括：

- 与金融业务和货币业务有关的服务：

（4）股票及财产经纪人的服务。

正如本注释所言，几乎所有的经纪服务都属于第三十六类。经纪人在经纪安排中对交换的财产从未拥有所有权，作为一个实体，经纪人控制和执行所有必要的资金安排，能将股份或财产从当前的所有者转移至新的所有者。经纪人的职务纯粹是金融性质的，所以第三十六类的注释中包括了对经纪人服务的规定，并且"经纪"（基础编号：360005）也被作为一个条目被字母顺序表所收录。只有"货运经纪"（基础编号：390072）和"运输经纪"（基础编号：390073）不属于第三十六类。这些经纪服务是运输行业所特有的，涉及将货物从某个地点转移至另一地点的实际运输；这些经纪服务不同于第三十六类中经纪人所提供的金融服务，所以，货运经纪服务和运输经纪服务都被第三十九类的字母顺序表所收录。

本类尤其包括：

- 与金融业务和货币业务有关的服务：

（5）与承受信用代理人担保的货币业务有关的服务。

本注释将"与承受信用代理人担保的货币业务有关的服务"包括在内，以避免该项目被错误地归入第三十五类，因为这些服务是由受托人代表另一实体进行的。受托人不必一定要参与资金或投资转移，只需要担保或批准这种转移即可。但与承受信用代理人担保的货币业务相关的服务必须属于第三十六类，不存在其他适合的类别，该服务的条目在字母顺序表中被表示为"信托"（基础编号：360028）。与承受信用代理人担保的货币业务无关的服务可以属于其他类别，例如，他们所负责信托的业务管理服务，这种托管服务属于三十五类。

本类尤其包括：

• 与金融业务和货币业务有关的服务：

（6）与发行旅行支票和信用证有关的服务。

这些服务往往与旅行有关。当然，旅行者是旅行支票的主要消费者，进入新地区的个人或实体往往需要信用证。鉴于这些活动与旅行的关系，将这些活动与其他旅行有关的服务一起归入第三十九类非常合适。但这些服务的主要目的是金融性质的，不能为旅行提供安排，并且在很多时候企业和个人无需旅行支票和信用证就可以开始旅行，所以这些服务即使被认为与旅行有关也属于第三十六类。

本类尤其包括：

• 融资租赁服务。

“融资租赁”（基础编号：360042）显然是属于第三十六类的服务，因为该项目与租赁活动的融资有关。无论是租入还是租出，这些金融活动都属于第三十六类。

本类尤其包括：

• 不动产管理人对建筑物的服务，例如，租赁、估价或融资服务。

正如前文在不动产管理的讨论中指出的那样，不动产经营管理服务属于第三十六类而非第三十五类，因为该服务涉及的活动只与第三十六类有关。本注释所提供的示例也证明了将“不动产管理”（基础编号：360032）和管理服务包含在第三十六类中的合理性，此处的管理服务是指不动产租赁、估价或融资服务。

本类尤其包括：

• 与保险有关的服务，例如，保险代理人或经纪人提供的服务，为被保险人和承保人提供的服务。

本注释列举了一些第三十六类所包括的保险服务的示例。“向被保险人提供的服务”含义相当宽泛，当然必须将其限于与保险服务的货币或金融相关的活动。但该表述允许将这种类型的所有保险活动纳入第三十六类中。

C. 补充评论

修理费评估［金融评估］（基础编号：360103）

本条目对于避免在各个领域产生混淆有所帮助。修理费评估与其他维修服务之间联系紧密，所以可以将修理费评估与其他维修服务一起归入第三十七类。但成本评估的目的主要是金融性质的，所以将其归入第三十六类非常合适。此外，字母顺序表中的第三十六类还包括其他评估服务，如“活立木的金融评估”（基础编号：360105）和“羊毛的金融评估”（基础编号：360107）。本条目和“金融评估［保险、银行、不动产］”（基础编号：360026）都属于第三十六类，这表明评估的目的是金融估价，而非处于其他目的对商品的质量进行评估。这些类型的评估服务属于第四十二类，其具体说明也表明这些服务的目的是保证质量，如“活立木的质量评估”（基础编号：420213）和“羊毛质量评估”（基础编号：420214）。《尼斯协定》第10版对第三十六类的财务目的评估服务和第四十二类的质量评估服务进行了划分。

D. 2017年《尼斯协定》第11版中发生的重大变化或增补

21世纪的服务业

在字母顺序表中，第三十六类的一些增补和变化反映了过去十年左右出现的服务。

其中一个变化是将“家庭银行”改为“网上银行”（基础编号：360072）。字母顺序表在2001年1月1日生效的《尼斯协定》第8版中添加了家庭银行服务。当时的一个重要步骤是将在网上提供的服务包含在内，但条目中未包含“网上”这一术语。随着在网上提供的活动越发增多，专家委员会在第11版中接受了将“家庭银行”转变为“网上银行”的表述。比起家庭银行，人们对于网上银行这个表述更为熟悉。该变化反映出专家委员会对业务开展方式的认可，并在这个条目中表达了这种认可。

在第11版中，反映出对21世纪企业经营方式的认可的另一个增补是“租赁办公室进行联合办公”（基础编号：360119）。随着计算机在办公室工作中的广泛使用，这种被称为“移动办公”的工作模式也变得非常受欢迎。办公室是租来的，通过安排某位工作者在特定时间使用该空间，人们就能共享使用办公室或在该办公室里协同工作。这些工作者可能会在家中通过家用电脑和工作时的电脑系统之间的互联网连接开展工作。当有必要在工作地点现场工作时，他们可以在租用的办公室里共用工作空间。若如此，雇主不需要很多办公室，因为工作者使用的是租来的办公室。把该条目纳入字母顺序表中，反映出专家委员会对21世纪商业经营方式的认识发生了变化。

第三十七类

正式文本

类目

房屋建筑；

修理；

安装服务。

注释

第三十七类主要包括建造永久性建筑的承包商或分包商所提供的服务，以及由个人或组织为修复建筑物或保持原样而不改变其物理或化学特征的服务。

本类尤其包括：

- 建筑房屋、道路、桥梁、堤坝或通信线路的服务，以及建筑行业其他专项服务，如油漆粉刷、管道铺设、安装暖气或盖屋顶；
- 为建筑服务的辅助性服务，如建筑计划的检查；
- 造船服务；
- 租赁建筑工具或材料的服务；
- 修理服务，即修复已磨损、损坏或部分破坏的任何东西（修复房屋或将其他残缺之物修复原样）；
- 各种修理服务，如修理电器、家具、器械和工具等；
- 维修服务，旨在使物品保持原样而不改变其任何属性（有关本类与第四十类的区别，请看第四十类的注释）。

本类尤其不包括：

- 诸如服装或车辆之类商品的储存服务（第三十九类）；
- 与布料或服装印染有关的服务（第四十类）。

释义

第三十七类包括建造房屋或船舶的服务，以及几乎所有类型商品的修理或安装服务。第三十七类还包括修理服务和清理服务。

A. 类目

房屋建筑

这个类目听起来很简单，它规定涉及房屋实际建造的服务属于本类别。房屋设计或桥梁工程都属于第四十二类而非第三十七类，只有建筑物本身的实际建造属于第三十七类。本类还包括与建筑结构关系密切的服务，例如“贴墙纸”（基础编号：370064）和“砖石建筑”（基础编号：370059）。另外，“铺路”（基础编号：370109）和“铺沥青”（基础编号：370005）也属于第三十七类，这是因为这两个项目都涉及建筑活动，即使它们都与成品有关，但严格来说与实际建筑有所不同。值得关注的是，本类还将一项与房屋建筑相反的服务包括在内，即“拆除建筑物”（基础编号：370036）。

虽然实体采矿服务在传统意义上来说不被认为是房屋建筑服务，但它也属于第三十七类。“钻井”（基础编号：370114）、“采矿”（基础编号：370107）和“采石服务”（基础编号：370108）都属于第三十七类。

修理

修理服务包括保养和清理活动。几乎所有实体对象的维修、保养或清理都属于第三十七类。“清扫烟囱”（基础编号：370026）、“消毒”（基础编号：370038）、“运载工具加润滑油服务”（基础编号：370049）、“洗烫衣服”（基础编号：370010）、“亚麻制品熨烫”（基础编号：370079）、“灭鼠”（基础编号：370076）、“磨刀”（基础编号：370106）和“涂清漆服务”（基础编号：370086）都是本类服务的例子。另外，本类还包括一些防止物体损坏的活动，例如“建筑物防水”（基础编号：370042）和“运载工具防锈处理服务”（基础编号：370082）。

安装服务

几乎所有针对商品的安装服务都属于第三十七类。例如空调设备、计算机硬件、电器、电梯或升降机、警笛、冷冻设备、厨房用具、灌溉设备和机械，这些商品的安装服务都属于第三十七类。该规则的例外是第四十二类的“计算机软件安装”（基础编号：420201），因为计算机软件安装并不是物理安装过程，而是计算机编程活动，而“计算机编程”（基础编号：420090）属于第四十二类。

B. 注释

第三十七类主要包括建造永久性建筑的承包商或分包商所提供的服务，以及由个人或组织为修复建筑物或保持原样而不改变其物理或化学特性的服务。

本类尤其包括：

- 建筑房屋、道路、桥梁、堤坝或通信线路的服务，以及建筑行业其他专项服务，如油漆粉刷、管道铺设、安装暖气或盖屋顶。

本注释将第三十七类的服务限于建筑房屋、道路和其他建筑行业的建筑结构或准建筑结构。该注释还表明，建筑房屋或其他建筑结构所需的辅助性服务也属于第三十七类。所以不仅由实际的建筑服务提供者所提供的服务属于第三十七类，由那些增补或结束施工的人所提供的服务也属于第三十七类。

本类尤其包括：

- 为建筑服务的辅助性服务，如建筑计划的检查。

这项活动值得被本注释单独列出。基于其他属于第四十二类的测试和评估服务，以及第四十二类的涉及工程师或具备工程知识的个人，这项活动很容易被归入第四十二类。但对建筑计划的检查在建筑行业中是必不可少的，所以将这项服务与其他建筑服务一起归入第三十七类是合理的。基于本注释的表述，字母顺序表包含了“建筑施工监督”（基础编号：370031）。如果不是本注释以及字母顺序表的收录，这项服务可作为一种监督管理的服务而被归入第三十五类。

本类尤其包括：

- 造船服务。

本类目和本类的其他注释强调了陆地结构的建筑。“造船”（基础编号：370021）可与其他建筑类活动一样属于第四十类，但造船服务却属于第三十七类，因为船舶被视为一种漂浮在水面上的建筑。几乎所有可以在陆地建筑内实施的活动都可以在船上进行。如在酒店、工厂、医院、餐馆，甚至在家中进行的活动，既可以在陆地的房屋内进行，也可以在水上的船舶中进行。任何其他类型的载具都不能做到这一点。

本类尤其包括：

- 租赁建筑工具或材料的服务。

本注释强调说明了《尼斯协定》商品和服务类别列表之前的总言。总言“服务”项下的（b）项表明，“出租服务（rental services），原则上与以通过出租租用物品的方式提供所实现的服务（例如第三十八类的电话机出租）属于在同一类别”。本注释所考虑到的商品租赁明确属于第三十七类，以避免该服务可能被归入第四十类，而第四十类包括其他制造活动。可以看出，第四十类的活动可以包括工具和/或建筑材料的需求。

本类尤其包括：

- 修理服务，即修复已磨损、损坏或部分破坏的任何东西（修复房屋或将其他残缺之物修复原样）；
- 各种修理服务，如修理电器、家具、器械和工具等；
- 维修服务，旨在使物品保持原样而不改变其任何属性（有关本类与第四十类的区别，参见第四十类的注释）。

这些注释都服务于同一个目的，即强调第三十七类的修理和维护服务与第四十类的材料加工服务之间的区别，前者的目的是将对象恢复到原始状态，后者将会完全改变对象的性质，或使用各种组件创造一个新的对象。正如注释所言，对现有对象的修复服务属于第三十七类，该服务可能涉及大量的、具有侵入性的过程，但是修复和修理都属于第三十七类，并非属于第四十类的材料处理服务。一些第四十类中的材料处理服务的示例是“布料剪裁”（基础编号：400021）、“雕刻”（基础编号：400035）和“镀银”（基础编号：400007）。这些服务都涉及针对商品本身性质的重大变化，但属于第三十七类的修理和维护活动却并非如此。

本类尤其不包括：

- 诸如服装或车辆之类商品的储存服务（第三十九类）。

显然，储存服务不属于第三十七类。这一特定排除项的存在很有必要，因为可以将“贮藏”（基础编号：390034）当作是在执行维护功能，但储存服务通常属于第三十九类。第三十七类维护活动的主要目的在于修理、修复或维护所涉及的相关商品。第三十七类采取了积极主动的措施对商品进行维护或改进，但对于储存来说情况并非如此，因为储存活动只是在潜在地维护商品。

本类尤其不包括：

- 与布料或服装印染有关的服务（第四十类）。

虽然可将“布料染色”（基础编号：400060）视为第三十七类的修理或修

复服务，但是这项服务在很大程度上改变了物品的基本性质，所以只能被视为属于第四十类的服务。

C. 补充评论

“建筑物防水”（building sealing）（基础编号：370042）和“建筑物防水”（damp - proofing [building]）（基础编号：370042）

这些服务之所以被列入字母顺序表中，是因为它们可能会与第四十类的服务混淆。但是，这些服务包括为建筑过程建造屏障或将保护元件纳入建筑过程。这些项目不涉及针对结构的处理。例如应用化学制剂使其被建筑材料所吸收，从而改变建筑材料的孔隙度的处理服务就属于第四十类。

“灭害虫（非农业、非水产养殖业、非园艺、非林业目的）”（基础编号：370091）

需要指出，出于农业、水产养殖、园艺和林业目的的灭害虫服务，以及其他和农业有关的服务都属于第四十四类。第三十七类中的灭害虫服务不包括属于第四十四类的灭害服务（extermination service）。消灭建筑内的害虫是第三十七类中最常见的灭杀服务，该服务被视为一种清理或维护服务，因此属于第三十七类。

“人工造雪”（基础编号：370123）

该项目被字母顺序表所收录，以避免被错误地归入第四十类。因为这项服务涉及生成积雪，所以很容易被错误地归入第四十类，即涵盖定制生产服务的所属类别。但人工造雪的目的是为滑雪开辟道路，从某种意义上讲，人工造雪是用来建造滑雪通道的，所以与其他建筑服务一样，属于第三十七类。

“艺术品修复”（基础编号：370126）和“乐器修复”（基础编号：370127）

出于各种原因，这些服务被字母顺序表收录其中。艺术品或乐器修复可能涉及大量带有侵入性的技术，但结果在于使艺术品或乐器尽可能地还原至最初的样子，这显然是属于第三十七类的活动。因为与艺术品和乐器有关的服务属于第四十一类，所以将本项目纳入字母顺序表中能够避免将属于第三十七类的活动归入第四十一类。这种分类错误可能是由第十一类包括与文化和娱乐活动相关的服务引起的，而艺术品和乐器修复与这些领域密切相关。

“鼓粉盒的再填充”（基础编号：370130）

此条目的包含项清楚地表明，这项服务可将鼓粉盒恢复到原先可用的状态，因而属于第三十七类。若没有此条目，该服务可能会被错误地作为一项制造服务而归入第四十类。

“乐器调音”（基础编号：370139）

这项服务可以很容易地与其他和娱乐有关的服务一起被归入第四十一类，因为演奏乐器通常是出于某种娱乐目的的。但调音是一种对乐器的维护，所以属于第三十七类。将本条目包含在内表明乐器调音是维护服务。

第三十八类

正式文本

类目

电信。

注释

第三十八类主要包括至少能使二人之间通过感觉方式进行通信的服务。这类服务包括：

(1) 能使一人与另一人进行交谈；

(2) 将一人的消息传递给另一人；

(3) 使一人与另一人进行口头或视觉的联系（无线电和电视）。

本类尤其包括：

- 主要进行播放无线电或电视节目的服务。

本类尤其不包括：

- 无线电广告服务（第三十五类）；
- 电话市场营销服务（电话推销）（第三十五类）。

释义

在《尼斯协定》中，第三十八类的类目是最短的，但本类服务的定义和范围却可能是最难的。并不能仅仅因为是通过电信联系的就将某项服务归入第三十八类。第三十八类的服务所提供的是通信的手段，而非通信的内容。

A. 类目

电信

电信的一般定义为远程通信。在考虑一项服务是否属于第三十八类时，需记住一个最重要的原则，即区分该服务是提供通信的手段还是仅仅将其作为履行其功能的工具。

第三十八类的服务通常涉及实际的有线或无线连接，这些连接会对电信活动产生影响。以企业和个人可使用的方式运行的电信服务也属于第三十八类的活动。广播行业的服务也属于第三十八类，除非这些服务涉及在无线电、电视或任何其他通信方式上广播节目的实际内容。“电话业务”（基础编号：380009）属于第三十八类，“电子邮件传输”（基础编号：380025）和“传真发送”（基础编号：380026）也属于第三十八类。它们的共同点在于能传输或传播任何类型的音频或视频内容。但内容本身或对该内容的制作和控制活动并不属于第三十八类。

B. 注释

第三十八类主要包括至少能使二人之间通过感觉方式进行通信的服务。这类服务包括：

（1）能使一人与另一人进行交谈；

（2）将一人的消息传递给另一人；

（3）使一人与另一人进行口头或视觉的交流（无线电和电视）。

第三十八类注释的起始段用相对明确的方式解释了本类涵盖的活动，它将本类的服务定义为那些通过提供传输或传播包含通信的联系方式来实现通信的服务。

本类尤其包括：

- 主要进行播放无线电或电视节目的服务。

本注释再次对播放的概念进行了强调，阐明了属于第三十八类的无线电或电视节目播放服务与第四十一类的创作和制作这些节目的服务之间的不同，并确定了这两个类别之间的界限：内容的播放或传播属于第三十八类，而内容的制作和内容本身不属于第三十八类的服务。

本类尤其不包括：

- 无线电广告服务（第三十五类）。

通过这一简单的注释，《尼斯协定》确立了将服务纳入第三十八类所需遵循的模式。播放无线电节目属于第三十八类，但如前文所述，这些节目的内容本身并不属于第三十八类。此处，注释为通信内容的分类提供了指导。广告是典型属于第三十五类的服务，广告可以在无线电上播放的事实并不会改变其分类，不会只是因为广告是使用电信渠道向公众传播的而属于第三十八类。“无线电广告”（基础编号：350040）和其他所有广告服务一样，属于第三十五类。

本类尤其不包括：

- 电话市场营销服务（电话推销）（第三十五类）。

前文关于将无线电广告服务从第三十八类排除的原因也适用于这个特定排除项。和无线电广告一样，“电话市场营销服务”（基础编号：350107）是通过电信装置提供的、典型属于第三十五类的服务。但该服务本身就属于第三十五类，同时，通过电话或其他电信技术提供服务这一事实并不会导致该服务属于第三十八类。

C. 补充评论

新闻社

第三十八类的“新闻社服务”（基础编号：380012）能向其他新闻机构传播新闻，但该服务并不会收集或报道新闻。能收集或报道新闻的服务属于第四十一类，并体现为字母顺序表的条目“新闻记者服务”（基础编号：410103）。第三十八类的服务仅限于从第三方向听众、观众和读者播报的新闻，这些第三方参与了在新闻来源地收集新闻的过程。

电信革命

电信行业的技术进步是显而易见的，这些进步带来了前所未有的动力。而其所产生的结果是，电信服务和计算机服务之间的界限变得难以辨别。毫无疑问，在今后的十年中，必须根据这些服务的主要目的或技术对其予以定义和描述，以便将其归于《尼斯协定》中所适合的类别。

第三十八类中的许多服务是互联网环境所特有的。其中一些服务因为依赖于计算机技术，所以本可以属于第四十二类，但事实上，这些“至少能使二人之间通过感觉方式进行通信的服务”是第三十八类服务的缩影。其中一些服务包括“电子公告牌服务［通信服务］”（基础编号：380036）、“提供与全球计算机网络的电信连接服务”（基础编号：380037）、“电信路由节点服务”（基础编号：380038）、“电话会议服务”（基础编号：380039）和“提供全球计算机网络用户接入服务”（基础编号：380040）。

“为电话购物提供电信渠道”（基础编号：380042）

这是第三十八类中一个值得关注的条目，因为它为电信服务提供了特定的主题。一般来说，电信服务是独立于任何特定主题的，但这项服务与购物有关，所以属于第三十五类，因为其他与零售相关的活动也属于第三十五类。不过，本条目规定，这项服务只能为电话购物提供电信渠道，所以该项目属于第三十八类而不是第三十五类。

“提供互联网聊天室”（基础编号：380043）

这个条目非常重要，因为这项服务明确提供了可供个人相互通信的手段。这种通信方式伴随着互联网的兴起而出现，因此被作为一个特定条目收录至字母顺序表中，属于第三十八类，以避免与其他计算机技术服务一起被归入第四十二类。

“全球计算机网络访问时间出租”（基础编号：380041）和“提供数据库接入服务”（基础编号：380044）

提供全球计算机网络（互联网）或数据库的访问是一项能够实现通信的活动，所以属于第三十八类。和使用互联网或在线数据库相关的其他服务可能不属于第三十八类，例如“托管计算机站［网站］”（基础编号：420200）（第四十二类）。随着社会越来越依赖线上活动，对这些活动的熟悉度也越来越高，尤其是在第三十八类的通信服务和第四十二类的计算机服务之间界限不明确的情况下，与这些活动有关的服务必须被《尼斯协定》收入其中，以确保对这些服务的分类恰当。

第三十九类

正式文本

类目

运输；

商品包装和贮藏；

旅行安排。

注释

第三十九类主要包括将人、动物或商品从一处运送到另一处（通过铁路、公路、水上、空中或管道）所提供的服务和与此有关的必要服务，以及为了看管或保存商品，而在仓库或其他建筑物中提供存储商品的服务。

本类尤其包括：

- 供运输者使用的由车站、桥梁、火车渡轮等公司提供的服务；
- 租赁运输车辆的服务；
- 与海上拖曳、卸货、港口和码头运转、营救遇险船只及其货物有关的服务；
- 发货前的包装和打包业务的服务；
- 经纪人及旅行社提供旅行或货运情况的服务以及提供价目、时刻或运送方式情况的服务；
- 运输前检查车辆或货物的服务。

本类尤其不包括：

- 与运输企业广告有关的服务，如散发广告传单或无线电广告（第三十五类）；
- 由经纪人或旅行社提供的发行旅行支票或者信用证的服务（第三十六类）；

- 人或货物在运输过程中的（商业、火灾或生命）保险服务（第三十六类）；
- 维修车辆的服务，以及维修用于运输人或货物的运输工具的服务（第三十七类）；
- 由旅行社或经纪人提供的预定旅馆房间的服务（第四十三类）。

释义

A. 类目

运输

这个类目是第三十九类中最重要的服务。以任何方式或手段运输任何物品或人的服务均属于第三十九类。从“空中运输”（基础编号：390004）到“能源分配”（基础编号：390090），任何以货物、人、动物或商品的流动为主要功能的服务都属于本类。即使运输不仅仅是为了旅行也是如此。所以“救护车运输”（基础编号：390006）、“装甲车运输”（基础编号：390062）及“救护运输”（基础编号：390082）属于第三十九类，而不属于表示运输最终目的的类别。将这些服务纳入字母顺序表的第三十九类清楚地表明，提供运输服务本身不应属于运输目的的所属类别。

商品包装和贮藏

用于运输或贮藏的商品包装属于第三十九类，包括用于邮寄的“商品包装”（基础编号：390022）和用于送礼的“商品打包”（基础编号：390086）。

“货物贮存”（基础编号：390028）也属于第三十九类。“贮藏”（基础编号：390034）和“船只存放”（基础编号：390071）也同样如此。

旅行安排

旅行安排属于第三十九类。但一些和旅行有关的服务并不属于本类。第三十九类的注释明确列出了这些例外。第三十九类中的旅行安排是指直接和人员流通有关的安排。与人们到达目的地后所做的服务或为旅行所做的准备有关的服务不属于第三十九类。不过，任何对人、商品或货物从一个地方到另一个地方带来便利的实际旅行服务，一般都属于第三十九类。

B. 注释

第三十九类主要包括将人、动物或商品从一处运送到另一处（通过铁路、公路、水上、空中或管道）所提供的服务和与此有关的必要服务，以及为了看管或保存商品，而在仓库或其他建筑物中提供存储商品的服务。

本类尤其包括：

- 供运输者使用的由车站、桥梁、火车渡轮等公司提供的服务。

根据本注释，属于第三十九类的服务包括“操作运河水闸”（基础编号：390032）和“停车位出租”（基础编号：390042）等活动。这两项服务实际上都没有运输商品或人员，然而，对于提供这种运输服务的人来说，这两种服务都是必不可少的。这些服务对于提供运输活动来说是不可或缺的，因此它们与运输服务本身一起被包括在第三十九类中。

本类尤其包括：

- 租赁运输车辆的服务。

本注释非常明确，它重申了总言“服务”项下的（b）项，即出租服务原则上与以租用物品的方式提供的服务（例如第三十八类的电话机出租）属于同一类别。所以载具、车辆、船舶、卡车和马匹的出租以及“赛车出租”（基础编号：390091）都属于第三十九类。与之类似，与旅行和运输相关的出租对象也属于本类，如集装箱出租、车辆行李架出租和停车位出租（基础编号分别为 390080、390081 和 390042）。

本类尤其包括：

- 与海上拖曳、卸货、港口和码头运转、营救遇险船只及其货物有关的服务。

本注释所列出的前几个项目（与海上拖曳、卸货、港口和码头运转有关的服务）显然属于第三十九类。但如果这个注释不存在，“船只营救”（基础编号：390015）及其货物的打捞可以作为修理和修复活动属于第三十七类。船只及其货物的营救服务之所以属于第三十九类有两个原因：第一，船只本身和第三十九类的旅行和运输活动关系密切；第二，针对船只及其货物的营救本身就涉及运输和贮藏。“海上救助”（基础编号：390057）或“船只打捞”（基础编号：390055）往往涉及将船只从一处移动至另一处。营救货物不仅涉及对货物的移动，还涉及在合法所有人提出主张之前对货物的储存。这些活动在类目和本类的其他注释中都有着明确的规定。

本类尤其包括：

- 发货前的包装和打包业务的服务。

通过邮寄或其他运输方式发送货物的准备服务属于第三十九类。这项服务可能并不常见，但本注释消除了关于其分类可能存在的任何歧义。

本类尤其包括：

- 经纪人及旅行社提供旅行或货运情况的服务以及提供价目、时刻或运送方式情况的服务。

本注释包括运输经纪人和旅行社所提供的服务。大多数经纪业务属于第三十六类。“运输经纪”（基础编号：390073）和“货运经纪”（基础编号：390072）是该一般规则的例外。这些经纪业务的经营方式与第三十六类的经纪业务不同。在第三十六类中，经纪公司充当的角色是第三方购买和销售商品的金融渠道。而第三十九类的运输经纪公司由托运人安排货物运输，这是一项运输安排服务，所以属于第三十九类，而不是像其他金融经纪公司一样属于第三十六类。旅行社服务也属于第三十九类，因为旅行社能提供与旅行有关的服务。第三十九类中的特定排除项定义了一些不属于本类的旅行社从事的服务种类。只有与人员的实际运输有关的服务才是属于第三十九类的服务。

本类尤其包括：

- 运输前检查车辆或货物的服务。

这是另一项不实际涉及运输人员或货物的服务，但该服务对于运输而言是不可或缺的一部分，因此该服务属于第三十九类。注释特别列出了这项服务，以确保其被归入第三十九类。很多其他检查服务属于第四十二类或第四十五类，这取决于其目的是发现实体缺陷（第四十二类）还是提供安全保障（第四十五类）。

本类尤其不包括：

- 与运输企业广告有关的服务，如散发广告传单或无线电广告（第三十五类）。

正如在其他类别中一样，本注释中的特定排除项涵盖了属于其他类别，但和本类注释的活动存在一定联系的服务。这个特定排除项提供了一个示例，即与运输或旅行有关的广告服务即使与第三十九类的活动存在联系也属于第三十五类，因为所有面向企业提供的广告服务都属于第三十五类。

本类尤其不包括：

- 由经纪人或旅行社提供的发行旅行支票或者信用证的服务（第三十六类）。

注释中的这个排除项与第三十六类中明确包含这些服务的注释截然相反。这些服务明显与金融活动以及交易有关，所以即便与旅行或运输服务有关，这些服务仍与其他金融服务一样属于第三十六类。

本类尤其不包括：

- 人或货物在运输过程中的（商业、火灾或生命）保险服务（第三十六类）。

依据本类的类目可知，保险服务属于第三十六类。保险服务可能涉及人员或商品的运输，而这与服务的分类并无关系。

本类尤其不包括：

- 维修车辆的服务，以及维修用于运输人或货物的运输工具的服务（第三十七类）。

不管维修的商品为何，维修服务都属于第三十七类，所以维修用于运输人或货物的运输工具的服务属于第三十七类。字母顺序表特别列明了一些服务，例如，“车辆服务站［加油和保养］”（基础编号：370083）和“飞机保养与修理”（基础编号：370008）。

本类尤其不包括：

- 由旅行社或经纪人提供的预定旅馆房间的服务（第四十三类）。

“酒店预订”（基础编号：430105）一般是由旅行社或经纪人进行的活动。但该服务无法提供人员运输，因此不属于第三十九类。旅行社对这项服务的实施，以及旅行社提供的“发行旅行支票”（基础编号：360020）服务，解释了字母顺序表中不存在“旅行社服务”（travel agency services）这一条目的原因。旅行社的职能通常囊括了第三十九类之外的其他活动，这种表述过于宽泛，所以字母顺序表中的任何类别都无法将其包含在内。

C. 补充评论

“救护车运输”（基础编号：390006）

虽然用救护车运送患者可能涉及紧急医疗护理，但救护车运输的主要目的在于将患者从一处转移到另一处，所以该服务必须被作为运输服务属于第三十九类，而不是作为医疗服务属于第四十四类。

“替他人发射卫星”（基础编号：390095）

替他人发射卫星是21世纪发展起来的另一项服务，因此《尼斯协定》也将其收录在内。因为卫星发射与运输服务联系更紧密，所以该服务属于第三十九类。

“邮件的邮资盖印服务”（基础编号：390097）

因为这项服务通常被用于商业邮寄，所以可以将其归入第三十五类，或者因为这项服务涉及分配货币邮资价值，所以可以将其归入第三十六类。因为上述原因，字母顺序表将其明确列出，属于第三十九类，以避免可能产生的分类错误。这项服务与邮政服务存在紧密且完整的联系，因为邮政服务属于第三十九类，所以将邮件的邮资盖印服务纳入第三十九类是合理的。

“交通信息”（基础编号：390098）

字母顺序表明确列出了这项服务，以避免该服务被错误地归入第四十五类，因为这项服务对交通情况的认知可能会影响到安全问题。但因为该项目直接涉及旅行和交通，所以更适合被归入第三十九类。

“冰柜出租”（基础编号：390099）

因为涉及冰柜的出租服务，所以字母顺序表特别将其收录至第三十九类中。因为冰冻可被视为对冷冻物品进行实质性改变的一种形式，所以将这项服务归入第四十类是合理的。但冰柜的目的是在一个能保持状态的地方储存处于冷冻状态的货物，基于该目的，可以将冰柜出租服务归入第三十九类。

“灌装服务”（基础编号：390100）

有一些企业向待罐装产品的生产者提供装罐服务。灌装液体的活动类似于对商品进行包装，本类的特定包含项对此作出了规定。为了避免使人认为该服务还包括制作待灌装的商品，从而将其错误地归入第四十类，该服务被作为一个特定条目被字母顺序表收录至第三十九类中。

第四十类

正式文本

类目

材料处理。

注释

第四十类主要包括对有机或无机的物质或物品进行机械形式或化学形式的加工，转化或生产的服务（包括定制生产服务），这些服务没有纳入其他类别。根据分类的需要，只有在以他人名义完成其订单和规格的情况下，商品的制造或生产才能被视为服务。如果实施制造或生产的行为不是为了完成产品的订单以满足客户的特别需求、要求或规格，则其通常从属于制造商交易活动中的主要商业行为或是商品。如果某一物质或物体是由加工、转化或生产该物质或物质的人向第三方销售的，则该物质或物体一般不被视为服务。

本类尤其包括：

- 对物品或物质进行加工的服务，包括改变其主要特性的处理服务（如染服装）；按照正常分类，维修服务应属于第三十七类，但若是作出了这样的改变，即可被归入第四十类（如汽车保险杠的镀铬处理）；
- 在物质生产或建筑物建造过程中的材料处理服务，例如，切割、加工成型、磨光或金属镀层方面的服务；
- 根据他人的订单和规格要求定制生产的产品（须明确的是：某些主管部门要求必须指明制造的产品），例如，汽车定制生产。

本类尤其不包括：

- 修理服务（第三十七类）；
- 某些定制服务，例如，汽车定制喷漆（第三十七类）。

释义

A. 类目

材料处理

虽然第四十类非常简短，但存在许多问题。第四十类的服务涉及对材料的处理或对商品本质属性的转变。这就引出了一个问题，即“材料的处理和本质属性的转变”的确切意思为何。

对材料的处理或对物品本质属性的转变使得这些材料或物品在数量或质量上与处理或转变前有所不同。把皮革、线、橡胶、金属，或者还有塑料组合起来做成一只鞋，就是对这些材料进行处理，以使成品不同于其任何一个组成部分。同样，对皮革进行鞣制使最终成品与原材料（即生皮）相比存在很大的区别，所以它可以被视为一种全新的产品。

必须从其最广义的角度理解“材料处理”这个表述。当任何类型的材料受到了任何侵入性处理时，进行此种处理的服务则被视为第四十类的服务。

B. 注释

第四十类主要包括对有机或无机的物质或物品进行机械形式或化学形式的加工，转化或生产的服务（包括定制生产服务），这些服务没有纳入其他类别。根据分类的需要，只有在以他人名义完成其订单和规格的情况下，商品的制造或生产才能被视为服务。如果实施制造或生产的行为不是为了完成产品的订单以满足客户的特别需求、要求或规格，则其通常从属于制造商交易活动中的主要商业行为或是商品。如果某一物质或物体是由加工、转化或生产该物质或物质的人向第三方销售的，则该物质或物体一般不被视为服务。

第四十类是唯一一个解释某项活动何时被视为服务、何时不被视为服务的类别。基于该解释，本注释将定制生产服务包含在第四十类是合理的。字母顺序表中对这项服务的表述为“定做材料装配（替他人）”（custom assembling of materials for others）（基础编号：400083）。虽然有些拗口，但这个表述清晰地描述了定制生产服务，只有这种定制活动才能被认为是属于第四十类的服务。注释表明，制造商所销售商品的生产活动不能被视为服务，而必须被定性为该过程所生产的商品。只有在商品制造者为另一个实体制作物品时，加工活动才能被视为服务。

本类尤其包括：

● 对物品或物质进行加工的服务，包括改变其主要特性的处理服务（如染服装）；按正常分类，维修服务应属于第三十七类，但若是作出了这样的改变，即可被归入第四十类（如汽车保险杠的镀铬处理）。

任何导致物品或物质发生变化的活动都属于第四十类的材料处理服务。本注释重点介绍了第三十七类维修服务和第四十类处理服务之间的差异。为了被认定为第四十类的活动，对一个物品的处理绝不能仅仅停留在表面。将物品恢复到其原始状态的服务被视为属于第三十七类的修理服务，同时，这种修理服务被第三十七类的注释包含在内。但是对物品进行修复（refinishing an object）可能会被视为一项属于第四十类的服务，因为修复实际上会重新构建物品的表面。所以正如本注释所言，在汽车的保险杠上镀铬虽然可以起到一定的修复或维护作用，但该行为将保险杠的表面变成了一种新的材料。参见字母顺序表中第四十类的“镀铬”（基础编号：400017）。所以该项目属于第四十类。

本类尤其包括：

● 在物质生产或建筑物建造过程中的材料处理服务，例如，切割、加工成型、磨光或金属镀层方面的服务。

本注释指的是前面注释的表述中关于为另一实体的利益而处理材料的服务。特定的处理可以采取多种形式，例如切割、加工成型、磨光或金属镀层，所有这些方式在本注释中都有所提及。但所有这些活动都与物质或物品的创造有关（房屋除外，房屋的建造属于第三十七类）。本注释还为本类活动的分类提供了指导。如果在物质或物品的生产过程中存在处理过程，则该服务属于第四十类。

本类尤其包括：

● 根据他人的订单和规格要求定制生产的产品（须明确的是：某些主管部门要求必须指明制造的产品），例如，汽车定制生产。

虽然注释已经强调了定制生产服务，但这个特定包含项进一步解释并强调了这项服务属于第四十类。如果商品没有落入该注释和该特定包含项的表述范围内，则该商品就不是为他人的要求和规格制造的，应被视为制造商的贸易商品，在商标注册申请中标注合适的商品类别。该具体包含项还表明，某些国家主管机构应当对其制造服务生产的定制商品予以明确。《尼斯协定》这种承认或提及国家主管机构的做法可能会影响某项服务的表述，并不反常，但专家委员会认为在这种背景中纳入该表述是有益的。

本类尤其不包括：

- 修理服务（第三十七类）。

正如在第四十类服务的讨论中反复指出的那样，修理、维护和修复服务都属于第三十七类而非第四十类。对物品进行修理、维护和修复以延长其当前状态或将其恢复到其初始状态通常还会涉及第三十七类的活动。即使一些活动也被用于维护某物品，但这些活动如果改变了物品的基本元素则属于第四十类。前文的示例是第四十类汽车保险杠的镀铬处理的服务，该服务实质上改变了保险杠的表面，而不仅仅是使保险杠恢复到原本的状态。它是对基本元素的改变，而不是对物品的恢复。

本类尤其不包括：

- 某些定制服务，例如，汽车定制喷漆（第三十七类）。

这个特定排除项进一步定义了第四十类服务的基本特性。如前所述，对物品进行材料处理必须是侵入性或转化性，这样才能符合第三十七类的处理服务。在现有物品上涂抹一层油漆并不符合该定义，所以这种服务不是属于第四十类的服务。在大多数情况下，混淆一般出现在属于第三十七类的服务上。第四十类不是像第三十七类那种类别的修理和维护服务，例如，“修鞋”（基础编号：370025）之所以属于第三十七类，是因为如果商品以某种方式损坏或磨损，该服务能让商品恢复正常。但“染鞋”（基础编号：400016）属于第四十类，因为染色剂会侵入皮革或任何其他制鞋材料，并改变这些材料原本的状态。简单而言，染鞋服务对待物品的方式实际上改变了物品原本的状态。本特定排除项中给出的示例，即第三十七类的汽车定制喷漆服务，似乎是经过谨慎考虑的，以强调该服务与第四十类的服务，即汽车定制生产服务之间存在对应关系，该示例包含在与商品定制生产有关的特定排除项中。

C. 补充评论

“能源生产”（基础编号：400103）

正如其他制造服务一样，能源生产也是一项创造的服务。从某种意义上说，能源生产是依据能源使用者的要求和规格生产的，所以该项目被恰当地归于第四十类。

印刷服务

因为《尼斯协定》第8版对第四十二类进行了修改，一些印刷服务被从第四十二类转移至第四十类。长期以来，照相印刷（photographic printing）都属于第四十类，这是将所有印刷服务归入第四十类的先例。事实上，所有印刷服务都符合第四十类的类目，即材料处理的定义范围。印刷服务采用了空白承印物，并在上面沉积颜料或化学品，从而在原来空白表面上印上文字或图案。从第四十二类转移到第四十类的印刷服务有“平版印刷”（基础编号：400110）、“印刷”（基础编号：400111）、“胶印”（基础编号：400113）、“照相排版”（基础编号：400114）和“丝网印刷”（基础编号：400115）。

“针织机出租”（基础编号：400112）

针织是一种制造或生产活动。因此，为了与有关租赁服务相关的总言“服务”项下的（b）项保持一致，针织机出租属于第四十类。

“食物冷冻”（基础编号：400117）

这项活动可以成为很多不同类别的包含项，其中一个可能的类别是第三十九类，因为冷冻能够长期储存食物和其他有机物，而事实上，冰柜出租属于第三十九类。参见第三十九类 D 部分中关于字母顺序表中第三十九类“冰箱租赁”（基础编号：390099）的讨论。但第四十类适用于这种食物冷冻的活动，因为将食物冷冻起来实际上会改变它们最初的状态。冷冻的目的可能主要是储存或维护该食物，但冷冻会很大程度地改变食物的状态，所以这项服务属于第四十类。

“空调设备出租”（基础编号：400118）及“空间供暖设备出租”（基础编号：400119）

这些条目以《尼斯协定》中总言“服务”项下的（b）项为基础，规定了租赁服务的政策，即租赁服务原则上与通过租赁物品提供的服务属于同一类别。空调设备和空间供暖设备改变了它们所影响的环境的性质，所以它们最适合属于第四十类，即材料处理的所属类别。因为这些设备通常是建筑工程的一部分，所以它们也存在属于第三十七类的可能，但被租赁的物品本身并不具备任何建筑功能，它们仅仅是作为建筑过程的一部分被安装在结构中。事实上，这些设备是可以独立存在的，并且它们不是建筑结构的固定部分。因为这些商品既不具备建筑功能，也不一定是成品结构的一部分，所以不适合被归入第三十七类。之所以将其归于第四十类，是因为这些商品的目的在于对空间进行处理，并将空气从某种状态转换为另一种状态，即从暖到冷或从冷到暖。

“布匹漂洗”（基础编号：400120）

布匹漂洗服务改变了织物本身的性质。该服务能使布匹更紧密、更防水，但它不会使织物恢复或保持原本的状态。布匹漂洗服务极大地改变了织物，所以作为一种材料处理服务而不是维护或修理服务被归于第四十类。

第四十一类

正式文本

类目

教育；

提供培训；

娱乐；

文体活动。

注释

第四十一类主要包括由个人或团体提供的人或动物智力开发方面的服务，以及用于娱乐或消遣时的服务。

本类尤其包括：

- 有关人员教育或动物训练的各种形式的服务；
- 旨在人们娱乐、消遣或文娱活动的服务；
- 为文化和教育目的向公众展示可视艺术作品或文学作品。

释义

第四十一类的类目对本类的描述非常准确。它包括与人或动物教学或训练有关的活动，以及那些旨在供人娱乐的活动。正确识别属于本类的活动并对其进行分类并不困难。

A. 类目

教育

第四十一类的教育活动可以涵盖从小型研讨会或座谈会到大学研究的全部课程。很多与教育有关但可能不包括教学活动的服务也属于第四十一类，这些服务包括“出借书籍的图书馆”（基础编号：410023）、“书籍出版”（基础编号：410024）和“文字出版（广告宣传文本除外）”（基础编号：410016）。这些活动的目的是促进教育，所以与较为正规和传统的教育服务一样属于第四十一类。值得注意的是，“广告宣传本的出版”（基础编号：350038）属于第三十五类。

提供培训

虽然“提供训练”看起来与“教育”很类似，但在类目中加入该表述为将“动物训练”（基础编号：410005）等服务纳入本类提供了基础。另外，针对人的体能训练也包含在本类目中，例如“体操训练”（基础编号：410021）和示范性质的“实际培训（示范）”（基础编号：410061）。

娱乐

“娱乐”定义了很多属于第四十一类的服务。这些活动形式多样，从“游乐园服务”（基础编号：410003）到“现场表演”（基础编号：410056），几乎所有用于娱乐或消遣的服务都可以属于本类。“赌博服务”（基础编号：410052）和“提供赌场设施”（基础编号：410042）都是属于第四十一类的服务。如前所述，值得注意的是，“广播和电视节目制作”（基础编号：410026）也属于本类，而实际传播这些节目的技术广播属于第三十八类。所以必须对那些通过电视和广播传播的创造娱乐的服务（第四十一类）和那些传播娱乐的服务（第三十八类）进行区分。

和教育一样，与娱乐相关但可能不是娱乐本身的服务属于第四十一类。这些与娱乐有关的服务包括“录像带出租”（基础编号：410069）和“筹划聚会（娱乐）”（基础编号：410060）。

文体活动

本条目包含了本类中的许多服务。显然，该条目囊括了任何形式的“组织体育比赛”（基础编号：410059）。为高尔夫球、网球和其他运动提供运动设施，以及为健康和健身训练提供服务的“健身俱乐部（健身和体能训练）”（基础编号：410054）都属于第四十一类。值得注意的是，“物理治疗”（基础编号：440097）或康复服务作为一种医疗服务而属于第四十四类。

许多相同的身体锻炼是出于身体治疗和体育训练的目的而进行的。但提供服务的实体的性质和这些服务所使用的设施通常大不相同。这些差异解释了将身体治疗服务与体育训练服务归入不同类别的原因。一些相关服务也属于第四十一类，如“体育比赛计时”（基础编号：410073）。

文化活动往往与教育活动存在重叠，但许多服务纯粹是文化性质的。虽然这些服务可以拓宽思想、增长经验，但其教育质量往往并不明显。所以把“文化活动”作为一个部分包含在本类目中非常重要。例如，为展示和展览目的而“提供博物馆设施”（基础编号：410062）的活动和“管弦乐团”（基础编号：410028）等活动都属于第四十一类，因为这些活动可能属于文化活动。并且如前所述，与文化活动有关的服务也属于第四十一类，例如“为艺术家提供模特服务”（基础编号：410036）。“为广告或推销提供模特服务”（基础编号：350049）属于第三十五类，这是因为该服务是用于商业目的而非文化目的。

B. 注释

第四十一类主要包括由个人或团体提供的人或动物智力开发方面的服务，以及用于娱乐或消遣时的服务。

本类尤其包括：

- *有关人员教育或动物训练的各种形式的服务。*

本注释重申了在前述类目中提出的概念。但该项目具体是指针对动物的训练。将“动物训练”（基础编号：410005）包含在本类中与类目中使用“提供培训”是一致的。

本类尤其包括：

- *旨在人们娱乐、消遣或文娱活动的服务。*

本注释还重述并重申了第四十一类服务的另一条基本主线，即用于娱乐、和消遣。但在定义第四十一类的活动时，将“娱乐”（amusement）和“消遣”（recreation）这两个词加入“娱乐”（entertainment）中是具有启发意义的。虽然第四十一类的类目和注释内容并不长，但它们充分定义了本类中的服务。

本类尤其包括：

- 为文化和教育目的向公众展示可视艺术作品或文学作品。

虽然这类活动看上去显然应当属于第四十一类，但其也需要特别说明才能属于第四十一类。本注释明确了音乐会、歌剧、话剧等“可视艺术作品或文学作品”的“现场表演”（基础编号：410056）属于第四十一类。

C. 补充评论

“组织文化或教育展览”（基础编号：410051）

字母顺序表中的这一条目是第三十五类“组织商业或广告展览”（基础编号：350064）的配套条目。这两个展览完全是为了不同的目的，所以要把它们归入两个不同的类别。

信息与教育

所有的信息教育都属于第四十一类，但信息教育并不包括所有的信息服务。只有提供教育活动的服务才属于第四十一类，如研讨会、课程和会议。在电话或网上发布信息或提供信息属于其所提供信息的所属类别，而不属于第四十一类，所以不能认为提供任何信息的服务都属于第四十一类。

另外，与教育相关的信息是可以被第四十一类所纳入的服务。这项活动包括提供有关教学方法的信息，其中包括如何进行教学、教学所需的材料等，或与教育机构或其他组织所提供的课程有关的信息。

“摄影”（基础编号：410101）

摄影属于第四十一类。将这些服务纳入第四十一类的理由是：第四十一类包括了“广播和电视节目制作”（基础编号：410026）和“除广告片外的影片制作”（基础编号：410074❶），因为这些服务涉及重要的摄影活动，所以将摄影服务纳入本类是合理的。除摄影服务外，“摄影报道”（基础编号：410100）、“录像带录制”（基础编号：410106）和“微缩摄影”（基础编号：410182）也属于第四十一类。将这些服务纳入第四十一类避免了将其归入第四十类的可能。第四十类包括“照相底片冲洗”（基础编号：400023）、“照片冲印”（基础编号：400089）和“照相凹版印刷”（基础编号：400090）。拍摄照片活动本身与照片冲洗或印刷差别很大，所以将该活动归入第四十类并不合理。将这些服务明确列入第四十一类中杜绝了分类错误的出现。

---

❶ 此处编号应为410020，原书为410074。——译者注

"新闻记者服务"（基础编号：410103）

新闻记者服务与第四十一类的"广播和电视节目制作"（基础编号：410026）类似，也属于第四十一类。新闻记者服务是广播或电视节目中以新闻为特色的一个方面，因此被适当地归入第四十一类中。应当指出，提供新闻内容这个活动本身可能并不属于第四十一类。例如，在网站上发布新闻这种只提供新闻的服务，不能被认为是属于第四十一类的新闻记者服务。这种服务应被视为一种信息服务，属于新闻内容服务的所属类别。但是新闻记者服务并不局限于某一特定主题，可能今天收集的新闻与艺术和音乐有关，明天收集的新闻又与政治和犯罪有关。收集这些信息，并将其转化成可通过不同方式提供的某种格式，这样的活动正是该表述所预设的服务。

出版服务

"电子书籍和杂志的在线出版"（基础编号：410091）和"电子桌面排版"（基础编号：410092）都被包括在字母顺序表中。"书籍出版"（基础编号：410024）和"文字出版（广告宣传文本除外）"（基础编号：410016）一直都属于第四十一类，所以将其他出版服务纳入第四十一类也是合理的。

"提供不可下载的在线电子出版物"（基础编号：410099）也位于字母顺序表中，属于第四十一类。只要在线文本提供者不允许在线文本被下载，那么提供在线文本就可以被视为一种服务。提供行为本身就是一种服务，而正是提供行为本身构成了服务，并且其提供服务的事实增强了这种服务。相反，如出版物可下载，它们将属于第九类，因为这种情况与第九类中的可供下载软件一样，使用者最终获得的产品和被保存在磁性介质上的产品相比并无区别。第九类条目"电子出版物（可下载）"（基础编号：090657）对这一区别进行了确认。

"票务代理服务［娱乐］"（基础编号：410183）

票务代理很容易被当成一项类似于零售的服务而被归入第三十五类。毕竟票务代理服务能向消费者提供门票，能让消费者自己选择想要参加的娱乐活动。但是因为这些代理机构在这一特定领域中专业性很高，所以为了和其他与娱乐相关的服务保持一致，该服务被收录至第四十一类。

"文稿撰写［宣传文本除外］"（基础编号：410184）

字母顺序表将这项服务包含在内，以避免其被归入文稿的所属类别。除"广告稿的撰写"（基础编号：350099）外，无论其文稿内容为何，文稿撰写都归入第四十一类，这是因为广告稿的撰写服务与广告行业存在联系，所以该服务属于第三十五类。

“书法服务”（基础编号：410186）

若非字母顺序表的指导，这项服务的分类可能会出现问题。书法服务可以被看作属于第四十五类的个人服务、第四十类的印刷服务，甚至是第四十二类的设计服务。但书法所创造的是具有美感的美术作品，所以该项目属于第四十一类。

“除广告以外的版面设计”（基础编号：410187）

这个条目是第三十五类“广告版面设计”（基础编号：350101）的对应项。因为本类包括这一条目是为了避免将其作为设计服务而归入第四十二类，所以第四十一类包含了这一条目，从而避免了分类错误。版面设计服务如果是用于广告用途则属于第三十五类，如果是用于任何其他用途则属于第四十一类。

D. 2017 年《尼斯协定》第 11 版中发生的重大变化或增补

删除学费（tuition deleted）

第四十一类所包含这个条目令人非常困惑。学费服务可以被认为是一种为教育而支付费用的服务。虽然与教育存在联系，但该服务本身并未达到第四十一类的目的。与学费相对应的法语条目的表述则呈现出非常不同的含义。法语条目指的是教育服务、培训和教学，这些项目是典型的属于第四十一类的服务，可以在本类中找到。将英语“tuition”等同于法语“éducation、enseignement”和“instruction”会产生误导并且让人疑惑。虽然字母顺序表删了“学费”，但教育、培训和教学服务仍被作为三个单独的条目被保留在字母顺序表中，且它们的基础编号都为 410017。

第四十二类

正式文本

类目

科学技术服务和与之相关的研究与设计服务；

工业分析与工业研究服务；

计算机硬件与软件的设计与开发。

注释

第四十二类主要包括由个人或集体提供的涉及复杂领域活动的理论和实践服务，这些服务由诸如化学家、物理学家、工程师、计算机程序员等专业人员提供。

本类尤其包括：

• 由从事评估、估算以及从事科技领域研究与报告的工程师和科学家提供的服务（包括技术咨询）；

• 保护计算机数据、个人和金融信息安全的计算机及技术服务，以及监测未经授权接入数据和信息的计算机及技术服务；

• 为医务目的所作的科学研究服务。

本类尤其不包括：

• 商业研究与开发（第三十五类）；

• 文字处理和计算机档案管理（第三十五类）；

• 金融与财政评估（第三十六类）；

• 采矿和石油开采（第三十七类）；

• 计算机（硬件）的安装与维修服务（第三十七类）；

• 由专业人员诸如医生、兽医和精神分析医生所提供的服务（第四十四类）；

- 医疗服务（第四十四类）；
- 花园设计（第四十四类）；
- 法律服务（第四十五类）。

释义

第四十二类包括与科学和计算机技术的理论和实践领域相关的服务。

A. 类目

科学技术服务和与之相关的研究与设计服务

科学技术服务包括与科学技术学科实际相关、直接相关的活动。例如“地质勘测”（基础编号：420062）、“工程学”（基础编号：420064）、“校准［测量］”（基础编号：420136）和“气象信息”（基础编号：420076）。同样，和这些活动一起进行的研究属于第四十二类。这些服务包括“细菌学研究”（基础编号：420017）和“化学研究”（基础编号：420031）。其他一些研究服务并不绝对与第四十二类存在关联，但也属于本类。例如，使用化妆品之类的美容服务属于第四十四类，但“化妆品研究”（基础编号：420045）属于第四十二类。

应当指出，属于第四十二类的设计服务是存在实体的或可视化的设计，例如“平面美术设计”（基础编号：420144）。而诸如保险产品或教育类课程这种不存在实体的设计则不属于第四十二类，相反，其应属于与无实体服务有关的类别。字母顺序表将“园林景观设计”（基础编号：440199）收录至第四十四类而非第四十二类。这项特定的设计服务并未落入第四十二类的所属范围，因为相比属于第四十二类的与研究和技术相关的设计服务，这个设计服务与属于第四十四类的园艺服务关联度更高。

工业分析与工业研究服务

这个类目与前面的类目类似，但是它采用的是工业标准。因此，尽管工业领域中的一些分析和研究需要在第三十五类中进行分类，但是本类目明确指出，这些活动与其他分析和研究服务一样，属于第四十二类。所以即便会影响不同工业领域的业务功能，“包装设计”（基础编号：420050）、“纺织品测试”（基础编号：420109）和“服装设计”（基础编号：420142）都属于第四十二类。

然而，一些研究领域仍然属于其研究主题的所属类别。例如，“商业研究”（基础编号：350041）属于第三十五类，“宗谱研究”（基础编号：450216）和“法律研究”（基础编号：450210）属于第四十五类。这些条目说明，属于第四十二类的研究服务与设计服务相同，是对于有形物或科学领域的研究，如生物学或地质学，而更多对于无形物或非科学主题的研究则属于其研究主题的所属类别。

计算机硬件与软件的设计与开发

本类目将第四十二类中的服务明确为那些只与计算机硬件和关键的设计开发有关的服务。本类目包括在计算机领域需要具备专业技术才能实施的服务。那些在计算机上实施，但本质上是实质性的或与明显属于其他类别的活动有关的服务并不属于本类。很多属于第四十二类的计算机服务都与“计算机编程”（基础编号：420090）有关。一些示例包括“托管计算机站［网站］”（基础编号：420200）和“替他人创建和维护网站”（基础编号：420199）。这些项目都是技术性服务，需要在计算机编程领域具备高水准的专业技能。“计算机软件设计”（基础编号：420139）属于第四十二类，“计算机软件更新”（基础编号：420140）同样如此，这两个项目都是编程服务。另外，“数字文件传送”（基础编号：380047）或“计算机辅助信息和图像传送”（基础编号：380024）与其他传输一样，属于第三十八类。支持传输的编程属于第四十二类，一旦编程完毕，这个实际的传输服务就不属于第四十二类了。因为与计算机硬件本身的实体操作有关，但与计算机硬件中所用软件的编程无关，所以“计算机硬件安装、维护和修理”（基础编号：370116）属于第三十七类。然而，因为涉及编程而非实体处置，所以“计算机软件安装、维护”（基础编号分别为420201和420176）被归入第四十二类。

B. 注释

第四十二类主要包括由个人或集体提供的涉及复杂领域活动的理论和实践服务，这些服务由诸如化学家、物理学家、工程师、计算机程序员等专业人员提供。

在本注释的引言中，“涉及复杂领域活动的理论和实践服务”这一表述很重要。尽管本类目强调了第四十二类包含科学技术服务，但是本类还包括各领域在理论和实践有关的服务。本注释中的特定包含项和排除项说明了该表述及其定义在第四十二类服务中的重要性。与某个与理论和实践有关的领域的服务属于第四十二类，那些与科学技术相关的服务也同样如此。

本类尤其包括：

- 由从事评估、估算以及从事科技领域研究与报告的工程师和科学家提供的服务（包括技术咨询）。

这个特定包含项之所以突出强调这些活动，是为了避免这些活动错误分类入其他类别中。工程师和科学家的工作将会对许多领域产生影响。但正如注释所指出的那样，与“涉及复杂领域活动的理论和实践服务”相关的服务属于第四十二类。所以尽管工程师和科学家所提供的评定、评估和报告可能会对某个行业的商业决定产生影响，但这个包含项明确了这些工程和科学活动所具备的理论和实践性质，决定了它们属于第四十二类。需要指出的是，这个特定包含项指的是包括在第四十二类包含项末尾的括号中的技术咨询服务。即使是括号中的内容也是非常重要的，在认定技术咨询的所属分类时应始终对其加以考量。

本类尤其包括：

- 保护计算机数据、个人和金融信息安全的计算机及技术服务，以及监测未经授权接入数据和信息的计算机及技术服务。

许多警卫服务和安全服务都属于第四十五类。但是，这些安全服务的目的是保护实体的有形财产以及人类和动物。这个特定包含项明确了保护计算机数据以及检测未获授权接触数据的服务属于第四十二类。

本类尤其包括：

- 为医务目的所作的科学研究服务。

实际的医疗服务属于第四十四类，但可能导致某些医疗服务或医疗程序的科学研究属于第四十二类。医学领域的科学研究包括理论和实践两个方面，所以虽然医疗服务本身属于第四十四类，但蕴藏在治疗背后复杂的研究却属于第四十二类。

本类尤其不包括：

- 商业研究与开发（第三十五类）。

这个排除项表明，尽管很多研究和评估服务属于第四十二类，但是“商业研究”（基础编号：350041）和“商业评估”（基础编号：350032）依然属于第三十五类。

本类尤其不包括：

- 文字处理和计算机档案管理（第三十五类）。

尽管“文字处理”（基础编号：350075）和“计算机文档管理”（基础编

号：350061）与属于第四十二类的计算机服务关联紧密，但这个特定排除项明确了这两个项目属于第三十五类。这些活动主要与商业有关。因此，将它们归入第三十五类是适当的，即使计算机全程参与并提供了这些服务。

本类尤其不包括：

- 金融与财政评估（第三十六类）。

金融和财政评估类似于第三十五类中关于商业研究和评估的第一个排除项，属于第三十六类，如“财政估算”（基础编号：360025）。因为这个服务只考虑金钱问题，所以将其与其他更具理论性的研究和评估服务一起归入第四十二类是不合适的。

本类尤其不包括：

- 采矿和石油开采（第三十七类）。

因为“地质勘测”（基础编号：420062）、“油田勘测”（基础编号：042063）和“石油勘探”（基础编号：420095）是属于第四十二类的服务，所以有必要在特定排除项中强调，“深层油井或气井的钻探”（基础编号：370133）和“采矿”（基础编号：370107）等实际开采活动依然属于第三十七类。

本类尤其不包括：

- 计算机（硬件）的安装与维修服务（第三十七类）。

这个特定排除项说明了属于第四十二类编程活动中的“计算机软件安装”（基础编号：420201）、“计算机软件维护”（基础编号：420176）与第三十七类“计算机硬件安装、维护和修理”（基础编号：370116）之间的区别。计算机硬件的安装、维护和维修服务属于第三十七类，因为它们属于实体的维修和安装活动，所以必须与其他实体性质的维修和安装服务一起被归入同一类别。安装、修理或更新软件的计算机编程服务必然属于第四十二类，这是因为“计算机编程”（基础编号：420090）通常属于第四十二类，并不涉及实体的安装、维护或修理。

本类尤其不包括：

- 由专业人员诸如医生、兽医和精神分析医生所提供的服务（第四十四类）。

如前所述，医学专业人士实际提供的医疗服务属于第四十四类。医学研究和对该研究的分析与评估均属于第四十二类。

本类尤其不包括：

- 医疗服务（第四十四类）。

这个特定排除项与上一个排除项类似。将这一排除项包含在内表明了医疗服务的提供属于第四十四类，而发展这种治疗的研究属于第四十二类。

本类尤其不包括：

- 花园设计（第四十四类）。

这个项目是不属于第四十二类的少数设计服务之一。本项目与第四十四类中的其他园艺的关系十分紧密，以至于其被决定归入本类。

本类尤其不包括：

- 法律服务（第四十五类）。

多年来，法律服务一直属于第四十二类，甚至在第四十二类重组后仍被《尼斯协定》第 8 版保留在本类。但在《尼斯协定》第 9 版的五年修订期内，很明显可以看出将这些服务包含在第四十二类中并不是最优选择。而如果决定将其归入第四十五类，这一决策又难以实施。这些服务可以属于第三十五类，原因在于很多法律服务都与商业相关——既涉及私人业务（例如离婚和遗嘱），又涉及公司和其他商业实体业务（例如合同）。但是，决定将这些服务列入第四十五类，是基于类目“为有形财产和个人提供实体保护的安全服务”中的项目，因为法律服务属于第四十五类的安全服务的延伸。安全服务对财产和个人提供了保护，而对这种安全的保障则掌握在法律专业人士手中。

C. 补充评论

“室内装饰设计”（基础编号：420048）和“服装设计”（基础编号：420142）

将这两项设计服务归入第四十二类中似乎有些格格不入。因为第四十二类是一个强调科学技术、研究和分析的类别。但本类也是大多数设计服务的所属类别。设计服务［基于前文所述的原因，“园林景观设计”（基础编号：440199）被排除在外］包括高层次的理论和分析。尽管这些特殊设计服务的成果可能具有美学或艺术属性，但其仍然属于设计服务，符合注释所提到的“复杂领域活动的理论和实践服务”。

“艺术品鉴定”（基础编号：420132）

这是另一项似乎更与美学相关而非与科学相关的活动。然而，艺术品鉴定涉及科学分析和广泛研究，与纯科学相比（例如化学、生物学和物理学），这些研究的技术水平也毫不逊色。事实上，化学、生物学甚至是物理学等学科也常常会被广泛地用于艺术品鉴定。所以“复杂领域活动的理论和实践服务”在很大程度上是这项活动的一部分。

“网络服务器出租”（基础编号：420205）

该活动被作为一项与技术有关的租赁服务归入第四十二类。同其他与互联网活动相关的技术服务一样，第三十八类和第四十二类之间的界限非常明确。这项服务之所以被特别归入第四十二类，是为了避免在第三十八类中造成分类错误。

“计算机病毒的防护服务”（基础编号：420206）

因为很多防护服务都属于第四十五类，例如“实体安全保卫咨询”（基础编号：450117），所以在字母顺序表中包含一个针对第四十二类服务的明确条目非常重要。本项目是一项编程服务，无法监控或报告安全漏洞。该服务是一种将防火墙、垃圾邮件拦截器和其他病毒防护程序编程到计算机中的服务。

“节能领域的咨询”（基础编号：420207）

能源的使用涉及科学和技术方面的诸多内容，关于如何节约能源的咨询服务位于字母顺序表中，该表述属于第四十二类。这项活动也许能被归入其他不同的类别——节能甚至可被当作一项商业服务，因为在能源上节约成本对任何业务而言都是有所裨益的。为了避免产生这种混淆，字母顺序表将节能领域的咨询纳入其中。

“提供互联网搜索引擎”（基础编号：420209）

这是另一个主要由计算机编程构成的服务。搜索引擎程序只是将搜索条件和可以在互联网上搜索到的内容进行匹配，但无法对任何特定类别的商品或服务予以专门对待，所以无法被视为信息服务。即使本项目是一个专门用于查找不动产领域信息的搜索引擎，它也不会与其他不动产服务一起被归入第三十六类，因为其纯粹是一种技术数据的匹配活动，该项目并不会向搜索者提供其发现的信息内容。将这项活动与其他计算机编程服务一同归入第四十二类是恰当的，因为这样消除了按照搜索结果对该活动进行分类的可能。

“文档数字化［扫描］”（基础编号：420210）

这项活动可被认为是一项摄影服务，类似于“照相排版”（基础编号：400114），可以被归入第四十一类或第四十类。然而，对文档进行扫描以便将其数字化并以电子方式存储是一项计算机功能，该功能完全依赖计算机编程实现。为了避免对第四十二类的功能造成分类错误，本条目被收录至《尼斯协定》第10版的字母顺序表中。

D. 2017年《尼斯协定》第11版中发生的重大变化或增补

21世纪的服务业

字母顺序表在第四十二类中增加了一些服务，这些服务是在过去十年左右出现的。这些服务大多与计算机安全有关，如“远程数据备份”（基础编号：

420225）、“互联网安全咨询”（基础编号：420241）、“数据加密服务”（基础编号：420243）、“为侦测非授权访问和数据外泄而进行的计算机系统监控”（基础编号：420244）、“为侦测网络身份盗用而进行的个人身份信息电子监控”（基础编号：420245），以及“为侦测网络诈骗而进行的信用卡活动电子监控”（基础编号：420246）。

其他一些新增内容反映了促成21世纪服务类型的新技术，包括“网站设计咨询”（基础编号：420219）、“软件即服务（SaaS）”（基础编号：420220）、“服务器托管”（基础编号：420223）、“云计算”（基础编号：420229）和“手机解锁”（基础编号：420238）。

第四十三类

正式文本

类目

提供食物和饮料服务；

临时住宿。

注释

第四十三类主要包括由个人或机构为消费者提供食物和饮料的服务以及为使在宾馆、寄宿处或其他提供临时住宿的机构得到床位和寄宿所提供的服务。

本类尤其包括：

- 为旅游者提供住宿预订服务，尤其是通过旅行社或经纪人提供的服务；
- 为动物提供膳食。

本类尤其不包括：

- 提供永久使用的不动产，例如，住房、公寓等的租赁服务（第三十六类）；
- 由旅行社提供的旅行服务（第三十九类）；
- 食物和饮料的防腐处理服务（第四十类）；
- 迪斯科舞厅服务（第四十一类）；
- 寄宿学校（第四十一类）；
- 疗养院（第四十四类）。

释义

本类是针对酒店服务和餐厅服务的类别。在评估本类的分类时，需要记住一些特定准则，但从根本上来说，本类十分简单。

A. 类目

提供食物和饮料服务

第四十三类是“餐馆”（基础编号：430102）的所属类别。当然，和餐馆类似的服务也属于第四十三类，例如“备办宴席”（基础编号：430010）、“自助餐厅”（基础编号：430025）、“快餐馆”（基础编号：430108）。第四十三类的服务是直接向消费者提供即食食品的服务。对于与食物有关但不涉及实际供应食品或制备即食食品的服务，要谨慎将其归入第四十三类。例如，食品加工服务，如“食物和饮料的防腐处理”（基础编号：400066），与其他制造业服务一起被归入第四十类。食品加工的实体所生产的食品是随后被用于制备供终端消费的食品。因为食品加工服务并不会准备供消费者直接食用的食品，所以不属于第四十三类。

临时住宿

这是为“酒店服务”（基础编号：430073）和类似于酒店的服务设置的类别，因为它们都能提供临时住宿。这一部分的关注点在于临时住宿（即使中途会停留很长一段时间）和永久住宿（作为房地产活动应当属于第三十六类）的划分。因此，“养老院”（基础编号：430013）属于第四十三类。虽然人们可能在养老院内停留较长的时间，但这终究是临时性的，而且养老院一般会提供酒店所提供的服务，例如提供餐食和客房清洁服务。这与“公寓出租”（基础编号：360035）或购买一个无限期居住的房子有所不同。关于获得房屋或房地产的服务属于第三十六类。

B. 注释

第四十三类主要包括由个人或机构为消费者提供食品和饮料的服务以及为使在宾馆、寄宿处或其他提供临时住宿的机构得到床位和寄宿所提供的服务。

本类尤其包括：

- *为旅游者提供住宿预订服务，尤其是通过旅行社或经纪人提供的服务*

“预订临时住所”（基础编号：430162）服务被特别包含在第四十三类中。这个包含项的最后一句话清楚地表明，这项服务即便是由旅行社或经纪人提供的也属于第四十三类，而不属于第三十九类，仅仅是因为其可以由旅行专业人士在预订旅行活动本身的时候予以提供。另外，需要注意的是，一个实体为自己预订其所用的酒店或汽车旅馆的活动不属于服务。为了使这项活动成为一项服务，能够进行服务商标的注册，它必须能使他人受益。

本类尤其包括：

- 为动物提供膳食。

因为目前存在一个专门用于兽医和畜牧业活动的类别（第四十四类），所以第四十三类包含了这个特定包含项，以强调所有临时住宿服务都属于四十四类，包括为动物提供的服务。

本类尤其不包括：

- 提供永久使用的不动产，例如，住房、公寓等的租赁服务（第三十六类）。

如上所述，对于永久居住的住房，“不动产出租”（基础编号：360004）是用于永久居住的住宿处，属于第三十六类。只有“临时住宿处出租”（基础编号：430028）属于第四十三类。

本类尤其不包括：

- 由旅行社提供的旅行服务（第三十九类）。

作为前述与预订临时住宿处相关的对应项，这一特定排除项强化了长期以来将旅行本身的安排和预订归入第三十九类的做法，即使旅行是由旅行社所预订的。尽管这两项活动可能是源于同一个实体，但其分类必须属于两个不同的类。

本类尤其不包括：

- 食物和饮料的防腐处理服务（第四十类）。

如上所述，食品和饮料的防腐或处理服务属于第四十类，因为经过加工或被保存的食品不是提供给终端消费者直接食用的，所以食物和饮料的防腐处理服务不属于提供食物和饮料的服务。

本类尤其不包括：

- 迪斯科舞厅服务（第四十一类）。

“迪斯科舞厅”（基础编号：410047）通常包括提供饮料，有时还包括提供食物。然而，迪斯科舞厅服务的主要目的是以舞蹈音乐的形式提供娱乐。而这可能是导致分类混淆的根源，所以该服务被明确地排除在第四十三类之外，并清楚地表明，迪斯科舞厅服务将与其他娱乐服务一样，属于第四十一类。

本类尤其不包括：

- 寄宿学校（第四十一类）。

“寄宿学校教育服务”（基础编号：410075）中的部分服务是为上学的学生提供住宿。然而，寄宿学校的主要目的在于提供教育，因此必须属于第四十一类。该项目被第四十三类的特定排除项所提及，避免了该项目被错误地归入本类。

本类尤其不包括：

- 疗养院（第四十四类）。

因为“康复中心”（基础编号：440043）能提供医疗服务，所以属于第四十四类。因为所居住的疗养院或康复中心也可以被视为临时住所，所以第四十三类的特定排除项列出了这项服务，以避免产生混淆。

C. 补充评论

“提供野营场地设施”（基础编号：430026）和“假日野营住宿服务”（基础编号：430145）

“提供野营场地设施”和“假日野营住宿服务”两项服务都是提供临时住宿的活动。住宿的本质可能是为了娱乐，但是为帐篷或露营者提供的空间是临时性空间，可供人们短期居住。所以将其归入第四十三类是恰当的，而不能将其作为不动产服务或娱乐服务而归入第三十六类或第四十一类。

“日间托儿所［照看孩子］”（基础编号：430098）

此活动仅仅指代当孩子的父母忙于其他事务时（通常是忙于工作），针对孩子提供安全处所的服务。虽然这些提供日间托儿所服务的企业的确会经常为临时停留的孩子提供娱乐或教育活动，但是这些活动应当属于它们所适合的类别，也就是第四十一类。“日间托儿所”或日托中心的活动仅包括对暂时离开自己家庭的孩子提供的住宿服务。

“出租椅子、桌子、桌布和玻璃器皿”（基础编号：430186）

椅子、桌子、桌布和玻璃器皿的出租服务，通常是在餐饮服务或临时住所中与提供食物或饮料一起提供的服务。所以最初设想将其归入第四十三类似乎不太合适，该项目目前被正确地归入本类中，因为这些项目一般是与其他属于第四十三类的服务一起提供的。

第四十四类

正式文本

类目

医疗服务；

兽医服务；

人或动物的卫生和美容服务；

农业、园艺和林业服务。

注释

第四十四类主要包括由个人或机构向人类或动物提供的医疗、卫生和美容服务，它还包括与农业、园艺和林业领域相关的服务。

本类尤其包括：

- 与治疗病人（例如，X光检查和取血样）有关的医学分析；
- 人工授精服务；
- 配药咨询；
- 动物饲养；
- 与植物生长（例如，园艺）有关的服务；
- 与植物艺术（例如，园艺设计和花卉构图）有关的服务。

本类尤其不包括：

- 灭害虫（为农业、水产养殖业、园艺和林业目的除外）（第三十七类）；
- 灌溉系统的安装与维修服务（第三十七类）；
- 救护运输（第三十九类）；
- 动物屠宰及其标本制作（第四十类）；
- 树木砍伐和加工（第四十类）；
- 动物驯养（第四十一类）；

- 为体育锻炼目的而设的健康俱乐部（第四十一类）；
- 医学科学研究服务（第四十二类）；
- 为动物提供膳食（第四十三类）；
- 养老院（第四十三类）。

释义

第四十四类包括对人类和动物的身体护理。这种护理本质上可以是医疗护理或美容护理。然而，需要注意的是，本类别是提供实际护理的活动，而不是对护理的理论性研究。如前文所述，这些服务与其他科学和技术服务一样，属于第四十二类。一旦将对动物的护理归入本类，那么将与农业、园艺和林业活动相关的服务包括在本类中就是一个符合逻辑的发展了。虽然脑外科手术与树木外科手术之间可能关联并不密切，但是本类中的连续性证明了将两种不同的活动归入同一类是合理的。

A. 类目

医疗服务

医疗的实际活动属于第四十四类。这些服务有“医疗诊所服务”（基础编号：440021）、“医疗按摩”（基础编号：440032）、“医院”（基础编号：440059）、“配镜服务”（基础编号：440092）、“理疗”（基础编号：440097）和“牙科”（基础编号：440113）。这些都是直接能使个人受益的活动。医疗服务并非纯粹理论的，而是由医疗专业人士所提供的实际护理。

兽医服务

同样地，向动物提供实际护理的“兽医辅助”（基础编号：440111）属于第四十四类。

人或动物的卫生和美容服务

医疗、卫生和美容服务间存在的界线有时往往难以区分。因此，为人类和动物提供的卫生和美容服务以及医疗服务属于第四十四类。这些服务在彼此的交汇处高度相关，因此，将它们全部归入同一类是符合逻辑的。

农业、园艺和林业服务

如上文所述，一旦将针对动物的兽医、卫生和美容服务归入第四十四类，那么其他农业、园艺和林业服务也将属于第四十四类。所以“庭院风景布置”（基础编号：440012）、“农场设备出租”（基础编号：440084）、“植物养护”（基础编号：440094）、“除草”（基础编号：440171）、“草坪修整”（基础编号：440148）都被包括在本类中。与这些所专注的领域关系密切的服务也同样被包含于第四十四类中，例如“花环制作”（基础编号：440037）和“花卉摆放”（基础编号：440143）。

B. 注释

第四十四类主要包括由个人或机构向人类或动物提供的医疗、卫生和美容服务，它还包括与农业、园艺和林业领域相关的服务。

本类尤其包括：

- 与治疗病人（例如，X光检查和取血样）有关的医学分析。

不同于第四十二类中理论性质的医学分析，与治疗病人直接相关的医学分析属于第四十四类。本类之所以纳入这个特定包含项是为了强调第四十四类的医疗服务和第四十二类的医学研究服务。本注释提供了一些属于第四十四类的医疗服务的具体示例，即X光检查和血液样本采集，这是很有帮助的。

本类尤其包括：

- 人工授精服务。

“人工授精”（基础编号：440194）是由医疗专业人士主持的。但是，因为人工授精实际上与医学治疗并不相关，所以将其归入第四十四类的特定包含项，以避免产生任何混淆或分类错误。这项服务不仅针对人类实施的活动，对动物也同样适用。

本类尤其包括：

- 配药咨询。

“配药咨询”（基础编号：440154）指的是向个人告知药品信息，属于第四十四类。医生、护士或者药剂师都可以进行配药咨询。在一些国家和地区，药剂师提供这种医疗建议是违法的。然而，由于并非所有国家和地区都是如此，因此在第四十四类特定包含项中列出了该活动，以便为该活动合法的国家和地区提供指导。

本类尤其包括：

- 动物饲养。

虽然“动物养殖”（基础编号：440009）不一定由兽医或其他的动物医疗专业人士实施，但将其归入第四十四类是合理的。动物养殖与其他农业服务和兽医服务关联密切。为了避免造成混淆或分类不当，第四十四类的特定包含项将这一活动收录在内。

本类尤其包括：

- 与植物生长（例如，园艺）有关的服务。

“园艺”（基础编号：440077）是园艺业一个子类别，甚至是农业的一个子类别。但有很多人认为园艺是一种休闲消遣，这可能会导致该项目被错误地归入第四十一类。出于商业目的种植植物的服务也被认为属于第四十四类。此外，需注意的是，“园林景观设计”（基础编号：440199）也属于第四十四类，这是不属于第四十二类的设计服务的罕见例外之一。

本类尤其包括：

- 与植物艺术（例如，园艺设计和花卉构图）有关的服务。

如前文所述，园艺设计和花卉构图与第四十四类的其他服务之间关联度很高，例如“庭院风景布置”（基础编号：440012）、“植物养护”（基础编号：440094）和“草坪修整”（基础编号：440148）。为了避免错误地将这些活动作为艺术活动而归入第四十一类，或将它们作为设计服务而归入第四十二类，第四十四类的特定包含项列表明确提及了这些活动。

本类尤其不包括：

- 灭害虫（为农业、水产养殖业、园艺和林业目的除外）（第三十七类）。

当出于家庭目的而进行灭害虫的活动时，灭害虫属于第三十七类的建筑物维护服务。而如果是用于农业、水产养殖业、园艺或林业目的，则该项目属于第四十三类。灭害虫包括消灭昆虫以及较大的害虫或害兽，诸如老鼠和其他啮齿类动物。

本类尤其不包括：

- 灌溉系统的安装与维修服务（第三十七类）。

有形物体的安装和维修服务都属于第三十七类，无需考虑其使用领域。所以灌溉系统以及其他农业、园艺、水产养殖业和林业设备的安装和维修属于第三十七类。这个注释的存在是为了再次对这一分类予以强调。

本类尤其不包括：

- 救护运输（第三十九类）。

使用救护车运送人员是一项属于第三十九类的运输服务。救护车内可能发生的任何生命维持或紧急医疗服务也许会属于第四十四类，但是“救护车运输”（基础编号：390006）本身属于第三十九类。

本类尤其不包括：

- 动物屠宰及其标本制作（第四十类）。

“动物屠宰”（基础编号：400094）是第四十类中材料处理服务的一种极端形式。然而，该项目仍然是将某种物品从一种形式加工为另一种形式的转变，因此必须属于第四十四类。“动物标本剥制”（基础编号：400055）是从一种形式到另一种形式的加工，这种加工与原来的形式相似或相关。上述两个项目都与第四十类的定义相符，不应仅仅依据其与和动物相关的活动存在关联就被错误地归入第四十四类。

本类尤其不包括：

- 树木砍伐和加工（第四十类）。

类似地，“树木砍伐和加工”（基础编号：400067）涉及将活的树木加工成可用于多种用途的形式。因为林业服务位于第四十四类的类目中，所以本类的特定排除项明确列出了这个项目。第四十四类服务与树木的培育和养护有关，并不涉及树木的砍伐与加工。

本类尤其不包括：

- 动物驯养（第四十一类）。

所有培训服务都属于第四十一类。实际上，第四十一类的特定包含项是指“有关人员教育或动物训练的各种形式的服务”。但因为第四十四类囊括了许多与动物有关的服务，所以第四十四类的注释中特别列明了排除项“动物驯养”（基础编号：410005）。

本类尤其不包括：

- 为体育锻炼目的而设的健康俱乐部（第四十一类）。

因为这个活动包含“健康”一词，并且因为体育锻炼可被视为物理疗法的变体，所以第四十四类的特定排除项中涉及为体育锻炼目的而设的健康俱乐部。健康俱乐部的存在以及在俱乐部内进行的体育锻炼主要是为了运动和娱乐，它们能提供不同类型的体育锻炼课程。因此，“健身俱乐部［健身和体能训练］”（基础编号：410054）基于其教育和娱乐属性被恰当地归入第四十一类，而不是与其他和健康有关的服务一样归入第四十四类。

本类尤其不包括：

- 医学科学研究服务（第四十二类）。

正如第四十二类所言，科学研究即使是为了医学目的而进行的，也与其他研究服务一样属于第四十二类。这种科学研究不是为了诊断特定个体的疾病或症状进行的，而是基于可能促进医疗创新的普适性的目的，从而能够惠及许多非特定个体。这与本类特定包含项中的活动（即与治疗病人有关的医学分析，例如X光检查和取血样）明显不同。这些服务之所以属于第四十四类，是因为它们用于收集信息，从而对特定人或动物的特定疾病或病症进行诊断或治疗。

本类尤其不包括：

- 为动物提供膳食（第四十三类）。

正如第四十三类的特定包含项所言，因为目前有一个特别为兽医和畜牧业活动所设的类别（第四十四类），“动物寄养”（基础编号：430134）被第四十三类所明确包含，以强调包括为动物提供的临时住宿服务在内，任何临时住宿服务都属于第四十三类。作为对应项，本项目被列于第四十四类的特定排除项中。

本类尤其不包括：

- 养老院（第四十三类）。

如前文所述，“养老院”（基础编号：430013）属于第四十三类。养老院并不会例行提供医疗服务，因为医疗服务是由“疗养院”（基础编号：440043）和“康复中心”（基础编号：440043）提供的，这二者都属于第四十四类。因此，养老院属于第四十三类，由于其主要目的在于提供临时住宿，而不是提供医疗服务。

C. 补充评论

“血库”（基础编号：440133）和国标“人体组织库”（基础编号：440221）

因为与医疗服务密切相关，血库服务和人体组织库服务属于第四十四类。虽然这些活动涉及储存血液或组织，有时还包括处理或运输，但这些与血液和人体组织的采集相关的活动以及血液和组织的用途，证明了将这些服务归入第四十四类是合理的。

“远程医学服务”（基础编号：440198）

因为这项服务与医疗建议有关，甚至涉及通过通信手段提供治疗，所以这项服务被归入字母顺序表的第四十四类，以避免其可能被错误地归入第三十八类。

“园林景观设计”（基础编号：440199）

第四十二类包括许多设计服务。然而，因为与属于第四十四类的其他园艺服务密切相关，花园设计服务被特别排除在本类之外。注释指出，花园设计是属于第四十四类的服务。同样地，园林景观设计也属于第四十四类，并被列于字母顺序表中，以避免将服务与其他设计服务一起错误地归入第四十二类。

“桑拿浴服务”（基础编号：440200）

“日光浴服务”（基础编号：440201）

“矿泉疗养”（基础编号：440202）

字母顺序表将这些服务收录至第四十四类，因为这些服务的主要目的在于提高顾客的健康水平。矿泉疗养不同于健身疗养，健身疗养的活动大多属于第四十一类。需要注意的是，如果疗养服务能为顾客提供餐食和临时住宿，那么这些服务则被单独划分出来，属于第四十三类。

“化妆师服务”（Visagists' services）（基础编号：440203）

Visagist 是指“化妆师”（make - up artist）。将这一服务归入第四十四类是完全合理的。将该服务纳入字母顺序表中的部分原因在于这个词并不常用。

“药剂师配药”（基础编号：440204）

尽管很多药品都是以成品的形式提供给药剂师的，但在某些地方和情况下，药剂师必须利用药品成分制作处方药。从某种意义上讲，该行为可被视为一项定制生产服务，但这种服务并不适合于第四十类，它是为特定个体准备少量药物的服务，而非真正的商业制造服务。因此，字母顺序表将药剂师配药纳入其中，以避免造成分类错误。对于那些法律不承认“配药咨询”（基础编号：440154）属于合法服务的国家和地区，收录这一条目也为与药剂相关的服务提供了分类指导。零售药房的主要功能在于为了使他人受益而汇集各种各样药品（不包括运输），使得顾客能够方便地查看和购买这些药品，零售药房与其他零售商店的服务一样，属于第三十五类。

第四十五类

正式文本

类目

法律服务；

为有形财产和个人提供实体保护的安全服务；

由他人提供的为满足个人需要的私人和社会服务。

注释

本类尤其包括：

- 由律师、法律助理和私人律师为个人、组织、团体、企业提供的服务；
- 与个人和有形财产的实体安全相关的调查和监视服务；
- 为个人提供的与社会活动相关的服务，例如，社交护送服务、婚姻介绍所、葬礼服务。

本类尤其不包括：

- 为商业运作提供直接指导的专业服务（第三十五类）；
- 为处理与保险有关的金融或货币事务和服务有关的服务（第三十六类）；
- 护送旅客（第三十九类）；
- 安全运输（第三十九类）；
- 各种个人教育服务（第四十一类）；
- 歌唱演员和舞蹈演员的表演（第四十一类）；
- 为保护计算机软件所提供的计算机编程服务（第四十二类）；
- 计算机和互联网安全咨询及数据加密服务（第四十二类）；
- 由他人为人类和动物提供的医疗、卫生或美容服务（第四十四类）；
- 某些出租服务［参见字母顺序表和总言中服务项下的（b）项］。

释义

满足个人需求、由他人提供的私人和社会服务，是类目所列的三个活动中存在问题最多的。当使用这种表述来确定哪些服务应包括在第四十五类中时，需要注意的关键要素是，这种表述并不是一种为了将“未被包括在其他类别的服务”归入第四十五类的笼统的指定，只要这些服务与个人需求有关。第四十五类所包含的服务十分具体，例如“婚姻介绍”（基础编号：450112）、“占星”（基础编号：450146）和“下葬服务”（基础编号：450056）。在向个人提供的服务明显应属于其他类别的情况下，不能仅仅因为其是为了使个人在私人生活中受益而将其归入第四十五类。因此，“银行”（基础编号：360013）属于第三十六类，无论这项服务是在大规模的商业层面上提供，还是以满足个人需求的小型个人层面提供。

A. 类目

法律服务

法律服务属于第四十五类，因为法律服务是下述类目的产物，即与个人和有形财产的实体安全相关的调查和监视服务。这种调查和监视很可能会导致一场司法诉讼。虽然并非所有的司法诉讼都以“个人和有形财产的实体安全”为基础，但法律服务属于第四十五类并非不合逻辑，因为它们往往涉及维护个人和企业的安全或和平。

为有形财产和个人提供实体保护的安全服务

提供安全服务既可以基于个人的保护，也可以基于财产的保护。因为基于个人保护提供安全服务和基于财产提供安全服务是相互关联的，所以这两种情况的服务均归入第四十五类。需要注意的是，本类目强调安全服务是为了对有形财产提供实体保护。该表述表明对无形财产的技术保护不属于第四十五类，相反，它与其他技术服务一起被归入第四十二类。例如，以计算机代码形式存储于计算机中的计算机软件，或以电子形式存储在计算机中的数据。

由他人提供的为满足个人需要的私人和社会服务

本类目所含的服务是为个人生活而提供的活动。提供与社交和生命周期事件相关的服务都属于本类。属于其他类别的服务不会仅仅因为其是向个人提供的而属于第四十五类。对此，前文已有提及，后文第四十五类的特定排除项亦有强调。

B. 注释

本类尤其包括：

- 由律师、法律助理和私人律师为个人、组织、团体、企业提供的服务。

基于类目中“法律服务”的项目，这些服务被纳入第四十五类。如前所述，将法律服务纳入本类的原因在于，法律服务是已经属于第四十五类的安全服务的延伸。安全服务能为有形财产和个人提供保护，而对这种安全的保障则掌握在法律专业人士的手中。

本类尤其包括：

- 与个人和有形财产的实体安全相关的调查和监视服务。

如前所述，无论是为了保护个人、大型实体还是财产，这些与安全相关的服务都属于第四十五类。归根结底，在任何一种情况下，如果不能提供安全保障，个人生活就会受到影响。因此，将这些与安全相关的服务归入本类别是合理的。

本类尤其包括：

- 为个人提供的与社会活动相关的服务，例如，社交护送服务、婚姻介绍所、葬礼服务。

这个特定包含项给出的示例有助于定义本类别的范围。提供与私人社会生活相关的服务属于这一类别。

本类尤其不包括：

- 为商业运作提供直接指导的专业服务（第三十五类）。

虽然该项目可能会对个人产生影响，但这项活动的主要目的在于，为商业的运作或其功能的发挥在经营和贸易方面提供直接援助。该项目不应被错误地归入第四十五类。

本类尤其不包括：

- 为处理与保险有关的金融或货币事务和服务有关的服务（第三十六类）。

个人的经济状况对其而言是非常重要的。但是，与金融或货币事务有关的服务以及涉及保险的服务都属于第三十六类，而第三十六类对金融、货币或保险服务是向个人提供的还是向商业实体提供的不作区分。

本类尤其不包括：

- 护送旅客（第三十九类）。

由于“社交护送［陪伴］”（基础编号：450002）或社会护送服务属于第四十五类，因此有必要明确指出，导游等服务不属于第四十五类。这是一项与旅行有关的服务，故将其归入第三十九类是合理的。

本类尤其不包括：

- 安全运输（第三十九类）。

由于大多数安全服务属于第四十五类，因此必须澄清贵重物品的安全运输是一个例外。安全运输主要是一种运输服务，与第四十五类安全服务相比，将其归入第三十九类的其他运输服务更为合适。

本类尤其不包括：

- 各种个人教育服务（第四十一类）。

虽然在这一领域不应存在太多混淆之处，但该特定排除项的设定是为了消除任何可能存在的混淆。这些混淆可能在当教育服务是为了个人的利益而提供时存在，例如辅导服务，或者在教育服务的标的物可能与个人需要存在关联之时。无论是公开的还是针对私人提供，或者针对一个人还是许多人，教育服务都属于第四十一类。

本类尤其不包括：

- 歌唱演员和舞蹈演员的表演（第四十一类）。

歌唱演员和舞蹈演员的表演显然是娱乐服务。虽然个人可能是娱乐活动的目标观众，并且表演是为了这些观众的个人利益而进行的，但这种表演必须与其他娱乐服务一起被归入第四十一类。

本类尤其不包括：

- 为保护计算机软件所提供的计算机编程服务（第四十二类）。

因为许多保护服务都属于第四十五类，例如“实体安全保卫咨询”（基础编号：450117），所以请务必注意，纯技术性服务（例如此特定排除项）应视为被特别排除在第四十五类之外。正如此排除项所言，这是一项编程服务，它不会监控或报告安全漏洞，它是将防火墙、垃圾邮件拦截器和其他保护程序编入计算机内的服务。因此，它与其他编程和计算机技术服务一起被恰当地归入第四十二类。

本类尤其不包括：

- 计算机和互联网安全咨询及数据加密服务（第四十二类）。

这一特定排除项进一步强调了对有形财产的有形保护以及与其相关的咨询服务属于第四十五类，而包括用于保护计算机数据和信息编程活动的计算机和技术服务以及与这些活动相关的咨询服务则属于第四十二类。

本类尤其不包括：

- 由他人为人类和动物提供的医疗、卫生或美容服务（第四十四类）。

医疗服务是在个人私生活中为个人所提供的服务。然而，第四十四类显然包含向个人提供的服务。本类别指的是本质上更具社会性的服务，因此，这些服务不应属于第四十五类。

本类尤其不包括：

- 某些出租服务［参见字母顺序表和总言中服务项下的（b）项］。

正如《尼斯协定》总言“服务”项下的（b）项所解释的那样，“出租服务，原则上与以租用物品的方式提供的服务（例如第三十八类的电话机出租）属于同一类别”。

第四十五类中这个特定排除项重申了这一概念。虽然有些出租服务属于第四十五类，如“服装出租”（基础编号：450081），但只有与第四十五类活动相关的出租服务才应属于第四十五类。所有其他的服务都应被归入恰当的类别，即与出租标的物所提供的基础服务相对应的类别。

C. 补充评论

“临时照看婴孩”（基础编号：450195）、“临时看管房子”（基础编号：450197）和“临时照料宠物”（基础编号：450198）

可以说，这三项服务涉及照顾个人一生中最重要的事物。将其归入第四十五类是恰当的，因为这些服务为个人生活的一些方面提供了保障。

“行李检查”（基础编号：450196）

第四十五类明确列出了这项服务，以避免该项目因与旅行相关而被错误地归入第三十九类。然而，这项服务显然主要是出于安全目的的。

“个人背景调查”（基础编号：450199）

无论是出于个人还是专业原因，对个人背景的调查显然符合第四十五类的类目的安全性要求，将其归入第四十五类十分合理。

“失物招领”（基础编号：450200）

这项服务涉及在失主可以认领前对遗失物品的回收和保管。该项目最适合被归入第四十五类。

“工厂安全检查”（基础编号：450202）

许多检查服务属于第四十二类。第四十五类的这一条目清楚地表明，评估工厂安全性的检查服务以及其他和安全有关的服务都属于第四十五类。

“保险箱出租”（基础编号：450215）

保险箱很容易被当作一个贮藏容器，因此针对它的出租服务与其他存储服务一样，属于第三十九类。然而，使用保险箱的主要目的在于保护保险箱内的物品，因此第四十五类是出租这种活动的恰当分类。

“宗谱研究”（基础编号：450216）

大多数研究服务属于第四十二类。但是宗谱研究的目的是高度私人化的，其通常不被视为是基于理论、科学或技术目的而进行的研究。为了避免这项专业研究服务被错误地归入第四十二类，字母顺序表将其收录于第四十五类。

“尸体防腐服务”（基础编号：450220）

尸体防腐可以被视为一种处理人类遗骸的服务，因此属于第四十类。然而，尸体防腐服务更多的是一种个人服务，与第四十五类中的许多其他服务有关，例如“殡仪”（基础编号：450057）、“下葬服务”（基础编号：450056）和“举行葬礼”（基础编号：450229）。因此，该项目被适当地归入第四十五类。

“在线社交网络服务”（基础编号：450218）

该项目是字母顺序表中第四十五类的一个重要包含项。这项活动很依赖计算机编程和传输服务，若不是因为这个条目的存在，该服务可能被归入第三十八类或第四十二类。这项服务的重要之处在于在个人或实体之间建立并促进社会互动。因此，该服务被作为与社会活动相关的服务被恰当地归入第四十五类，类目所含的“社会服务”的表述也证明了这一点。

总　言

类目中出现的商品或服务的标识，原则上是与该商品或服务所属领域有关的一般性标识。因此，应当参见字母顺序表以确定每种产品或服务的确切分类。

商品

若不能借助分类表、注释和字母顺序表对产品进行分类，以下论述规定了可以适用的标准：

（a）原则上，成品按照其功能或用途予以分类。如果任何类目中都没有提及某成品的功能或用途，则应将该成品与其他类似成品类比，从而进行分类。如果不存在类似成品，则应采用其他次要标准，如用于制造产品的材料或其操作方式。

（b）多功能的组合制成品的商品（例如，带有收音机的时钟）应按照其主要功能或用途进行分类。若任何类目均未提及这些功能或用途，则应适用上文（a）项所述的其他标准。

（c）未加工或半加工的原材料原则上按照组成它的原材料予以分类。

（d）意图构成另一产品其中的一部分的产品，原则上只有在同一类别的产品不能用于其他目的的情况下，才与该产品属于同一类别。在其他任何情况下，均适用上文（a）项所述的标准。

（e）一个产品无论是否为成品，都是根据制造它的材料进行分类的。如果该产品由不同材料制成，则原则上按照占其主导地位的材料予以分类。

（f）原则上，与拟装载产品相适应的容器与该产品属于同一类别。

服务

若不能借助分类表、注释和字母顺序表对服务进行分类，以下论述规定了可以适用的标准：

（a）服务，原则上按照服务类别的类目和注释中所列的活动分支进行分类，在无特别规定的情况下，则根据字母顺序表中标明的其他可比服务进行类比。

（b）出租服务（rental services），原则上与以租用物品的方式提供的服务（例如第三十八类的电话机出租）属于同一类别。租赁服务（leasing services）类似于出租服务，因此应以同样的方式对其予以分类。但是，融资租赁服务作为一种金融服务，属于第三十六类。

（c）原则上，提供建议、信息或咨询的服务与提供服务所涉及的主题属于同一类，例如运输咨询（第三十九类）、商业管理咨询（第三十五类）、金融咨询（第三十六类）和美容咨询（第四十四类）。以电子方式（例如，电话或计算机）提供建议、信息或咨询不会对这些服务的分类产生影响。

（d）原则上，在特许经营框架内提供的服务与特许经营人提供的特定服务属于同一类［例如，与特许经营有关的商业意见（第三十五类）、与特许经营有关的融资服务（第三十六类）、与特许经营有关的法律服务（第四十五类）］。

《尼斯协定》字母顺序表的管理、结构和体例

引言

《尼斯协定》自1957年开始实施，旨在提供一个体系。这个体系能让参与的各个国家局组织其内部的商标申请。同时《尼斯协定》也被用作收费结构的基础。

截至2011年，共有83个国家加入了《尼斯协定》，66个国家和4个国际组织使用了《尼斯协定》。《尼斯协定》缔约方必须将《尼斯协定》的分类系统作为其主要或次要的分类方案。分类的编号必须包含在与商标注册有关的官方文件或出版物中。使用（而非加入）《尼斯协定》的66个国家和4个国际组织不受缔约方同样要求的约束，但许多使用《尼斯协定》的国家选择自愿遵守这些要求。需要指出的是，通过《马德里协定》（*Madrid Agreement*）和《马德里议定书》（*Madrid Protocol*）提交的申请，也需要使用《尼斯协定》的分类系统。

管理

《尼斯协定》每年都会通过专家委员会会议进行更新，每五年会有一次全面修订并发行新版本。同时每一个签署《尼斯协定》的国家都有权参加专家委员会会议。

在《尼斯协定》第11版计划颁布的五年修订期之前，筹备工作组在五年修订期的前三年中每年都会举行会议。筹备工作组审议了成员国针对字母顺序表进行增补、删减、转移和修订的所有提案。筹备工作组还将“变化”纳入

考量，并且偶尔还会考虑增设新类别。此外，筹备工作组还向专家委员会提出建议，说明哪些提案应当由筹备工作组自身予以采纳、拒绝，或通过某种方式予以修订。

在修订期的第四年，专家委员会开会审议并讨论了前三年提出并由筹备工作组修订的所有提议。在此次会议之后，以及修订期的第五年，WIPO 根据专家委员会的决定，承担起了更新《尼斯协定》出版物的任务，并以法文和英文印发了新版本。这些法文和英文版本均是官方版本。许多其他语言的版本是依据法文和英文版本翻译而来的。新版《尼斯协定》在上一版之后的第五年的一月起生效。

然而，该更新系统在《尼斯协定》第 11 版中发生了变化。为审议《尼斯协定》的修订而成立的筹备工作组已被解散。取而代之的是专家委员会本身在五年修订期内（2012～2016 年）每年都会举办一次的会议。专家委员会审查了每年提出的所有增补、删减、修订和转移的建议，但完整的新版本直到修订期的第五年，即 2016 年才得以发布。因为专家委员会是《尼斯协定》任何形式变更的最终决定机构，增补与删减的内容可以在修订期的每年的一月获得通过，所以，这些修改不会影响分类本身的结构或基本的特性。但是对于其他变化来说，例如，将商品或服务从一个类别转移到另一个类别，或更改类目或注释的表述，只有在修订期结束，公布了完整的新版《尼斯协定》之后才能实施。

《尼斯协定》第 11 版生效于 2017 年 1 月 1 日，它反映了在五年修订期内所作的所有增补和删减，以及专家委员会在 2016 年最后一次会议上对类目和注释的转移和修改的接受。

结构

《尼斯协定》中的使用者指南、类目、注释和字母顺序表对本书至关重要。

使用者指南

使用者指南非常有用，在了解有关字母顺序表的一般信息时，应当对其进行参考。使用者指南概述了非常广泛但基础且重要的概念，能够帮助使用者理解《尼斯协定》及其字母顺序表的体例。

类目

类目是特定类别所包含商品或服务的通用表述。字母顺序表中的所有商品或服务，必须在该类中的某个条目或表述中存在依据。

注释

注释包括三个部分。第一部分通常是一般性陈述，比涉及包括在该类中的商品或服务类型的类目更为详细，有些类别的注释不包括这个部分。注释接着列出了那些特定被包括或被排除在类别之外的商品或服务，或对特定类别所包含的商品或服务的基本特性提供了一般性指导，比类目所列出的内容更为具体，但其具体程度不如字母顺序表中的单独条目。

字母顺序表

对于那些试图在《尼斯协定》签署国或使用《尼斯协定》的国家申请商标注册的实体而言，字母顺序表可以说是《尼斯协定》中最重要的部分。字母顺序表出现在WIPO的出版物中，有五列内容，每列都包含着特定信息。以下是基于《尼斯协定》英文版对这些列的描述：

第一列表明了分派给第三列中所列商品或服务的特定的类别编号。

第二列是商品或服务的英文序列号。基础编号会根据所参见的语言版本的不同而发生变化。

第三列用于表示商品或服务本身的表述。序列号以条目中第一个单词的字母开头，因此它会因语言而异。此外，具有交叉引用或同义词的条目将拥有不同的序列号，因为序列号同样以条目中第一个单词的字母开头。当然，该表述将是所查阅的字母顺序表所属版本的表述。

该数字以英文版本出现，且第四列的法文版本中出现该英文数字，这是因为法文和英文的版本均为《尼斯协定》的官方版本，使用者应当可以获取这两种官方版本的序列号。在《尼斯协定》所有的翻译语言中，每个条目都具有唯一的序列号。该序列号在每种语言版本中都是特定的。

第五列是每个条目的“基础编号”。字母顺序表中每种语言翻译的基础编号都是相同的。通过在每个语言版本中为每个条目设置一个相同的基础编号，使用者可以在字母顺序表的其他语言版本中，找到相同的产品或服务。例如，英文条目“路灯”的基础编号是110263，而这也是法文、德文、西班牙文、意大利文、中文、日文或任何其他语言版本中“路灯”的基础编号。基础编号的前三位数字表示类别，个位数的类别从0开始。因此，第一类项目的基础编号将从010开始。上文中提到的“路灯”是第十一类的项目，故其前三位数字是110。基础编号的后三位数字表示条目被引入《尼斯协定》的顺序。因此，“海报”（基础编号：160007）被列入字母顺序表中的时间要早于“明信片”（基础编号：160174）。

使用

《尼斯协定》为字母顺序表所特别列出的项目提供了分类。对于确定与特定条目相关或类似但本身不包括在字母顺序表中的项目的分类，《尼斯协定》还可以提供指导。字母顺序表存在一些可以帮助使用者浏览和理解其机制的因素，并能帮助使用者高效利用。

交叉引用（cross – references）

一个产品可能在字母顺序表中出现多次，但是，该产品将被重新排列，以便使用者在检索的时候能在条目中的各个关键词下找到它。这种存在多个条目的情况被称为“交叉引用”。在交叉引用中，关键词后面的单词位于圆括号内，并以破折号结尾。在圆括号前面的单词或词组，控制着该条目在字母顺序表中的位置。破折号被认为是圆括号外的单词或词组的替代，这个单词作为该条目的开头。需要注意的是，交叉引用具有相同的序列号和基础编号。以下是一些交叉引用的示例：

- 动物打印记用墨［Marking ink for animals and Inks（Marking—）for animals］；
- 路标用玻璃颗粒［Glass granules for marking out roads and Granules for marking out roads（Glass—）］。

同义词（equivalents）

一个基础编号下可能有多个条目，这些条目是相同的，但是它们的措辞表达不同。因为通过查找以不同方式表示的项目，使用者可以检索这些项目的分类，所以字母顺序表中包含了不同的条目。值得注意的是，单词的替代拼写被视为同义词。在基础编号和序列号相同时，其包含的多个条目的示例如下所示：

- 亚麻籽油膳食补充剂（基础编号：050422）；
- 表蒙和表玻璃（基础编号：140059）；

- 均衡器［音频装置］（基础编号：090770）。

泛化术语（general term）

尽管字母顺序表追求特定性，但有时候特定类别包含稍微笼统性的术语，该术语可能出现在另一类别中以表示另一种类的商品或服务，其包含某种能证明其不属于更笼统性术语的类别的资格。在此情况下，泛化术语将被用星号予以标记。当遇到带有星号的术语时，使用者应当明白其应在字母顺序表的其他位置查找，以确保所涉及的商品或服务属于泛化术语的所属类别，或属于包含相同术语的另一个类别。但附加的限定词证明其他的分类是正确的。一些示例如下所示：

- 第二类的涂料*（Paints*）和第十七类的绝缘涂料（Insulating paints）；
- 第十六类的宣纸*（Rice paper*）和第三十类的食用宣纸（Edible rice paper）；
- 第三十六类的经纪业务*（Brokerage*）和第三十九类的运输经纪业务（Transport brokerage）。

方括号［ ］

《尼斯协定》使用方括号是为了对条目的措辞予以更精确地定义。这通常是依靠特定文化所特有的词语来实现的，其含义可能不为非该文化氛围中的人所知。当条目的文本需要进一步的精确以证明其在指定的特定类别中的分类是合理的时候，也可以使用方括号。最后，当圆括号内的材料构成了条目中一个术语的另一种拼写形式时，该术语可以在圆括号内使用。这种替代拼写通常是由该术语在特定国家的拼写方式不同来决定的。方括号将使用替代拼写的国家包含在内。以下是方括号的每种用法的示例：

- Boiler tubes［parts of machines］in Class 7（第七类的“锅炉管道［机器部件］”）；
- Bulgogi［Korean beef dish］in Class 29（第二十九类的“韩式烤肉［韩式烤牛肉］”）；
- Vegetables，tinned［canned（Am.）］（“蔬菜罐头［菜罐头］”）。

总之，了解《尼斯协定》的管理、结构和体例，可以使这个工具更易于理解，从而使《尼斯协定》更便于使用。

附　录

第一类的变化

A/C/T/D/STET	旧条目	新条目	基础编号	备注
C	制造用黄蓍胶（Tragachanth gum for use in manufactures）	工业用黄蓍胶（Gum tragacanth for industrial purposes）	010024	
D	活性炭（Activated carbons）		010025	
C	活性炭（Activated [carbons]）	活性炭（Activated carbon）(Activated charcoal)	010025	
C	喷雾器用气体推进剂（Gas propellants for aerosols）	喷雾器用气体推进剂（Propellant gases for aerosols）	010026	
C	除杀菌剂、除莠剂、除草剂、杀虫剂和杀寄生虫剂外的农业化学品	除杀真菌剂、除草剂、杀虫剂、杀寄生虫剂外的农业化学品	010031	
C	蛋白纸（Albuminized paper）	蛋白纸（Albumenized paper）	010036	
D	卤精（Sal ammoniac spirits）		010058	
STET	卤精（Spirits of salt）		010058	
C	邻氨基苯甲酸（Antranilic acid）	邻氨基苯甲酸（Anthranilic acid）	010070	
C	硫化锑（Antimony sulphide）	硫化锑（Antimony sulfide）	010076	
C	淀粉浆料［化学制剂］（Starch size [chemical preparations]）	纺织工业用上浆料	010077	
D	纺织品敷料和整备制剂（Dressing and finishing preparations for textiles）		010077	

续表

A/C/T/D/STET	旧条目	新条目	基础编号	备注
D	一氧化氮（Nitric monoxide）		010093	
STET	一氧化氮（Nitrous oxide）		010093	
C	酿葡萄酒用杀菌剂［制葡萄酒用化学制剂］（Oenological bactericides [chemical preparations used in wine making]）	酿葡萄酒用杀菌剂［制葡萄酒用化学制剂］（Oenological bactericides [chemical preparations for use in wine making]）	010096	
D	酿葡萄酒用杀菌剂（Chemicals used in fermenting wine）		010096	
C	除颜料外的制造搪瓷用化学制剂（Chemical preparations, except pigments, for the manufacture of enamel）	除颜料外的制造搪瓷用化学品（Chemicals, except pigments for the manufacture of enamel）	010107	
C	苯甲酸酰亚胺（Benzoic sulphidinede）	苯甲酸酰亚胺（Benzoic sulfidimide）	010113	
D	有机漂白化学品		010129	
D	氮石灰［肥料］（Nitrogenous lime [manure]）		010141	
STET	氰氨化钙［肥料］（Calcium cyanamide [fertilizer]）		010141	
C	二硫化碳（Carbon sulphide）	二硫化碳（Carbon disulfide）	010149	
C	除油漆外的水泥防水制剂（Cement - waterproofing preparations, except paints）	除油漆外的水泥防水化学品（Cement - waterproofing chemicals, except paints）	010195	
C	药物制剂保存剂（Preservatives for pharmaceutical preparations）	制药工业用保存剂（Preservatives for use in the pharmaceutical industry）	010210	
C	硫酸铜［矾］（Copper sulphate [vitriol]）	硫酸铜［蓝矾］（Copper sulfate [blue vitriol]）	010225	
C	矾（Vitriol）	蓝矾（Blue Vitriol）	010225	
C	上浆糊精（Dextrine size）	上浆糊精（Dextrin [size]）	010242	

续表

A/C/T/D/STET	旧条目	新条目	基础编号	备注
C	重氮纸（Diazo papers）	重氮纸（Diazo paper）	010245	
C	离子交换剂［化学制剂］（Ion exchangers［chemical preparations］）	离子交换剂［化学品］（Ion exchangers［chemicals］）	010255	
C	试纸	试纸（非医用、非兽医用）	010259	
D	搪瓷或玻璃用乳浊剂		010264	
D	农业肥料（Manure for agriculture）		010271	
STET	肥料（Fertilizers）（Fertilisers）		010271	
C	硫酸醚（Sulphuric ethers）	硫酸醚（Sulfuric ether）	010285	
C	化学用硫华（Flowers of sulphur for chemical purposes）	化学用硫华（Flowers of sulfur for chemical purposes）	010299	
C	纺织工业用漂洗剂（Fulling preparations for use in textile industry）	纺织工业用漂洗剂（Fulling preparations for use in the textile industry）	010312	
D	制动液（Brake fluids）		010315	
STET	制动液（Brake fluid）		010315	
D	腐殖土（Potting soil）		010355	
STET	腐殖质（Humus）		010355	
C	连二亚硫酸盐（Hyposulphites）	连二亚硫酸盐（Hyposulfites）	010361	
D	金属土（Metal earths）		010392	
D	金属退火剂（Metal tempering preparations）		010393	
STET	金属退火剂（Metal annealing preparations）		010393	
C	硝酸钠（Nitrate of uranium）	硝酸铀（Uranium nitrate）	010405	
D	胶印感光用板（Sensitized printing plates for offset）		010406	

续表

A/C/T/D/STET	旧条目	新条目	基础编号	备注
STET	胶印感光用板（Sensitized plates for offset printing）		010406	
C	橄榄石［化学制剂］（Olivine［chemical preparations］）	橄榄石［硅酸盐矿石］（Olivine［silicate mineral］）	010408	
C	过氧化氢（Hydrogen peroxide）	工业用过氧化氢	010414	
D	过氧化氢（Dioxide of hydrogen）		010414	
C	氧化钯	氯化钯	010415	
C	过硫酸（Persulphates）	过硫酸（Persulfates）	010425	
D	制冷剂（Refrigerating preparations）		010459	
STET	制冷剂（Refrigerants）		010459	
C	硫化物（Sulphides）	硫化物（Sulfides）	010486	
C	钠盐［化学制剂］	钠盐［化合物］	010491	
C	硫（Sulphur）	硫（Sulfur）	010493	
C	化学用次硝酸铋（Bismuth nitrite for chemical purposes）	化学用次硝酸铋（Bismuth subnitrate for chemical purposes）	010494	
C	尖晶石［化学制剂］	尖晶石［氧化物矿石］	010496	
C	电池硫酸盐清除剂（Liquids for removing sulphates from batteries） 蓄电池硫酸盐清除剂（Liquids for removing sulphates from accumulators）	电池硫酸盐清除剂（Liquids for removing sulfates from batteries） 蓄电池硫酸盐清除剂（Liquids for removing sulfates from accumulators）	010500	
C	磺酸（Sulphonic acids）	磺酸（Sulfonic acids）	010501	
C	亚硫酸（Sulphurous acids）	亚硫酸（Sulfurous acid）	010502	
C	硫酸（Sulphuric acids）	硫酸（Sulfuric acid）	010503	
C	鞣革用漆叶（Chemicals for forestry, except fungicides, herbicides, insecticides and parasiticides）	鞣革用漆叶（Chemicals for use in forestry, except fungicides, herbicides, insecticides and parasiticides）	010504	

续表

A/C/T/D/STET	旧条目	新条目	基础编号	备注
D	搪瓷和玻璃染色化学品（Enamel and glass staining chemicals）			
C	种植土（Earth for growing）	种植土（Soil for growing）	010524	
C	纺织工业用漂白土（Fuller's earth for use in textile industry）	纺织工业用漂白土（Fuller's earth for use in the textile industry）	010525	
C	硫酸盐（Sulphates）	硫酸盐（Sulfates）	010555	
C	硫化钡（Barium sulphate）	硫酸钡（Barium sulfate）	010574	
C	制漆用化学制剂（Chemical preparations for the manufacture of paints）	制漆用化学品（Chemicals for the manufacture of paints）	010575	
D	制漆用化学制剂（Chemical preparations for the manufacture of pigments）		010575	
C	非医用、非兽医用微生物培养物（Cultures of microorganisms other than for medical and veterinary use） 非医用、非兽医用微生物培养制剂（Preparations of microorganisms other than for medical and veterinary use）	非医用、非兽医用微生物培养物剂（Cultures of microorganisms, other than for medical and veterinary use）	010596	
C	非家用树胶［黏合剂］（Gums [adhesives], other than for stationery or household purposes）	工业用树胶［黏合剂］（Gums [adhesives] for industrial purpose）	010616	
C	除油漆外的砖石建筑防潮剂（Damp proofing preparations, except paints, for masonry）	除油漆外的砖石建筑防潮化学品（Damp - proofing chemicals, except paints, for masonry）	010617	

续表

A/C/T/D/STET	旧条目	新条目	基础编号	备注
C	非家用除垢剂	非家用除水垢剂	010635	
C	工业用海水（Sea water for industrial purposes）	工业用海水（Seawater for industrial purposes）	010636	
A		氯化铵溶液	010678	
A		制颜料用化学品	010679	
A		非医用、非兽医用微生物制剂	010680	
A		盆栽土	010681	
A		金属回火剂	010682	
A		工业用谷氨酸	010683	
A		制药用茶提取物	010684	
A		食品工业用茶提取物	010685	
A		降解有机物［肥料］	010686	
A		制化妆品用茶提取物	010687	
A		工业用胶原蛋白	010688	
A		碳化硅［原材料］	010689	
A		非医用、非兽医用佐剂	010690	
A		制食品补充剂用维生素	010691	
A		食品工业用维生素	010692	
A		生产用抗氧化剂	010693	
A		制化妆品用抗氧化剂	010694	
A		制药用抗氧化剂	010695	
A		制食品补充剂用抗氧化剂	010696	
A		生产用蛋白质	010697	
A		制食品补充剂用蛋白质	010698	
A		食品工业用蛋白质	010699	
A		硝酸铵	010700	
A		制药用维生素	010701	
A		制化妆品用维生素	010702	
A		工业用类黄酮［酚类化合物］	010703	

续表

A/C/T/D/STET	旧条目	新条目	基础编号	备注
A		工业用麝香草酚	010704	
A		表土	010705	
A		传动油	010706	
A		未加工聚合树脂	010707	
A		眼镜片用化学涂层	010708	
A		甘汞［氯化亚汞］	010709	
A		厩肥	010710	
T		混合二甲苯	010711	从第四类转移——详细解释请参见正文
T		二甲苯	010712	从第四类转移——详细解释请参见正文
T		苯	010713	从第四类转移——详细解释请参见正文
T		粗制苯	010714	从第四类转移——详细解释请参见正文

第二类的变化

A/C/T/D/STET	旧条目	新条目	基础编号	备注
D	画家、艺术家和装潢师用铝粉（Aluminum powder for painters，artists and decorators）		020008	

续表

A/C/T/D/STET	旧条目	新条目	基础编号	备注
STET	绘画用铝粉（Aluminum powder for painting）		020008	
D	银箔［叶子］（Silver foil [leaf]）		020013	
C	青铜粉（Bronze powder）	绘画用青铜粉（Bronze powder for painting）	020032	
D	青铜粉［漆］（Bronze powder [paint]）		020032	
C	运载工具底盘防蚀涂层（Undercoating for chassis of vehicles） 运载工具底盘底漆（Undersealing for chassis of vehicles）	运载工具底盘防蚀涂层（Undercoating for vehicle chassis） 运载工具底盘底漆（Undersealing for vehicle chassis）	020040	
D	印刷合成物［油墨］（Printing compositions [ink]）		020043	
STET	印刷膏［油墨］（Printers' pastes [ink]）		020043	
D	金箔（Gildings）		020063	
C	动物打印记用墨（Marking inks for animals）	动物打印记用墨（Marking ink for animals）	020067	
C	画家、装饰家、印刷商和艺术家用金属粉	绘画、装饰、印刷和艺术用金属粉	020090	这一变化对第二类的打印机用金属和作为3D打印用半加工材料金属进行了区分。该变化也表明了商品的用途，而非预期使用者的目的
C	画家、装饰家、印刷商和艺术家用金属箔	绘画、装饰、印刷和艺术用金属箔	020092	这一变化表明了商品的用途，而非预期使用者的目的

续表

A/C/T/D/STET	旧条目	新条目	基础编号	备注
C	存储用防锈制剂（Anti－rust preparations for preservation）	防锈制剂（Anti－rust preparations）	020107	
A		艺术用水彩	020126	
A		艺术用油彩	020127	
A		可食用墨	020128	
A		已填充可食用墨的打印机墨盒	020129	
D	黑色［着色剂或颜料］（Blacks［colorants or paints］）			
D	白色［着色剂或颜料］（Whites［colorants or paints］）			
C	画家、装饰家、印刷商和艺术家用金属箔和金属粉（Metals in foil and powder form for painters, decorators, printers and artists）	绘画、装饰、印刷和艺术用金属箔及金属粉		类目

第三类的变化

A/C/T/D/STET	旧条目	新条目	基础编号	备注
C	肥皂	肥皂*	030012	详细解释参见正文
D	洗衣用上蓝剂（Blueing for laundry）（Bluing for laundry）		030014	
A	洗衣用上蓝剂（Laundry blueing）		030014	

续表

A/C/T/D/STET	旧条目	新条目	基础编号	备注
C	化妆用棉签（Swabs [toiletries]）	化妆用棉签	030019	
STET	化妆用棉签（Cotton sticks for cosmetic purposes）		030019	
A	洗衣用漂白剂（Laundry bleaching preparations）		030028	
STET	洗衣用漂白剂（Laundry bleach）		030028	
C	非医用漱口剂（Mouth washes，not for medical purposes）	非医用漱口剂（Mouthwashes，not for medical purposes）	030031	
C	润发乳	润发乳 *	030034	详细解释参见正文
D	鞋油（Shoe polish）（Boot cream）（Boot polish）		030039	
STET	鞋油（Shoe cream）		030039	
D	柠檬香精油（Essential oils of citron）		030056	
STET	柠檬香精油（Essential oils of lemon）		030056	
C	牙膏	牙膏 *	030079	详细解释参见正文
C	家用除水垢剂（Scale removing preparation for household purposes）	家用除水垢剂（Descaling preparations for household purposes）	030081	
D	蛋糕用调味香精油（Flavourings for cake [essential oils]）		030107	
STET	蛋糕用调味香精油（Cake flavourings [essential oils]）		030107	
A		蛋糕用调味香精油（Cake flavourings [essential oils]）	030107	

续表

A/C/T/D/STET	旧条目	新条目	基础编号	备注
D	洗衣剂（Washing preparations） 洗衣用漂白剂（Bleaching preparations [laundry]）		030124	
STET	洗衣用漂白剂（Laundry preparations）		030124	
C	梳妆用制剂	梳洗用制剂*	030125	详细解释参见正文
C	洗发液	洗发液*	030134	详细解释参见正文
C	玻璃砂布（Glass cloth）	玻璃砂布（Glass cloth [abrasive cloth]）	030161	
C	饮料用调味香精油（Flavorings [flavourings] for beverages [essential oils]）	饮料用调味香精油（Flavorings for beverages [essential oils]）	030173	
STET	饮料用调味香精油（Flavorings for beverages [essential oils]）		030173	
C	宠物用沐浴露	宠物用沐浴露［不含药物的清洁制剂］	030196	
C	干洗式洗发剂	干洗式洗发剂*	030223	详细解释参见正文
A		香橼香精油	030226	
A		散沫花［化妆用染料］	030227	
A		鞋油	030228	
A		唇膏盒	030229	
A		非医用洗浴制剂	030230	
A		护发素	030231	
A		头发拉直制剂	030232	
A		浸卸妆液的薄纸	030233	

续表

A/C/T/D/STET	旧条目	新条目	基础编号	备注
A		化妆用胶原蛋白制剂	030234	
A		牙齿美白贴	030235	
A		食物用调味香精油（Food flavourings［essential oils］）	030236	
A		食物用调味香精油（Food flavorings［essential oils］）	030236	
A		草本化妆品	030237	
A		非医用个人私处清洗液	030238	
A		化妆用草本提取物	030239	
A		指甲油去除剂	030240	
A		动物用沐浴露［不含药物的清洁制剂］	030242	
A		非医用洗眼剂	030243	
A		个人清洁或祛味用阴道洗液	030244	
C	肥皂	不含药物的肥皂		类目
C	化妆品	不含药物的化妆品		类目
C	护发液	不含药物的梳洗用制剂		类目
C	牙膏	不含药物的牙膏		类目
C	第三类主要包括洗涤用品和化妆品	第三类主要包括清洁制剂和不含药物的盥洗用品		注释
A		含药物的洗发水、肥皂、护发液和牙膏（第五类）		注释的排除项

第四类的变化

A/C/T/D/STET	旧条目	新条目	基础编号	备注
D	靴用油脂		040026	
C	鞋用油脂（Grease for shoes）	鞋用油脂（Grease for footwear）	040026	
D	汽油（Benzine）		040043	
STET	汽油（Petrol）		040043	
C	去漆剂（Additives, non - chemical, to motor - fuel）	去漆剂（Additives, non chemical to motor fuel）	030085	
C	除指甲油制剂（Additives, non - chemical, to motor - fuel）	除指甲油制剂（Additives, non - chemical to motor fuel）	030088	
C	工业用蓖麻油（Castor oil for technical purposes）	工业用蓖麻油（Castor oil for industrial purposes）	040089	
A		吸收灰尘用合成物	040109	
A		石油挥发油	040110	
A		生物质燃料	040111	
A		二甲苯燃料	040113	
A		苯燃料	040112	
T	苯（Benzene）			转移至第一类——详细解释参见正文
T	二甲苯（Xylene）			转移至第一类——详细解释参见正文
T	二甲苯（Xylol）			转移至第一类——详细解释参见正文
T	苯（Benzol）			转移至第一类——详细解释参见正文

第五类的变化

A/C/T/D/STET	旧条目	新条目	基础编号	备注
D	医用酒精（Alcohol for pharmaceutical purposes）		050008	
STET	医用酒精（Medicinal alcohol）		050008	
C	橡皮膏（Adhesive plaster）	橡皮膏（Adhesive plasters）	050019	
D	橡皮膏（Court plasters Gummed）（taffeta plasters）		050019	
STET	橡皮膏（Sticking plasters）		050019	
D	消灭有害动物制剂（Pesticides）		050021	
STET	消灭有害动物制剂（Preparations for destroying noxious animals）		050021	
D	头痛用药（Articles for headaches）			
C	医用洗浴制剂	医用洗浴制剂	050041	
D	卫生绷带（Hygienic bandages）			
C	牲畜用洗涤剂（Cattle washes）	牲畜用洗涤剂［杀虫剂］（Cattle washes ［insecticides］）	050051	
C	甘汞（Calomel）	甘汞［杀真菌剂］（Calomel ［fungicide］）	050064	
D	药制糖果（Confectionery, medicated）		050057	
STET	药制糖果（Candy, medicated）		050057	
C	药用石灰制药剂	石灰制药剂	050074	

续表

A/C/T/D/STET	旧条目	新条目	基础编号	备注
C	狗用洗涤液（Dog washes）	狗用洗涤液［杀虫剂］（Dog washes [insecticides]）	050075	
D	外科用纱布［纸巾］ 外科纸巾			
C	维生素制剂	维生素制剂*	050090	
D	医用橡皮膏		050097	
C	治晒伤用药剂（Sunburn preparations for pharmaceuticals）	治晒伤用药剂（Pharmaceutical preparations for treating sunburn）	050100	
D	治头痛药条（Headache pencils）			
C	动物用洗涤剂（Animal washes）	动物用洗涤剂（Animal washes [insecticides]）	050189	
C	硫磺棒［消毒用］（Sulphur sticks [disinfectants]）	硫磺棒［消毒用］（Sulfur sticks [disinfectants]）	050205	
C	医用和兽医用微生物培养基	医用或兽医用微生物培养物	050213	
D	医用和兽医用微生物培养基		050213	
C	磺胺［药］（Sulphonamides [medicines]）	磺胺［药］（Sulfonamides [medicines]）	050279	
C	药用硫华（Flowers of sulphur for pharmaceutical purposes）	药用硫华（Flowers of sulfur for pharmaceutical purposes）	050334	
D	药用胶囊（Capsules for pharmaceutical purposes）		050243	
STET	药用扁胶囊（Cachets for pharmaceutical purposes）		050243	
D	狗用洗液（Dog lotions）			
A		失禁用尿布	050351	

续表

A/C/T/D/STET	旧条目	新条目	基础编号	备注
C	阴道清洗液	医用阴道清洗液	050393	
C	外科移植物［活体组织］	活体外科移植物	050397	
C	尿布［婴儿尿布］（Diapers［babies' napkins］）	婴儿尿布	050412	
C	洗眼液（Eye－washes）	含药物的洗眼剂	050414	
A		医用试纸	050437	
A		药用酒精	050438	
A		杀虫剂	050439	
A		宠物尿布	050440	
A		消毒剂	050441	
A		外科胶水	050442	
A		医用生物标志物诊断试剂	050443	
A		痤疮治疗制剂	050444	
A		含药物的饲料	050445	
A		兽医用诊断制剂	050446	
A		医用棉签	050447	
A		婴儿配方奶粉	050448	
A		婴儿奶粉	050449	
A		移植物［活体组织］	050450	
A		医用胶原蛋白	050451	
A		药用植物提取物	050452	
A		药品	050453	
A		医用或兽医用微生物制剂	050454	
A		医用草本疗法制剂	050455	
A		医用草本提取物	050456	
A		性刺激用凝胶	050457	
A		免疫刺激剂	050458	
A		治疗用或医用营养制剂	050459	

续表

A/C/T/D/STET	旧条目	新条目	基础编号	备注
A		医用冻干食物（Lyophilized food adapted for medical purposes）（Lypholised food adapted for medical purposes）	050460	
A		医用冻干食物（Freeze - dried food adapted for medical purposes）	050460	
A		医用均质食物	050461	
A		医用载药注射器	050462	
A		医用冻干肉	050463	
A		医用收敛剂	050465	
A		含药物的牙膏	050466	
A		灭虱洗发剂	050468	
A		动物用杀虫沐浴露	050469	
A		兽医用杀虫洗涤剂	050470	
A		抗菌皂	050471	
A		抗菌洗手液	050472	
A		含药物的剃须后用液	050473	
A		含药物的洗发液	050474	
A		含药物的梳洗用制剂	050475	
A		含药物的润发乳	050476	
A		含药物的干洗式洗发剂	050477	
A		含药物的宠物用沐浴露	050478	
A		治疗虱子用制剂［灭虱药］	050467	
T	医用手镯（Bracelets for medical purposes）			转移至第十类——详细解释参见正文
T	抗风湿手镯（Anti - rheumatism bracelets）			转移至第十类——详细解释参见正文
T	防风湿手环（Anti - rheumatism rings）			转移至第十类——详细解释参见正文

续表

A/C/T/D/STET	旧条目	新条目	基础编号	备注
C	药用和兽医用……	药品、医用和兽医用……		类目
C	非医用、非兽医用的代餐物、营养食物和饮料（第二十九类、第三十类、第三十一类、第三十二类或第三十三类）	非医用、非兽医用的代餐物、营养食物和饮料（第二十九类、第三十类、第三十一类、第三十二类或第三十三类）		注释的排除项
C	洗漱用卫生制剂（第三类）	梳妆用不含药物的卫生制剂（第三类）		注释的排除项
A		婴儿和失禁者用尿布		注释的包含项
A		含药的洗发水、肥皂、洗液和牙膏		注释的包含项

第六类的变化

A/C/T/D/STET	旧条目	新条目	基础编号	备注
C	金属钱箱	钱箱［金属或非金属］	060029	
C	镀银锡合金	镀银的锡合金	060032	
C	保险柜（Safes［strong boxes］）	保险柜［金属或非金属］（Safes［metal or non－metal］）	060034	
A		保险柜［金属或非金属］（Strongboxes［metal or nor－metal］）	060034	
D		金属制窗挡（Sash fasteners of metal for windows）	060035	
STET		金属制窗挡（Window stops of metal）	060035	

续表

A/C/T/D/STET	旧条目	新条目	基础编号	备注
D		金属制门挡（Gate stops of metal）	060036	
STET		金属制门挡（Door stops of metal）	060036	
C	金属装甲板（Armour – plating）	金属装甲板（Armour – plating of metal）（Armor – plating of metal）	060047	
C	医院用金属身份证明手镯（Identification bracelets of metal, for hospitals）	金属制身份鉴别手环（Identification bracelets of metal）	060051	
C	钥匙	金属钥匙	060083	
C	建筑用金属柱（Pillars of metal for buildings）	建筑用金属柱（Pillars of metal for building）	060090	
D	装甲板（Armour plate）		060107	
D	火炉隔屏（Furnace fire screens） 火炉筛网（Furnace screens）			
C	非电动门铃	金属门铃（非电动）	060121	
D	攀登用鞋底钉（Ice nails [climbing irons]）		060149	
STET	攀登用鞋底钉（Crampons [climbing irons]）		060149	
C	金属门廊[建筑]（Porches of metal [building]）	门廊[金属结构]（Porches [structures] of metal）	060179	
C	门环	金属门环	060180	
C	溜冰场[金属结构]（Skating rinks [structures of metal]）	溜冰场[金属结构]（Skating rinks [structures] of metal）	060203	
D	建筑用金属衬板（Cladding of metal for construction and building）		060211	

续表

A/C/T/D/STET	旧条目	新条目	基础编号	备注
C	建筑用金属衬板（Linings of metal [building]）	建筑用金属衬板（Linings of metal for building）	060211	
C	金属瓦（Tiles of metal）	金属屋瓦（Roofing tiles of metal）	060213	
C	普通金属制钥匙圈（Rings of common metal for keys）	普通金属制钥匙圈（Split rings of common metal for keys）	060221	
A		金属梁	060224	
C	不发光、非机械的金属路牌（Signs，nonluminous and non - mechanical，of metal for roads）	不发光、非机械的金属路牌（Road signs，nonluminous and non - mechanical，of metal）	060228	
A		金属蓄水池	060232	
C	旋转栅门	金属旋转栅门	060255	
C	金属鸟舍［建筑物］（Aviaries of metal [structures]）	鸟舍［金属结构］（Aviaries [structures] of metal）	060263	
C	压缩空气管道用金属配件（Fittings of metal for air ducts）	压缩空气管道用金属配件（Fittings of metal for compressed air lines）	060267	
C	鸟食台［金属结构］（Bird baths [structures of metal]）	鸟食台［金属结构］（Bird baths [structures] of metal）	060280	
D	金属制钳工台（Vice benches of metal）			
C	游泳池［金属结构］（Swimming pools [metal structures]）	游泳池［金属结构］（Swimming pools [structures] of metal）		
STET	紧固管道用金属环（Collars of metal for fastening pipes）		060312	
D	紧固管道用金属环（Wall hooks of metal for pipes）（Clips of metal for pipes）		060312	

续表

A/C/T/D/STET	旧条目	新条目	基础编号	备注
C	金属墓穴［埋葬用］（Vaults of metal［burial］）	金属墓穴（Burial vaults of metal）	060323	
C	金属门框（Door cases of metal）	金属门框（Door casings of metal）	060329	
C	金属槽（Gutters of metal）	金属檐槽（Roof gutters of metal）	060332	
C	石板用钩［五金具］（Hooks for slate［metal hardware］）	屋顶石板用金属钩（Hooks of metal for roofing slate）	060351	
C	乘客登乘用可移动金属梯（Boarding stairs of metal, mobile, for passengers）	乘客登乘用可移动金属梯（Mobile boarding stairs of metal for passengers）	060362	
C	电线用金属杆（Poles of metal for electric lines）（Posts of metal, for electric lines）	电线用金属杆（Posts of metal for power lines）（Poles of metal for power lines）	060365	
C	金属墓碑板（Gravestone slabs of metal）	金属墓板（Grave slabs of metal）	060385	
A		金属墓板（Tomb slabs of metal）	060385	
D	金属墓碑板（Gravestones of metal）（Tombstones of metal）		060385	
C	炉栏（Furnace fireguards）	炉用金属护栏（Furnace fireguards of metal）	060390	
D	金属食品柜（Chests of metal for food）			
A		金属身份牌	060399	金属标识牌（Identity plates of metal）仍处于基础编号中
C	桶用金属龙头（Taps for casks of metal）	桶用金属龙头（Taps of metal for casks）	060402	

续表

A/C/T/D/STET	旧条目	新条目	基础编号	备注
C	金属制岩钉［登山设备］	金属制岩钉	060430	
C	凉亭［金属结构］（Arbours［structures of metal］）	凉亭［金属结构］（Arbours［structures］of metal）	060436	
A		金属牲畜棚	060437	
A		金属猪圈	060438	
A		金属预制房［成套组件］	060439	
A		金属托盘*	060440	
A		金属制街道排水沟	060441	
A		瓶用金属螺旋盖	060442	
A		非电动开窗器	060443	
A		非电动关窗器	060444	
A		金属墙砖	060445	
A		金属铺地平板	060446	
A		建筑用金属平板	060447	
A		金属梯凳	060448	
A		光伏电池组成的金属屋顶板	060449	
A		金属装甲门（Armoured doors of metal）	060450	
A		金属装甲门（Armored doors of metal）	060450	
A		金属制浴缸扶手	060451	
A		金属制固定式狗用垃圾袋分配器	060452	
A		3D打印机用金属箔或金属粉	060453	
A		金属制窗锁	060454	
A		金属制门用锁紧装置	060455	
A		金属波形瓦	060456	

续表

A/C/T/D/STET	旧条目	新条目	基础编号	备注
A		金属栏杆	060457	
A		建筑用金属包层	060458	
A		热轧钢棒	060459	
A		磨光钢棒	060460	
A		已剥皮的金属棒	060461	
A		已拉拔抛光的金属棒	060462	
A		金属挂包钩	060463	
A		家具用金属角码	060464	
A		金属标签	060465	
A		金属制五加仑装汽油罐	060466	
A		树或植物的金属支桩	060467	
A		金属旗杆（建筑物）	060468	
A		袋子用金属封口夹	060469	
A		鞋用金属钉	060470	
A		鞋用金属销钉	060471	
A		电子保险柜	060472	
D	不属于其他类别的普通金属制品			类目
C	画家、装饰家、印刷商和艺术家用金属箔及金属粉（第二类）	绘画、装饰、印刷和艺术用金属箔及金属粉（第二类）		注释的排除项
A		某些按其功能和用途分类的普通金属制品（参见按字母顺序排列的商品分类表）		注释的排除项
C&T	金属扫帚柄	扫帚柄		转移至第二十一类——详细解释参见正文
C&T	金属手动工具手柄	手动工具手柄		转移至第八类——详细解释参见正文

续表

A/C/T/D/STET	旧条目	新条目	基础编号	备注
C&T	金属刀柄	刀柄		转移至第八类——详细解释参见正文
C&T	金属镰刀柄	镰刀柄		转移至第八类——详细解释参见正文
C	普通金属及其合金	普通金属及其合金，金属矿石		类目
C	金属建筑材料（Metal building materials）	金属建筑材料（Metal materials for building and construction）		类目
D	铁轨用金属材料			类目
C	金属小五金具（Ironmongery, small items of metal hardware）	金属小五金具（Small items of metal hardware）		类目
D	金属管			类目
A		存储或运输用金属容器		类目
D	矿砂			类目
C	第六类主要包括未加工和半加工金属，包括矿石，以及某些简单金属制品	第六类主要包括未加工和半加工金属，包括矿石，以及某些普通金属制品		注释
C	铝土（第一类）	因为其化学特性在工业和科学研究中被用作化学品的金属和矿石，例如，铝土、汞、锑、碱金属及碱土金属（第一类）		注释的排除项
D	汞、锑、碱金属的碱土金属（第一类）			注释的排除项
A		电缆（第九类），非金属、非电气缆绳（第二十二类）		注释的排除项

续表

A/C/T/D/STET	旧条目	新条目	基础编号	备注
A		作为卫生设备部件的管道（第十一类），非金属软管和非金属柔性管（第十七类）和非金属硬管（第十九类）		注释的排除项
A		家养宠物用笼子（第二十一类）		注释的排除项
C	某些按其功能和用途分类的普通金属制品（参见按字母顺序排列的商品分类表）	某些按其功能和用途分类的普通金属制品，例如，手动的手工具（第八类）、回形针（第十六类）、家具（第二十类）、厨房用具（第二十一类）、家用容器（第二十一类）		注释的排除项
A		用于进一步加工的金属箔或金属粉，例如，用于3D打印机		注释的包含项
A		金属建筑材料，例如，铁轨用金属材料、金属管和金属管道		注释的包含项
A		金属小五金具，例如，螺栓、螺丝、钉子、家具脚轮、窗栓		注释的包含项
A		金属制可移动的建筑物或建筑结构，例如，活动房屋、游泳池、兽笼、溜冰场		注释的包含项
A		不按照功能或用途分类的某些普通金属制品，例如，多用途普通金属盒、塑像、普通金属制艺术品及半身塑像		注释的包含项

第七类的变化

A/C/T/D/STET	旧条目	新条目	基础编号	备注
C	扫路机［自动牵引式］	自推进式扫路机	070034	
C	汽水饮料制造机	饮料加气设备	070056	
C	截煤机（Coalcutting machines）	截煤机（Coal－cutting machine）	070094	
C	机械锅炉水垢收集器	机器锅炉用水垢收集器	070110	
C	冷凝器［蒸汽］［机器部件］	蒸汽冷凝器［机器部件］	070115	
C	汽水制造设备（Aerated water making apparatus）	汽水加气设备（Apparatus for aerating water）	070163	
C	制矿泉水机械（Mineral water making machines）	饮用水矿化设备（Machines for the production of mineral water）	070164	
C	家用电动轧碎机、碾磨机（Grinders/crushers，electric，for household purpose）	厨房用电动轧碎机（Crushers for kitchen use，electric）	070256	
D	家用电动轧碎机、碾磨机（Domestic crushers/grinders，electric）		070256	
D	磨床［机器］（Crushing machines，rammers［machines］）		070263	
STET	磨床（Grinding machines）		070263	
C	制意式面食机（Machines for making edible pastes）	电动意式面食制作机（Machines for making pasta）	070296	
C	石材加工机（Stone working machines）	石材加工机（Stone－working machines）	070301	
A		筑路机	070340	

续表

A/C/T/D/STET	旧条目	新条目	基础编号	备注
C	制香肠机（Sausage machines）	制香肠机（Sausage making machines）	070346	
C	制糖机（Sugar making machines）	制糖机（Machines for the production of sugar）	070356	
D	鞋跟制造机（Heel - making machines）			
C	电操作刷	电操作刷［机器部件］	070413	
C	液压开关门器［机器零件］（Hydraulic door openers and closers [parts of machines]）	液压开门器（Door openers, hydraulic）	070515	
C	气动开关门器［机器零件］（Pneumatic door openers and closers [parts of machines]）	气动开门器（Door openers, pneumatic）	070520	
A		塑料加工机器	070544	
A		电动开窗器	070545	
A		电动关窗器	070546	
A		液压开窗器	070547	
A		液压关窗器	070548	
A		气动开窗器	070549	
A		气动关窗器	070550	
A		液压关门器	070551	
A		气动关门器	070552	
A		厨房用电动碾磨机	070553	
A		气动千斤顶	070554	
A		3D 打印机	070555	
A		滤筛机	070556	
A		非陆地车辆用发动机支架	070557	
A		电动拔钉器	070558	

续表

A/C/T/D/STET	旧条目	新条目	基础编号	备注
A		吸尘器用刷	070559	
A		滑雪板用电动磨边器	070560	
A		碾碎机	070561	
A		撞锤［机器］	070562	
A		真空吸尘器用吸嘴	070563	
A		清理管道用清管器	070564	
A		电动榨果汁机	070565	
A		电动螺丝刀	070566	
A		作为机器部件的操纵杆（游戏机用除外）	070567	
A		运载工具引擎用凸轮轴	070568	
A		橡胶履带（履带式建筑工程机械部件）	070569	
A		橡胶履带（履带式装卸机械部件）	070570	
A		橡胶履带（履带式农业机械部件）	070571	
A		橡胶履带（履带式采矿机械部件）	070572	
A		橡胶履带（履带式扫雪机部件）	070573	
D	筛具（Sifters）			
D	分离器（Separators）			
D	给水调节器（Feedwater regulators）			
D	清洗机（Washing machines）			
D	曝气器气化器（Aerators）（Gasifiers）			

第八类的变化

A/C/T/D/STET	旧条目	新条目	基础编号	备注
C	镗孔棒	镗孔棒［手工具］	080009	
C	拔钉器	手动拔钉器（Nail extractors, hand－operated）	080023	
A		手动拔钉器（Nail pullers, hand－operated）	080023	
C	手钻［手工具］	手动的手钻	080028	
C	丝锥扳手（Wrenches［hand tools］）	丝锥扳手（Tap wrenches）	080063	
A	扳手［手工具］（Tap wrenches）	扳手［手工具］（Wrenches［hand tools］）	080064	
D	消灭植物寄生虫用装置（Destructing apparatus for plant parasites）		080088	
C	消灭植物寄生虫用装置（Plant parasite killing apparatus）	消灭植物寄生虫用手动装置	080088	
D	钻头			
C	金属带拉伸器［手工具］（Stretchers for wire and metal bands［hand tools］）	金属带拉伸器［手工具］（Metal bard strentche［hand tools］）	080160	
D	金属带拉伸器［手工具］（Metal band stretchers［hand tools］）（Wire stretchers［hand tools］）		080160	
C	捣碎用研钵	捣碎用研钵［手工具］（Mortars for pounding［hand tools］）	080163	

续表

A/C/T/D/STET	旧条目	新条目	基础编号	备注
C	撞杵［手工具］（Pestles for pounding）	撞杵［手工具］（Pestles for pounding［hand tools］）	080172	
STET	撞杵［手工具］（Rammers［hand tools］）		080172	
C	螺丝刀	非电动螺丝刀	080195	
C	叉子	农业用叉［手工具］	080220	
A		台钳	080244	
A		台虎钳［手工器具］	080261	
A		非电动压胶枪	080262	
A		金属线拉伸器［手工具］	080263	
A		美工刀	080264	
A		手动气泵	080265	
A		陶瓷刀	080266	
A		指甲砂锉	080267	
A		滑雪板用手动磨边器	080268	
A		文身针	080269	
A		艺术家用抹刀	080270	
A		雕刻家用凿子	080271	
A		塑料制餐刀、餐叉和匙	080272	
A		婴儿用餐刀、餐叉和匙	080273	
A		滑雪板用刮板	080274	
T	金属工具柄（Tool handles of metal）	手工操作手工具用工具柄（Handles for hand - operated tools）	080275	从第六类转移——详细解释参见正文
T	金属刀柄	刀柄	080276	从第六类转移——详细解释参见正文
T	金属镰刀柄	镰刀柄	080277	从第六类转移——详细解释参见正文
D	动物屠宰装置（Apparatus and instruments for slaughtering butchers' animals）			

续表

A/C/T/D/STET	旧条目	新条目	基础编号	备注
D	螺纹机床（Threaders）			
D	动物屠宰剥皮装置（Apparatus and instruments for skinning butchers' animals）			
D	切割器（Cutting bars）			
D	牛击昏器具（Cattle stunning appliances）（Cattle stunning apparatus）			
T&C	盛葡萄酒的长柄勺（Ladles for wine）	盛葡萄酒的长柄勺（Ladles for serving wine）		转移至第二十一类——详细解释参见正文
T	胡桃钳（Nutcrackers）			转移至第二十一类——详细解释参见正文
T	方糖钳（Sugar tongs）			转移至第二十一类——详细解释参见正文
T	缝针穿线器（Needle - threaders）			转移至第二十六类——详细解释参见正文

第九类的变化

A/C/T/D/STET	旧条目	新条目	基础编号	备注
C	灭火器（Extinguishers）	灭火器（Fire extinguishers）	090041	
D	灭火器（Fire extinguishing apparatus）		090041	灭火器（Fire extinguishing apparatus）被纳入基础编号090750中

续表

A/C/T/D/STET	旧条目	新条目	基础编号	备注
C	近摄镜（Lens hoods）	近摄镜（Close – up lenses）	090088	透镜盖被纳入基础编号 090723 中
C	计算磁盘（Calculating disks）	计算圆尺（Circular slide rules）	090101	
D	非人工呼吸用呼吸面具		090113	非人工呼吸用呼吸面具仍保留在基础编号中
C	眼镜链（Eyeglass chains）	眼镜链（Spectacle chains）	090115	
D	眼镜链（Pince – nez chains）		090115	
A		眼镜链（Eyeglass chains）	090115	
D	会计机器（Accounting machines）			
D	织物密度分析镜		090136	放大镜（Magnifying glasses）的过时术语。线程计数器（Thread counter）仍保留在基础编号中
C	夹鼻眼镜挂绳（Eyeglass cords）	眼镜挂绳（Spectacle cords）	090156	
D	夹鼻眼镜挂绳（Pince – nez cords）		090156	
A		夹鼻眼镜挂绳（Eyeglass cords）	090156	
C	圆规［测量仪器］	测量用圆规	090200	
D	覆有导电体的玻璃（Glass covered with an electrical conductor）			
D	眼镜盒（Eyeglass cases） 夹鼻眼镜盒（Pince – nez cases）			

续表

A/C/T/D/STET	旧条目	新条目	基础编号	备注
A		防火服装	090288	被增加到基础编号的条目中——防火服装（Clothing for protection against fire）
C	机动消防车	消防车	090297	
C	消防车	消防泵	090298	
A		眼镜（Eyeglasses）	090331	被增加到基础编号的条目中——眼镜（Spectacles）
C	眼镜片（Spectacle glasses）	眼镜片（Spectacle lenses）	090334	
A		眼镜片（Eyeglass lenses）	090334	
A		眼镜框	090359	被增加到基础编号的条目中——眼镜框（Eyeglass frames）
D	夹鼻眼镜片（Pince – nez, mountings）			
D	眼镜架（Eyeglass frames）			眼镜架被增加到基础编号090359中
D	眼镜（Eyeglasses）		090397	眼镜被增加到基础编号090331中
STET	眼镜（Pince – nez）		090397	
D	防火服（Garments for protection against fire）			参见基础编号090288的注释
C	牙齿保护器	牙齿保护器*	090414	
C	非医用X射线产生装置和设备（X – ray producing apparatus and installations, not for medical purposes）	非医用X射线产生装置和设备（Apparatus and installations for the production of X – rays, not for medical purposes）	090420	
C	亚硫酸盐测计（Sulphitometers）	亚硫酸盐测计（Sulfitometers）	090463	

续表

A/C/T/D/STET	旧条目	新条目	基础编号	备注
C	遥控仪器	遥控装置*	090470	
A		火器用瞄准望远镜	090509	被增加到基础编号的条目中——火器用瞄准望远镜
D	文字处理器（Word processors）			
D	装有解剖仪器的箱子［显微镜］（Cases filled with dissecting instruments［microscopy］）			
A		眼镜盒	090567	被增加到基础编号的条目中——眼镜盒（Spectacle cases）
C	晶片［硅片］（Wafers［silicon slices］）	集成电路用晶片（Wafers for integrated circuits）	090584	
C	鼠标［数据处理设备］（Mouse［data processing equipment］）	鼠标［计算机外围设备］（Mouse［computer peripheral］）	090614	
C	与计算机连用的打印机（Printers for use with computers）	与计算机连用的打印机*（Printers for use with computers*）	090618	
C	手提电话	无绳电话	090661	
C	电话用成套免提工具（Hands free kits for phones）	电话用成套免提工具（Hands free kits for telephones）	090688	
C	计算机游戏软件	已录制的计算机游戏软件	090670	
A		便携式计算机专用包	090709	
A		便携式计算机用套	090710	
A		数码相框	090711	
A		培养皿	090712	

续表

A/C/T/D/STET	旧条目	新条目	基础编号	备注
A		皮托管	090713	
A		频闪观测器	090714	
A		锥形交通路标	090715	
A		非医用示温标签	090716	
A		可下载的计算机应用软件	090717	
A		电子图书阅读器	090718	
A		智能手机	090719	
A		打印机和复印机用未填充的鼓粉盒	090720	
A		婴儿监控器	090721	
A		镜头遮光罩	090723	
A		平板电脑	090724	
A		已编码钥匙卡	090725	
A		3D 眼镜	090726	
A		视频游戏机用内存卡	090727	
A		防弹衣	090728	
A		加速计	090729	
A		电源插头转换器	090730	
A		自然灾害用救生舱	090731	
A		计算机硬件	090732	
A		发电用太阳能电池板	090733	
A		移动电话 手机	090734	
A		武器用瞄准望远镜	090735	
A		数字标牌	090736	
A		穿戴式行动追踪器	090737	
A		电子香烟用充电器	090738	
A		联机手环［测量仪器］	090739	
A		智能手机用套	090740	
A		智能手机用壳	090741	

续表

A/C/T/D/STET	旧条目	新条目	基础编号	备注
A		自拍杆［手持单脚架］	090742	
A		热量计	090743	
A		流量计	090744	
A		反光安全背心	090745	
A		训练动物用电子项圈	090746	
A		与计算机连用的操纵杆（视频游戏用除外）	090747	
A		智能眼镜	090748	
A		智能手表	C090749	
A		灭火设备	090750	
A		计算机屏幕专用保护膜	090751	
A		体育用护齿	090752	
A		体育用护头	090753	
A		罗盘仪针	090754	
A		安全令牌［加密装置］	090755	
A		红外探测器	090756	
A		掌上电脑用套	090757	
A		婴儿秤	090758	
A		联锁门用电子门禁装置	090759	
A		热成像相机	090760	
A		带身体质量分析仪的秤	090761	
A		平板电脑用套	090762	
A		黑匣子［数据记录仪］	090763	
A		数字天气预报仪	090764	
A		电动运载工具用充电站	090765	
A		交互式触屏终端	090766	
A		智能环	090767	专家委员会决定将所有“智能”首饰都归入第九类
A		乐器用电动和电子效果器	090768	

续表

A/C/T/D/STET	旧条目	新条目	基础编号	备注
A		音频接口	090769	
A		均衡器［音频装置］	090770	
A		低音喇叭	090771	
A		体重秤	090772	
A		温差比重计	090773	
A		生物芯片	090774	
A		智能手机屏幕专用保护膜	090775	
A		头戴式虚拟现实装置	090776	
A		电子交互式白板	090777	
A		具有人工智能的人形机器人	090778	
A		混音器	090779	
A		电子香烟用电池	090780	
A		电子钥匙（遥控装置）	090781	
A		可下载的电子乐谱	090782	
A		测量用丁字尺	090783	
A		测量用直角板	090784	
A		测量用直角尺	090785	
T	电热袜（Socks，electrically heated）			转移至第十一类——详细解释参见正文

第十类的变化

A/C/T/D/STET	旧条目	新条目	基础编号	备注
C	助听器（Hearing aids for the deaf）	助听器（Hearing aids）	100005	

续表

A/C/T/D/STET	旧条目	新条目	基础编号	备注
D	卧床病人用便盆		100025	便盆（Bed pans）仍保留在基础编号中
A		带轮担架	100036	带轮担架（Stretchers，wheeled）仍保留在基础编号中
A		矫形鞋（Orthopedic footwear）	100051	
C	矫形鞋（Orthopaedic［orthopedic］footwear）	矫形鞋（Orthopaedic footwear）	100051	
D	矫形鞋（Orthopaedic footwear［shoes］，Orthopedic footwear［shoes］，Orthopaedic［orthopedic］shoes）		100051	
C	外科医生和医生用器械箱（Instrument cases for use by surgeons and doctors）	医生用器械箱（Instrument cases for use by doctors）	100055	
C	刀［外科用］	外科用刀	100065	
C	牙科设备	牙科设备和仪器	100073	
D	放血针（Fleams）		100077	柳叶刀（Lancets）仍保留在基础编号中
D	医用滴瓶		100089	
C	血球计（Hematimeters）	血球计（Hemocytometers）	100095	
A		血球计（Haemocytometers）	100095	
C	检眼镜（Opthalmoscopes）	检眼镜（Ophthalmoscopes）	100123	
A		兽医用喂丸器	100127	投药（丸）枪（Balling guns）仍保留在基础编号中

续表

A/C/T/D/STET	旧条目	新条目	基础编号	备注
D	适合外科医生和医生使用的箱子（Cases fitted for use by surgeons and doctors）			
C	矫形鞋底（Orthopaedic [orthopedic] soles）	矫形鞋底（Orthopaedic soles）	100171	
D	矫形鞋底（Orthopaedic soles）		100171	矫形鞋底（Orthopaedic soles）仍保留在基础编号中
C	矫形用石膏绷带[石膏（美式英语）]{Plaster bandages for orthopaedic purposes [casts（Am.）]}	矫形用石膏绷带（Plaster bandages for orthopaedic purposes）	100206	
A		矫形用石膏绷带（Plaster bandages for orthopedic purposes）	100206	
C	外科移植物[人造材料]（Surgical implants [artificial materials]）	人造外科移植物（Surgical implants comprised of artificial materials）	100208	
A		医用示温标签	100225	
A		残障者用助行架	100226	
A		医用断层扫描仪	100227	
A		治疗痤疮用装置	100228	
A		除虱梳	100229	
A		医用四脚拐杖	100230	
A		医用内窥镜摄像头	100231	
A		心率监测设备	100232	
A		压力衣	100233	
A		性玩具	100234	
A		脑起搏器	100235	
A		植入型皮下给药装置	100236	

续表

A/C/T/D/STET	旧条目	新条目	基础编号	备注
A		可生物降解的骨固定植入物	100237	
A		医用压舌板	100238	
A		吸鼻器	100239	
A		牙科用牙齿保护器	100240	
A		月经杯	100241	
A		人工呼吸用呼吸面罩	100242	
A		正畸用橡皮筋	100243	
A		医用细菌鉴定分析仪	100244	
A		医用 DNA 及 RNA 测试设备	100245	
A		医用干细胞再生设备	100246	
A		体脂监测仪	100247	
A		人体成分监测仪	100248	
A		矫形用分趾器	100249	
T		抗风湿手环	100250	从第五类转移——详细解释参见正文
T		抗风湿指环	100251	从第五类转移——详细解释参见正文
T		医用手镯	100252	从第五类转移——详细解释参见正文
C	矫形用物品（Orthopedic）	矫形用物品（Orthopaedic articles）		类目
A		残疾人专用治疗和辅助设备		类目
A		按摩器械		类目
A		婴儿护理用具器械、器具及用品		类目
A		性生活用器械、器具及用品		类目

续表

A/C/T/D/STET	旧条目	新条目	基础编号	备注
C	第十类主要包括医疗装置、器械和用品	第十类主要包括通常用于诊断、治疗或改善人和动物的功能或健康状况的外科、医疗、牙科和兽医用器械、仪器及用品		注释
A		医用辅料和吸收性卫生用品，例如，橡皮膏，包扎用绷带和纱布，防溢乳垫，婴儿尿布和失禁用尿布，卫生棉条（第五类）		注释的排除项
A		活体外科移植物（第五类）		注释的排除项
A		医用无烟草香烟（第五类）和电子香烟（第三十四类）		注释的排除项
A		轮椅和电动代步车（第十二类）		注释的排除项
A		按摩用床和医院用床（第二十类）		注释的排除项
D	医用专用家具			注释的包含项
A		医用支撑绷带和特种服装，例如，压力衣，静脉曲张用长袜，拘束衣，矫形鞋		注释的包含项
A		月经、避孕和分娩用仪器、器械及用品，例如，月经杯，子宫帽，避孕套，分娩褥垫，产钳		注释的包含项
D	橡胶卫生制品（参见按字母顺序排列的商品分类表）			注释的包含项

续表

A/C/T/D/STET	旧条目	新条目	基础编号	备注
A		由人造或合成材料制成的植入用假体及治疗用具，例如，人造外科移植物，人造乳房，脑起搏器，可生物降解的骨固定植入物		注释的包含项
A		医用特制家具，例如，医用或牙科用扶手椅，医用气褥垫，手术台		注释的包含项
D	矫形用绷带			注释的包含项

第十一类的变化

A/C/T/D/STET	旧条目	新条目	基础编号	备注
D	浴缸衬里（Bath linings）			
C	袖珍手电筒（Pocket torches，electric）	手电筒（Electric torches）	110051	
C	袖珍手电筒（Pocket searchlights）	手电筒（Electric flash-lights）	110051	
C	石油工业用火炬塔（Flare stacks for use in oil refiner-ies）	石油工业用火炬塔（Flare stacks for use in the oil in-dustry）	110059	
D	咖啡豆烘烤机		110062	咖啡豆烘烤机仍保留在基础编号110066中
D	节油器*（Fuel economisers*）			
A		加热烹调器	110108	

续表

A/C/T/D/STET	旧条目	新条目	基础编号	备注
STET	烹调用炉		110108	
C	摩托车车灯（Cycle lights）	摩托车车灯（Motorcycle lights）	110110	
D	投影灯（Projector lamps）			
D	炉灶（Stoves）			
D	过滤器［家用或工业用装置的零件］（Filters [parts of household or industrial installations]）			
C	照明灯（曳光管）（Flares）	火炬（Flaming torches）	110148	
C	冰盒（Ice boxes）（Ice chests）	电冷藏箱（Cool boxes，electric）（Coolers，electric）	110168	
C	氢氧燃烧器（Oxhydrogen burners）	氢氧燃烧器（Oxyhydrogen burners）	110197	
D	手电筒（Torches for lighting）（Flashlights [torches]）		110202	
STET	探照灯（Searchlights）		110202	
D	水软化装置		110243	水软化装置和设备仍保留在基础编号中
C	高压锅［电加压炊具］（Autoclaves [electric pressure cookers]）	电加压炊具（Autoclaves electric for cookers）	110254	
C	压力锅［电高压锅］（Pressure cookers [autoclaves]）	烹饪用电高压锅（Pressure cookers，electric）	110254	
D	电动咖啡过滤器（Coffee filters，electric）			

续表

A/C/T/D/STET	旧条目	新条目	基础编号	备注
C	暖床器（Bedwarmers）	暖床器（Bed warmers）	110304	
C	食余残渣脱水装置（Apparatus for dehydrating foodstuff organic materials）	食余残渣脱水装置（Apparatus for dehydrating food waste）	110321	
C	便携式一次性消毒小袋		110324	
C	冷藏展示柜［展示柜］	冷藏展示柜	110330	
A		加热展示柜	110335	
A		多功能电锅	110336	
A		电蒸锅	110337	
A		制墨西哥薄饼用电饼铛	110338	
A		书籍消毒装置	110339	
A		热风枪	110340	
A		电巧克力喷泉	110341	
A		医用消毒设备	110342	
A		电酒窖	110343	
A		节日装饰用串灯 节日装饰用彩色小灯	110344	
T		电热袜	110345	从第九类转移
C	空气调节装置（Air conditioning apparatus）	空气调节装置（Air - conditioning apparatus）		注释的包含项
A		电热服装		注释的包含项
D	电热服装（第九类）			注释的排除项

第十二类的变化

A/C/T/D/STET	旧条目	新条目	基础编号	备注
C	气球	热气球	120006	
D	自行车（Cycles）		120044	自行车（Bicycles）仍保留在基础编号中
C	自行车支架（Bicycle stands）	自行车撑脚架	120046	
D	自行车支架（Stands for bicycles，cycles [parts of bicycles，cycles]）		120046	
C	自行车链条（Chains for bicycles，cycles）	自行车链条（Bicycle chains）	120061	
D	自行车链条（Cycle chains）		120061	
C	打高尔夫球用手推车	高尔夫球车［车辆］（Golf carts [vehicles]）	120068	
A		高尔夫球车［车辆］（Golf cars [vehicles]）	120068	
C	自行车车把（Handle bars for bicycles，cycles）	自行车车把（Bicycle handlebars）	120080	
D	自行车车把（Bicycle handle bars）（Cycle handle bars）		120080	
C	自行车车胎（Bicycle tires [tyres]）	自行车车胎（Bicycle tyres）	120084	
C	自行车车胎（Cycle tires [tyres]）	自行车车胎（Bicycle tires）	120084	
D	自行车车胎（Tires for bicycles，cycles）（Tyres for bicycles，cycles）		120084	
C	自行车传动齿轮（Gears for cycles）	自行车传动齿轮（Gears for bicycles）	120085	

续表

A/C/T/D/STET	旧条目	新条目	基础编号	备注
C	自行车车闸（Brakes for bicycles，cycles）	自行车车闸（Bicycle brakes）	120086	
D	自行车车闸（Cycle brakes）		120086	
C	自行车挡泥板（Cycle mudguards）	自行车挡泥板（Bicycle mudguards）	120087	
C	自行车轮圈（Rims for wheels of bicycles，cycles）	自行车轮圈（Rims for bicycle wheels）	120088	
C	自行车轮圈（Bicycle rims）	自行车轮圈（Bicycle wheel rims）	120088	
D	自行车轮圈（Cycle rims）		120088	
C	自行车曲柄（Cranks for cycles）	自行车曲柄（Bicycle cranks）	120089	
C	自行车马达（Motors for cycles）	自行车马达（Bicycle motors）	120090	
C	自行车车毂（Cycle hubs）	自行车车毂（Hubs for bicycle wheels）	120091	
C	脚踏车踏板（Pedals for cycles）	自行车踏板（Bicycle pedals）	120092	
C	自行车打气筒（Pumps for bicycles，cycles）	自行车打气筒（Pumps for bicycle tyres）	120093	
C	自行车打气筒（Bicycle pumps）	自行车打气筒（Pumps for bicycle tires）	120093	
D	自行车打气筒（Cycle pumps）		120093	
C	自行车辐条（Spokes for bicycles，cycles）	自行车辐条（Spokes for bicycle wheels）	120094	
C	自行车辐条（Bicycle spokes）	自行车辐条（Bicycle wheel spokes）	120094	
D	自行车辐条（Cycle spokes）		120094	

续表

A/C/T/D/STET	旧条目	新条目	基础编号	备注
C	自行车车轮（Wheels for bicycles）	自行车车轮（Bicycle wheels）	120095	
D	自行车踏板（Cycle saddles）		120096	自行车踏板（Bicycle saddles）仍保留在基础编号中
C	自行车撑脚架（Cycle stands）	摩托车撑脚架（Motorcycle kickstands）	120097	
C	自行车用护衣装置（Dress guards for bicycles，cycles）	自行车用护衣装置（Dress guards for bicycles）	120122	
D	牵引引擎（Traction engines）			
C	轮胎防滑钉（Spikes for tires［tyres］）	轮胎防滑钉（Spikes for tyres）	120155	
C	轮胎防滑钉（Studs for tires［tyres］）	轮胎防滑钉（Spikes for tires）	120155	
C	充气轮胎［轮胎］（Pneumatic tires［tyres］）	充气轮胎（Pneumatic tyres）	120157	
C	实心轮胎（Tires solid for vehicle wheels）	充气轮胎（Pneumatic tires）	120157	
D	实心轮胎（Tyres，solid，for vehicle wheels）		120157	
D	车辆轮胎（Vehicle wheel tires［tyres］）		120158	
D	婴儿车（Baby carriages）		120163	手推车和婴儿车（Pushchairs and strollers）仍保留在基础编号中
D	婴儿车（Prams［baby carriages］）		120163	
C	婴儿车车罩（Covers for baby carriages）	婴儿车车罩（Pushchair covers）	120164	

续表

A/C/T/D/STET	旧条目	新条目	基础编号	备注
C	婴儿车车罩（Stroller covers [pushchairs]）	婴儿车车罩（Stroller covers）	120164	
D	轻便婴儿车盖篷（Pushchair covers）（Fitted perambulator covers）		120164	
C	婴儿车车篷（Hoods for baby carriages）	婴儿车车篷（Stroller hoods）	120165	婴儿车车篷仍保留在基础编号中
C	自行车或摩托车车座（Saddles for bicycles, cycles or motorcycles）	摩托车车座（Motorcycle saddles）	120175	
A		桨架（Oarlocks）	120182	桨架（Rowlocks）仍保留在基础编号中
A		汽车（Automobiles）	120199	机动车和汽车（Motor cars and cars）仍保留在基础编号中
D	汽车（Automobiles）		120205	
C	自行车内胎	自行车内胎（Inner tubes for bicycle tyres）	120214	
A		自行车内胎（Inner tubes for bicycle tires）	120214	
C	自行车车架（Frames for bicycles, cycles）	自行车车架（Bicycle frames）	120221	
D	自行车车架（Bicycle frames）（Cycle frames）		120221	
C	自行车或摩托车座套（Saddle covers for bicycles or motorcycles）	自行车座套（Saddle covers for bicycles）	120232	
C	自行车用无内胎轮胎（Tubeless tires [tyres] for bicycles, cycles）	自行车用无内胎轮胎（Tubeless tyres for bicycles）	120234	

续表

A/C/T/D/STET	旧条目	新条目	基础编号	备注
A		自行车用无内胎轮胎（Tubeless tires for bicycles）	120234	
D	可升降尾板［陆地车辆部件］｛Elevating tail gates, power tailgates（Am.）［parts of land vehicles］｝		120243	可升降后挡板［陆地车辆部件］、可升降尾板［陆地车辆部件］、电动后挡板［陆地车辆部件］仍保留在基础编号中
C	自行车用筐（Baskets adapted for cycles）	自行车车筐（Baskets adapted for bicycles）	120248	
C	自行车辆用驮篮（Panniers adapted for bicycles）	自行车用驮篮（Panniers adapted for bicycles）	120254	
C	滑板车［车辆］（Scooters［vehicles］）	滑板车［车辆］（Push scooters［vehicles］）	120258	
A		运载工具用刹车盘	120267	
A		自行车专用马鞍包	120268	
A		自行车车铃	120269	
A		装甲车	120271	
A		陆地车辆用发动机支架	120272	
A		军用无人机	120273	
A		独木舟	120274	
A		民用无人机	120275	
A		运载工具用侧后视镜	120276	
A		婴儿车专用蚊帐	120277	
A		运载工具用操纵杆	120278	
A		无人驾驶汽车 自动驾驶汽车	120279	
A		踏板摩托车	120280	
A		电动代步车（行动迟缓人使用）	120281	

续表

A/C/T/D/STET	旧条目	新条目	基础编号	备注
A		汽车用烟灰缸	120282	
A		摩托车链条	120283	
A		摩托车车架	120284	
A		摩托车车把	120285	
A		摩托车引擎	120286	
A		摩托车用驮篮	120287	
A		运载工具用实心轮胎	120288	
A		平卧式婴儿车	120289	
A		平卧式婴儿车专用脚套	120290	
A		婴儿车专用脚套	120291	
A		轮胎内摩丝状填充物	120292	
A		婴儿车专用包	120293	
A		水下探测用远程控制运载工具	120294	
A		海底探测用自动潜航器	120295	
A		铰接式公共汽车用铰接箱	120296	
A		电动自行车	120297	
A		摩托车座套	120298	
A		赛车运动用汽车	120299	
D	自行车铃铛（Bells for bicycles, cycles）（Bicycle bells）自行车铃铛警报系统（Cycle bells）（Audible warning system for cycles）			
D	自行车（Cycle cars）			
A		某些非运输用的特种车辆（参见按字母顺序排列的商品分类表）		注释的排除项

第十三类的变化

A/C/T/D/STET	旧条目	新条目	基础编号	备注
D	硝酸铵炸药（Nitrate of ammonia explosives）		130005	硝酸铵炸药（Ammonium nitrate explosives）仍保留在基础编号中
D	火器瞄准器		130011	
C	信号火箭（Signal rockets）	信号火箭（Signal rocket flares）	130035	
C	除瞄准望远镜外的武器用瞄准器（Sights, other than telescopic sights, for guns [artillery]）	除瞄准望远镜外的武器用瞄准器（Sights, other than telescopic sights, for artillery）	130065	
C	鱼雷（Torpedos）	鱼雷（Torpedoes）	130076	
A		信号枪	130079	

第十四类的变化

A/C/T/D/STET	旧条目	新条目	基础编号	备注
C	钟表指针［钟表制造］	钟针	140002	
C	护身符［首饰］｛Amulets [jewellery, jewelry（AM.）]｝	护身符［首饰］（Amulets [jewellery]）（Amulets [jewelry]）	140006	
C	银线（Silver thread）	银线［首饰］	140009	
C	银线｛Silver thread [jewellery, jewelry（Am.）]｝	银线［首饰］	140009	
C	手镯［首饰］｛Bracelets [jewellery, jewelry（Am.）]｝	手镯［首饰］（Bracelets [jewellery]）(Bracelets [jewelry]）	140015	

续表

A/C/T/D/STET	旧条目	新条目	基础编号	备注
D	小饰物［首饰］{Trinkets［jewellery, jewelry（Am.）］}		140018	
C	小饰物［首饰］{Charms［jewellery, jewelry（Am.）］}	首饰用小饰物	140018	
A		首饰用小饰物（Jewelry charms）	140018	
A		首饰用小饰物（Charms for jewelry）	140018	
A		首饰用小饰物（Charms for jewellery）	140018	
C	胸针［首饰］{Brooches［jewellery, jewelry（Am.）］}	胸针［首饰］（Brooches［jewellery］）（Brooches［jewelry］）	140019	
C	链［首饰］{Chains［jewellery, jewelry（Am.）］}	链［首饰］（Chains［jewellery］）（Chains［jewelry］）	140024	
C	测时仪器（Chronometrical instruments）	计时仪器（Chronometric instruments）	140030	
C	项链［首饰］{Necklaces［jewellery, jewelry（Am.）］}	项链［首饰］（Necklaces［jewellery］）（Necklaces［je-welry］）	140031	
D	钟表箱和制表箱		140039	
C	贵重金属线［珠宝］{Wires of precious metal［jewellery, jewelry（Am.）］}{Threads of precious metal［jewellery, jewelry（Am.）］}	贵金属制丝线［首饰］（Wires of precious metal［jewellery］）（Wires of precious metal［jewelry］）（Threads of precious metal［jewelry］）（Threads of precious metal［jewellery］）	140040	
C	象牙制品［首饰］{Ivory［jewellery, jewelry（Am.）］}	象牙首饰（Ivory jewellery）	140046	

续表

A/C/T/D/STET	旧条目	新条目	基础编号	备注
A		象牙首饰（Ivory jewelry）	140046	
C	纪念章［宝石］{Medallions [jewellery, jewelry (Am.)]}	盒式项链坠 {Lockets [jewellery, jewelry (Am.)]}	140051	专家委员会在会议中接受了这个条目，但在后来的一次会议中对该条目进行了修改，将其表述为两个分开的条目，即珠宝的英式拼写和美式拼写
C	盒式项链坠 {Lockets [jewellery, jewelry (Am.)]}	盒式项链坠（Lockets [jewellery]）（Lockets [jewelry]）	140051	
A		橄榄石	140062	橄榄石［宝石］(Olivine [gems]) 仍保留在基础编号中
C	金线［首饰］{Gold thread [jewellery, jewelry (Am.)]}	金线［首饰］(Gold thread [jewellery]) (Gold thread [jewelry])	140064	
D	装饰品［珠宝］{Ornaments [jewellery, jewelry (Am.)]}		140068	
C	珍珠［珠宝］{Pearls [jewellery, jewelry (Am.)]}	珍珠［珠宝］(Pearls [jewellery]) (Pearls [jewelry])	140070	
C	人造珠宝 {Paste jewellery [costume jewelry (Am.)]} (Paste jewelry [costume jewelry])	人造珠宝（Paste jewellery）(Paste jewelry [costume jewelry])	140097	
C	戒指［珠宝］	戒指［首饰］	140107	
C	帽子装饰品（贵重金属）(Hat ornaments of precious metal)	帽子装饰品（Hat jewellery）	140117	

续表

A/C/T/D/STET	旧条目	新条目	基础编号	备注
A		帽子用首饰（Hat jewelry）	140117	
C	鞋饰品（贵重金属）	鞋用首饰（Shoe jewellery）	140119	
A		鞋用首饰（Shoe jewelry）	140119	
C	表壳（Watch cases）	表壳（Watch cases［parts of watches］）	140144	
C	表盒［礼品］	表用礼品盒	140145	
C	别针［首饰］（Cases for watches［presentation］）	别针［首饰］（Presentation boxes for watches）	140150	
C	钥匙圈［小饰物或短链饰物］（Key rings［trinkets or fobs］）（Key chains［trinkets or fobs］）	钥匙链［带小饰物或短链饰物的扣环］（Key rings［split rings with trinket or decorative fob］）（Key chains［split rings with trinket or decorative fob］）	140162	
C	景泰蓝首饰［珠宝］｛Cloisonne jewellery［jewelry（Am.）］｝	景泰蓝首饰（Cloisonne jewellery）（Cloisonne jewelry）	140165	
C	首饰盒（Jewellery cases［caskets or boxes］）（Jewelry cases［caskets or boxes］）	首饰盒（Jewellery boxes）（Jewelry boxes）	140166	
A		制首饰用珠子（Beads for making jewellery）	140167	制首饰用珠子（Beads for making jewelry）目前存在于基础编号中
A		首饰用扣钩	140168	
A		首饰配件	140169	
A		首饰包	140170	
A		弧面宝石	140171	

续表

A/C/T/D/STET	旧条目	新条目	基础编号	备注
A		贵金属制钥匙圈	140172	
A		首饰用礼品盒	140173	
A		表针	140174	
A		赞珠	140175	
A		绣花纺织品制手镯［首饰］	140176	
A		用于钥匙圈或钥匙链的小饰物（Charms for key rings）（Charms for key chains）	140177	
T		念珠	140178	从第十六类转移——详细解释参见正文
C	贵金属及其合金以及不属别类的涂有贵金属的商品	贵金属及其合金		类目
C	首饰、宝石	首饰，宝石和半宝石		类目
C	第十四类主要包括贵金属及某些由贵金属制成或涂有贵金属的商品，以及首饰、钟表	第十四类主要包括贵金属及某些由贵金属制成或镀贵金属的商品，以及首饰、钟表及其零部件		注释
A		智能手表		注释的排除项
C	非首饰用小饰物	非首饰用、非钥匙链用、非钥匙圈用小饰物（第二十六类）		注释的排除项

续表

A/C/T/D/STET	旧条目	新条目	基础编号	备注
C	某些按其功能或用途分类的贵金属制品或镀贵金属制品（参见按字母顺序排列的商品分类表），例如，绘画、装饰、印刷和艺术用金属箔及金属粉（第二类），牙科用金汞合金（第五类），刀叉餐具（第八类），电触点（第九类），金笔尖（第十六类），茶壶（第二十一类），金银线制绣品（第二十六类），雪茄烟盒（第三十四类）	某些按其功能或用途分类的贵金属制品或镀贵金属制品，例如，绘画、装饰、印刷和艺术用金属箔及金属粉（第二类），牙科用金汞合金（第五类），刀叉餐具（第八类），电触点（第九类），金笔尖（第十六类），茶壶（第二十一类），金银线制绣品（第二十六类），雪茄烟盒（第三十四类）		注释的排除项
A		按照材质分类的非贵金属制或非镀有贵金属的艺术品，例如，普通金属制（第六类），石、混凝土或大理石制（第十九类），木、蜡、石膏或塑料制（第二十类），瓷、陶瓷、陶土、赤陶或玻璃制（第二十一类）		注释的排除项
D	非贵金属制的艺术品（根据贵金属所构成的材料分类）			注释的排除项
C	首饰（仿真首饰，例如，人造宝石首饰）	首饰，包括仿真首饰，例如，人造宝石首饰		注释的包含项
C	衬衫袖扣，领带饰针	衬衫袖扣，领带饰针，领带夹		注释的包含项
A		钥匙圈和钥匙链以及上面挂的小饰物		注释的包含项

续表

A/C/T/D/STET	旧条目	新条目	基础编号	备注
A		首饰用小饰物		注释的包含项
A		首饰盒		注释的包含项
A		首饰和钟表的零部件，例如，首饰用扣珠和珠子，钟表机芯，钟针，表发条，表蒙		注释的包含项

第十五类的变化

A/C/T/D/STET	旧条目	新条目	基础编号	备注
A		巴拉莱卡琴［弦乐器］	150090	
A		班卓琴	150091	
A		口风琴	150092	
A		弦乐器用松香	150093	

第十六类的变化

A/C/T/D/STET	旧条目	新条目	基础编号	备注
C	直角尺	绘图用直角尺	160069	
C	缝纫用型板（Patterns for dressmaking）	缝纫用型板（Sewing patterns）	160212	
D	缝纫用型板（Patterns for making clothes）		160213	

续表

A/C/T/D/STET	旧条目	新条目	基础编号	备注
D	图书装订（Bookbindings）			
C	书写垫（Writing pads）	办公桌用书写垫	160255	
D	书写台（Writing tablets）		160255	
D	卸妆用薄纸（Napkins of paper for removing make－up）		160294	卸妆用薄纸（Tissues of paper for removing make－up）仍保留在基础编号中
C	绘画用直角板（Drawing squares）	绘图用直角板（Squares for drawing）	160297	
C	绘画用丁字尺（Drawing T－squares）	绘图用丁字尺（T－squares for drawing）	160298	
C	非纺织品制标签	纸制或卡纸板制标签	160308	
A		书夹	160362	
A		模型用聚合物制黏土	160363	
A		印记清除器	160364	
A		纸或纸板制［减震或填充用］包装材料	160365	
A		纸或纸板制填充材料	160366	
A		纸钞（Banknotes）	160367	
A		喷雾粉笔	160368	
A		优惠券（印刷品）	160369	
A		宣纸*（Rice paper*）	160370	
A		宠物垃圾处理用塑料袋	160371	
A		和纸	160372	
A		纸制桌旗	160373	
A		印刷好的乐谱	160374	
A		纸制横幅	160375	
A		纸制旗帜	160376	
D	硬纸板制品			

续表

A/C/T/D/STET	旧条目	新条目	基础编号	备注
T	念珠			转移至第十四类——详细解释参见正文
C	文具	文具和办公用品（家具除外）		类目
C	艺术家用材料	艺术家用材料和绘画材料		类目
D	打字机和办公用品（家具除外）			类目
C	教育或教学用品（装置除外）	教育或教学用品		类目
C	不属于其他类别的包装用塑料材料	包装和打包用塑料纸、塑料膜和塑料袋		类目
D	印刷铅字			类目
C	印版	印刷铅字，印版		类目
C	第十六类主要包括纸和纸板及其制品和办公用品	第十六类主要包括纸张，纸板和由这些材料制成的某些商品以及办公用品		注释
D	某些纸制品或纸板制品（参见按字母顺序排列的商品分类表）			注释的排除项
A		教学仪器，例如，视听教学仪器，急救训练用人体模型（第九类），玩具模型（第二十八类）		注释的排除项
A		某些按其功能和用途分类的纸制品和纸板制品，例如，相纸（第一类），研磨纸（第三类），纸制百叶帘（第二十类），桌用纸制杯盘（第二十一类），纸制床单和枕套（第二十四类），纸衣服（第二十五类），卷烟纸（第三十四类）		注释的排除项

续表

A/C/T/D/STET	旧条目	新条目	基础编号	备注
C	切纸刀	切纸刀和切纸机		注释的包含项
A		夹持或保护纸的套、封皮或装置，例如，文件夹，夹钱用夹子，支票簿夹，夹纸曲别针，护照套，剪贴集		注释的包含项
C	速印机	某些办公用机器，例如，打字机，速印机，办公用邮资盖印机，削铅笔器		注释的包含项
A		艺术家和室内外油漆匠用绘画涂漆用具，例如，艺术家用水彩颜料碟，画家用画架和调色盘，房屋油漆用辊子，颜料盘		注释的包含项
A		某些一次性纸制品，例如，纸围涎，纸手帕和纸桌布		注释的包含项
A		某些不按照功能和用途分类的纸制品和纸板制品，例如，包装用纸制袋子、封套和容器，纸制或纸板制雕像、塑像和艺术品，诸如纸制小雕像、镶框或未镶框的平板印刷品、油画和水彩画		注释的包含项
D	包装用塑料纸、塑料提兜和塑料袋			注释的包含项

第十七类的变化

A/C/T/D/STET	旧条目	新条目	基础编号	备注
C	瓶用橡胶密封物（Bands of rubber for unscrewing jar lids）	瓶用橡胶密封物（Rubber seals for jars）	170012	
D	生橡胶或半成品橡胶（Gum, raw or partly processed）		170017	生橡胶或半成品橡胶仍留在基础编号中
C	非金属软管（Flexible tubes, not of metal）	非金属软管（Flexible hoses, not of metal）	170022	
D	石棉鞋底（Asbestos soles）			
C	非包装用再生纤维素箔（Foil of regenerated cellulose, other than for packing）（Sheets of reclaimed cellulose, other than for packing）	非包装用再生纤维素箔（Foil of regenerated cellulose, other than for wrapping）（Sheets of regenerated cellulose other than for wrapping）	170053	
D	非包装用黏胶纤维纸		170083	除包装外的黏胶纤维纸均留在基础编号中
C	压缩空气管道用非金属附件（Compressed air pipe fittings, not of metal）	压缩空气管道用非金属附件（Fittings, not of metal, for compressed air lines）	170086	
C	绝缘胶布和绝缘带（Insulating tape and band Insulating tape）	绝缘胶布（Insulating bands） 绝缘胶带（Insulating tapes）	170107	
A		未加工或半加工树胶（Gum, raw or semi－worked）	170117	
A		密封管道用胶带	170118	
A		橡胶制门挡	170119	
A		橡胶制窗挡	170120	
A		软管用非金属附件	170121	

续表

A/C/T/D/STET	旧条目	新条目	基础编号	备注
A		硬管用非金属附件	170122	
C	生产用成型塑料制品(Plastics in extruded form for use in manufacture)	生产用成型塑料和树脂制品(Plastics and resins in extruded form for use in manufacture)		类目
C	非金属软管(Flexible pipes not of metal)	非金属软管和非金属柔性管(Flexible pipes, tubes and hoses, not of metal)		类目
C	第十七类主要包括电绝缘、隔热或隔音材料,以及半成品塑料纸、板或杆	第十七类主要包括电绝缘、隔热或隔音材料,以及生产用塑料片、板或杆,和由橡胶、古塔胶、树胶、石棉、云母及这些材料的替代品制成的某些制品		注释
A		消防水龙带(第九类)		注释的排除项
A		作为卫生设备部件的管道(第十一类)、金属硬管(第六类)及非金属硬管(第十九类)		注释的排除项
A		建筑用隔热玻璃(第十九类)		注释的排除项
C	某些按其功能或用途分类的本类原材料制品(参见按字母顺序排列的商品分类表)	某些按其功能或用途分类的本类原材料制品,例如,树脂胶(第二类),牙科用橡胶(第五类),消防人员用石棉挡板(第九类),补内胎用黏胶补片(第十二类),橡皮擦(第十六类)		注释的排除项
D	橡胶或塑料衬垫及填充料			注释的包含项
A		非文具、非医用、非家用胶带		注释的包含项

续表

A/C/T/D/STET	旧条目	新条目	基础编号	备注
A		非包装用塑料膜，例如，窗户用防强光薄膜		注释的包含项
A		非纺织用弹性线、橡胶线和塑料线		注释的包含项
A		某些由本类材料制成的不按照功能和用途分类的制品，例如，插花用泡沫支撑物，塑料或橡胶制衬垫填充材料，橡皮塞子，橡胶制减震缓冲器，橡胶制包装袋或信封		注释的包含项

第十八类的变化

A/C/T/D/STET	旧条目	新条目	基础编号	备注
C	动物项圈	动物项圈*	180030	
D	皮毛制覆盖物		180037	
C	皮质工具袋（空的）	工具袋（空的）	180047	
C	皮肚带（Bands of leather）	皮肚带（Girths of leather）	180080	
C	手提旅行包（箱）（Valises）	手提箱（Suitcases）	180085	与法语的表述一致
C	皮革或皮革板制盒（Boxes of leather or leather board）	皮革或皮革板制盒（Boxes of leather or leatherboard）	180089	
C	皮箱或皮革板制箱（Cases, of leather or leatherboard）	皮革或皮革板制箱（Cases of leather or leatherboard）	180091	
D	皮肩带		180096	

续表

A/C/T/D/STET	旧条目	新条目	基础编号	备注
C	马鞍套（Covers for horse - saddles）	马鞍套（Covers for horse saddles）	180097	
D	马鞍套（Saddle cloths for horses）		180097	
C	手提箱	手提旅行箱	180115	
A		包*	180124	
A		信用卡包	180125	
A		名片夹	180126	
A		护脊书包	180127	
A		行李牌	180128	
A		鞍褥	180129	
A		皮制标签	180130	
A		购物袋用拎袋器	180131	
A		犹太教经文护符匣	180132	
A		带轮手提箱	180133	
A		马鞍包*	180134	
A		宠物服装	180135	
T		儿童牵引带	180136	从第二十六类转移——详细解释参见正文
C&T	香肠肠衣（Gut for making sausages）	天然或人造的香肠肠衣		转移至第二十九类——详细解释参见正文
C	动物皮（Animal skins, hides）	动物皮（Animal skins and hides）		类目
C	箱子和旅行袋	行李箱和背包		类目
A		动物用项圈、皮带和衣服		类目
C	第十八类主要包括皮革、人造皮革及其制品，旅行用品和马具	第十八类主要包括皮革、人造皮革及由其制成的某些制品		注释

续表

A/C/T/D/STET	旧条目	新条目	基础编号	备注
C	服装、鞋、帽（参见按字母顺序排列的商品分类表）	人用的皮制的服装、鞋、帽（第二十五类）		注释的排除项
A		为所装产品定制的包或箱，例如，笔记本电脑专用包（第九类），照相机或摄影设备专用包或箱（第九类），乐器盒（第十五类），带轮或不带轮的高尔夫球袋（第二十八类），滑雪板和冲浪板专用袋（第二十八类）		注释的排除项
C	某些按其功能或用途分类的皮革、人造皮革、毛皮制品（参见按字母顺序排列的商品分类表）	某些按其功能或用途分类的皮革、人造皮革、毛皮制品，例如，磨剃刀的皮带（第八类），抛光用皮革（第二十一类），清洁用麂皮（第二十一类），服饰用皮带（第二十五类）		注释的排除项
A		行李箱和背包，例如，手提箱，旅行箱，旅行包，抱婴儿用吊袋，书包		注释的包含项
A		名片夹和钱包		注释的包含项
A		皮革或皮革板制箱和盒		注释的包含项

第十九类的变化

A/C/T/D/STET	旧条目	新条目	基础编号	备注
C	栏杆	非金属栏杆	190016	
C	地板	木板条	190035	
C	建筑用沥青纸（Building Cardboard [asphalted]）	建筑用沥青纸（Bitumen paper for building）	190046	
C	壁炉台	非金属制壁炉罩	190049	
C	石英（Rock quartz）	石英（Quartz）	190073	
D	石英（Quartz）		190073	
C	电线用非金属杆（Posts, not of metal, for electric power lines）（Poles, not of metal, for electric power lines）	电线用非金属杆（Posts, not of metal, for power lines）（Poles, not of metal, for power lines）	190079	
C	猪圈	非金属猪圈	190084	
C	牲畜棚	非金属牲畜棚	190085	
C	非金属墓碑板（Gravestone slabs, not of metal）	非金属墓板（Grave slabs, not of metal）	190088	
C	非金属墓碑板（Tombstone plaques, not of metal）	非金属墓板（Tomb slabs, not of metal）	190088	
C	砂石管道（Sandstone tubes）	砂石管道（Sandstone pipes）	190101	
C	非金属和非纺织品制遮帘（Blinds [outdoor], not of metal and not of textile）	非金属、非纺织品制室外遮帘（Outdoor blinds, not of metal and not of textile）	190107	
C	软木［压缩］（Corks [compressed]）	建筑用压缩软木（Agglomerated cork for building）	190111	
C	发光铺路块料（Luminous paving）	发光铺路块料（Luminous paving blocks）	190115	
D	发光铺路块料（Luminous slabs）		190115	
C	非金属结构门廊	门廊［非金属结构］	190123	

续表

A/C/T/D/STET	旧条目	新条目	基础编号	备注
C	溜冰场［非金属结构］(Skating rinks [structures, not of metal])	溜冰场［非金属结构］(Skating rinks [structures], not of metal)	190139	
C	厚木板［建筑用］(Planks [wood for building])	建筑用厚木板 (Planks of wood for building)	190149	
D	建筑用非金属衬板 (Cladding, not of metal, for building) (Coverings, not of metal, for building) (Facings, not of metal, for building) (Surfacings, not of metal, for building)		190150	非金属建筑衬板 (Linings, not of metal, for building) 仍保留在基础编号中
C	非金属瓦 (Tiles, not of metal)	非金属屋瓦 (Roofing tiles, not of metal)	190151	
D	非金属瓦 (Pantiles)		190151	
C	不发光、非机械的非金属路牌 (Signs, nonluminous and non - mechanical, not of metal, for roads)	不发光、非机械的非金属路牌 (Road signs, non - luminous and non - mechanical, not of metal)	190164	
C	凉亭［非金属结构］(Arbours [structures not of metal])	凉亭［非金属结构］(Arbours [structures], not of metal)	190175	
C	建筑用非金属硬管 (Arbours [structures not of metal])	建筑用非金属硬管 (Arbours [structures], not of metal)	190178	
C	建筑用隔热玻璃 (Insulating glass, building)	建筑用隔热玻璃 (Insulating glass for building)	190180	
C	窗玻璃（运载工具窗玻璃除外）(Window glass, except glass for vehicle windows)	窗玻璃（运载工具窗玻璃除外）(Window glass, other than for vehicle windows)	190181	

续表

A/C/T/D/STET	旧条目	新条目	基础编号	备注
C	鸟舍［非金属结构］（Aviaries, not of metal［structures］）	鸟舍［非金属结构］（Aviaries［structures］, not of metal）	190184	
C	鸟食台［非金属结构］（Bird baths［structures, not of metal］）	鸟食台［非金属结构］（Bird baths［structures］, not of metal）	190194	
C	游泳池［非金属结构］（Swimming pools［structures, not of metal］）	游泳池［非金属结构］（Swimming pools［structures］, not of metal）	190196	
D	建筑用非金属砖瓦（Wall tiles, not of metal, for building）		190213	建筑用非金属砖瓦（Tiles, not of metal, for building）仍保留在基础编号中
D	非金属地板砖（Tile floorings, not of metal）		190214	非金属地板砖（Floor tiles, not of metal）仍保留在基础编号中
C	非金属墓穴（Vaults, not of metal［burial］）	非金属墓穴	190215	
D	非金属铺地平板		190219	非金属铺地平板（Paving slabs, not of metal）仍保留在基础编号中
C	预制房［成套组件］	非金属预制房［成套组件］	190243	
A		非金属旋转栅门	190246	
A		非金属墓碑标牌	190247	
A		木地板条	190248	
A		非金属砖地板	190249	
A		非金属波形瓦	190250	

续表

A/C/T/D/STET	旧条目	新条目	基础编号	备注
A		非金属墙砖	190251	
A		建筑用非金属平板	190252	
A		水晶石	190253	
A		非金属装甲门	190254	
A		建筑用彩饰玻璃	190255	
A		建筑用非金属柱	190256	
A		建筑用非金属托架	190257	
A		建筑用非金属包层	190258	
A		塑料制景观围边	190259	
A		建筑物地震隔离用橡胶底座	190260	
A		非金属装甲板	190261	
C&T	旗杆（Flagpoles）	非金属旗杆（建筑物）(Flagpoles not of metal)	190262	从第二十类转移——详细解释参见正文

第二十类的变化

A/C/T/D/STET	旧条目	新条目	基础编号	备注
D	音箱支架		200004	
C	缆绳或管道用非金属夹(Cable or pipe clips of plastics)（Pipe or cable clips of plastics）（Cable and pipe clips of plastics)	缆绳和管道用非金属夹(Clips, not of metal, for cables and pipes)	200016	
D	婴儿床		200023	
C	摇篮（Basinettes）	摇篮（Basinets）	200023	

续表

A/C/T/D/STET	旧条目	新条目	基础编号	备注
D	蜂箱用巢础（Artificial honeycombs）（Waxcombs for beehinves）		200039	蜂箱用巢础（Comb foundations for beehives）仍保留在基础编号中
C	桶用非金属活嘴（Taps for casks，not of metal）	桶用非金属龙头（Taps，not of metal，for casks）	200042	
C	仿制玳瑁壳（Tortoiseshell imitation）	仿制玳瑁（Imitation tortoise shell）	200045	
C	隔屏（Fireguards）	壁炉隔屏［家具］（Screens for fireplaces［furniture］）	200046	
D	家用壁炉隔屏（Fire screens，domestic）		200046	
C	安乐椅（Easy chairs）	躺椅（Chaise lounges）	200051	
A		躺椅（Chaise longues）	200051	
A		衣架（Clothes hangers）	200059	衣架（Coat hungers）仍保留在基础编号中
C	文件柜用搁板（Shelves for filing cabinets［furniture］）	文件柜用搁板（Shelves for file cabinets）	200062	
D	软木管（Cork bands）		200073	
D	非金属刀柄（Knife handles，not of metal）			
C	制图员用桌（Draughtsman's tables）	制图桌（Drafting tables）	200083	
C	树或植物的支桩	树或植物的非金属支桩	200091	
C	乘客登乘用可移动非金属梯（Boarding stairs，not of metal，mobile，for passengers）	乘客登乘用可移动非金属梯（Mobile boarding stairs，not of metal，for passengers）	200093	

续表

A/C/T/D/STET	旧条目	新条目	基础编号	备注
D	非金属镰刀柄（Scythe handles, not of metal）			
C	非金属盛肉柜	食品橱	200122	
D	非金属工具柄		200142	
C	带盖的篮	运输物品用带盖篮	200143	
C	弹簧床垫（Spring mattresses）	床架（Bed bases）	200185	
D	非金属扫帚柄（Broom handles, not of metal）			
C	非金属钳工台	钳工台［家具］	200209	
C	非金属制医院用身份鉴别手环（Identification bracelets, not of metal, for hospitals）（Identification bracelets, not of metal, for hospital purposes）	非金属制身份鉴别手环（Identification bracelets, not of metal）	200221	
C	缆绳用非金属接线螺钉（Cable clips, not of metal）（Binding screws, not of metal, for cables）	缆绳用非金属接线螺钉（Binding screws, not of metal, for cables）	200224	
D	木箱或塑料箱（Bins of wood or plastic）（Cases of wood or plastic）（Boxes of wood or plastic）			
T&C	露营睡袋	睡袋		转移至第二十四类——详细解释参见正文
D	搁脚凳		200235	凳子（Stools）仍保留在基础编号中
C	塑料钥匙卡（未编码）	塑料钥匙卡（未编码、非磁性）	200260	

续表

A/C/T/D/STET	旧条目	新条目	基础编号	备注
C	毛巾架［家具］（Towel closets［furniture］）	毛巾架［家具］（Towel stands［furniture］）	200276	
C	壁挂式尿布更换平台（Wall－mounted diaper［napkin］changing platforms）（Baby changing platforms）	壁挂式婴儿尿布更换台	200278	
A		非金属门铃（非电动）	200283	
A		自立式隔板［家具］	200284	
A		瓶用非金属螺旋盖	200285	
A		非金属门环	200286	
A		锯台［家具］	200287	
A		充气家具	200288	
A		非金属梯凳	200289	
A		非金属制浴缸扶手	200290	
A		紧固管道用非金属环	200291	
A		首饰展示架	200292	
A		野营用睡垫	200293	
A		非金属制钥匙圈（Rings，not of metal，for keys）	200294	专家委员会曾在一次会议上接受了这一修改，但在之后会议中又进行了修改——参见下一个项目
C	非金属制钥匙圈（Rings，not of metal，for keys）	非金属制钥匙圈（Split rings，not of metal，for keys）	200294	
A		非金属制固定式狗用垃圾袋分配器	200295	
A		非金属、非橡胶制门挡（Door stops，not of metal or rubber）	200296	

续表

A/C/T/D/STET	旧条目	新条目	基础编号	备注
A		非金属、非橡胶制窗挡（Window stops，not of metal or rubber）	200297	
A		非金属制窗锁	200298	
A		非金属窗栓	200299	
A		非金属制门用锁紧装置	200300	
A		非金属工具盒（空）（Tool boxes，not of metal，empty）	200301	
A		非金属工具箱（空）（Tool chests，not of metal，empty）	200302	
A		搁板置物架	200303	
A		非金属挂包钩	200304	
A		塑料钥匙	200305	
A		家具用非金属角码	200306	
A		塑料标签	200307	
A		固定式墙边桌	200308	
A		书柜	200309	
A		衣物架	200310	
A		非金属制五加仑装汽油罐	200311	
A		鸟巢	200312	
A		袋子用塑料封口夹	200313	
A		婴儿床栏用防撞条（非床用织品）	200314	
A		木制或塑料制箱	200315	
A		婴儿床	200316	
A		婴儿提篮	200317	
A		家具腿	200318	
A		家具脚	200319	
A		衣柜	200320	
A		搁脚凳	200321	

续表

A/C/T/D/STET	旧条目	新条目	基础编号	备注
A		鞋用非金属钉	200322	
A		鞋用非金属销钉	200323	
C&T	旗杆（Flagpoles）	非金属旗杆（Flagpoles, not of metal）		转移至第十九类——详细解释参见正文
A		存储或运输用非金属容器		类目
D	象牙			类目
C	金属家具和野营用具	金属家具，野营用家具，枪架，报纸陈列架		注释的包含项
C	床上用品（如床垫、弹簧垫、枕头）	寝具，例如，床垫，弹簧床垫，枕头		注释的包含项
C	非金属牌照	非金属车牌		注释的包含项
A		非金属小五金器具，例如，螺栓，螺丝，销钉，家具用脚轮，紧固管道用非金属环		注释的包含项
A		实验室用特制家具（第九类）或医用特制家具（第十类）		注释的排除项
A		室外百叶帘：金属制（第六类），非金属、非纺织品制（第十九类），纺织品制（第二十二类）		注释的排除项
A		被单和枕套，鸭绒被和睡袋（第二十四类）		注释的排除项
C	某些按其功能或用途分类的特种镜子（参见按字母顺序排列的商品分类表）	某些特殊用途的镜子，例如，光学用镜（第九类），外科或牙科用镜（第十类），后视镜（第十二类），枪用瞄准镜（第十三类）		注释的排除项

续表

A/C/T/D/STET	旧条目	新条目	基础编号	备注
C	某些按其功能或用途分类的由木、软木、苇、藤、柳条、角、骨、象牙、鲸骨、贝壳、琥珀、珍珠母、海泡石以及这些材料的代用品或塑料制成的产品（参见按字母顺序排列的商品分类表）	某些按其功能或用途分类的由木、软木、苇、藤、柳条、角、骨、象牙、鲸骨、贝壳、琥珀、珍珠母、海泡石以及这些材料的代用品或塑料制成的产品，例如，制首饰用珠子（第十四类），木地板条（第十九类），家用篮（第二十一类），塑料杯（第二十一类），苇席（第二十七类）		注释的排除项
D	实验室用特制家具（第九类）			注释的排除项
D	医用特制家具（第十类）			注释的排除项
D	被单和枕套（第二十四类）			注释的排除项
D	鸭绒被和睡袋（第二十四类）			注释的排除项

第二十一类的变化

A/C/T/D/STET	旧条目	新条目	基础编号	备注
D	地毯拍打器（非机器）（Carpet beaters, not being machines）		210008	地毯拍打器（手工具）（Carpet beaters [hand instruments]）仍保留在基础编号中
C	浇水软管用喷嘴（Nozzles for sprinkler hoses）	浇水软管用喷嘴（Nozzles for watering hose）	210012	

续表

A/C/T/D/STET	旧条目	新条目	基础编号	备注
C	饮料隔热容器（Heat insulated containers for beverages）	饮料隔热容器（Heat - insulated containers for beverages）	210035	
C	纸巾金属盒（Boxes of metal, for dispensing paper towels）	纸巾盒	210036	
D	纸巾金属盒（Metal boxes for dispensing paper towels）		210036	
C	开塞钻（Corkscrews）	开塞钻（Corkscrews, electric or non - electric）	210043	
C	开瓶器	开瓶器（电或非电）	210048	
D	蝇拍（Fly catchers [traps or whisks]）		210069	蝇拍（Flyswatters）仍保留在基础编号中
D	鞋刷（Shoe brushes）		210071	刷子（Brushes）仍保留在基础编号中
C	梳	梳*	210076	
C	鸡尾酒调酒器（Mixers, manual [cocktail shakers]）	鸡尾酒调酒器（Cocktail shakers）	210082	
D	振动器（Shakers）			
C	玻璃杯［容器］（Glass [receptacles]）	玻璃杯［容器］（Glasses [receptacles]）	210085	
C	苏打水用虹吸管	碳酸水用虹吸瓶	210118	
C	彩饰玻璃	非建筑用彩饰玻璃	210119	
D	鞋楦［撑具］（Boot trees [stretchers]）		210120	鞋撑具（Shoe trees [stretchers]）仍保留在基础编号中
C	洗衣用晾衣架（Drying racks for washing）	洗衣用晾衣架（Drying racks for laundry）	210126	

续表

A/C/T/D/STET	旧条目	新条目	基础编号	备注
C	旅行者用饮水瓶（Drinking flasks for travellers）	旅行饮水瓶（Drying racks for laundry）		
D	葫芦瓶（Bottle gourds）			
C	厨房用涂油匙（Basting spoons，for kitchen use）	涂油匙［厨房用具］（Basting spoons [cooking utensils]）	210156	
C	家用非电动碾磨器（Mixing machines，non - electric，for household purposes）	厨房用非电动碾磨器	210158	
D	家用非电动碾磨器（Domestc grinders，non - electric Kitchen mixers，non - electric）		210158	
C	擦菜板［家庭用具］（Graters [household utensils]）	厨房用擦菜板（Graters for kitchen use）	210197	
D	晾衣架		210205	
C	餐巾架（Napkin holders）	餐巾架（Table napkin holders）	210210	
C	瓷、陶瓷、陶土、赤陶或玻璃制塑像（Statues of porcelain，earthenware，ceramic or glass）	瓷、陶瓷、陶土、赤陶或玻璃制塑像（Statues of porcelain，ceramic，earthenware or glass）	210217	
D	有柄大杯（Goblets）		210232	马克杯（Mugs）仍保留在基础编号中
C	瓷、陶瓷、陶土或玻璃制艺术品（Works of art of porcelain，terracotta or glass）	瓷、陶瓷、陶土、赤陶或玻璃制艺术品（Works of art of porcelain，ceramic，earthenware or glass）	210234	

续表

A/C/T/D/STET	旧条目	新条目	基础编号	备注
C	非电高压锅（加压炊具） 非电加压炊具（高压锅）	烹饪用非电高压锅 非电加压炊具	210236	
C	瓷、赤陶或玻璃半身雕像	瓷、陶瓷、陶土、赤陶或玻璃制半身像	210252	
C	非纸制、非纺织品制杯垫(Coasters, not of paper and other than table linen)	非纸制、非纺织品制杯垫(Coasters, not of paper or textile)	210258	
C	非电便携式冷藏盒	非电便携式冷藏箱	210261	
C	长颈瓶	长颈瓶*	210289	
C	油套瓶（Oil cruets）	油和醋用调味套瓶（Cruet sets for oil and vinegar）	210292	
D	油和醋用调味品套瓶(Cruet stands for oil and vinegar)		210292	
D	家用热交换液的食品冷却装置（Food cooling devices containing heat exchange fluids, for household purposes）			
A		烘焙垫	210346	
A		靴撑具	210347	
A		扁酒壶	210348	
A		化妆用刮板	210349	
A		接油盘	210350	
A		捕蝇器	210351	
A		蜡烛罐	210352	
A		非电蒸锅	210353	
A		化妆用海绵	210354	
A		厨房用非电动轧碎机	210355	
A		隔热垫	210356	

续表

A/C/T/D/STET	旧条目	新条目	基础编号	备注
A		烤箱用手套 厨房用隔热手套 烧烤用手套	210357	
A		涂油刷	210358	
A		涂油管	210359	
A		洗车用手套	210360	
A		化妆刷	210361	
A		拖把脱水桶	210362	
A		非电墨西哥薄饼压饼器［厨房器具］	210363	
A		滑雪板打蜡刷	210364	
A		睫毛刷	210365	
A		家用非电鸡蛋分离器	210366	
A		美甲用泡沫材料制分趾器	210367	
A		驱蚊剂用插电式扩散器	210368	
A		冷却食物和饮料用冷却包	210369	
A		可重复使用的冰块	210370	
A		非纸制、非纺织品制杯盘垫	210371	
A		非纸制、非纺织品制餐具垫	210372	
A		酒瓶吊牌	210373	
A		葡萄酒醒酒器	210374	
A		电动牙刷替换头	210375	
A		零钱罐	210376	
A		毛球去除器（电或非电）	210377	
A		抛光用布	210378	
A		制刷用猪鬃	210379	
A		制刷用马毛	210380	

续表

A/C/T/D/STET	旧条目	新条目	基础编号	备注
A		冰块夹	210381	
A		色拉夹	210382	
A		上菜勺	210383	
A		厨房用杵	210384	
A		厨房用研钵	210385	
A		冰淇淋挖勺	210386	
T		胡桃钳	210387	从第八类转移——详细解释参见正文
T		方糖钳	210388	从第八类转移——详细解释参见正文
C&T	金属扫帚柄（Broom handles of metal）	扫帚柄	210389	从第六类转移——详细解释参见正文
T		盛葡萄酒用长柄勺	210390	从第八类转移——详细解释参见正文
D	过滤器（Strainers）			家庭用过滤器目前位于基础编号 210088 中
C&T	猪鬃	猪鬃*		转移至第二十二类——详细解释参见正文
C	刷子（画笔除外）[brushes（except paintbrushes）]	刷子（画笔除外）（Brushes, except paintbrushes）		类目
D	钢丝绒			类目
C	未加工或半加工玻璃（建筑用玻璃除外）[Unworked or semi - worked glass（except glass used in building）]	未加工或半加工玻璃（建筑用玻璃除外）（Unworked or semi - worked glass, except building glass）		类目
C	第二十一类主要包括家庭及厨房用小件手工操作器具以及盥洗室用具、玻璃器皿和瓷器	第二十一类主要包括家庭和厨房用小型手动器具，盥洗室用具，玻璃器皿和由瓷、陶瓷、陶土、赤陶或玻璃制成的某些制品		注释

续表

A/C/T/D/STET	旧条目	新条目	基础编号	备注
D	某些按功能或用途分类的玻璃制品、瓷器和陶器制品（参见按字母顺序排列的商品分类表）			注释的排除项
C	清洁制剂，肥皂等（第三类）	清洁制剂（第三类）		注释的排除项
C	小型电切碎机、电研磨机、电压榨机等（第七类）	小型电动的切碎机、研磨机、压榨机，成碾碎机（第七类）		注释的排除项
C	剃刀及剪毛器，修剪刀（手工器具），修指甲和修脚的金属工具（第八类）	剃须及剃毛装置，理发器和指甲钳，电或非电的修指刀和修脚器具，例如修指甲成套工具，指甲砂锉，去死皮钳（第八类）		注释的排除项
A		刀叉餐具（第八类）		注释的排除项
A		除虱梳，刮舌器（第十类）		注释的排除项
A		某些按其功能或用途分类的玻璃制品、瓷器和陶器，例如，假牙用瓷料（第五类），眼镜片（第九类），隔热、隔音用玻璃（第十七类），陶瓷砖瓦（第十九类），建筑用玻璃棉（第十九类），纺织用玻璃纤维（第二十二类）		注释的排除项
C	家庭及厨房用具及容器，如，厨房用具，桶，用铁、铝、塑料或其他材料制成的大盆	家庭和厨房用具，例如，蝇拍，切面包板，开瓶器，鸡尾酒调酒器，存钱罐，提桶，炊具和平底锅		注释的包含项
C	小型手工操作的切碎机、研磨机、压榨机等	厨房用小型手动的切碎机、研磨机、压榨机，成碾碎机，例如，蒜压榨器，胡桃夹，杵和研钵		注释的包含项

续表

A/C/T/D/STET	旧条目	新条目	基础编号	备注
A		上菜用具，例如，方糖钳，冰块夹，馅饼用铲和上菜勺		注释的包含项
C	电梳	电动和非电动的梳子		注释的包含项
C	电牙刷	电动和非电动的牙刷		注释的包含项

第二十二类的变化

A/C/T/D/STET	旧条目	新条目	基础编号	备注
C	风障布（Tarred brattice cloth）	风障布（Brattice cloth）	220001	
C	马毛	马毛*	220027	
C	非橡胶或塑料制填充材料（Padding materials, not of rubber or plastics）（Stuffing, not of rubber or plastics）	非橡胶、非塑料、非纸或纸板制衬垫材料（Padding materials, not of rubber, plastics, paper or cardboard） 非橡胶、非塑料、非纸或纸板制填充材料（Stuffing, not of rubber, plastics, paper or cardboard）	220030	
C	非橡胶或塑料制［填充或衬垫用］包装材料	非橡胶、非塑料、非纸或纸板制［减震或填充用］包装材料	220031	
D	非金属制包装或捆扎带（Wrapping or binding bands, not of metal）		220023	非金属制包装或捆扎带（Wrapping or binding bands, not of metal）仍保留在基础编号中

续表

A/C/T/D/STET	旧条目	新条目	基础编号	备注
D	帐篷（Awninigs）		220071	帐篷（Tents）仍保留在基础编号中
D	海藻（Sea wrack）		220074	填充用海藻（Seaweed for stuffing）仍保留在基础编号中
C	包装或捆扎用非金属带（Bands, not of metal, for wrapping or binding）	包装或捆扎用非金属带（Wrapping or binding bands, not of metal）	220078	
C	挂图片用绳（Cords for hanging pictures, etc.）	挂图片用绳（Cords for hanging pictures）	220089	
A		捕鱼用围网	220108	
A		鱼类养殖用网箱	220109	
A		船帆用帆布	220110	
A		纺织品制室外遮帘	220111	
A		非金属捆扎物	220112	
A		动物喂食用网	220113	
T		猪鬃*	220114	从第二十一类转移——详细解释参见正文
C	遮篷，帐篷和防水遮布	帐篷和防水遮布		类目
A		纺织品或合成材料制遮蓬		类目
C	袋	运输和贮存散装物用麻袋		类目
C	衬垫和填充料（纸或纸板、橡胶、塑料制除外）[Padding and stuffing materials (except of paper, cardboard, rubber or plastics)]	衬垫和填充材料（纸或纸板、橡胶、塑料制除外）(Padding, cushioning and stuffing materials, except of paper, cardboard, rubber or plastics)		类目
C	纺织用纤维原料	纺织用纤维原料及其替代品		类目

续表

A/C/T/D/STET	旧条目	新条目	基础编号	备注
A		金属绳（第六类）		注释的排除项
D	某些网和包（参见按字母顺序排列的商品分类表）			注释的排除项
A		某些按照功能或用途分类的网和包，例如，安全网（第九类），运载工具用行李箱（第十二类），旅行用衣袋（第十八类），发网（第二十六类），高尔夫球袋（第二十八类），运动用网（第二十八类）		注释的排除项
A		按照材质分类的非纺织品包装袋，例如，包装用纸袋或塑料袋（第十六类），包装用橡胶袋（第十七类），包装用皮袋（第十八类）		注释的排除项
C	用天然或人工纺织纤维、纸或塑料制成的缆和绳（Cords and twines in natural or artificial textile fibres，paper or plastics）	用天然或人工纺织纤维、纸或塑料制成的缆和绳（Cords and twines made of natural or artificial textile fibres，paper or plastics）		注释的包含项
A		渔网，吊床，绳梯		注释的包含项
A		运载工具用非专用盖罩		注释的包含项
C	运输或贮存大批货物的原材料用袋和包（参见按字母顺序排列的商品分类表）	某些不按照功能或用途分类的包和袋，例如，洗衣用网袋，裹尸袋，邮袋		注释的包含项
A		包装用编织袋		注释的包含项
A		动物纤维和纤维纺织原料，例如，兽毛，茧，黄麻，未加工或加工过的羊毛，生丝		注释的包含项

第二十三类的变化*

A/C/T/D/STET	旧条目	新条目	基础编号	备注
—	—	—	—	—

第二十四类的变化

A/C/T/D/STET	旧条目	新条目	基础编号	备注
C	旗帜	纺织品制或塑料制横幅	240006	
C	狭长桌布	非纸制桌旗	240022	
C	旗（非纸制）	纺织品制或塑料制旗	240042	
C	旗布	纺织品制或塑料制旗帜	240043	
C	洗涤用手套	搓澡巾	240055	
C	非文具用胶布（Gummed cloth, other than for stationery）	非文具用胶布（Gummed cloth, other than for stationery purposes）	240057	
C	垫子［餐桌用布］	纺织品制杯垫	240096	
C	杯盘垫（非纸制）	纺织品制杯盘垫	240097	
C	睡袋衬里（Sleeping bags [sheeting]）	睡袋衬里（Sleeping bag liners）	240100	
C	卸妆用布（Tissues of textile for removing make - up）(Napkins, of cloth, for removing make - up)（Napkins for removing make - up）([cloth])	卸妆用布（Cloths for removing make - up）	240101	
C	布制标签	纺织品制标签	240102	

* 第二十三类无新条目增加和旧条目变化。——编辑注

续表

A/C/T/D/STET	旧条目	新条目	基础编号	备注
C	餐具垫（非纸制）	纺织品制餐具垫	240113	
A		婴儿更换尿布用布单	240120	
A		家养宠物用毯	240121	
A		婴儿用睡袋	240122	
A		婴儿用包被	240123	
D	卫生绒布（Sanitary flannel）			
D	床上用品（Bed clothes）			
C&T	露营用睡袋（Sleeping bags for camping）	睡袋（Sleeping bags）	240124	从第二十类转移——详细解释参见正文
D	床单			类目
C	桌布	家庭日用纺织品		类目
A		纺织品制或塑料制帘		类目
C	第二十四类主要包括纺织品（布匹）和家用纺织品制罩布	第二十四类主要包括织物和家用织物覆盖物		注释
D	某些特殊织物（参见按字母顺序排列的商品分类表）			注释的排除项
A		石棉防火幕（第十七类），竹帘和装饰珠帘（第二十类）		注释的排除项
A		某些特殊用途的纺织品和织物，例如，书籍装订用织物（第十六类），绝缘、隔热、隔音织物（第十七类），土工布（第十九类）		注释的排除项
C	家庭日用纺织品	家庭日用纺织品，例如，床罩，枕套，纺织品毛巾		注释的包含项
A		睡袋，睡袋衬里		注释的包含项
A		蚊帐		注释的包含项

第二十五类的变化

A/C/T/D/STET	旧条目	新条目	基础编号	备注
D	衣领		250020	衣领［衣服］（Collars［clothing］）仍保留在基础编号中
C	围脖（Collar protectors）	脖套（Neck scarves［mufflers］）（Neck scarfs［mufflers］）（Mufflers［neck scarves］）	250021	
C	内裤［服装］（Pants）（Drawers［clothing］）	平脚短裤（Boxer shorts）	250023	
D	亚麻服装 （Body linen［garments］）		250026	内衣（Underwear and underclothing）仍保留在基础编号中
D	帽檐（Sun visors Visors［hatmaking］）		250030	帽檐（Cap peaks）仍保留在基础编号中
A		毛衣（Pullovers） 套头衫（Jumpers［pullovers］）	250034	毛衣（Sweaters）目前位于基础编号中
C	吸汗内衣（Sweat - absorbent underclothing［underwear］）（Anti - sweat underclothing）（Anti - sweat underwear）	吸汗内衣（Sweat - absorbent underclothing）（Sweat - absorbent underwear）	250054	
C	婴儿裤［服装］（Babies' pants［clothing］）	婴儿裤［内衣］（Babies' pants［underwear］）	250058	

续表

A/C/T/D/STET	旧条目	新条目	基础编号	备注
A		裤子［Pants（Am.）］	250064	裤子（Trousers）目前位于基础编号中
D	运动衫（Singlets）		250094	运动衫（Sports jerseys）仍保留在基础编号中
D	毛衣（Pullovers） 套头衫（Jumpers［pullovers］）			
C	带肩带的女式长内衣［内衣］	连身衬裙	250146	
C	妇女连衫衬裤［内衣］	女式连身内衣（Teddies［underclothing］）	250147	
A		女式连身内衣（Bodies［underclothing］）	250147	
A		空顶帽	250170	
A		女式内裤	250171	
A		背心式紧身运动衣	250172	
A		毡靴	250173	
A		（牧师、神父穿的）白麻布长袍	250174	
A		短靴	250175	
A		吸汗袜	250176	
A		理发用披肩	250177	
A		空手道服	250178	
A		柔道服	250179	
A		（杂技、舞蹈等演员穿的）紧身连衣裤	250180	
A		和服	250181	

第二十六类的变化

A/C/T/D/STET	旧条目	新条目	基础编号	备注
D	服装扣（Dress fastenings）		260010	服装扣（Fastenings for clothes）目前位于基础编号项中
C	发卡（Hair grips［slides］）（Slide［hair grips］）	发卡（Hair grips）（Bobby pins）	260015	
C	帽子装饰品（非贵重金属）	帽用饰物	260016	
C	鞋饰品（非贵重金属）	鞋用饰物	260035	
C	头发装饰品（Hair ornaments）	头发装饰品（Decorative articles for the hair）	260038	
C	发夹（Barettes［hair slides］）	发夹（Hair barrettes，Hair slides）	260040	
C	钩针（Embroidering crochet hooks）	钩针（Crochet hooks，Crochet needles）	260051	
C	手提袋拉链（Slide locks for bags）	手提袋拉链（Zippers for bags）	260087	包用拉链（Zip fasteners for bags）仍然保留在基础编号中
A		补花［缝纫用品］	260128	
A		除圣诞树以外的人造植物	260129	
C	非制首饰用珠子（Beads other than for making jewelry）	非制首饰用珠子（Beads，other than for making jewelry）（Beads，other than for making jewellery）	260123	
A		针线套装	260130	
A		昆虫针	260131	
A		绣花针	260132	
A		非用于首饰、钥匙圈和钥匙链的小饰物	260133	

续表

A/C/T/D/STET	旧条目	新条目	基础编号	备注
T		缝针穿线器	260134	从第八类转移——详细解释参见正文
T	儿童牵引带（Reins for guiding children）			转移至第十八类——详细解释参见正文
A		发饰		类目
A		假发		类目
C	本类主要包括缝纫用品	第二十六类主要包括缝纫用品，用于佩戴的天然或人造毛发，头发装饰品，以及用于装饰其他物品的、不属于别类的小件物品		注释
A		假睫毛（第三类）		注释的排除项
A		植发用毛发（第十类）		注释的排除项
A		用于钥匙圈或钥匙链的小饰物（第十四类）		注释的排除项
A		首饰用小饰物（第十四类）		注释的排除项
A		假发套，遮秃假发，假胡须		注释的包含项
A		发夹和发带		注释的包含项
A		发网		注释的包含项
C	拉链	扣子和拉链		注释的包含项
A		非用于首饰、钥匙圈和钥匙链的小饰物		注释的包含项

第二十七类的变化

A/C/T/D/STET	旧条目	新条目	基础编号	备注
C	非纺织品制壁挂（Tapestry [wall hangings]，not of textile Wall hangings，not of textile）	非纺织品制壁挂（Decorative wall hangings，not of textile）	270013	
A		壁炉或烧烤架用耐火地垫	270019	
A		瑜伽垫	270020	

第二十八类的变化

A/C/T/D/STET	旧条目	新条目	基础编号	备注
C	家养宠物玩具	宠物用玩具	280004	
C	玩具	玩具*	280024	
C	桌式足球桌（Tables for indoor football）	桌式足球桌（Foosball tables）	280070	
D	哑铃		280075	杠铃（Bar – bells）仍位于基础编号中
C	钓鱼线（Lines for fishing）	钓鱼线（Fishing lines）	280084	
C	冲浪板（Surf boards）	冲浪板（Surfboards）	280102	
C	雪橇［体育用品］（Sleighs [sports articles]）	雪橇［体育用品］（Sleds [sports articles]）	280113	
C	玩具气枪（Air pistols [toys]）	玩具气枪（Toy air pistols）	280117	
C	趴板（冲浪用）（Body boards）	趴板（冲浪板）（Bodyboards）	280177	

续表

A/C/T/D/STET	旧条目	新条目	基础编号	备注
C	由无线电控制的玩具车	遥控玩具汽车	280185	
A		游戏机控制器	280217	
A		玩具模型	280218	
A		玩具小塑像	280219	
A		投球机	280220	
A		哑铃	280221	
A		面具［玩具］	280222	
A		俄罗斯套娃	280223	
A		玩具用控制器	280224	
A		高尔夫球袋车	280225	
A		桨式冲浪板	280226	
A		航模用陀螺仪和飞行稳定器	280227	
A		视频游戏操纵杆	280228	
A		便携式游戏机屏幕专用保护膜	280229	
A		玩具无人机	280230	
A		玩具机器人	280231	
A		运动球类充气用气针	280232	
A		运动球类充气专用气泵	280233	
A		婴儿健身架	280234	
A		带安抚巾的毛绒玩具	280235	
A		幼儿用三轮脚踏车［玩具］	280236	
T	滑雪板用刮板（Scrapers for skis）			转移至第八类，详细解释参见正文
T	滑雪板用蜡（Wax for skis）			转移至第四类，详细解释参见正文
C	游戏器具和玩具（Games and playthings）	游戏器具和玩具（Games, toys and playthings）		类目

续表

A/C/T/D/STET	旧条目	新条目	基础编号	备注
A		视频游戏装置		类目
A		第二十八类主要包括玩具和游戏装置，体育设备，娱乐及创意道具，以及某些圣诞树用装饰		注释
D	某些体育和运动用品（参见按字母顺序排列的商品分类表）			注释的排除项
C	圣诞树用的蜡烛（第四类）	圣诞树用蜡烛（第四类），圣诞树用电灯（第十一类），圣诞树用糖果和巧克力装饰物（第三十类）		注释的排除项
A		性玩具和性爱娃娃（第十类）		注释的排除项
D	圣诞树用电灯（花彩示的）（第十一类）			注释的排除项
D	渔网（第二十二类）			注释的排除项
D	圣诞树装饰用糖果和巧克力（第三十类）			注释的排除项
A		某些按照其他功能和用途分类的体育运动装备，例如，运动用头盔、护目镜和护齿（第九类），体育用火器（第十三类），健身用垫（第二十七类）；以及某些按照其他功能和用途分类的打猎和钓鱼用具，例如，猎刀（第八类），鱼叉（第八类），猎枪（第十三类），渔网（第二十二类）		注释的排除项

续表

A/C/T/D/STET	旧条目	新条目	基础编号	备注
C	各种运动和游戏设备	娱乐和游戏装置，包括其控制器		注释的包含项
A		娱乐及创意道具，例如，狂欢节面具，纸制晚会帽，五彩纸屑，聚会用爆竹和圣诞拉炮		注释的包含项
C	钓鱼用具	打猎和钓鱼用具，例如，钓鱼竿，钓鱼用抄网，诱饵，狩猎用哨子		注释的包含项

第二十九类的变化

A/C/T/D/STET	旧条目	新条目	基础编号	备注
C	食用海藻提取物（Weed extracts for food）	食用海藻提取物（Seaweed extracts for food）	290002	
C	鳀鱼	鳀鱼（非活）	290006	
C	食用可可脂（Chocolate nut butter，Cocoa butter）	食用可可脂（Cocoa butter，for food）	290009	
C	鲱鱼	鲱鱼（非活）	290055	
C	猪油（Lard for food）	猪油（Lard）	290103	
C	沙丁鱼	沙丁鱼（非活）	290106	
C	鲑鱼	鲑鱼（非活）	290107	
C	金枪鱼	金枪鱼（非活）	290109	
C	加工过的花生（Peanuts，processed）	加工过的花生（Peanuts，prepared）	290118	
C	鱼制食品（Foods prepared from fish/Food products made from fish）	鱼制食品（Fish - based foodstuffs）	290125	

续表

A/C/T/D/STET	旧条目	新条目	基础编号	备注
C	蛤［非活］	蛤（非活）	290132	
C	朝鲜泡菜（Fermented vegetable foods［kimchi］）	朝鲜泡菜（Kimchi［fermented vegetable dish］）	290162	
C	豆奶［牛奶替代品］	豆奶	290163	
C	加工葵花籽	加工过的葵花籽	290166	
C	无酒精蛋奶酒（Non - alcoholic egg nog）	无酒精蛋奶酒（Non - alcoholic eggnog）	290168	
C	加工鱼卵	加工过的鱼子	290170	
C	加工种子 (Processed seeds)	加工过的种子（Seeds, prepared）	290171	专家委员会会议之前增加了加工过的种子，但该项目在后来的会议中被修改为下一个项目
C	加工过的种子	加工过的种子*	290171	
A		低脂炸土豆片（Low - fat potato crisps）	290176	低脂炸土豆片目前位于基础编号中
A		糖煮水果	290179	
A		炼乳	290180	
A		斯美塔那酸奶油	290181	
A		熟酸乳 俄式熟酸乳	290182	
A		酸牛奶 俄式酸牛奶	290183	
A		番茄酱	290184	
A		西葫芦泥	290185	
A		茄子泥	290186	
A		烹饪用花生浆	290187	

续表

A/C/T/D/STET	旧条目	新条目	基础编号	备注
A		烹饪用杏仁浆（Milk of almonds for culinary purposes）	290188	专家委员会之前在会议中增加了烹饪用杏仁浆，但该项目在后来的会议中被修改为下一个项目
C	烹饪用杏仁乳（Milk of almonds for culinary purposes）	烹饪用杏仁浆（Almond milk for culinary purposes）	290188	
A		米浆［奶替代品］	290189	专家委员会之前在会议中增加了烹饪用米浆（奶替代品），但该项目在后来的会议中被修改为下一个项目
C	米浆［牛奶替代品］	米浆	290189	
C		腌制洋蓟	290190	
A		加工过的水果制成的拼盘	290191	
A		奶粉*	290192	
A		日式烤鸡肉串	290193	
A		韩式烤牛肉	290194	
A		糖渍坚果	290195	
A		已调味的坚果	290196	
A		加工过的榛子	290197	
A		腌制浆果	290198	
A		腌制洋蓟	290199	
A		炸洋葱圈	290200	
A		中东炸豆丸子	290201	
A		烹饪用柠檬汁	290202	
A		冻干肉	290203	
A		燕麦浆	290204	

续表

A/C/T/D/STET	旧条目	新条目	基础编号	备注
A		植物奶油	290205	
A		冻干蔬菜	290206	
A		食用特级初榨橄榄油	290207	
A		韩式烤肉	290208	
A		彝斯咖魔［预制可食用蚂蚁卵］	290209	
A		可食用昆虫（非活）	290210	
A		加工过的甜玉米粒	290211	
A		坚果制抹酱	290212	
A		土豆丸子	290213	
A		热狗肠	290214	
A		玉米热狗肠	290215	
A		食用豆油	290216	
A		牛奶替代品	290217	
A		杏仁浆	290218	
A		花生浆	290219	
A		椰浆	290220	
A		烹饪用椰浆	290221	
A		以椰浆为主的饮料	290222	
A		烹饪用米浆	290223	
C&T	杏仁乳［饮料］	以杏仁浆为主的饮料	290224	从第三十二类转移——详细解释参见正文
C&T	花生乳［无酒精饮料］	以花生浆为主的饮料	290225	从第三十二类转移——详细解释参见正文
T&C	制香肠用肠衣	天然或人造的香肠肠衣	290226	从第十八类转移——详细解释参见正文

续表

A/C/T/D/STET	旧条目	新条目	基础编号	备注
T	酸辣泡菜			转移至第三十类——详细解释参见正文
A		加工过的种子（用作调味品的）（第三十类）		注释的排除项
A		种植用种子（第三十一类）		注释的排除项
A		供人食用的加工过的种子（非用作调味品的）		注释的包含项

第三十类的变化

A/C/T/D/STET	旧条目	新条目	基础编号	备注
C	海藻（Weeds）	海藻［调味品］（Seaweed［condiment］）	300002	
D	意式意面		300003	意面（Pasta）仍保留在基础编号中
C	咖啡调味香料［调味品］	咖啡用调味品	300010	
A		饼干（Cookies）	300016	饼干（Biscuits）目前位于基础编号中
D	饼干（Cookies）			饼干（Cookies）目前位于基础编号300016中。美国的饼干和英国的饼干（Biscuits）是相同的项目

续表

A/C/T/D/STET	旧条目	新条目	基础编号	备注
D	含有奶的粥			
D	可可制品			
C	食用姜黄	姜黄*（Turmeric）	300051	
D	粉质食物			
C	除香精油外的蛋糕用调味品（Flavourings, other than essential oils, for cakes/Flavorings [flavourings], other than essential oils, for cakes）	除香精油外的蛋糕用调味品（Flavourings, other than essential oils, for cakes）	300070	除香精油外的蛋糕用调味品仍保留在基础编号中
C	做蛋糕用面团（Cake paste, Pastry）	做蛋糕用面团（Cake dough, Cake batter）	300072	
D	冰淇淋[可食用冰]凝结剂（Binding agents for ice cream [edible ices] /Binding agents for edible ices）		300074	冰淇淋凝结剂（Binding agents）仍保留在基础编号中
D	面粉加工产品			
C	土豆粉	土豆粉*	300114	
C	食用木薯粉	木薯粉*	300128	
C	烹饪用香草调味品（Vanilla [flavoring] [flavouring]）	烹饪用香草调味品（Vanilla flavourings for culinary purposes/Vanilla flavorings for culinary purposes）	300130	
C	法式肉派（Pasties/Pâté [pastries]）	法式肉派（Pâtés en croute）	300134	
C	食用冰粉	冰淇淋粉	300137	

续表

A/C/T/D/STET	旧条目	新条目	基础编号	备注
C	除香精油以外的食物用调味品（Flavourings，other than essential oils/Flavorings，other than essential oils）	除香精油外的食物用调味品（Food flavourings，other than essential oils/Food flavorings，other than essential oils）	300140	
C	除香精油外的饮料用调味品（Flavourings，other than essential oils，For beverages/Flavorings ［flavourings］，other than essential oils for beverages）	除香精油外的饮料用调味品（Flavourings，other than essential oils，for beverages）	300141	除香精油外的饮料用调味品（Flavorings，other than essential oils，for beverages）仍保留在基础编号中
A		豆酱［调味品］（Miso［condiment］）	300194	豆酱［调味品］（Soya bean paste［condiment］）目前位于基础编号中
D	烹饪用黇粑奶油			
C	人类食用亚麻籽	烹饪用亚麻籽［调味品］	300212	
A		意式面食调味酱	300217	
A		谷物棒	300218	
A		棕榈糖	300219	
A		生面团	300220	
A		用作茶叶代用品的花或叶	300221	
A		油酥面团	300222	
A		乌克兰饺子	300223	
A		俄式肉饺	300224	
A		蛋糕用巧克力装饰物	300225	
A		蛋糕用糖果装饰物	300226	
A		裹巧克力的坚果	300227	
A		米布丁	300228	

续表

A/C/T/D/STET	旧条目	新条目	基础编号	备注
A		坚果粉	300229	
A		蒜末［调味品］	300230	
A		包子	300231	
A		食物制作用生米糊	300232	
A		饺子	300233	
A		日式拉面	300234	
A		日式煎菜饼［御好烧］	300235	
A		日式煎菜饼［御好烧］用面糊	300236	
A		卷饼	300237	
A		韩式紫菜包饭	300238	
A		可食用纸	300239	
A		可食用米纸	300240	
A		巧克力抹酱	300241	
A		含坚果的巧克力抹酱	300242	
A		面粉制丸子	300243	
A		龙舌兰糖浆［天然增甜剂］	300244	
A		镜面糖衣	300245	
A		主要由米制成的冻干食品	300246	
A		主要由意式面食制成的冻干食品	300247	
A		甘菊茶饮料	300248	
A		炼奶焦糖酱	300249	
A		石锅拌饭	300250	
A		饭团	300251	
A		方便米饭	300252	
A		热狗三明治	300253	
A		（加入饮料用的）冰块	300254	
A		用作调味品的加工过的种子	300255	

续表

A/C/T/D/STET	旧条目	新条目	基础编号	备注
A		芝麻［调味品］	300256	
T		酸辣泡菜［调味品］	300257	从第二十九类转移——详细解释参见正文
A		药用酵母（第五类），动物食用酵母（第三十一类）		注释的排除项

第三十一类的变化

A/C/T/D/STET	旧条目	新条目	基础编号	备注
C	柑橘	新鲜柑橘	310002	
C	人或动物食用海藻	人或动物食用的未加工藻类	310003	
C	圣诞树	圣诞树*	310009	
C	新鲜浆果（Berries，fresh fruits）	新鲜浆果（Berries，fresh）	310013	
C	甜菜	新鲜甜菜	310015	
C	新鲜豆角	新鲜角豆（带荚）	310022	
C	新鲜菊苣（Chicory［salad］）	新鲜菊苣（Chicory，fresh）	310030	
C	新鲜南瓜（Squashes Marrows）	新鲜南瓜（Squashes，fresh）	310043	
A		孵化蛋（已受精）	310045	孵化蛋（已受精）目前位于基础编号中

续表

A/C/T/D/STET	旧条目	新条目	基础编号	备注
C	植物种子（Grains [seeds]）	植物种子（Seeds for planting，Plant seeds）	310068	
C	动物栖息用干草（Products for animal litter）	动物栖息用干草（Litter for animals）	310080	
C	榛子	新鲜榛子	310087	
C	洋葱（新鲜蔬菜）	新鲜洋葱	310092	
C	橘子	新鲜橘	310094	
C	食用植物根	动物食用植物根	310114	
C	大黄	新鲜大黄	310116	
C	宠物用砂纸[垫窝用]（Sanded paper for pets [litter]）	宠物用砂纸[垫窝用]（Sanded paper [litter] for pets）	310146	
C	宠物用香砂（Aromatic sand for pets [litter]）	宠物用香砂（Aromatic sand [litter] for pets）	310147	
A		新鲜洋蓟	310153	
A		鲱鱼（活的）	310154	
A		鲑鱼（活的）	310155	
A		沙丁鱼（活的）	310156	
A		金枪鱼（活的）	310157	
A		新鲜蒜	310158	
A		新鲜西葫芦	310159	
A		未加工的食用亚麻籽	310160	
A		新鲜水果制果篮	310161	
A		鳀鱼（活的）	310162	
A		可食用昆虫（活的）	310163	
A		未加工的甜玉米棒（剥皮的或未剥皮的）	310164	
C	农业、园艺、林业产品	未加工的农业、水产养殖业、园艺、林业产品		类目
C	新鲜水果和蔬菜	新鲜水果和蔬菜，新鲜芳香草本植物		类目

续表

A/C/T/D/STET	旧条目	新条目	基础编号	备注
A		种植用球茎、幼苗和种子		类目
C	动物饲料	动物的饮食		类目
C	第三十一主要包括日用的未经制作的田地产物、牲畜及植物，以及动物饲料	第三十一类主要包括没有经过任何为了食用目的处理的田地产物和海产品，活动物和植物，以及动物饲料		注释
C	动物用膳食补充剂第五类	动物用膳食补充剂和含药物的饲料第五类		注释的排除项
D	未加工的木材			注释的包含项
C	未加工的谷物（Raw cereals）	未加工的谷物（Raw，unprocessed cereals）		注释的包含项
A		植物残体		注释的包含项
A		未加工的藻类		注释的包含项
A		未切锯木材		注释的包含项
C	待孵蛋	待孵蛋		注释的包含项
A		新鲜蘑菇和块菌		注释的包含项
A		动物用便溺垫物，例如，香砂，宠物用砂纸		注释的包含项
D	软体动物或贝壳类动物（活的）			注释的包含项

第三十二类的变化

A/C/T/D/STET	旧条目	新条目	基础编号	备注
A		以啤酒为主的鸡尾酒	320052	
A		大豆为主的饮料（非牛奶替代品）	320053	
A		富含蛋白质的运动饮料	320054	
A		米制饮料（非牛奶替代品）	320055	
A		咖啡味非酒精饮料	320056	
A		茶味非酒精饮料	320057	
A		软饮料	320058	
C&T	杏仁乳［饮料］			转移至第二十九类——详细解释参见正文
C&T	花生牛奶［不含酒精的饮料］			转移至第二十九类——详细解释参见正文

第三十三类的变化

A/C/T/D/STET	旧条目	新条目	基础编号	备注
A		尼瓦［以甘蔗为主的酒精饮料］	330036	
A		白酒（中国蒸馏酒精饮料）	330037	

第三十四类的变化

A/C/T/D/STET	旧条目	新条目	基础编号	备注
A		电子香烟	340039	
A		电子香烟烟液	340040	
A		吸烟者用口腔雾化器	340041	
A		除香精油外的烟草用调味品	340042	
A		除香精油外的电子香烟用调味品	340043	

第三十五类的变化

A/C/T/D/STET	旧条目	新条目	基础编号	备注
C	进出口代理（Import export agencies）	进出口代理（Import - export agency services）	350005	
C	商业信息代理（Commercial information agencies）	商业信息代理（Commercial information agency services）	350006	
C	职业介绍（Employment agencies）	职业介绍（Employment agency services）	350012	
C	审计	商业审计	350017	
C	效率专家	经营效率专家服务	350029	
C	市场分析（Marketing studies）	市场分析（Market studies）	350031	
C	无线电广告（Radio commercials）	无线电广告（Radio advertising）	350040	

续表

A/C/T/D/STET	旧条目	新条目	基础编号	备注
C	电视广告（Television commercials）	电视广告（Television advertising）	350044	
C	谈话记录	谈话记录［办公事务］	350045	
C	广告代理（Advertising agencies/Publicity agencies）	广告代理（Advertising agency services/Publicity agency services）	350047	
A		药用、兽医用、卫生用制剂和医疗用品的零售服务	350108	
A		销售展示架出租	350109	
A		提供商业和商务联系信息	350110	
A		为销售优化搜索引擎	350111	
C	搜索引擎优化	为销售优化搜索引擎	350111	
A		网站流量优化	350112	
A		点击付费广告	350113	
A		商业中介服务	350114	
A		自由职业者的商业管理	350115	
A		为第三方进行商业贸易的谈判和缔约	350116	
A		在计算机数据库中更新和维护数据	350117	
A		为建筑项目进行商业项目管理服务	350118	
A		通过网站提供商业信息	350119	
A		为商品和服务的买卖双方提供在线市场	350120	
A		广告材料设计	350121	
A		为公司提供外包行政管理	350122	
A		税务申报服务	350123	
A		补偿项目的商业管理（替他人）	350124	

续表

A/C/T/D/STET	旧条目	新条目	基础编号	备注
A		广告牌出租	350125	
A		替他人写简历	350126	
A		为商业或广告目的编制网页索引	350127	
A		飞行常客计划管理	350128	
A		预约安排服务［办公事务］	350129	
A		预约提醒服务［办公事务］	350130	
A		消费者忠诚度计划管理	350131	
A		广告脚本编写	350132	
A		书面讯息和数据的登记	350133	
A		已登记信息的更新和维护	350134	
A		为商业或广告目的汇编信息索引	350135	
A		为需要资金的企业匹配潜在投资人的商业中介服务	350136	
A		制作电视购物节目	350137	
A		公共关系传播策略咨询	350138	
A		广告传播策略咨询	350139	
D	宣传栏准备			

第三十六类的变化

A/C/T/D/STET	旧条目	新条目	基础编号	备注
C	不动产出租（Leasing of real estate）	不动产出租（Rental of real estate）	360004	
C	信用社（Credit bureaux）	信用社（Credit bureau services）	360006	
C	不动产代理（Real estate agencies）	不动产代理（Real estate agency services）	360007	
C	不动产经纪（Housing agents）	不动产经纪（Real estate brokerage）	360008	
D	不动产经纪（Real estate brokers）		360008	
C	债务托收代理（Debt collection agency）	债务托收代理（Debt collection agency services）	360009	
C	海关经纪	海关金融经纪服务	360011	
C	资本投资（Capital investments）	资本投资（Capital investment）	360017	
D	资本投资（Fund investments/Capital investment）		360017	
D	担保（Bail bonding/Guarantees）		360018	担保仍保留在基础编号中
C	发行旅行支票（Issuing of travellers' checks）	发行旅行支票（Issuance of travellers' cheques，Issuance of travelers' checks）	360020	
C	财政估算（Fiscal assessments/Fiscal valuations）	财政估算（Fiscal valuation）	360025	
C	公寓出租（Renting of flats）	公寓出租（Rental of apartments）	360035	

续表

A/C/T/D/STET	旧条目	新条目	基础编号	备注
D	公寓出租（Renting of apartments）		360035	
C	农场出租（Leasing of farms）	农场出租（Rental of farms）	360036	
C	住所代理［公寓］（Accommodation bureaux［apartments］）	住所代理［公寓］（Accommodation bureau services［apartments］）	360045	
C	信用卡服务	信用卡支付处理	360056	
C	借记卡服务	借记卡支付处理	360057	
C	有价证券的发行	发行有价证券	360065	
C	网上银行（Home banking）	网上银行（Online banking）	360072	
C	羊毛的金融评估（Financial evaluation of wool）	羊毛的金融评估（Financial valuation of wool）	360107	
A		股票经纪服务	360110	
A		债务咨询服务	360111	
A		为建筑项目安排资金	360112	
A		通过网站提供金融信息	360113	
A		补偿支付的金融管理（替他人）	360114	
A		基金投资	360115	
A		股票和债券经纪	360116	
A		通过使用会员卡为他人在参与机构提供折扣	360117	
A		保释担保	360118	
A		共用办公室出租	360119	

第三十七类的变化

A/C/T/D/STET	旧条目	新条目	基础编号	备注
C	空调设备的安装与修理	空调设备的安装和修理	370028	
C	车辆清洗	运载工具清洗服务	370055	
C	车辆故障服务工修理	运载工具故障修理服务	370089	
C	灭害虫（非农业目的）	灭害虫（非农业、非水产养殖业、非园艺、非林业目的）	370091	
C	建筑咨询（Construction consultation）	建筑咨询（Construction consultancy）	370131	
C	深层油井或气井的钻探（Drilling of deep oil gas - wells）	深层油井或气井的钻探（Drilling of deep oil or gas wells）	370133	
A		排水泵出租	370134	
A		洗衣机出租	370135	
A		维修电力线路	370136	
A		运载工具电池充电服务	370137	
A		轮胎动平衡服务（Tyre balanchy）（Tire balaneing）	370138	
A		乐器调音	370139	
A		电缆铺设	370140	
A		医疗器械的杀菌（Sterilization of medical）（Sterilisation of medicalinstruments）	370141	
A		水力压裂服务（Hydranlic fracturing Services）（Fracking Services）	370142	
A		虫害防治服务（非农业、非水产养殖业、非园艺、非林业目的）	370143	
A		洗碗机出租	370144	

续表

A/C/T/D/STET	旧条目	新条目	基础编号	备注
A		碗碟干燥机出租	370145	
D	柜子制作［修理］（Cabinet making［repair］）			
D	洗车（Car wash） 机动车清洗（Motor vehicle wash）			
D	缝补衣服（Mending clothing）			

第三十八类的变化

A/C/T/D/STET	旧条目	新条目	基础编号	备注
C	新闻社	新闻社服务	380012	
C	移动电话通讯	移动电话通信	380022	
C	电子信件	电子邮件传输	380025	
C	光纤通讯	光纤通信	380030	
A		视频会议服务	380049	
A		提供在线论坛	380050	
A		数据流传输	380051	
A		无线电通信	380052	
A		视频点播传输	380053	

第三十九类的变化

A/C/T/D/STET	旧条目	新条目	基础编号	备注
C	运载工具故障牵引服务（Vehicle breakdown assistance [towing]）	运载工具故障牵引服务（Vehicle breakdown towing services）	390007	
C	观光旅游（Sightseeing [tourism]）	观光旅游运输服务（Transport services for sightseeing tours）	390025	
C	安排游览	旅游交通安排	390050	
C	贵重物品的保护运输	装甲车运输（Armored - car transport）	390062	
D	装甲车运输（Armored car transport）		390062	
C	电子数据或文件载体的物理储藏（Physical storage of electronically - stored data or documents）	电子数据或文件载体的物理储藏（Physical storage of electronically stored data or documents）	390094	
A		航空发动机出租	390105	
A		贵重物品的保护运输	390106	
A		导航系统出租	390107	
A		为旅行提供行车路线指引	390108	
A		礼品包装	390109	
A		拖拉机出租	390110	
A		收集可回收物品［运输］	390111	
A		出租电酒窖	390112	
A		自助取款机的现金补充	390113	
A		车辆共享服务	390114	

第四十类的变化

A/C/T/D/STET	旧条目	新条目	基础编号	备注
C	镀银（Silver－plating）	镀银（Silver plating）	400007	
C	镀锡（Tin－plating）	镀锡（Tin plating）	400027	
C	刨平［锯木厂］	材料刨削处理	400050	
C	锯木［锯木厂］	材料锯切服务	400052	
C	服装定制（Tailoring）	服装定制（Custom tailoring）	400053	
C	刺绣（Embroidery services）	刺绣（Embroidering）	400063	
C	镀金（Gold－plating）	镀金（Gold plating）	400085	
C	锅炉制造（Coppersmithing Boiler making）	锅炉制造（Boilermaking）	400099	
C	空调设备出租（Rental of air conditioning apparatus）	空调设备出租（Rental of air－conditioning apparatus）	400118	
A		锅炉出租	400123	
A		废物再生	400124	
A		焊接服务	400125	
A		车窗染色服务	400126	
C	第四十类主要包括不属于其他类别的服务，这些服务是通过对有机物质、无机物质或物品进行机械、化学处理或加工的服务。就分类而言，只有在为他人处理或加工的情况下商标才属于服务标志。如果物质或物品是由处理或加工人所销售的，那么商标在任何情况都可以被视为商业标志	第四十类主要包括没有列入其他类别的服务，对有机物质、无机物质或物品进行机械或者化学处理或者加工的服务，包括定制生产服务。按分类的要求，只有在为他人提供的情况下，商品的制造或生产才被视为服务。如果制造或生产不是为了履行满足客户的特殊需要、要求或规格的产品订单，则一般从属于制造商交易活动中的主要商业行为或是商品。如果物质或物品被其处理、加工或制造方交易给第三方，则一般不视为服务		注释

第四十一类的变化

A/C/T/D/STET	旧条目	新条目	基础编号	备注
C	游乐园服务（Amusement parks）	游乐园服务（Amusement park services）	410003	
C	娱乐服务（Entertainment Amusements）	娱乐服务（Entertainment services）	410004	
C	电影摄影设备出租（Rental of movie projectors and accessories）	电影摄影设备出租（Rental of cinematographic apparatus）	410006	
C	电影摄影棚	电影摄影棚服务	410008	
C	马戏表演（Circuses）	马戏表演（Presentation of circus performances）	410009	
D	学费		410017	教学、教育和培训服务（Teaching、educational services, instruction services）仍保留在基础编号中
C	电影胶片出租（Rental of cine films）	电影胶片出租（Rental of motion pictures）	410019	
C	出租书籍的图书馆（Lending libraries）	出借书籍的图书馆（Lending library services）	410023	
C	综艺表演（Music halls）	综艺表演（Presentation of variety shows）	410027	
C	博彩（Gambling）	博彩服务（Gambling services）	410052	
C	寄宿学校服务	寄宿学校教育服务	410075	
C	组织彩票发行（Operating lotteries）	组织彩票发行（Organization of lotteries）	410081	

续表

A/C/T/D/STET	旧条目	新条目	基础编号	备注
C	非广告剧本的编写（Scriptwriting services）	非广告剧本的编写（Scriptwriting, other than for advertising purposes）	410089	
C	电子书籍和杂志的在线出版（Publication of electronic books and journals on – line）	电子书籍和杂志的在线出版（On – line publication of electronic books and journals）	410091	
C	提供卡拉 OK 服务（Providing karaoke services）	提供卡拉 OK 服务（Karaoke services）	410095	
C	夜总会娱乐服务（Night clubs）	夜总会娱乐服务（Nightclub services [entertainment]）	410098	
C	除广告稿外的文稿撰写（Writing of texts, other than publicity texts）	文稿撰写*（Writing of texts*）	410184	
A		学校教育服务	410199	
A		提供不可下载在线音乐	410200	
A		提供不可下载在线视频	410201	
A		家教服务	410202	
A		安排和组织现场教育论坛	410203	
A		歌曲创作	410204	
A		剧本编写	410205	
A		导游服务	410206	
A		通过模拟装置进行的培训服务	410207	
A		通过视频点播服务提供不可下载的电影	410208	
A		通过视频点播服务提供不可下载的电视节目	410209	
A		茶道训练［茶艺训练］	410210	

续表

A/C/T/D/STET	旧条目	新条目	基础编号	备注
A		合气道训练	410211	
A		艺术品出租	410212	
A		室内水族池出租	410213	
D	录像片制作（Videotape film production）			

第四十二类的变化

A/C/T/D/STET	旧条目	新条目	基础编号	备注
C	建筑学	建筑学服务	420011	
C	建筑学咨询（architectural consultation）	建筑学咨询（architectural consultancy）	420036	
D	包装设计（packaging design services）		420050	包装设计（packaging design）仍保留在基础编号中
C	技术项目研究（technical project studies）	技术项目研究（conducting technical project studies）	420061	
D	气象信息（weather forecasting）		420076	气象信息（meteorological information）仍保留在基础编号中。气象预报（weather forecasting）有了新的基础编号
C	土地测量（Land surveys）	土地测量（Land surveying）	420079	
C	平面美术设计（Graphic arts designing）	平面美术设计（Graphic arts design）	420144	

续表

A/C/T/D/STET	旧条目	新条目	基础编号	备注
C	替他人研究和开发新产品（Research and dervelopment for others）	替他人研究和开发新产品（Research and development of new products for other）	420161	
C	计算机程序和数据的数据转换［非有形转换］（Data conversion of computer programs and data［not physical conversion］）	计算机程序和数据的数据转换［非有形转换］（Conversion of computer programs and data, other than physical conversion）	420203	
A		能源审计	420218	
A		网站设计咨询	420219	
A		软件即服务［SaaS］	420220	
A		信息技术咨询服务	420221	
A		科学研究	420222	
A		服务器托管	420223	
A		临床试验	420224	
A		远程数据备份	420225	
A		电子数据存储	420226	
A		通过网站提供计算机技术和编程信息	420227	
A		地图绘制服务	420228	
A		云计算	420229	
A		外包商提供的信息技术服务	420230	
A		技术咨询	420231	
A		计算机技术咨询	420232	
A		电信技术咨询	420233	
A		气象预报	420234	
A		计算机安全咨询	420235	
A		撰写科技文稿	420236	
A		室内设计	420237	

续表

A/C/T/D/STET	旧条目	新条目	基础编号	备注
A		手机解锁	420238	
A		为检测故障监控计算机系统	420239	
A		为他人创建和设计网络信息索引［信息技术服务］	420240	
A		互联网安全咨询	420241	
A		数据安全咨询	420242	
A		数据加密服务	420243	
A		为侦测非授权访问和数据外泄而进行的计算机系统监控	420244	
A		为侦测网络身份盗用而进行的个人身份信息电子监控	420245	
A		为侦测网络诈骗而进行的信用卡活动电子监控	420246	
A		保护计算机数据、个人和金融信息安全的计算机及技术服务，以及监测未经授权接入数据和信息的计算机及技术服务		注释的包含项

第四十三类的变化

A/C/T/D/STET	旧条目	新条目	基础编号	备注
C	住所代理［旅馆、供膳寄宿处］（Accommodation bureaux [hotels，boarding houses]）	住所代理［旅馆、供膳寄宿处］（Accommodation bureau services [hotels，boarding houses]）	430004	
C	养老院（Retirement homes）	养老院（Retirement home services）	430013	
C	咖啡馆（Cafés）	咖啡馆（Cafés services）	430024	
C	自助餐厅（Cafeterias）	自助餐厅（Cafeteria services）	430025	
C	餐厅（Canteens）	餐厅（Canteen services）	430027	
C	寄宿处（Boarding houses）	寄宿处（Boarding house services）	430066	
C	旅游房屋出租（Tourist homes）	旅游房屋出租（Tourist home services）	430071	
C	饭店（Hotels）	饭店（Hotel services）	430073	
C	日间托儿所［看孩子］（Day nurseries [crèches]）	日间托儿所［看孩子］（Day nurseries [crèches] service）	430098	
C	餐馆（Restaurants）	餐馆（Restaurant service）	430102	
C	自助餐馆（Self - service restaurants）	自助餐馆（Self - service restaurant services）	430107	
C	快餐馆（Snack - bars）	快餐馆（Snack - bar services）	430108	
C	汽车旅馆（Motels）	汽车旅馆（Motel services）	430183	
A		照明设备出租*	430192	
A		食物雕刻	430193	
A		临时住宿的接待服务［抵达及离开的管理］	430194	
A		日式料理餐厅	430195	

第四十四类的变化

A/C/T/D/STET	旧条目	新条目	基础编号	备注
C	公共卫生浴（Public baths for hygiene purpose）	公共卫生浴（Public baths services for hygiene purpose）	440018	
C	蒸汽浴（Turkish baths）	蒸汽浴（Turkish bath services）	440019	
C	美容服务（Beauty salons）	美容服务（Beauty salon services）	440020	
C	医疗按摩（Chiropractics）	医疗按摩（Chiropractic）	440032	
C	理发（Hairdressing salons）	理发（Hairdressing）	440034	
C	康复中心（Convalescent homes）	康复中心（Convalescent home service）	440043	
D	康复中心（Rest homes）		440043	
C	医院（Hospitals）	医院（Hospitals services）	440059	
C	植物养护（Plant nurseries）	植物养护（Plant nurseries service）	440094	
C	休养所（Sanatoriums）	休养所（Sanatoriums service）	440106	
C	牙科（Dentistry）	牙科（Dentistry service）	440113	
C	护理院（Nursing homes）	护理院（Nursing home services）	440114	
A		空中和地面化肥及其他农用化学品的喷洒	440115	与“化肥”（fertilizers）具有相同的基础编号
C	老年人护理中心（Hospices）	老年人护理中心（Hospice services）	440147	
C	灭害虫（为农业、园艺和林业目的）	灭害虫（为农业、水产养殖业、园艺或林业目的）	440168	

续表

A/C/T/D/STET	旧条目	新条目	基础编号	备注
A		试管授精	440196	与“受精”（fertilization）具有相同的基础编号
C	药剂师配药服务（Pharmacists' services to make up prescriptions）	药剂师配药服务（Preparation of prescriptions by pharmacists）	440204	
C	保健站（Health centers）（Health centres）	保健站（Health center services）（Health centres services）	440209	
A		替代疗法服务	440210	
A		语言障碍治疗（Speech therapy services）	440211	
C	语言障碍治疗服务（Speech therapy services）	语言障碍治疗（Speech therapy）	440211	
A		健康咨询	440212	
A		打蜡脱毛	440213	
A		牙齿正畸服务	440214	
A		为残障人士提供医疗咨询	440215	
A		人体穿孔	440216	
A		再造林服务	440217	
A		姑息治疗	440218	
A		疗养院	440219	
A		虫害防治服务（为农业、水产养殖业、园艺或林业目的）	440220	
A		人体组织库	440221	
C	灭害虫（为农业、园艺和林业目的除外）[Vermin exterminating（other than for agriculture, horticulture and forestry）]	灭害虫（为农业、水产养殖业、园艺和林业目的除外）（Vermin exterminating, other than for agriculture, aquaculture, horticulture and forestry）		注释的排除项

第四十五类的变化

A/C/T/D/STET	旧条目	新条目	基础编号	备注
C	侦探服务（Detective agencies）	侦探服务（Detective agency services）	450003	
C	夜间护卫服务（Night guards）	夜间护卫服务（Night guard services）	450006	
C	下葬服务（Funerals）	下葬服务（Burial services）	450056	
C	殡仪（Undertaking）	殡仪服务（Funerary undertaking）	450057	
C	护卫队服务	警卫服务	450099	
C	婚姻介绍（Marriage agencies）	婚姻介绍（Marriage agency services）	450112	
C	安全保卫咨询	实体安全保卫咨询	450117	
C	为安全目的进行的行李的检查	行李安检	450196	
C	知识产权监督	为法律咨询目的监控知识产权	450209	
A		在线社交网络服务	450218	
A		为特殊场合释放鸽子	450219	
A		尸体防腐服务	450220	
A		法律文件准备服务	450221	
A		追踪被盗财产	450222	
A		许可的法律管理	450223	
A		占星咨询（Astrology consultancy）	450224	
A		精神咨询（Spiritual consultancy）	450225	
A		纸牌卜卦（Cartomancy services）	450226	

续表

A/C/T/D/STET	旧条目	新条目	基础编号	备注
A		个人服装搭配咨询	450227	
A		代写私人信件	450228	
A		举行葬礼	450229	
A		替他人进行合同谈判相关的法律服务	450230	
A		举行宗教仪式	450231	
A		遛狗服务	450232	
A		互联网域名租赁	450233	
A		协助穿着和服	450234	
C	为保护财产和人身安全的服务	为有形财产和个人提供实时保护的安全服务		类目
C	为保护计算机软件所提供的计算机服务	为保护计算机软件所提供的计算机编程服务		注释的排除项
A		计算机和互联网安全咨询及数据加密服务		注释的排除项
C	为个人或团体的安全相关的调查和监视服务	与个人和有形财产的实体安全相关的调查和监视服务		注释的包含项

原书索引

说明：本索引的编制格式为原版词汇 + 中译文 + 原版页码，个别词条因原文缺少页码而未予标明。

D

E

F

G

H

I

J

K

L

O

P

Q

R

S

T

U

V

W

X

Y

Z